대학·중용론

『대학』과 『중용』은 『예기』의 여타 편篇과 달리 성리학을 이론적으로 뒷받침하는 매우 사변적인 논변으로 구성되어 있다. 그러나 『대학』과 『중용』을 과연 기존의 다양한 예론禮論과 예설禮說을 모아 놓은 『예기』의 예치사상禮治思想과 무관한 것으로 생각할 수 있는 것일까.

大學中庸論

신동준 지음

인간사랑

들어가는 글

동양문화와 서양문화는 여러 면에서 상이한 면모를 지니고 있다. 이는 일면 서양문화의 뿌리를 이루고 있는 기독교 정신과 동양문화의 뿌리를 이루고 있는 유가사상의 차이에서 비롯된 것으로 볼 수 있다. 이는 기독교 정신을 대표하는 『성경』과 유가사상을 대표하는 『대학』의 내용을 비교해 보면 쉽게 확인할 수 있다.

『성경』에 나오는 창조주 야훼는 인간을 자신의 모습대로 만든 뒤 에덴동산을 만들어 그곳에서 살게 했다. 이에 인간은 창조주의 명에 절대 복종하는 대신 바다의 물고기와 공중의 새, 땅의 모든 생물을 지배할 수 있는 권리를 얻게 되었다. 인간은 피조물이기는 하나 다른 만물과 달리 야훼의 모습을 닮았기 때문에 고귀한 존재가 되어 만물을 지배할 수 있는 권리를 보유케 된 것이다.

이때 야훼는 인간에게 만물에 대한 지배권을 주었지만 선악을 인식하게 하는 선악과는 먹지 못하게 했다. 그러나 인간의 조상인 아담과 하와는 호기심을 참지 못해 마침내 야훼의 명을 어기고 선악과를 따먹는 죄를 범하게 되었다. 이로써 인간은 근원적 범죄를 저지른 죄인이 되어 스스로의 힘으로는 자신을 구원할 수 없는 불쌍한 존재가 되고 말았다. 이를 불쌍히 여긴 야훼는 마침 내 자신의 독생자인 예수를 세상에 보내 인간을 구원토록 했다. 이것이 기독교 교리의 요지이다.

우주만물을 창조주와 피조물로 양분하는 이분법적 사고는 비단 기독교만의 관점이 아니다. 고대 그리스의 플라톤이나 아리스토텔레스의 사상 역시 기본적으로는 이런 이분법적 사고에 기초하고 있다. 플라톤은 세계를 이데아의 세계와 현실세계로 나누어 신의 세계와 인간의 세계, 영혼과 육체의 세계를 엄격히 분리시켰다. 아리스토텔레스 역시 4원인설四原因說에 기초해 형상과 질료만 있는 물질세계와 물질세계에 목적을 부여하고 운동을 하게 하는 순수 형상의 정신세계를 대립시켜 놓고 있다. 서양문명은 바로 이러한 이분법적 사고를 기초로 하여 발전되었다고 해도 과언이 아니다.

서양은 이런 논리에 입각해 르네상스 시기에 들어서면서 만물을 지배하기 위한 방안의 하나로 과학을 적극 탐구하기 시작했다. 이후 서양은 산업혁명과 과학혁명을 통해 눈부신 발전을 거듭한 끝에 19세기 말에는 전 세계를 모두 식민지 국가로 만드는 제국주의의 본산이 되었다. 동양에서는 유일하게 일본이 제국주의를 받아들여 이웃 조선을 병탄하고 대륙으로 진출함으로써 1백 년 넘게 아시아의 패권국으로 군림했다.

제2차 세계대전이 끝나는 것을 기점으로 대부분의 식민지 국가가 독립했으나 여전히 과거의 상흔으로부터 자유롭지 못하다. 제국주의 침탈로 인한 폐해의 책임을 기독교 사상에서 찾는 것은 무리이나 역사적으로 볼 때 기독교 사상이 제국주의 팽창의 한

원인이 된 것만은 부인할 수 없는 사실이다. 한동안 식민지 국가로 채워졌던 남미를 중심으로 소위 '해방신학'이 풍미한 사실이 이를 뒷받침한다.

그러나 『대학』에서 제시하는 길은 『성경』과 정반대의 길이다. 『대학』은 사람들에게 선한 삶의 실천을 통해 자아완성을 이룬 뒤 다시 그에 기초해 국가공동체를 선하게 만들기 위해 끝없이 노력할 것을 당부하고 있다. 모든 사람들이 노력하기에 따라서는 얼마든지 성인군자가 될 수 있음을 천명해 놓은 것이다. 이것이 바로 수기修己와 치인治人을 대강령으로 삼은 유학의 기본 틀이다. 『대학』이 제시한 길은 학덕學德연마를 통한 대동大同세계의 구현에 있다고 해도 과언이 아닌 것이다. 『대학』이 '대동'의 이상세계를 제시한 『예기』의 한 편으로 편제된 이유가 바로 여기에 있다.

『중용』 역시 『대학』이 제시한 길과 다르지 않다. 『중용』의 '중中'은 불편불의不偏不倚와 무과불급無過不及을 의미하고, '용庸'은 불변不變의 평상平常을 뜻한다. 이는 인간을 포함한 삼라만상의 존재를 끊임없이 변화하면서 전개되는 천도天道의 자기 전개과정으로 파악한 데 따른 것이다. 지난 1993년에 중국 호북성 관점촌郭店村에서 출토된 죽간본竹簡本 중 『중용』의 원형에 해당하는 일련의 죽간본의 별칭이 『천명天命』인 것이 이를 뒷받침한다.

원래 동양 전래의 천도관은 기본적으로 우주의 생성원인을 천도에서 찾고 있다. 천도가 성대한 덕을 지닌 채 우주에 풍성한 대사업을 일으켜 인간을 포함한 만물로 하여금 끊임없는 생성을 반복토록 만들고 있다고 보는 것이다. 『성경』의 '창조설'에 익숙한 서양인들은 이런 동양의 유기체적인 세계관을 이해하기 어렵다.

그러나 과학이 극도로 발전하면서 서양의 과학자들 중에 이에 공명하는 사람들이 점차 늘고 있다. 대표적인 인물로 모트F. W. Mott를 들 수 있다. 그는 『중국 문명의 철학적 기초』에서 이같이 말한 바 있다.

"유독 중국인에게는 창조신화가 없다. 그들은 이 세계와 인간을 창조된 것으로 보지 않고 세계와 인간은 스스로 자기 생성하는 우주의 중심부분을 이루고 있다고 보았다. 고대 중국의 우주발생론은 우리가 신화나 종교체계에서 발견하는 설명보다 현대물리학에서 제시하는 설명에 더 가깝다. 중국의 진정한 우주발생론은 바로 유기체적 과정의 우주발생론이다. 이는 우주의 모든 부분들이 하나의 유기체에 속하고, 그 부분들은 스스로 생성하는 생명과정의 요소가 되어 상호작용을 한다는 것을 의미한다."

모트 이전에 이미 니덤J. Needham은 『중국의 과학과 문명』에서 라이프니츠 이후 발전하기 시작한 서양의 유기체적 이론은 중국인의 유기체적 · 비기계적 자연관을 배운 데서 가능했다고 주장한 바 있다. 그는 성리학의 유기체적 사고가 예수회 선교사들에 의해 유럽에 소개되자 그 영향으로 라이프니츠가 단자론單子論을 주장하는 한편, 『주역』의 원리에 기초한 이진법을 개발함으로써 마침내 디지털 시대를 열게 되었다고 주장했다.

양자역학量子力學의 개척자인 하이젠베르크W. Heisinberg도 『철학과 물리학의 만남』에서 소위 '불확정성의 원리'를 통해 동양의 유기체적 세계관에 깊은 관심을 표명한 바 있다. 정반대로 보이는 두 물질이 사실은 서로 대립하면서 도와준다는 상보성相補性의 원리로 노벨물리학상을 수상한 덴마크의 물리학자 보어N. Boar

도 자신의 이론을 가장 잘 드러내는 표상으로 태극太極을 지목한 바 있다. 그는 태극도를 자신의 의복문양으로 삼기도 했다.

이론물리학자인 카프라F. Capra는 『현대 물리학의 도*The Tao of Physics*』에서 아예 서양의 기계론적 세계관의 종언을 선언하고 나섰다. 카프라의 주장에 따르면 근대 물리학은 주관을 철저히 배제한 가운데 객관을 신봉하는 기계론적 세계관에 입각해 있었다. 절대공간과 절대시간, 인과율 등의 물리학 개념은 바로 이런 세계관에 바탕을 두고 있다는 것이다.

그러나 20세기의 비약적인 과학발전은 더 이상 이런 세계관이 통용될 수 없음을 분명히 보여주었다. 종래 공간에 독립적으로 존재하는 존재로 간주돼 온 소립자가 사실은 존재와 비존재를 왕복하는 에너지의 일시적 형태라는 새로운 사실이 드러난 것이다. 물리학자들이 이를 설명하기 위해 도입한 것이 바로 동양사상이었다. 카프라는 20세기의 물리학적 성과를 모두 동양의 각종 경전에 대비시켜 풀이했다. 그는 도가의 『노자』와 불가의 『화엄경』, 힌두교의 경전 등을 원용해 빛이 파동과 입자의 두 가지 양태를 지니게 된 배경을 명쾌히 분석한 바 있다.

그는 객체와 관찰자인 주체를 분리하는 근대 과학의 방법론에 이의를 제기하면서 관찰자의 상태에 따라 관찰대상도 달라질 수 있다는 사실을 분명히 해야 한다고 주장했다. 그의 이런 주장은 데카르트나 뉴턴의 기계론적 세계관에 바탕을 두고 발전한 서양 문명이 직관과 관조에 기초한 동양문명보다 우수하다는 기존의 편견에 통타를 가한 것이나 다름없다. 카프라의 이런 주장이 나온 이후 물리학계에서는 동양의 직관과 철학을 도입하려는 움직임이 거세게 일어났다. 현대 과학의 정점은 직관과 관조를 통한 동양사상과의 만남에 있다고 해도 과언이 아닌 것이다.

일찍이 남송대의 주희는 『주역』 등의 유가경전에 나오는 음양陰陽사상을 불가의 우주론과 결합시켜 성리학 이론의 기초로 삼은 바 있다. 당초 공자사상에 대한 사변론적 접근은 맹자로부터 시작해 남북조시대의 현학玄學을 거쳐 마침내 남송대의 주희에 이르러 결실을 맺었다고 해도 과언이 아니다. 경학의 차원에서 볼 때 그 결과물이 바로 『예기』에서 떨어져 나와 독립경전이 된 『대학』과 『중용』이라고 할 수 있다.

성리학의 이론체계가 현대 물리학의 이론체계와 맞아떨어진 것은 치평治平에서 출발한 공학孔學을 불교 교리에 대입시켜 극히 사변적인 학문으로 둔갑시킨 데 따른 결과로 볼 수 있다. 성리학이 현대 물리학의 성립에 결정적인 공헌을 한 셈이다. 그러나 정작 중요한 것은 이러한 현대 과학의 성과가 결코 성리학 자체의 결과가 아니라는 사실에 있다.

성리학은 오히려 동양의 과학발전에 결정적인 걸림돌로 작용했다. 장차 현대 물리학은 사변론의 정점에서 우주론을 설파하고 있는 힌두교의 우파니샤드 철학이나 불교철학에서 무궁한 영감을 구할 수는 있어도 성리학 이론 자체에서 더 이상 취할 것이 없을 것이다. 이는 성리학이 '치평'에서 출발한 공학을 불교 교리를 차용해 어설픈 형이상학 체계를 만들어낸 데 따른 것이다. 현대의 관점에서 볼 때 성리학이 설 곳은 없는 셈이다.

주희는 『예기』의 한 편으로 편제되어 있던 『대학』과 『중용』을 떼어내 『논어』 및 『맹자』와 더불어 소위 '사서四書'로 규정함으로써 소위 '사서의 시대'를 여는 데 결정적인 역할을 수행했다. '사서의 시대'는 곧 '성리학의 시대'를 의미한다. 주희는 『대학』과 『중용』을 자신이 집대성한 성리학을 이론적으로 뒷받침하는 근거로 삼았다. 주희가 주석서로 펴낸 『대학장구大學章句』와 『중용장구中庸章句』는 시종 자신의 이런 의도를 정당화하기 위한 형이상의 사변론으로 점철되어 있다.

이는 공자와 순자로 이어지는 공학孔學의 예치사상에 입각해 『대학』과 『중용』을 『예기』의 한 편으로 편제한 『예기』 편집자들의 기본 취지를 뒤엎는 것으로 『대학』 및 『중용』에 대한 왜곡이 아닐 수 없다. 『대학』과 『중용』은 내용상 예치학파인 순자荀子의 문인이 지었을 공산이 크다. 이는 『순자』 「유효」편에서 '중中'을 '예의禮義'로 해석해 놓은 것을 보면 쉽게 알 수 있다.

"선인지도先人之道는 인仁의 융성함으로 '중中 : 중도'을 따라 행해진다. 무엇을 '중'이라고 하는가. 이르기를, '예의가 바로 그것이다'라고 했다. '도'는 천도天道나 지도地道가 아니라 인도人道 : 사람이 좇는 길이다."

예학禮學이 흥성했던 조선조에서 이를 집대성한 다산茶山 정약용丁若鏞이 '예학'의 관점에서 『대학』과 『중용』에 주석을 가하면서 『대학』과 『중용』은 인도人道에 관한 경전이라고 단언한 것도 결코 우연이라고 볼 수 없다. 다산은 『대학』과 『중용』을 성리性理 내지 천리天理의 관점에서 풀이한 주희의 주장을 비판하면서 『대학』과 『중용』의 근본 취지는 치인治人에 있다고 주장했다.

다산의 이런 주장이 타당한 것임은 말할 것도 없다. 다산은 비록 자신의 이런 주장이 『순자』와 어떤 관련이 있는지에 관해 아무런 언급도 하지 않았으나 그의 이런 주장은 내용상 『순자』가 강조하고 있는 예치사상禮治思想과 일맥상통하고 있다. 최근 학계에서 『대학』과 『순자』 「해폐解弊」의 상호 관련성에 대한 연구가 진행되는 것도 이와 무관치 않다고 보아야 할 것이다. 실제로 「해폐」편에는 『대학』의 '격물치지格物致知'를 연상시키는 대목이 나온다.

"무릇 사물을 관찰할 때 의심이 나면 중심中心 : 심중이 안정되지 않아 외물外物이 분명히 보이지 않게 된다. 내 사려가 분명치 않으면 연부然否 : 시비를 판정할 길이 없다."

일찍이 펑여우란馮友蘭도 1930년대에 나온 『연경학보燕京學報』에 실린 「대학위순학설大學爲荀學說」을 통해 『대학』이 순학의 예치사상을 추종하는 문인들에 의해 만들어졌다는 주장을 펼친 바 있다. 주희는 『대학』의 명칭이 나오게 된 연원을 전한제국 때 설립된 태학大學의 명칭에서 찾았으나 사실 선진시대에 나온 제자백가의 문헌 중 오직 『순자』 「대략大略」편에만 '대학'이라는 용어가 출현하고 있다. 전한시대에 나온 『예기』의 「학기」와 「악기」편에도 '대학'이라는 용어가 나온다. 『순자』와 『예기』의 밀접한 관련성을 시사하는 대목이 아닐 수 없다.

원래 『예기』에 나오는 상례喪禮 등에 관한 예제는 21세기의 현실적인 예식禮式과는 커다란 괴리가 있어 시의성時宜性이 떨어진다. 그러나 『예기』의 「대학」 및 「중용」편을 비롯해 「학기學記」 및 「악기樂記」편 등은 오늘날에도 그대로 적용될 수 있는 뛰어난 통치이론으로 구성돼 있다. 필자가 「대학」과 「중용」편 이외에도 「학기」와 「악기」, 「예운禮運」, 「유행儒行」편 등에 주해註解를 가한 것은 바로 이 때문이다.

「대학」과 「중용」편은 각각 「학기」 및 「악기」편과 함께 해석을 해야만 그 뜻이 보다 선명히 드러난다. 「학기」편은 교학일체敎學一體의 관점에서 교육문제를 다루고 있다는 점에서 현대의 교육학 이론보다 탁월한 바가 있다. 「악기」편 역시 예악일체禮樂一體의 관점에서 망실된 『악경樂經』의 내용을 상당부분 반영하고 있어 악학樂學에 대한 새로운 차원의 접근을 요구하고 있다. 「학기」 및 「악기」편은 『순자』의 「권학」 및 「악론」편의 내용과 상통하고 있다. 『예기』가 순학荀學을 추종하는 순자의 문인들에 의해 만들어졌다는 주장을 강력 뒷받침하는 대목이 아닐 수 없다.

「예운」편은 유가가 상정한 이상향인 대동세계大同世界가 바로 예치의 궁극을 그려놓은 것이라는 점을 분명히 하고 있다. 이미 청대 말기의 강유위康有爲가 『대동서』를 통해 동서고금의 모든 통치사상을 '대동사상'으로 통합코자 시도한 데서 알 수 있듯이 유가사상의 21세기적 적용을 탐구하는 데 반드시 참조할 필요가 있다.

「유행」편은 공자가 『논어』에서 언급한 군자유君子儒를 성인지유聖人之儒와 인자지유仁者之儒로 나눠 상세히 설명하고 있다는 점에서 매우 독보적이라고 할 수 있다. 당리당략에 매몰된 소인배 위정자들이 횡행하고 있는 작금의 상황에 비춰볼 때 「유행」편이 지닌 의미는 자못 심대하다. 「유행」편은 바람직한 통치사상을 구현하는 데 반드시 참조할 필요가 있다.

이를 통해 알 수 있듯이 『예기』는 현대적 관점에서 볼지라도 바람직한 통치를 구현하는 데 반드시 참고해야만 하는 매우 귀중한 고전이 아닐 수 없다. 이제라도 『대학』과 『중용』을 원래의 모습대로 『예기』의 한 편으로 환원시켜 해석해야만 한다. 나아가 「학기」와 「악기」, 「예운」, 「유행」편에 대해서도 「대학」 및 「중용」편 못지않게 깊이 천착할 필요가 있다. 『예기』의 「대학」 및 「중용」편을 비롯해 「악기」 및 「학기」편 등에 대한 올바른 해석은 치평학治平學 내지 군자학君子學으로 요약되는 공학孔學의 진수를 탐구하는 길이기도 하다.

이웃 중국의 사례를 통해 알 수 있듯이 공자사상은 21세기 동북아시대의 새로운 통치사상으로 각광을 받고 있다. 『대학』과 『중용』에 대한 새로운 해석이 절실히 요망되고 있는 것이다. 이는 성리학으로 왜곡된 공자사상의 진면목을 찾아내는 데서 시작할 수밖에 없다. 필자는 『대학』과 『중용』에 대한 기존의 성리학적 해석이 '고본대학古本大學' 및 '고본중용古本中庸'에 해당하는 『예기』 「대학」편과 「중용」편의 기본 취지와 크게 어긋나 있다는 사실을 여러 문헌적 고증을 통해 검증해 놓았다.

본서는 지난 1999년에 북경대 출판사에서 복간한 청대의 『13경주소十三經注疏』에 실려 있는 당제국 때의 『예기정의禮記正義』를 저본으로 삼았다. 당제국 이후에 나온 주석은 주희의 『사서집주四書集注』를 비롯해 다산 정약용의 『대학공의大學公議』와 『중용강의보中庸講義補』 등을 참고했다. 다산의 주석은 주희 및 왕양명과 달리 고증학적 방법을 동원한 탁견이 적지 않아 해당 대목마다 다산의 견해를 빠짐없이 반영해 독자들의 객관적인 분석 및 판단에 도움을 주고자 했다.

본서의 집필은 기본적으로 21세기적 군자의 사유 및 삶에 대해 깊은 관심을 기울이고 있는 맹파강원 문도들의 성원이 있기에 가능했다. 시종 격려를 아끼지 않은 송산松山 김홍기와 소평素平 이인한을 비롯한 맹파강원 문도들에게 깊은 사의를 표한다. 본서의 출판은 도서출판 '인간사랑'의 지원이 없었으면 불가능했을 것이다. 상재上梓를 쾌히 승낙한 여국동 사장과 편집 · 교열에 애쓴 홍성례 편집장을 비롯한 편집진에게도 감사의 뜻을 전하고자 한다.

2007년 성하盛夏
정릉 학오재學吾齋에서
저자 쓰다

차례

제1부

예기론

제1편 예치론禮治論

제1장 예학(禮學)과 예론(禮論)

남송대의 주희朱熹가 『예기』의 한 편에 불과한 「대학」 및 「중용」편을 '사서四書'의 하나로 독립시킨 이후 『대학』과 『중용』은 명실상부한 유가경전의 핵심으로 자리 잡게 되었다. 이는 주희가 『대학』과 『중용』의 주석에 혼신의 노력을 기울인 사실과 무관치 않았다. 실제로 주희는 죽기 직전까지 『대학』을 보유補遺하는 열성을 보여주었다.

주희는 유가경전 중 『대학』과 『중용』만큼 성리학 이론을 정치精緻하게 뒷받침할 수 있는 경전은 존재하지 않는다고 확신했다. 그는 『예기』의 여타 편과 달리 증자曾子의 학통을 이어받은 자사子思가 『대학』과 『중용』을 지은 것이라고 주장했다. 그러나 그의 이런 주장이 무슨 확실한 근거에서 나온 것은 아니었다. 그럼에도 성리학이 유일무이한 관학官學으로 채택된 이후 아무도 이를 의심치 않았다. 오랫동안 사람들이 『대학』과 『중용』을 『예기』와 전혀 무관한 것으로 간주한 것은 바로 이 때문이었다.

사실 『대학』과 『중용』은 『예기』의 여타 편篇과 달리 성리학을 이론적으로 뒷받침하는 매우 사변적인 논변으로 구성되어 있다. 그러나 『대학』과 『중용』을 과연 기존의 다양한 예론禮論과 예설禮說을 모아놓은 『예기』의 예치사상禮治思想과 무관한 것으로 생각할 수 있는 것일까. 『예기』가 편제될 당시 편집자들이 『예기』와 아무 상관도 없는 내용을 과연 『예기』의 한 편으로 편제해 놓을 수 있는 것일까. 이는 있을 수 없는 일이다.

현재 많은 학자들은 소위 예치학파에 속하는 자하子夏와 순자荀子의 문인들이 『예기』를 편제한 것으로 추정하고 있다. 사실 내용면에서 볼 때 『대학』과 『중용』 역시 『예기』의 기본 이념인 예치사상에서 한 치도 벗어나지 않고 있다. 『대학』과 『중용』을 『예기』의 틀 내에서 해석해야만 본래의 의미를 제대로 파악할 수 있는 이유가 여기에 있다.

원래 자하는 공자가 천하유세를 마치고 노나라로 귀국한 뒤 입문한 후기제자後期弟子에 속한다. 그는 진晉 : 일설에는 衛나라 사람이라고 함나라 온溫 : 하남성 온현 서남쪽 땅 사람으로 본명은 복상卜商이다. 그는 공자보다 44년 연하로 자유와 함께 문학과 예학에 명망이 높았다.

『공자가어』「제자해」와 『사기』「중니제자열전」의 기록 등에 따르면 그는 비록 공자와 같이 관유한 성품을 지니지는 못했으나 정미한 논의에는 당시 아무도 그를 따르지 못할 정도로 이론에 해박했다. 그는 공자가 죽은 뒤 서하에서 선생 노릇을 했다. 전국시대 초기의 명군인 위문후魏文侯는 자하의 문도들을 대거 등용해 천하를 호령했다. 『논어』를 편찬할 무렵 학문뿐만 아니라 모든 면에서 자하는 공자 제자들 중 가장 뛰어난 인물 중 한 사람으로 받들어졌음에 틀림없다.

『사기』「중니제자열전」에 따르면 그는 아들이 죽은 뒤 비통해 한 나머지 너무 많이 울어 이내 실명케 되었다고 한다. 여기서 '포통서하抱痛西河'라는 성어가 나오게 되었다. 이는 훗날 자식을 잃고 슬퍼하는 것을 뜻하는 말로 전용되었다. 「중니제자열전」은 자하가 '포통서하' 하자 이를 목도한 사람들이 자하의 무절제를 비난하면서 급기야 스승인 공자의 자질까지 의심하게 되었다고 기록해 놓았다. 그러나 이 일화는 후세인들이 오기吳起와 이극李克 등을 제자로 둔 자하를 비난키 위해 꾸며낸 얘기일 공산이 크다. 순자가 한비자韓非子와 이사李斯를 제자로 둔 까닭에 후세인들에게 비난받은 것에 비유할 수 있다.

자하는 공자가 말한 '예'를 국가공동체의 통치질서로 해석한 최초의 인물에 해당한다. 그의 문인들이 『주례周禮』를 비롯해 『의례儀禮』와 『예기禮記』 등 예학禮學과 관련된 문헌의 편제에 깊숙이 개입한 사실이 이를 뒷받침한다. 전국시대 말기의 순자는 '의義'를 강조한 맹자와 달리 '예'를 강조하며 공자의 예치사상을 집대성했다. 이는 말할 것도 없이 '예' 개념에 대한 깊은 천착을 시도한 자하학파의 세례를 받은 데 따른 것이었다.

원래 '예'는 신령에게 바치는 귀한 물건을 담는 제기를 뜻하는 상형문자에서 나온 것이다. 이는 훗날 제사에 사용되는 제의祭儀

의 의미로 전용되었다. 그러나 당시 종교적인 의식의 범위가 너무 넓었기 때문에 '예'는 점차 적절한 행위 일반을 의미하는 용어로 사용되었다.

당시 제의는 통치 전반에 모두 관련되어 있었다. 국가제사는 군주가 주재했고, 원정 때에는 무기가 저장돼 있던 종묘와 사직에서 출정의식을 가졌다. 원정이 끝난 후 승전이 보고되고 장군이 포상되는 곳도 종묘였다. 외교협상도 종묘에서 이뤄졌다. 외교적인 연회도 그곳에서 베풀어졌다. 청혼을 받는 곳도 조상의 영전인 종묘였다. 이는 조상의 신령이 인간의 길흉화복에 직접 개입하고 있다는 믿음에 따른 것이었다.

이후 공자가 '예'를 자주 거론함에 따라 그 이전의 용례보다 행동규범이라는 의미가 훨씬 강화되었다. 이에 '예'는 제의를 행하는 형식을 의미하는 동시에 내부의 '인심仁心'이 밖으로 표현된 것으로 간주되었다. 공자가 형식적인 '예'를 혐오한 것은 바로 이 때문이었다. 『논어』「팔일」편에 나오는 다음 대목이 그 증거이다.

"예는 사치스럽기보다는 차라리 검소해야 하고, 상사喪事는 잘 치르기보다는 차라리 애도의 분위기가 있어야 한다."

공자는 죽은 사람을 위한 상례에도 모든 격식을 세세히 지키는 것보다는 진심에서 우러나오는 슬픔이 보다 중요하다고 강조한 것이다. 공자가 외형적인 '예'를 얼마나 혐오했는지는 『예기』「예기禮器」편에 나오는 다음 대목을 보면 대략 짐작할 수 있다.

"예에는 질소質素한 것을 가지고 귀하게 여기는 것이 있다. 지극히 공경하는 곳에는 문식文飾을 하지 않는다. 하늘에 제사지낼 때 천자는 검은 양피로 만든 옷을 입고, 부당父黨에 대해서는 예용禮容을 꾸미지 않는다. 대규大圭 : 천자가 지니는 구슬는 조각하지 않고, 대갱大羹 : 종묘제사용 국에는 조미료를 넣지 않는다. 대로大路는 소박하게 하고 부들자리를 깐다. 사준犧尊 : 犧牲 형상의 술잔은 거친 베로 만든 덮개와 흰 나무로 만든 국자가 있다. 이는 질소한 것을 귀히 여긴 것이다."

공자가 숭상한 '예'의 요체는 '인심'이 밖으로 드러난 '질소'에 있었다. 이는 구체적으로 어떤 상황에서도 적절한 행동을 취하는 것을 뜻한다. '예'는 실제 행동에 대한 일종의 평형으로 과부족을 모두 방지하고 사회적으로 유용한 중도의 행동을 인도한다고 본 것이다. 공자는 『논어』 「태백」편에서 이같이 말한 바 있다.

"공손하되 무례하면 수고롭게 되고, 신중하되 무례하면 두려움을 갖게 되고, 용맹하되 무례하면 어지럽게 되고, 강직하되 무례하면 조급해진다. 군자가 친인親人 : 부형과 일가친척에게 돈독하면 백성들이 인에서 일어나고, 고구故舊 : 옛 친구를 버리지 않으면 백성들이 요행을 꾀하지 않는다."

이를 통해 알 수 있듯이 '예'는 군신관계를 비롯해 부자관계와 부부관계 등 모든 인간관계에서 지나친 친압親狎으로 인해 무질서로 흐르는 것을 방지하는 기능을 수행한다. 이는 '악樂'이 인간관계가 형식적인 '예'로 인해 지나치게 경색되는 것을 방지하는 기능을 수행하는 것에 비유할 수 있다. '예'와 '악'이 불가분의 관계를 맺고 있는 이유가 바로 여기에 있다. '예'와 '악'은 하나로 통일되어 인간관계를 적절하게 유지시키는 기능을 수행하는 것이다.

'예악'이 순기능을 발휘하기 위해서는 '예'와 '악' 모두 시공의 차이에 따라 유연한 모습을 보일 필요가 있다. 공자가 '예'에 대해 시종 융통성 있는 자세를 취한 이유가 바로 여기에 있다. 『예기』「예운禮運」편에 나오는 다음 구절이 공자의 '예'에 대한 기본 입장을 잘 드러내고 있다.

"예는 합당한 것을 구체적으로 표현한 것이다. 어떤 예일지라도 합당한 기준에 맞으면 설령 선왕의 관례에 없을지라도 가히 택할 수 있다."

공자는 결코 고래의 예제를 고식적으로 추종하는 것을 원치 않았다. 그는 고래의 예제가 새 시대에 맞지 않거나 더욱 '질소'한 형태의 것이 존재하면 과감히 이를 취하고자 했다. 그럼에도 '예'는 시간이 지나면서 점차 형식적인 모습으로 고착했다. 이러한 폐단은 성리학이 성립한 이후에 더욱 심해졌다. 모든 인간관계를 이분법적인 상하관계로 고정시킨 소위 삼강오륜三綱五倫이 그 실례이다.

이는 공자의 '예'와 다른 것이다. 공자는 '예'를 균형과 중용을 확고히 다짐으로써 어떤 위기상황에서도 능히 대처해 나갈 수 있는 수단으로 생각했다. 「옹야」편에 나오는 공자의 다음 언급을 보면 이를 쉽게 알 수 있다.

"군자가 문文을 널리 배우면서 예로써 요약하면 또한 도에 어긋나지 않을 수 있다."

'지知'를 강조한 공자가 '예'로써 요약할 것을 당부한 것은 '예'로써 요약치 않을 경우 체계적인 '지'를 갖출 수도 없고 '지'를 제대로 활용할 수도 없다는 판단에 따른 것이다. 공자가 제자들에게 지적인 교양을 연마하는 동시에 이를 '예'로써 다지기를 바란 것은 바로 이 때문이었다. 「자한」편에 실려 있는 안연의 공자에 대한 칭송이 그 증거이다.

"부자夫子는 차근차근히 사람을 잘 이끌었으니 문文으로써 나를 넓혀주었고 예로써 나를 다듬어 주셨다."

이는 '예'가 공문孔門에서 매우 중요한 실천덕목으로 강조되었음을 시사한다. 원래 공문의 기본 교과목은 『시』·『서』·『예』·『악』으로 이뤄져 있었다. 『예』를 제외한 나머지 3개 과목은 실천과목의 성격보다는 이론과목의 성격이 짙다. 『예』는 이론과 실천이라는 2가지 성격을 겸유하고 있었다. 이는 맹자가 '의義'를 지나치게 강조한 나머지 공자의 '인'과 결합시켜 '인의'라는 덕목을 만들어낸 뒤 '의'를 '군자'의 실천덕목으로 강조한 것과 대비된다.

전국시대 말기에 활약한 순자가 맹자의 '인의' 개념을 질타하면서 '예치'를 강조한 것은 공자의 실천덕목이 '의'가 아닌 '예'였음을 뒷받침하고 있다. 공자 이후 '예'가 삶에 일정한 율동과 고상함을 수여하고 개인에게 균형감을 심어주는 개념으로 중시된 것도 이와 무관치 않다고 보아야 한다.

원래 순자는 사상적으로 자하와 맥을 같이 한다. 이는 맹자가 증자의 학통學統을 이어받은 것과 대비되고 있다. 순자사상의 가장 큰 특징은 말할 것도 없이 예치에 있다. 순자가 예치를 강조한 것은 인간의 군거群居를 조화롭게 유지하기 위한 데서 나온 것이다. 『순자』「영욕」편은 군거와 '예'의 상호관계를 다음과 같이 설명해 놓았다.

"무릇 귀하기가 천자와 같고, 부유하기가 천하를 차지할 정도가 되고자 하는 것은 인정人情이 똑같이 바라는 바이다. 그러나 그 욕망을 좇자면 형세가 이를 받아들일 수 없고, 물건 또한 넉넉할 수 없다. 그래서 선왕은 생각한 끝에 이를 위해 예의禮義를 제정하여 분수를 정하고, 귀천에 등급을 두고, 장유長幼에 차등을 두고, 지우知愚 : 지혜 있는 자와 어리석은 자 · 능불능能不能 : 능력 있는 자와 없는 자 사이에 구분을 두었다. 언제나 사람들로 하여금 일을 맡을 때 그 합당한 일을 갖게 한 뒤 곡록穀祿 : 녹으로 받은 곡식에 다소후박多少厚薄의 균형이 있게 했다. 이것이 곧 군거화일群居和一의 방도이다."

순자가 말한 '군거화일'은 『예기』「예운禮運」편에 니오는 '대동大同'과 같은 뜻이다. 순자는 '대동'의 의미를 여럿이 모여 살면서 하나로 조화된다는 뜻을 지닌 '군거화일'로 표현해 놓은 것이다. '군거화일'의 사상적 연원은 『관자』「목민」편에 나오는 소위 '예의염치禮義廉恥'의 4유四維에 있다. 관중管仲이 말한 '4유'는 곧 국가존립 및 국권확립의 근간이 되는 덕목을 말한다. 공자가 사상 최초의 사숙私塾을 열어 신분의 고하를 막론하고 공문孔門에 입문코자 한 자들을 모두 제자로 받아들여 『시』·『서』·『예』·『악』으로 구성된 소위 군자학君子學을 가르친 이유가 여기에 있다.

공자는 '예의염치'에 입각한 정치를 '군자정君子政'으로 구체화했다. '군자정'은 신분세습에 의한 봉건정封建政과 달리 학덕學德을 연마한 '군자'가 위정자가 되어 다스리는 통치를 의미한다. 공자는 『예기』「중용」편에서 '군자정'의 의미를 이같이 풀이해 놓았다.

“정치는 사람에게 달려 있다. 사람을 취하는 데는 몸으로 하고, 몸을 닦는 데는 도로써 한다. 도는 ‘인仁’으로 하는 것이니 ‘인’이란 곧 사람을 뜻하는 것이다.”

공자가 말한 ‘군자정’은 바로 『중용』 제20장에서 말한 ‘위정재인爲政在人’이고, ‘위정재인’은 바로 ‘예치’를 의미하는 것이다. 공자의 이런 입장이 보다 구체화되어 표현된 것이 바로 『예기』「대학」편에 나오는 ‘수신修身 · 제가齊家 · 치국治國 · 평천하平天下’ 사상이다. 여기의 ‘수신 · 제가’와 ‘치국 · 평천하’는 내포內包와 외연外延의 관계에 있다. 상호 불가분의 관계를 맺고 있는 것이다. 공자가 말한 ‘군자정’은 수신 · 제가를 이룬 군자가 치국 · 평천하의 목표를 달성하는 데 그 궁극적인 목적이 있다고 해도 과언이 아닌 것이다.

이를 통해 알 수 있듯이 『예기』는 자하와 순자로 이어지는 소위 예치학파禮治學派가 예치를 통해 ‘군자정’을 구현코자 한 공자의 이상을 조술해 놓은 것이다. 『대학』과 『중용』이 예치의 구체적인 방안을 기술한 『예기』의 한 편으로 편제된 이유가 여기에 있다. 이는 『대학』과 『중용』을 성리학의 이론적 근거로 삼은 주희의 입장과 질적인 차이가 있는 것이다.

공자가 예禮를 얼마나 중시했는지는 『논어』를 통해 쉽게 확인할 수 있다. 공자가 ‘인仁’에 준하는 덕목으로 유일하게 거론한 덕목으로는 오직 ‘예’밖에 없다. 공자가 말한 ‘예’는 ‘인’의 표상表象이라고 해도 과언이 아니다. 『논어』에 나오는 ‘인’과 ‘예’는 각각 104회와 74회에 달한다. ‘인’과 ‘예’가 얼마나 밀접한 관련을 맺고 있는지를 여실히 보여주는 대목이 아닐 수 없다. 공자가 말한 '인'은 전래의 '예' 개념을 확대·발전시킨 것이다. '인'과 '예'는 본질적으로 동일한 개념이라는 주장이 제기된 이유가 바로 여기에 있다.

이에 반해 맹자가 그토록 강조한 '의義'는 『맹자』에 1백여 회에 걸쳐 언급되고 있음에도 불구하고 『논어』에는 겨우 24회에 그치고 있을 뿐이다. 『논어』에는 '인'이 '의'와 함께 언급된 구절이 전무하다. 『논어』에 나오는 '의'는 '이利'에 대칭된 개념으로 '인'의 표상인 '예'와는 그 개념 자체가 달랐다. 맹자는 '의'를 '인'과 병칭시켜 소위 '인의仁義' 개념을 만들어냄으로써 '예'의 개념을 극도로 축소시킨 것은 물론 '인仁·예禮·지知·의義'로 되어 있는 원래의 배열도 '인·의·예·지'로 둔갑시켜 놓았다. 공학의 적통嫡統을 자처한 맹자가 공자의 '술이부작述而不作'의 전통을 무시한 채 멋대로 '의'를 따로 떼어내 '인'과 결합시킴으로써 공자가 말한 '인'의 기본 취지를 왜곡한 것이다.

맹자가 '의'를 이토록 강조한 것은 전국시대에 들어와 양주楊朱와 묵자墨子의 세력이 위세를 떨침에 따라 이들을 '불의不義'로 성토하기 위한 것이었다. 공자의 적통을 자처한 맹자가 유가儒家를 방어키 위해 '의'를 강조한 것은 나름대로 이해할 수 있다. 그러나 그는 자신의 목적을 위해 공자가 말한 기본 취의까지 멋대로 왜곡시켰다는 책임을 면키 어려운 것이다.

순자가 맹자를 질타한 것은 바로 이 때문이었다. 맹자가 만들어낸 '인의' 개념은 공자의 '인' 개념을 극도로 왜소화시킨 데서 나온 것이다. 맹자가 언급한 '의'는 『논어』의 '의' 개념보다는 교설教說에 가까운 『묵자』의 '의' 개념에 가깝다. 맹자를 사상적 비조鼻祖로 삼은 성리학자들은 맹자가 묵가의 '의' 개념을 차용해 '인의' 개념을 만든 사실을 제대로 간파하지 못했다. 성리학자들이 맹자의 '인의' 사상에 입각한 통치를 '인정仁政'으로 규정한 것은 맹자가 말한 '인의'의 의미를 제대로 파악치 못한 소치가 아닐 수 없다.

맹자보다 반세기 가량 늦게 출현한 순자는 공학의 기본 취지가 맹자의 '인의' 개념에 의해 크게 왜곡된 사실을 직시했다. 그가 맹자에 의해 통상적인 예절 차원으로 격하된 '예'를 『논어』에 나오는 '인'의 표상으로 복원시킴으로써 당초 공자가 말한 '인'의 기본 취지를 되살려 놓은 것은 바로 이 때문이었다. 순자의 예치사상은 '인'과 '예'로 집약되는 공자사상을 원래의 모습으로 복원시킨 결과물이라고 해도 과언이 아닌 것이다. 순자가 말한 '군거화일群居和一'이 『예기』「예운」편에 나오는 인정仁政의 지극한 모습인 '대동'과 동일한 의미를 지니고 있는 이유가 여기에 있다.

원래 '대동' 내지 '군거화일'로 요약되는 '인정'의 지극한 상태를 구현키 위해서는 일정한 기준과 원칙이 존재해야만 한다. 순자는 이를 '예'에서 찾은 것이다. 이에 대해 공자는 『논어』「안연」편의 '극기복례克己復禮'와 「자로」편의 '화이부동和而不同'에서 찾았다. '극기복례'와 '화이부동'은 『순자』「정론」편에 나오는 다음 구절과 그 맥을 같이 하는 것이다.

"위는 아래의 근본이 되어야 한다. 위가 밝으면 아래는 자연히 다스려진다. 위가 성실하면 아래는 순박해지고, 위가 공정하면 아래는 곧 바르게 된다."

순자는 기본적으로 군주가 일을 처리할 때 공명정대公明正大하고 백성들의 모범이 되어야만 나라가 바르게 다스려질 수 있다고 본 것이다. 현실과 이상을 조화시키려고 한 순자의 이런 태도는 공자의 기본 자세와 닮은 것이다. 이는 그의 군신君臣 및 군민君民에 대한 입장을 보면 보다 선명히 드러난다. 군신에 관한 순자의 기본 입장은 '예'에 입각한 군신 간의 절도를 강조한 데서 잘 나타나 있다. 그는 「왕제」편에서 다음과 같이 역설한 바 있다.

"무릇 양편이 모두 귀한 사람이면 서로 섬길 수 없고, 양편이 모두 천하면 서로 부릴 수가 없다. 이는 하늘의 법칙이다."

순자는 군신관계를 상하분별을 가늠하고 '예'를 실현하는 기본 축이라고 본 것이다. 공자도 『논어』「팔일」편에서 '군주는 신하를 부릴 때 예로써 해야 한다'고 강조한 바 있다. '군거화일'의 요체가 바로 여기에 있다. 공자와 순자 모두 '예'를 통해서만 치천하治天下를 이룰 수 있다고 본 것이다. 순자는 「군도」편에서 바람직한 군신관계를 다음과 같이 비유한 바 있다.

"군주는 홀로 있어서는 안 되고 경상卿相이 보좌해야 한다. 그들은 군주의 기반이며 지팡이인 것이다."

이는 바람직한 통치를 구현하기 위해서는 통치의 두 축인 군주와 신하 모두 자신의 위치와 직분에 따른 분업과 협업에 충실해야 한다는 점을 지적한 것이다. 그는 윗사람이 아랫사람의 일을 간섭하고 아랫사람이 윗사람의 일을 침해하는 것은 분업과 협업의 원칙에 어긋난다고 보았다. 이는 기본적으로 통치의 궁극적인 목적이 위민爲民에 있다는 생각에서 나온 것이다. 「대략」편의 다음 구절이 그 증거이다.

"하늘이 인민을 낳은 것은 군주를 위한 것이 아니다. 하늘이 군주를 세운 것은 인민을 위한 것이다."

이를 통해 알 수 있듯이 순자의 예치사상은 '위민'사상에 기초한 것이다. 이는 백성을 높이고 군자를 가볍게 여기는 맹자의 '귀민貴民' 사상과 적잖은 차이가 있다. 맹자의 '귀민' 사상은 군주를 가볍게 보는 '경군輕君' 사상에서 나온 것이다. 이에 반해 순자는 통치의 궁극적인 목적을 '위민' 에 둔 까닭에 이를 실현하는 데 결정적인 역할을 수행하는 군주를 높이 평가하고 있다. 그의 '위민' 사상은 '존군尊君' 사상에 기초해 있다고 해도 과언이 아니다. 순자의 '존군' 사상은 오직 군주만을 높이고 신민을 단지 통치의 대상으로 간주해 가볍게 여기는 법가의 '귀군경민貴君輕民' 사상과도 뚜렷한 대조를 이루고 있다.

순자의 예치사상은 군민 사이의 우선순위를 배제한 일종의 '중민존군重民尊君' 사상에 기초해 있는 셈이다. 순자는 인민을 위한다고 해서 결코 군주를 가볍게 보지 않았다. 이는 군주를 비롯한 위정자들의 주도적인 역할이 배제될 경우 결코 '위민' 의 목적을 달성할 수 없다는 사실을 통찰한 데서 나온 것으로 공자의 '군군신신君君臣臣' 사상과 맥을 같이 하는 것이다. 『순자』「왕제」편의 다음 구절이 그 증거이다.

"군주는 군주답고 신하는 신하다워야 한다. 아비는 아비다워야 하고 자식은 자식다워야 한다. 형은 형답고 동생은 동생다워야 한다."

이는 『논어』「안연」편에서 나오는 '군군신신 · 부부자자父父子

子' 구절에 '형형제제兄兄弟弟' 구절을 덧붙인 것이다. 순자가 말하는 '중민존군'사상은 바로 군신 및 부자, 형제가 각자의 입장에서 맡은 바 소임에 충실함으로써 그 타당성을 확보하는 소위 '분의론分宜論'에 그 이론적 근거를 두고 있는 것이다. 이는 바로 군민 모두 역할상의 차이만 있을 뿐 예치국가의 동일한 성원이라는 사실을 통찰한 데서 나온 것이다. 군민관계에 관한 순자의 이런 시각은 공자의 '위민존군爲民尊君' 입장과 같은 것이라고 할 수 있다.

공자와 순자의 통치사상은 군민 모두 서로에 대해 도덕국가를 실현하는 공동체의 구성원이라는 소위 '군민일체君民一體'의 전제 위에 서 있다. 공자가 말한 '위민존군'과 순자가 말한 '중민존군'의 요체는 바로 '예치'에 있다고 해도 과언이 아닌 것이다. 순자의 예치사상은 맹자의 '인의' 개념에 의해 왜곡된 공자의 인정仁政 개념을 원래의 의미로 복원시켰다는 점에서 그 사상사적 의미가 지대하다.

이를 통해 알 수 있듯이 『예기』의 내용 중 가장 논변이 풍부한 『대학』과 『중용』이 예치의 구체적인 방안을 기술한 『예기』의 한 편으로 편제된 것은 바로 예치의 의미를 이론적으로 뒷받침하기 위해 나온 것이다. 주희가 『대학』과 『중용』을 높이 평가한 것은 나름대로 이해할 수 있으나 이를 성리학의 이론적 도구로 간주한 것은 잘못이다. 『대학』과 『중용』은 기본적으로 『예기』의 편집자들이 예치사상을 이론적으로 뒷받침하기 위해 의도적으로 『예기』의 한 편으로 편제해 놓은 것이다. 『대학』과 밀접한 관련을 맺고 있는 「학기學記」를 비롯해 '예'와 불가분의 관계를 맺고 있는 '악

樂'을 다룬 「악기樂記」가 『예기』의 한 편으로 구성돼 있는 것이 그 증거이다.

일찍이 정조 때의 실학자인 서유구徐有榘는 중국의 『13경전설十三經傳說』을 본받아 『대학』과 『중용』을 『예기』로 돌려놓을 것을 주장한 바 있다. 그는 조선조 사대부들이 가장 많이 탐독하는 『대학』과 『중용』의 주소注疏를 전편前編, 전설傳說을 후편後編으로 묶은 뒤 제유諸儒의 차해箚解를 망라해 『예기』를 집대성할 것을 권했다. 그의 이런 주장은 『대학』과 『중용』을 성리학의 이론적 논변으로 차용한 주희에 대한 간접적인 공격에 해당한다. 서유구의 이런 주장이 성리학을 맹신하는 사대부들에 의해 이내 묵살되고 만 것은 바로 이 때문이었다.

원래 조선조의 사대부들은 예론禮論을 극히 중시했음에도 불구하고 주희의 학설로부터 한 치도 벗어나는 것을 허용치 않았다. 이는 급기야 예론을 둘러싼 유혈전을 초래했다. 현종조와 숙종조 초기에 빚어진 일련의 예송禮訟이 바로 그것이다. '예송'은 성리학을 맹신하는 사대부들의 예론이 극단으로 치달을 경우 한낱 정쟁의 도구로 전락할 수밖에 없다는 사실을 여실히 보여준 사례에 해당한다.

당초 인조의 차자로서 보위에 오른 효종이 죽었을 때 인조의 계비인 자의대비慈懿大妃 조씨의 상복이 문제가 되었다. 이때 35세의 청상과부인 조대비의 상복문제를 놓고 서인西人과 남인南人 사이에 치열한 논쟁이 전개되었다. 이를 소위 '기해예송己亥禮訟'이라고 한다.

본래 『의례儀禮』 및 『경국대전經國大典』에 따르면 적장자가 죽었을 때 그 어미는 아들을 위해 당연히 3년복을 입어야 했다. 만일 효종이 인조의 왕통王統에 이어 적장자인 소현세자昭顯世子가 갖고 있던 적통嫡統까지 이어받은 것으로 인정되면 3년복이 타당하다. 그러나 적통을 이어받지 못한 차자의 자격으로 왕통을 이었다면 중자복衆子服인 1년의 기년복朞年服을 입는 게 타당하다는 견해가 성립할 수 있다. 당시 조선조 예학禮學의 거두인 김장생金長生의 예론을 전수받은 서인의 영수 송시열宋時烈은 『의례』 「상복」편에 나오는 정현鄭玄과 가공언賈公彦의 주소注疏를 좇아 소위 '사종지설四種之說'을 내세우며 기년복을 주장했다.

'사종지설'은 부모가 적장자의 상임에도 불구하고 기년복을 입는 4가지 경우를 말한다. 첫째 정체부득전중正體不得傳重이다. 이는 적장자가 폐질廢疾로 인해 종묘제사를 감당할 수 없어 보위를 계승하지 못한 경우를 말한다. 둘째 전중비정체傳重非正體이다. 이는 서손庶孫이 뒤를 잇는 경우를 말한다. 셋째 체이부정體而不正이다. 이는 적장자가 아닌 나머지 중자衆子가 뒤를 잇는 경우를 말한다. 넷째 정이불체正而不體이다. 이는 적손嫡孫이 뒤를 이었을 경우를 말한다. 송시열은 조대비의 경우는 세 번째의 '체이부정'의 경우에 해당한다고 주장했다. 이는 소현세자를 '정이불체', 효종을 '체이부정'으로 간주한 데 따른 것이다.

'정이불체'는 소현세자처럼 적장자임에도 불구하고 보위를 잇지 못한 경우를 말하다. '체이부정'은 효종과 같이 부왕의 보위를 계승했음에도 불구하고 정통의 적장자가 아닌 경우를 말한다. 결국 송시열은 주변의 만류로 『의례』의 주소는 언급치 않은 채 『경국대전』을 인용해 기년복으로 하자는 데 동의했다. 이로써 조대비의 상복은 『경국대전』을 좇아 기년복으로 확정되었다.

그러나 1년 뒤인 소상小祥 직전에 남인의 이론가인 사헌부 장령 허목許穆이 상소를 올려 3년복을 주장하고 나섰다. 허목의 상소가 올라오자 현종은 예조에 명해 조대비의 상복문제를 다시 논의케 했다. 이때 부호군 윤선도尹善道도 상소를 올려 효종의 정통성을 부인한 송시열을 공격하고 나섰다. 현종은 서인의 성화에 못 이겨 윤선도를 함경도 삼수로 유배 보냈으나 내심 그의 주장에 동조하고 있었다. 당시 예송논쟁은 성균관과 지방유생들에게도 확산되었다. 영남유생 유세철柳世哲 등 1천여 명이 허목의 주장을 지지하는 상소를 올리자 홍득우洪得雨 등 성균관의 태학생들이 기호지역의 유생들과 합세해 유세철을 공격했다. 이에 전국이 일거에 예송의 소용돌이에 휘말려 들었다. 기해예송은 기년설을 주장한 서인의 승리로 끝났으나 이는 일시적인 승리에 지나지 않았다.

현종 15년1674 2월에 효종비인 인선왕후仁宣王侯 장씨가 죽자 조대비의 상복문제가 다시 불거졌다. 인선왕후를 장자부長子婦로 보아 기년복으로 할 것인지, 아니면 중자부衆子婦로 보아 9개월의 대공복大功服으로 할 것인지 여부가 현안으로 부상했다. 이때 예조는 장자부의 기년복으로 정했다가가 『경국대전』에 따라 다시 중자부의 대공복으로 바꿔 올렸다. 그러자 성복한 지 5개월이 지난 뒤 문득 대구 유생 도신징都愼徵이 상소를 올려 기해예송 당시에도 3년복을 입어야 하는 것은 물론 인선왕후를 위해서도 기년복을 입어야 한다고 주장하고 나섰다. 이에 또다시 치열한 논쟁이 일어났다. 이를 소위 '갑인예송甲寅禮訟'이라고 한다.

'갑인예송'은 기본적으로 『경국대전』의 이상한 규정에서 비롯된 것이었다. 『경국대전』은 아들이 죽었을 경우 어미는 장자와 중자 구별 없이 기년복을 입도록 규정해 놓고도 유독 며느리상의 경우는 장자부는 기년복, 중자부는 대공복을 입도록 규정해 놓은 것이다. 『경국대전』은 며느리상의 경우는 장자부와 중자부인지 여부를 엄격히 가리도록 주문한 셈이다. 이로써 기해예송 때 어물쩍 넘어간 효종의 적통 승계 여부가 전면에 부상케 되었다

도신징의 상소를 접한 현종은 좌부승지 김석주金錫冑에게 『의례』에 대한 정확한 해석을 외뢰했다. 김석주는 비록 외척이기는 했으나 송시열로부터 뛰어난 능력을 인정받고 있었다. 그는 현종비인 명성왕후明聖王后의 부친인 김우명金佑明의 조카로 대동법大同法을 둘러싸고 송시열과 대립한 김육金堉의 손자였다. 김석주는 송시열을 견제할 심산으로 남인의 손을 들어주었다.

"『의례』의 주소에 따르면 '둘째 아들이 후사를 이으면 장자이다'라고 했습니다."

현종은 곧 조대비의 복제를 기년복으로 바로잡고 서인의 대신을 몰아내기 시작했다. 그러나 현종은 이 일이 있은 지 몇 달 뒤 갑자기 병이 나 죽고 말았다. 결국 '갑인예송'의 마무리는 14세의 어린 세자 숙종에 의해 이뤄졌다. 원래 숙종은 부왕인 현종과 달리 과단성이 있는 데다가 성정 또한 불과 같았다. 그는 세자시절부터 송시열에 대해 적개심을 품고 있었다.

숙종은 즉위하자마자 송시열의 문인인 대제학 이단하李端夏가 지은 현종의 행장行狀을 문제삼고 나섰다. 당시 행장 중에 '복제를 바르게 정했다'는 글귀가 나오자 숙종은 송시열의 이름을 들

어 그가 예를 잘못 이끌었음을 기록하라고 지시했다. 이단하가 할 수 없이 '송시열이 예를 이끌었다'라고 쓰자 숙종이 다시 지시했다.

"반드시 '송시열이 예를 그르쳤다'고 말해야 선왕이 처분한 뜻이 명백해질 것이오."

이단하가 차마 스승이 '예를 잘못 이끌었다'고 기록할 수 없어 다른 사람에게 행장을 짓게 해줄 것을 간청했으나 숙종은 요지부동이었다. 이에 이단하는 지시대로 기록한 뒤 곧 상소문을 올려 '엄한 분부에 핍박받아 글자를 고쳤다'고 변명했다. 이를 본 숙종이 대노했다.

"그대는 스승만 알고 군주는 모르는가."

이단하가 이내 파면되자 숙종의 뜻을 헤아린 남인들이 송시열을 제거하기 위해 거듭 상소를 올렸다. 현종의 장례가 끝나기가 무섭게 남인이 송시열과 서인 대신들을 맹공하기 시작했다. 결국 송시열은 관직을 박탈당하고 쫓겨나게 되었다. 이를 '갑인환국甲寅換局'이라고 한다. 결국 이듬해인 숙종 원년1675 정월에 송시열은 유배형에 처해졌다.

송시열은 이후 유배에서 풀려났으나 숙종 15년1689 초에 희빈禧嬪 장씨의 소생인 왕자 윤昀 : 경종의 세자 책봉이 너무 이르다는 상소를 올렸다가 숙종의 노여움을 사 이내 삭탈관직당하고 말았다. 이를 계기로 거의 1년에 걸쳐 1백여 명의 이상의 서인이 처벌되었다. 이를 '기사환국己巳換局'이라고 한다. 결국 송시열은 남인들의 탄핵을 받아 제주도에 위리안치圍籬安置되었다가 이내 사사賜死되고 말았다. 이는 모두 예송으로 인한 것이었다. '치평'과는 하등 상관없는 사소한 문제를 놓고 조선조의 사대부들은 정적을 사지로 몰아넣는 정국파행을 일삼았던 것이다. 예론이 정쟁의 도구로 악용된 대표적인 사례가 아닐 수 없다.

이를 통해 알 수 있듯이 조선조는 주희의 『주자가례』로 국사문제까지 재단하는 우를 범했다. 조선조가 오랫동안 『대학』과 『중용』을 오직 성리학의 사변론에 입각해 해석한 것은 바로 이 때문이었다. 그러나 이런 잘못된 관행은 성리학이 사라진 현재까지 그대로 이어지고 있다. 이제라도 『대학』과 『중용』을 『예기』의 전체 맥락에서 접근할 필요가 있다. 그것이 공자와 순자의 예치사상을 이어받아 『대학』과 『중용』을 『예기』의 한 편으로 편제한 『예기』 편집자들의 기본 취지에 부합하는 길이기도 하다.

제2장 대학(大學)과 수치(修治)

『대학』은 『예기』 49편 중 제42편에 편제되어 있다. '대학大學'은 말 그대로 대인大人의 학문을 말한 것이다. 여기의 '대인'은 최고통치권자인 군주를 비롯한 위정자를 의미한다. 『대학』은 위정자가 통치에 임하는 자세를 언급해 놓은 것이라고 해도 과언이 아니다. 이는 주희가 말하는 성리학의 '성性' 및 '리理'와는 하등 상관이 없는 것이다.

그럼에도 성리학이 등장한 이래 『대학』을 '성' 및 '리'와 연관시켜 해석하는 잘못된 관행이 1천여 년 넘게 지속돼 왔다. 이는 말할 것도 없이 주희로 인한 것이었다. 『대학』에 관한 주석서가 한우충동汗牛充棟에 달할 만큼 수없이 쏟아져 나왔음에도 불구하고 하나같이 『대학』의 기본 요지조차 제대로 파악치 못한 우를 범한 셈이다.

『대학』의 요체는 수신修身 · 제가齊家 · 치국治國 · 평천하平天下에 있다. 이는 격물格物 · 치지致知 · 성의誠意 · 정심正心에서 비롯된다. '격물 · 치지 · 성의 · 정심'은 전일專一하여 학문을 탐구하는 자세를 말한 것이다. 이는 '수신 · 제가 · 치국 · 평천하'가 학문과 불가분의 관계를 맺고 있음을 시사하고 있다. 『대학』은 여기서 한 발 더 나아가 '격물 · 치지 · 성의 · 정심'이 전제되지 않은 '수신 · 제가 · 치국 · 평천하'는 공허할 수밖에 없다는 사실을 경고하고 있다. 그러나 이는 결코 주희가 말하듯이 '성'과 '리'를 파악하는 방법론을 언급한 것이 아니다. 그렇다면 '격물 · 치지 · 성의 · 정심'은 구체적으로 무엇을 말하는 것일까.

원래 공자의 '인仁'에 등장하는 인간은 우주의 중심에 서 있는 까닭에 모든 존재를 적극적으로 해석하고 우주를 조화롭게 창조해 나가는 주체가 된다. 공자의 '인'에 내재된 인문주의人文主義 정신의 웅혼한 면모를 여기서 확인할 수 있다.

이는 기본적으로 인간의 합리적인 이지에 대한 전폭적인 신뢰가 전제되었기 때문에 가능한 것이다. 합리적인 이지는 바로 '가지可知'와 '불가지不可知'를 구별할 줄 아는 데서 출발하고 있다. 『논어』「위정」편에 나오는 공자의 다음과 같은 언급이 그 증거이다.

"유由 : 자로야, 너에게 안다는 것이 무엇인지 가르쳐 줄까. 아는 것을 안다고 하고 모르는 것을 모른다고 하는 것이 바로 아는 것이다."

공자가 말하는 '지知'는 바로 '가지'와 '불가지'를 구분해 말하는 자세를 뜻한다. 『대학』에서 말하는 성의誠意와 정심正心은 바로 이를 의미하는 것이다. 그럼에도 주희를 비롯한 성리학자들은 이를 '성'과 '리'를 탐구하는 자세로 해석했던 것이다. 『대학』의 그 어느 곳에도 '성'과 '리'를 언급한 구절이 없다. 주희는 자신이 내세우는 '성즉리性卽理' 이론을 뒷받침하기 위해 『대학』을 멋대로 왜곡했다는 지적을 면키 어렵다.

당초 전국시대 중기에 들어와 묵가는 인격신인 '천天'을 상정함으로써 사실상 종교화의 길로 나아갔다. 맹자는 자신도 모르는 사이에 묵가의 이런 행보에 커다란 자극을 받았다. 그가 '인의'를 최고의 덕목으로 내세운 것은 바로 이 때문이었다. 그러나 그는 비록 묵가와 유사한 '천인합일설'을 내세웠음에도 불구하고 결코 종교화의 길로 나아가지 않았다. 이는 공자사상의 핵심인 '인'이 인간을 떠난 그 어떤 것도 부차적인 것으로 간주한 데 따른 것이다. 『논어』「선진」편에 나오는 다음 일화를 보면 공자가 '가지'와 '불가지'의 구분을 얼마나 중시했는지를 쉽게 알 수 있다.

하루는 자로가 귀신을 섬기는 마음가짐을 묻자 공자가 이같이 대답했다.

"사람을 제대로 섬기지 못하는데 어찌 능히 귀신을 섬길 수 있겠는가."

이때 계로가 또 물었다.

"감히 죽음에 대해 묻고자 합니다."

공자가 대답했다.

"삶도 제대로 알지 못하는데 어찌 죽음을 알 수 있겠는가."

당시 자로는 덕행德行에 대한 관심이 컸던 만큼 학행學行에 대해서는 소루한 면이 있었다. 이에 공자는 아무리 열심히 덕행을 추구할지라도 '가지'와 '불가지'를 구별해 말할 줄 아는 학행이 전제되지 않으면 제대로 된 덕행을 이룰 수 없음을 일깨워 준 것이다. 공자의 '인'은 바로 '지'의 기초 위에 성립돼 있었다. 인간의 문제와 초월적인 문제를 구별할 줄 아는 '지'가 전제되어야만

'인'을 구현할 수 있는 것이다. 『논어』「옹야」편에 나오는 다음 일화가 그 증거이다.

하루는 제자 번지가 지知에 대해 묻자 공자가 이같이 대답했다.

"백성들을 의롭게 만드는 데 힘쓰고, 귀신을 경원敬遠 : 공경하면서도 멀리함하면 가히 지知라고 할 수 있다."

번지가 또 인仁에 대해 물었다. 공자가 대답했다.

"인자仁者는 어려운 일을 먼저 하고 얻는 것을 뒤로 한다. 이리하면 가히 '인'이라고 할 수 있다."

이를 통해 공자가 평소 괴력난신怪力亂神에 대한 언급을 얼마나 꺼렸는지를 쉽게 알 수 있다. 여기의 '경원'은 군주나 상관을 대하는 것과 마찬가지로 귀신에게도 합당한 것은 모두 해야 하나 그 이상의 것은 안 된다는 취지에서 나온 것이다. 공자가 생존한 춘추시대 말기만 하더라도 열국 모두 귀신을 섬기는 제사를 매우 중시했다. 공자는 귀신을 경원하는 방법을 제시함으로써 백성을 다스리는 통치문제와 신을 받드는 제사문제를 분명히 구분하고 나선 것이다.

여기서 공자가 '경원'을 '지知'로 해석한 점에 주목할 필요가 있다. 공자는 정치와 종교의 분리를 '지'로 언명함으로써 학술문화의 종교로부터의 해방을 분명히 하고 나선 셈이다. 마키아벨리가 『군주론』에서 정치와 종교의 분리를 외친 시점과 비교해 볼 때 동양은 서양에 비해 무려 2천 년 이상이나 앞서 정치의 독립을 선언한 것이나 다름없다.

공자사상의 특징 중 하나가 바로 '인지합일仁知合一'에 있다고 해도 과언이 아니다. 맹자가 말하는 '인 · 의 · 예 · 지'의 사덕四德 개념에는 상호 연계성이 배제되어 있는 까닭에 공자사상에 나오는 '인'과 같은 통일적인 사고가 결여되어 있다. 공자가 말한 '지'는 단순히 '가지'와 '불가지'를 구별하는 수준에서 그치는 것이 아니다. 이는 「위정」편에 나오는 공자의 다음과 같은 언급을 보면 쉽게 알 수 있다.

"은나라가 하나라의 예제를 이어받았으니 그 손익損益 : 빼고 더한 부분을 가히 알 수 있고, 주나라가 은나라의 예제를 이어받았으니 그 손익을 가히 알 수 있다. 혹 주나라를 계승하는 자가 있다면 비록 1백 세대 이후의 일일지라도 가히 알 수 있을 것이다."

공자는 현재의 역사를 알면 이를 바탕으로 미래를 예측할 수 있다고 언급한 것이다. 공자가 말한 '지'란 단순히 기지旣知 내지 가지可知에 그치는 것이 아니고 '기지'를 바탕으로 '미지'를 예견하고 '가지'를 바탕으로 '불가지'를 탐구하는 수준에 이르는 것을 뜻한다. 공자는 「술이」편에서 이를 보다 상세히 설명해 놓았다.

"아마도 그 이치를 알지도 못한 채 행하는 사람이 있을 것이다. 나에게는 그런 것이 없다. 많이 들으면서 그 중 좋은 것을 가려 좇고, 많이 보면서 그 중 좋은 것을 가려 기억해 두는 것이 지식을 얻는 순서이다."

많은 견문 중에서 선한 것을 선택하는 일이 최상의 '지'라고 말할 수는 없으나 '지'에 가까운 것이라고 언급한 것이다. 『대학』에서 말하는 '격물 · 치지'의 원래 의미가 바로 여기에 있는 것이다. 사물을 접하면서 '가지'를 바탕으로 '불가지'를 탐구하고 '기지'를 바탕으로 '미지'를 예견하는 것이 바로 '격물 · 치지'인 것이다. 이는 공자의 '인'이 합리적이면서도 이성적인 '지' 위에 성립해 있고, '지'를 판별하고 실천하는 주체가 바로 인간 자신이라는 사고 위에 서 있음을 보여주는 것이다. 「옹야」편에 나오는 공자의 다음과 같은 언급이 그 증거이다.

"지자는 물을 좋아하고, 인자는 산을 좋아한다. 지자는 동적이고, 인자는 정적이다. 지자는 즐기고, 인자는 장수한다."

공자는 여기서 '지자'와 '인자'를 크게 '동動·정靜', '낙樂·수壽', '요수樂水·요산樂山'의 3가지 차원에서 비교해 놓았다. 그러나 이는 '지자'와 '인자'를 대립적인 개념으로 인식한 데서 나온 것이 아니다. 공자가 말하는 광의의 '인자仁者'는 바로 '지자'를 포함한 개념이다. 공자는 '인'과 '지'의 불가분성을 설명하기 위해 편의상 '인자'와 '지자'를 나눠놓은 것일 뿐이다. 이는 기본적으로 '지'를 바탕으로 하지 않은 '인'은 불완전할 수밖에 없다고 본 데 따른 것이다. 「이인」편에 나오는 공자의 다음과 같은 지적이 그 증거이다.

"불인자不仁者는 오랫동안 곤궁한 곳에 처하지 못하고, 오랫동안 즐거움에 처하지 못한다. 인자는 '인'을 편히 여기고, 지자는 '인'을 이롭게 여긴다."

여기의 '불인자'는 '인'을 체득하지 못한 자를 말한 것이기는 하나 그 내용은 사실 '지'가 뒷받침되지 못한 사람을 의미한다. 이 대목에서 '부지자不知者'를 언급하지 않은 것이 이를 뒷받침한다. 공자가 여기서 말하는 '불인자'는 곧 '지'가 전제되지 않음으로써 '인'을 제대로 터득치 못한 자를 지칭한다. 이처럼 공자사상에 나오는 '인자'와 '지자'는 결코 두 개의 실체로 나눌 수 있는 것이 아니다.

이는 '측은지심惻隱之心' 등의 사단四端을 인간의 본성으로 간주해 오직 사단만을 잘 보존하면 얼마든지 성인이 될 수 있다는 식으로 군자의 덕목을 언급한 맹자의 설법과는 질적으로 다른 것이다. 공자는 결코 인·의·예·지와 같은 덕목이 인간의 본원적인 인성에 해당한다고 말한 적이 없다. 공자가 말한 인·의·예·지와 같은 덕목은 인간의 본성 차원에서 언급한 것이 아니라 인간이 타인 및 국가사회를 비롯한 일체의 타자와의 관계 속에서 체현하는 덕목을 언급한 것이다.

공자가 언급한 '인'은 맹자가 말한 '인·의·예·지'뿐만 아니라 효孝 : 효도·제悌 : 공경·충忠 : 충성·신信 : 믿음·정精 : 정예·성誠 : 성의·결潔 : 정결·정正 : 바름·우友 : 우정·자字 : 훈육·용勇 : 용기·서恕 : 용서·관寬 : 관용·맹猛 : 결단·정貞 : 정절·절節 : 절제·질質 : 질박·문文 : 세련·행行 : 실천·판判 : 판단·언言 : 언론·예藝 : 기예·악樂 : 예술 등 수많은 덕목을 두루 포함하고 있다. 그 중에서도 '지'가 '인'과 가장 밀접하게 연결돼 소위 '인지합일仁知合一'의 구조를 이루고 있다.

공자가 말한 '인'을 결코 맹자와 같이 인·의·예·지 등의 '4덕'으로 좁혀 해석해서는 안 되는 이유가 여기에 있다. 맹자가 '4덕'만을 떼어내 인간의 본성이라고 본 것 자체가 억지논리이다. 그보다는 차라리 순자처럼 희喜·노怒·애哀·락樂 등의 성정性情을 인간의 본성에 가깝다고 보는 것이 훨씬 과학적이고 논리적이다. 맹자가 '4덕'을 떼어내 '4단설'을 만들어낸 것은 무슨 근거가 있는 것이 아니라, 오로지 자신이 주창한 '왕도王道'를 뒷받침하기 위한 것이었다. 그럼에도 성리학자들은 이를 다시 '천리인욕설天理人欲說'과 결합시켜 인간의 자유로운 성정을 억압했던 것이다.

『논어』「이인」편의 '불인자'에 대한 해석을 통해 알 수 있듯이 '지'는 '인'에 이르는 대전제로 기능하고 있다. 이를 칸트의 개념을 원용해 풀이하면 순수이성인 '지'가 실천이성인 '인'과 유기적으로 통일되어 있다고 해석할 수 있다. 일각에서는 여기의 '불인자'를 두고 공자가 순수이성인 '지'보다 실천이성인 '인'을 위에 둔 것으로 풀이하고 있으나 이는 잘못이다.

공자는 '지'보다 '인'을 위에 둔 것이 아니라 '지'를 '인'의 전제조건으로 간주해 앞에 둔 것이다. 공자사상에 나오는 '문질文質'과 '부교富敎', '의리義利' 등의 개념이 모두 하나로 통일되어 있는 것이 그 증거이다. '인'과 '지'에 관한 공자의 기본 입장 역시 '선부후교先富後敎' 및 '선질후문先質後文', '선의후리先義後利' 등과 같이 '선지후인先知後仁'의 입장에 서 있다. 이는 「옹야」편에 나오는 공자의 다음과 같은 언급을 통해 쉽게 확인할 수 있다.

"인도仁道를 아는 것은 그것을 좋아하느니만 못하고, 그것을 좋아하는 것은 그것을 즐기느니만 못하다."

이 대목을 통해 공자가 말하는 '지인至仁'에 이르는 도정은 〈지인知仁 → 호인好仁 → 낙인樂仁〉의 3단계로 구성돼 있음을 알 수 있다. 이는 '지'와 '인'이 상호 불가분의 관계로 결합되어 있고 실천면에서 상호 선후관계로 맺어져 있음을 보여주는 것이다. 실천 차원에서 언급한 '지'와 '인' 간의 선후 개념을 본질적인 우열 개념으로 파악하는 것은 '지'와 '인'의 상호관계를 정확히 파악치 못한 데 따른 것이다. 맹자가 '지'의 개념을 극소화한 가운데 오직 사단을 보존하기만 하면 성인이 될 수 있다고 주장한 것도 바로 '지'와 '인'의 상호관계를 제대로 파악치 못한 결과이다. 『논어』 「양화」편에 나오는 다음 대목을 보면 이를 더욱 분명히 확인할 수 있다.

"인仁만 좋아하고 배우기를 좋아하지 않으면 어리석게 되고, 지혜만 좋아하고 배우기를 좋아하지 않으면 방자하게 된다."

공자가 '지'를 얼마나 강조하고 있는지를 선명히 보여주는 대목이 아닐 수 없다. 공자는 이 대목에서 '지인至仁'에 이르는 〈지인知仁→호인好仁→낙인樂仁〉의 3단계 도정 이전에 그 선행단계로 '호학好學'의 단계가 존재하고 있음을 분명히 밝히고 있다. 이는 곧 '지인至仁'의 도정이 〈학인學仁→지인知仁→호인好仁→낙인樂仁〉의 4단계로 이뤄져 있음을 지적한 것이나 다름없다. 이는 구체적인 실천을 위한 선후의 순서를 언급한 것으로 두 개념 사이에 상하의 차등이 있는 것이 아니다.

공자는 군자가 '인'을 체득한 위정자가 되기 위해서는 반드시 학지學知에서 출발해야 한다는 점을 분명히 하고 있다. '학지'를 배제한 채 입으로만 '인'을 떠들거나 머리만 믿고 '학지'를 게을리 해서는 결코 군자가 될 수 없음을 경고한 셈이다. 실제로 '학지'를 무시 내지 소홀히 한 덕행의 수련만으로는 결코 '인'을 체득할 수 없다. 『대학』에서 말하는 치지致知는 바로 대인大人이 취해야 하는 '인지합일'의 '학지'를 언급한 것이라고 해도 과언이 아닌 것이다.

그렇다면 '격물'은 구체적으로 무엇을 말하는 것일까. 그것은 바로 사물의 이치를 궁구窮究하는 '사思'를 의미한다. 공자는 기본적으로 '학'은 반드시 '사'와 연결되어야만 한다고 생각했다. 이는 「위정」편에 나오는 공자의 다음과 같은 언명을 통해 쉽게 확인할 수 있다.

"배우되 생각하지 않으면 어둡고, 생각하되 배우지 않으면 위태롭다."

공자가 여기서 군자의 '학지'는 반드시 '사'와 겸행해야 한다는 점을 분명히 하고 있다. 단순한 독서와 군물박람群物博覽 등의 배움만으로는 진정한 '학지'를 얻을 수 없다고 경고한 것이다. '학지'가 '사'와 동시에 이뤄져야만 진정한 의미의 '학지'를 이룰 수 있다는 게 공자의 주장이다. 『대학』에서 말하는 '격물'은 바로 이를 말한 것이다. 공자가 말한 '학지'는 곧 '사'를 내포한 개념이라고 해도 과언이 아니다.

공자의 제자 중 '학지'와 '사'를 겸행하여 진정한 의미의 '학지'를 이룬 인물로 안회를 들 수 있다. 안회는 '일단사일표음一簞食一瓢飮'의 가난한 생활 속에서도 전혀 구애받지 않고 학문하는 즐거움에 젖어 있었다. 공자가 '인'을 구현한 구체적인 사례로 안회를 자주 거론한 것은 그가 '학지'와 '사'를 겸행하는 '호학好學'의 풍도를 보인 데 있다. 공자와 안회가 보여준 '호학'은 곧 '가지'와 '불가지'의 구분을 의미하는 '호인好仁' 및 낙인樂仁의 대전제에 해당하는 것으로 '사思'를 내포한 학인學仁 및 지인知仁을 의미하는 것으로 볼 수 있다.

이상과 같은 분석을 통해 『대학』에서 말하는 '격물·치지·성의·정심'은 곧 『논어』에서 말하는 〈학인學仁→지인知仁→호인

好仁→낙인樂仁〉의 4단계 과정을 이론화한 개념임을 알 수 있다. 그렇다면 이들 4단계 과정을 통해 '지인至仁'에 이르렀을 때의 구체적인 공효功效는 무엇일까. '수신·제가·치국·평천하'가 바로 그것이다. 이를 두고 공자는 『논어』「안연」편에서 이같이 풀이해 놓았다.

"극기복례克己復禮 : 자신을 억제해 예로 돌아감가 인을 이루는 것이다. 하루만이라도 극기복례하면 천하귀인天下歸仁 : 천하가 모두 인으로 돌아감을 이룰 수 있다. 이를 이루는 것은 자신에게서 비롯되는 것으로 어찌 다른 사람에게서 비롯될 수 있겠는가."

이는 공자사상의 요체가 〈극기복례→천하귀인〉에 있고, 『대학』은 이를 〈격물·치지·성의·정심→수신·제가·치국·평천하〉로 표현해 놓았음을 밝힌 것이다. 결코 주희의 주장과 같이 '성性'과 '리理'의 탐구를 통해 '수신·제가·치국·평천하'를 이룰 수 있다고 말한 게 아니다. 「안연」편의 〈극기복례→천하귀인〉 대목은 공자사상의 핵심인 '인'이 이루고자 하는 궁극적인 목표가 무엇이고, 공자가 왜 전 생애를 바쳐 '군자학'의 정립과 교습에 헌신했는지를 밝혀주는 매우 귀중한 대목이 아닐 수 없다.

이를 통해 '지인'의 공효는 바로 '극기복례'를 통한 '천하귀인'에 있음을 쉽게 알 수 있다. 공자의 예치사상이 바로 '극기복례'에 선명히 드러나고 있는 셈이다. 이는 〈학인→지인→호인→낙인〉의 과정이 곧 '극기복례'이고, 그 결과인 '지인至仁'의 구체적인 공효가 '천하귀인'임을 의미한다.

여기의 '극기복례'는 기본적으로 '학지學知'를 전제로 한 점진적인 접근방법을 통해서만 이룰 수 있다. 여기에는 결코 불가의

'돈오頓悟'와 같은 비약이 있을 수 없다. '학지'의 과정을 생략한 '호인好仁'과 '낙인樂仁'은 공자가 갈파했듯이 암우暗愚 내지 방탕放蕩에 빠지기 십상이다. '천하귀인'을 이루기 위해서는 반드시 '학인學仁' 및 '지인知仁'의 '학지' 과정을 반복하면서 '호인'과 '낙인'의 단계로 들어가야만 한다. 이는 오랜 시간이 소요될 수밖에 없다.

공자가 '극기복례'를 단 하루만이라도 성사시킬 수 있으면 '천하귀인'의 엄청난 공효를 이룰 수 있다고 언급한 것은 '지인至仁'의 지극한 공효를 말한 것으로 결코 단순한 방법론을 언급한 것이 아니다. 만일 이를 방법론으로 간주케 되면 어느 날 갑자기 미륵彌勒이 출현해 중생을 반야의 피안으로 이끌거나 메시아가 갑자기 출현해 천년왕국을 열게 된다는 식의 설법과 다를 바가 없게 된다. 이는 인간을 중심으로 하여 세도世道를 파악한 공자의 기본 취지와 배치된다.

그럼에도 주희는 '극기복례'의 '극기克己'를 '극욕克欲'으로 해석해 놓았다. 이는 '격물·치지'를 두고 '시비是非를 분별해 선행善行을 행하다'의 윤리적 의미로 풀이한 것과 동일한 맥락에서 나온 것이다. 그러나 공자는 결코 자신의 욕망을 극복하거나 없애라고 주장한 적이 없다. 단지 과도하게 노출되는 것을 경계했을 뿐이다. 이는 순자가 예禮를 통해 희·노·애·락의 정욕情欲을 '제욕制欲'할 것을 강조한 것과 같은 맥락이다. '극기'는 후한 제국 말기의 마융馬融이 '극克'을 '약約'으로 해석한 것과 같이 자신의 몸을 스스로 단속하는 일종의 '수기修己'로 해석하는 것이 타당하다. 이같이 해석하는 것이 공자가 '이를 이루는 것은 자신에게서 비롯되는 것으로 어찌 다른 사람에게서 비롯될 수 있겠는가' 라고 언급한 취지에 부합한다.

'극기복례'의 '복례復禮'는 군민君民이 '수기'를 통해 각자 맡은 바 소임을 충실히 하여 예禮로 상징되는 '치평'의 국가공동체 통치질서에 유기적으로 부응하는 것을 뜻한다. 이는 개인의 '수기'가 국가공동체의 통치질서에 자연스럽게 합일된 상태를 말한다. 순자가 말하는 '융례隆禮 : 예를 隆崇하게 함'가 이에 해당한다. 순자가 역설한 '융례'는 곧 「안연」편의 '복례'를 달리 표현한 것이라고 할 수 있다. 『순자』「강국彊國」편에 나오는 순자의 다음과 같은 언급이 이를 뒷받침한다.

"순수하게 유도儒道를 쓰면 왕자王者가 되고, '유도'가 다른 것과 섞이면 패자覇者가 되고, 아무 것도 없으면 망자亡者가 된다."

이는 진秦나라가 비록 부국강병을 이뤄 천하를 호령하게 되었으나 법치만으로는 천하를 제대로 통합시킬 수 없음을 지적한 것이다. '예치'는 법치를 포함할 수 있으나 법치로 '예치'를 대체할 수 없다는 뜻을 담고 있다. 「안연」편의 '복례'와 순자의 '융례'는 곧 '수기'와 '치평'이 상호 통일적으로 조화를 이룬 상태를 의미하는 것이다.

이를 통해 '극기복례'는 바로 '수기'와 '치인治人'이 조화를 이룬 통치의 궁극을 언급한 것임을 알 수 있다. 『대학』에서 말하는 〈격물 · 치지 · 성의 · 정심→수신 · 제가 · 치국 · 평천하〉는 바로 이를 이론적으로 정립한 것에 해당한다. 공자가 단 하루라도 '극기복례'가 이뤄지면 '천하귀인'이 이뤄질 것이라고 언급한 이유가 바로 여기에 있다. 공자가 말한 '극기복례'는 곧 '극기'인

'수기'와 '복례'인 '치인'이 통일적으로 결합돼 군자의 위정爲政이 궁극적인 목표로 삼고 있는 '지치至治'의 경지에 도달한 것을 의미하는 것이다.

그럼에도 주희는 '극기'를 '극욕'으로 해석한 데 이어 '복례'마저 '수제' 차원의 가례家禮로 간주하는 우를 범했다. 이는 '수기치인'이 달성된 통치의 지극한 상황인 '지인至仁'을 하나의 수단으로 격하시킨 것이나 다름없다. 조선조 때의 사대부들이 『주자가례朱子家禮』로 국가 통치질서까지 대체하려는 잘못을 저지른 이유가 바로 여기에 있었다. 주희는 맹자에 이어 공자사상의 핵심인 '인'을 극도로 왜소화하는 데 결정적인 공헌을 한 셈이다.

그렇다면 '천하귀인'은 구체적으로 무엇을 말하는 것일까. 주희는 '천하귀인'을 천하인이 인자仁者에게 귀복歸服하는 것으로 새긴 까닭에 '극기복례'를 두고 '수기'를 부연해 설명한 것으로 보았다. 그러나 공자는 이 대목에서 군자가 단 하루라도 '극기복례'를 이루면 천하인이 그 군자에게 귀복케 된다고 말하려고 한 것이 아니다. 그는 말 그대로 천하가 '복례復禮'의 구체적인 표현인 '귀인歸仁'의 경지로 들어간다는 것을 말하고자 한 것이다. 이는 고주古注와 같이 천하인이 군자의 인덕을 칭송한다고 새기느니만 못하다.

'극기복례'의 '복례'와 '천하귀인'의 '귀인'은 동의이어에 해당한다. 공자는 결코 주희가 말한 것과 같이 어떤 한 사람의 '극기복례'로 인해 천하인이 그에게 귀복케 된다고 말한 것이 아니다. 실제로 어느 한 군자의 '극기복례'로 천하인이 그에게 귀복케 되는 것은 상식적으로 있을 수 없는 일이다. 주희의 이러한 해석은 메시아 및 미륵의 출현을 언급한 종교적 교설에 가까운 것이다.

공자는 군자의 길로 들어서고자 뜻을 세운 모든 사람을 제자로 받아들여 스스로 '학지'를 통해 진정한 군자를 뜻하는 '군자유君子儒'가 될 것을 주문했다. 공자가 생전에 신분의 고하를 막론하고 자에게 배움을 청하는 모든 사람들에게 '군자학'을 가르친 것은 바로 이 때문이었다. 이는 어떤 한 사람의 힘만으로는 학덕을 연마한 군자가 위정자가 되는 소위 '군자정'을 구축할 수 없음을 통절하게 깨달은 결과이기도 하다. 이를 통해 알 수 있듯이 공자는 결코 어떤 한 사람이 '극기복례'를 이루면 천하인이 그에게 귀복할 것이라고 말한 적도 없고 그같이 생각한 적도 없다.

〈극기복례→천하귀인〉은 각 개인이 국가공동체의 일원으로서 주체적인 자각을 통해 '수기치인'의 군자가 되어 천하를 치평治平하는 상황을 말한 것이다. 여기의 '복례'는 순자의 '융례'와 마찬가지로 군민 모두 예를 숭상함으로써 '천하귀인'을 이루는 '예치'를 의미한다. 이는 기본적으로 공자가 '괴력난신'을 멀리하고 세도世道의 구현에 모든 관심을 집중시킨 결과라고 할 수 있다. 인간을 모든 사고의 중심에 놓는 그의 인문주의적 특징이 선명히 드러나는 대목이 아닐 수 없다.

그렇다면 〈극기복례→천하귀인〉을 이론적으로 정치하게 다듬어낸 『대학』의 〈격물 · 치지 · 성의 · 정심→수신 · 제가 · 치국 · 평천하〉 도식의 '수신 · 제가 · 치국 · 평천하'는 구체적으로 무엇을 말하는 것일까. 이는 크게 '수신 · 제가'와 '치국 · 평천하'로 양분할 수 있다. '수신 · 제가'는 개인적 차원의 자아의 완성을 의미하고, '치국·평천하'는 공동체 차원의 통치의 완성을 뜻한다.

그렇다면 '수신·제가'와 '치국·평천하'는 상호 어떤 관계를 맺고 있는 것일까. 맹자는 '수신·제가'가 이뤄질 경우 '치국·평천하'는 저절로 이뤄지는 것으로 보았다. 이는 그가 성선설性善說을 주장한 사실과 무관치 않다. 모든 인간이 선성善性을 지니고 있는 까닭에 군민 모두 '수신·제가'만 잘 이행하면 '치국·평천하'는 달리 문제가 될 것이 없다고 본 것이다. 맹자가 인간의 선성을 어지럽게 만드는 인간의 욕심을 억제하는 과욕설寡欲說을 주장한 이유가 여기에 있다.

순자도 맹자의 '과욕설'과 유사한 제욕설制欲說을 주장했다. '과욕설'과 '제욕설' 모두 '수신·제가'와 '치국·평천하'를 이루기 위한 방법론으로 제시되었다는 점에서 하등 차이가 없다. 그러나 구체적인 방법론에서는 적잖은 차이가 있다. '과욕설'은 성의誠意·정심正心에 기초한 개인적인 인격수양을 강조한데 반해 '제욕설'은 융례隆禮·존현尊賢에 기초한 사회적인 예규禮規를 강조하고 있다. '과욕설'이 〈수신제가→치국평천하〉의 도식을 당연한 것으로 간주한 데 반해 '제욕설'은 이를 부인하고 〈수신제가↔치국평천하〉의 도식을 주장한 셈이다.

법가사상을 집대성한 순자의 제자 한비자는 스승의 '제욕설'을 더욱 단순화시켜 소위 종욕설從欲說을 주장하면서 〈치국평천하→수신제가〉의 도식을 내세웠다. '종욕설'은 이욕에 뿌리를 둔 인간의 악성惡性은 맹자가 주장한 인격수양은 말할 것도 없고 순자가 강조한 예교禮敎로도 결코 선화善化할 수 없다는 전제 위에 서 있다. 법가 사상가들이 인간의 본원적인 악성을 상황에 따라 강력히 제압하거나 적극 활용하여 나라를 다스려야 한다고 역설하면서 엄법嚴法이 반드시 필요하다고 주장한 이유가 바로 여기에 있었다.

한비자가 스승인 순자의 '제욕설'을 더욱 발전시켜 인간의 본성을 치유가 불가능한 악성으로 간주해 '종욕설'을 주장한 것과 같이 주희 역시 맹자의 '과욕설'을 더욱 발전시켜 극단적인 주장을 내놓았다. 그것이 바로 '멸욕설滅欲說'이다. '멸욕설'은 극악무도한 자 또한 인격적인 수양에 의해 얼마든지 선화가 가능하다는 전제 위에 서 있다. 성리학자들이 통치자인 군자는 육체적 이욕을 완전히 소멸시켜 인간의 완전한 선성을 드러내야만 한다고 주장한 것은 바로 이 때문이었다.

'멸욕설'은 식욕 및 색욕 등과 같은 이욕은 인간의 선성을 더럽히는 먼지와 같은 것이므로 생존을 위한 최소한에 그쳐야 한다는 사고 위에 서 있다. 성리학자들은 쉼 없이 먼지를 털어냄으로써 명징明澄하기 그지없는 거울을 유지할 수 있는 것처럼 끊임없는 인격수양을 통해 오염되지 않은 인간의 선성을 완전한 형태로 보유할 수 있다고 보았다. '멸욕설'이 〈수신제가→치국평천하〉 도식의 불가역성不可逆性을 강조한 것은 바로 이 때문이다.

그러나 '멸욕설'은 인간의 자연스런 욕망인 식욕과 색욕 등을 오예汚穢의 근원으로 간주함으로써 인간의 삶을 황폐하기 그지없게 만들 소지가 크다. 성리학이 극단적인 명분론으로 치달아 끝내 난세의 시기에는 통치이념으로서의 기능을 상실케 된 가장 큰 이유가 바로 여기에 있다. 법가 사상가들이 내세운 '종욕설' 역시 인간을 이욕의 결정체로만 간주하여 인격적인 수양을 통한 선성의 발현 내지 사회적인 예규를 통한 악성의 선화 가능성을 아예 부인했다는 점에서 커다란 문제를 안고 있다.

그런 점에서 '수신·제가'와 '치국·평천하'의 가역성可逆性을 인정한 순자의 〈수신제가↔치국평천하〉의 도식이 타당한 것은 말할 것도 없다. 이는 '충忠'과 '효孝'의 충돌문제와 직결된 것이기도 하다. 『논어』「자로」편에 나오는 공자와 초나라의 현대부인 섭공葉公 심제량沈諸梁과의 문답이 바로 그것이다.

원래 섭공은 초나라의 실력자로 한때 좌사마左司馬를 지내면서 커다란 군공軍功을 세운 인물이다. 『춘추좌전』에는 그에 관한 일화가 제법 많이 실려 있다. 그는 무력보다 덕의 중요성을 강조하면서 국가에 해가 되는 일을 서슴지 않고 즐기는 귀족들을 비난했다. 초나라를 패망의 위기로 몰아넣었던 소위 '백공白公의 난'을 평정한 것은 전적으로 그의 공이었다. 그는 질서가 회복될 때까지만 정권을 담당했다. 그는 나라가 어느 정도 안정되자 미련 없이 자신의 영지인 섭 땅으로 돌아가는 모습을 보였다.

당시 섭공의 행보에는 공자가 생각하는 군자의 모습이 약여하게 드러나 있었다. 공자가 섭공을 만나고 싶어 한 것은 자연스런 일이었다. 공자가 섭공을 만난 시점은 '백공의 난'이 일어나기 전이었다. 당시 섭공은 이웃나라인 채蔡나라의 병합을 공고히 하는 작업을 돕기 위해 채나라에 가 있었다. 공자는 천하유세 도중 채나라로 가 당시 현대부로 칭송이 자자한 섭공을 만났다. 이때 섭공이 공자에게 이같이 말했다.

"우리 무리에 정직한 자가 있습니다. 아비가 양을 횡령하자 아들이 이를 증명했습니다."

그러자 공자가 이같이 반박했다.

"우리 무리의 정직한 자는 그와 다르오. 아비는 자식을 위해 숨기고, 자식은 아비를 위해 숨겨주니 정직함이 바로 그 안에 있는 것이오."

후대의 성리학자들은 이 일화를 〈수신제가→치국평천하〉 도식의 '불가역성'을 뒷받침하는 논거로 삼았다. 실제로 주희는 풀이키를, '부자상은父子相隱은 천리와 인정의 극치이다. 이에 정직하기를 구하지 않아도 정직함이 그 안에 있는 것이다'라고 했다. 성리학자들은 이를 근거로 '효'를 '충'보다 앞서는 것으로 해석했다.

그러나 이는 공문에서 가르친 군자학君子學의 본령이 수기修己의 '수제修齊'가 아닌 치인治人의 '치평治平'에 있다는 사실을 무시한 무리한 해석이 아닐 수 없다. 이 일화는 표면상 공자가 '부위자은父爲子隱'과 '자위부은子爲父隱'을 강조함으로써 '지효至孝'를 '지충至忠'에 앞세운 느낌을 주고 있다. 그러나 그 이면을 살펴보면 결코 공자가 '지효'를 '지충'보다 앞세운 것이 아님을 알 수 있다.

이 일화에서 문제가 된 것은 양 한 마리이다. 양 한 마리의 횡령에 대한 고발은 국가에 대한 '충'의 차원과 전혀 상관이 없는 것은 아니나 직접적인 관련이 있는 것이 아니다. 당대의 현자 섭공 또한 이를 '충'의 문제로 물은 것도 아니다. 굳이 양 한 마리를 훔친 부친에 대한 자식의 고발을 '충'과 관련시켜 해석한다면 '소충小忠'에 불과할 뿐이다.

그러나 양 한 마리를 횡령한 부친을 관가에 고발하는 것은 '지효'에 관한 문제이다. 만일 자식이 그런 일을 저질렀을 경우 그 자식은 가문으로부터 파문을 당하는 것은 물론 이웃의 손가락질을 받았을 것이다. 나아가 국가가 이를 권장할 경우 가정의 파탄을 통한 국가혼란을 야기할 수밖에 없다. '지효'와 '소충'이 충돌할 경우 그 선택은 자명한 것이다. 공자가 '자위부은'을 언급한 진정한 취지가 바로 여기에 있다. 이에 반해 한비자는 '효'보다 '충'을 앞세울 것을 강조한 바 있다. 그는 『한비자』「오두五蠹」편에서 이같이 주장했다.

"양을 훔친 아비를 고발하자 수령이 그 아비를 처벌했다. 수령이 처벌했기 때문에 초나라에는 죄인을 고발해 오는 사람이 없어졌다."

이는 '공公'과 '사私'가 충돌할 경우 '공'을 '사'에 앞세우는 소위 '선공후사先公後私' 내지 '취공사사取公舍私'의 입장에 입각한 견해로 볼 수 있다. 한비자는 기본적으로 가족에 대한 의무보다 국가 및 군주에 대한 의무를 앞세운 것이다. 이는 설령 부자사이라 하더라도 서로 죄를 숨겨주다 보면 나라의 기강이 무너질 수밖에 없다고 본 데 따른 것이다.

그럼에도 성리학자들은 '충'과 '효'의 양적인 크기를 무시한 채 '소충'과 '지효'를 대비시켜 놓고 '효'가 '충'보다 앞선다고 주장한 것이다. 이는 견강부회가 아닐 수 없다. 공자가 양 한 마리의 절도사건과 관련해 '자위부은'과 '부위자은'을 언급한 것을 놓고 공자가 '충'보다 '효'를 앞세웠다고 주장하는 것은 큰 잘못이다.

본래 '충군忠君' 및 '충국忠國'은 '치평' 차원의 덕목이고 '효친孝親'은 '수제' 차원의 덕목이다. 공자는 결코 개인적 차원의 '효'를 국가공동체 차원의 '충'보다 높인 적이 없다. 이는 공자가 『논어』「헌문」편에서 관중管仲의 패업霸業을 '인仁'으로 평가한 사실을 보면 쉽게 알 수 있다.

"제환공齊桓公이 제후들을 규합하며 병거兵車 : 전쟁를 동원치 않은 것은 모두 관중의 공이다. 그 누가 그의 '인'만 하겠는가, 그 누가 그의 '인'만 하겠는가."

이를 통해 짐작할 수 있듯이 공자는 원래 '충'과 '효'의 유기적인 합일을 추구했다. 공자사상의 가장 큰 특징이 여기에 있다. 성리학자들의 '충'과 '효'에 관한 해석은 공자사상에 대한 왜곡이 아닐 수 없다.

한비자가 절도한 아비를 고발한 자식을 적극 옹호하고 나선 것은 국가통치에서 '위공거사爲公去私'의 기본원칙을 확고히 수립코자 한 데 있다. 법가가 말하는 법치가 '위공거사'의 대원칙 위에 수립된 이유가 여기에 있다. 한비자는 유가에서 말하는 효조차 개인적 차원의 사사로운 감정에 불과하다고 보았다. 후세에 강조되는 '충군'과 '충국'사상은 바로 한비자 등 법가사상에 그 뿌리를 두고 있는 것이다.

예로부터 '충'과 '효'의 문제는 '치평'과 '수제' 간의 우선순위와 관련해 많은 논란을 낳았다. 많은 사람들이 이 대목을 두고 섭공은 국가에 대한 '충'을 강조한 데 반해 공자는 가족에 대한 '효'를 강조한 것으로 풀이하고 있다. 그러나 섭공이 반드시 '충'을 '효'보다 앞세워야 한다고 주장한 것도 아니고, 공자 역시 '효'를 반드시 '충'보다 앞세워야 한다고 주장한 것도 아니다. 공자는

'충'과 '효'를 상호 대립 개념이 아니라 보완 개념으로 보았다. 이는 공자가 순자의 〈수신제가↔치국평천하〉 입장에 입각해 있었음을 의미한다. 공자가 「안연」편에서 '부은자은'과 '자위부은'을 언급한 진정한 취지가 바로 여기에 있는 것이다.

이를 통해 알 수 있듯이 공자는 기본적으로 〈수신제가↔치국평천하〉의 입장에 서 있었다. 이것이 『대학』의 기본 취지에 부합하는 것임은 말할 것도 없다. 나라가 없으면 개인의 삶도 존재할 수 없는 법이다. 서양이 낳은 20세기 최고의 정치철학자로 불리는 한나 아렌트H. Arendt는 『인간의 조건』에서 서양의 사상사는 수천 년간에 걸쳐 개인의 권익을 중시하는 소위 '관조적 삶bios theoretikos'과 공동체의 이익을 중시하는 '정치적 삶bios politikos'의 대립으로 점철되었다고 분석한 바 있다. 그는 이런 전제 하에 개인 차원의 '관조적 삶'도 중요하지만 '정치적 삶'이 배제될 경우 결국 '관조적 삶'도 상실될 수밖에 없다고 갈파했다.

아렌트의 이런 언급은 동양의 통치사상사와 맥을 같이 하는 것이기도 하다. '수제'와 '치평'은 결코 어느 한 쪽이 다른 쪽의 선결조건이 되는 관계가 아니다. '3강령'에 우선순위가 존재하지 않듯이 '4조목' 내지 '2조목'으로 요약될 수 있는 '8조목' 역시 〈수신제가↔치국평천하〉의 입장에 서 있었던 공자의 기본 입장을 반영한 것이다.

『대학』의 근본 취지가 군자의 치평을 위한 학문의 길을 밝히는 데 있다는 점에서 볼 때 '8조목'을 '성즉리'의 관점에서 이학理學의 기본 이론으로 삼은 성리학과 '심즉리'의 관점에서 심학心學의 기본 이론으로 삼은 양명학 모두 비판을 면키 어렵다. 이제라도

'8조목' 을 공학의 기본 취지를 좇아 공자 당시의 고의古義 그대로 해석할 필요가 있다. 그것이 공학으로부터 21세기 동북아시대를 여는 이념적 지표를 찾아낼 수 있는 지름길이기도 하다.

제3장 중용(中庸)과 중화(中和)

『중용』은 『예기』 49편 중 하나로 제31편에 편제되어 있다. 『중용』의 '중中'을 두고 정이천은 '불편不偏', 여대림呂大臨은 '무과불급無過不及'으로 해석했다. 주희는 이를 종합해 '불편불의不偏不倚' 및 '무과불급'으로 풀이했다. '용庸'을 두고 정이천은 '불변不變', 주희는 '평상平常'으로 보았다. 그렇다면 '중용'은 구체적으로 무엇을 말하는 것일까.

일찍이 고대 그리스의 아리스토텔레스는 『니코마코스 윤리학』에서 '중용'과 유사한 의미로 소위 '메소테스mesotes'를 언급한 바 있다. 『니코마코스 윤리학』은 아리스토텔레스의 작품 중 가장 널리 읽힌 명저이다. 이는 그의 아들 니코마코스가 편집한 것으로 고대 그리스인들의 윤리의식을 집대성한 것이다.

아리스토텔레스가 활약한 시기 역시 중국의 춘추전국시대와 마찬가지로 기존 폴리스의 기본 질서가 붕괴되고 소피스트들의 사이비 담론이 기승을 부리는 혼란의 시기였다. 당시 아리스토텔레스는 '구체적 실천'과 '상식적 감각'으로 무장한 학문으로 이 혼란기를 극복하고자 했다. 그는 스승인 플라톤의 초월적 이상주의를 비판적으로 검토하면서 소피스트들의 궤변에 치열하게 맞섰다. 『니코마코스 윤리학』은 아리스토텔레스의 상식에 입각한 통찰이 번득이는 윤리철학의 결정판이라고 볼 수 있다.

아리스토텔레스가 『니코마코스 윤리학』에서 초점을 맞춘 것은 기본적으로 '인간의 행복'이었다. 이는 좋은 것 중에서도 가장 좋은 최고선最高善에 해당한다. 그는 가장 행복한 삶의 요체를 탁월성卓越性으로 표현되는 소위 '아레테arete'에서 찾았다. '아레테'는 곧 남성 시민들이 시민으로서의 탁월함을 보이는 것을 의미한다. 그는 『니코마코스 윤리학』에서 '아레테'를 '지적 탁월성'과 '성격적 탁월성'의 두 종류로 나눈 뒤 '성격적 탁월성'을 집중 탐사했다.

아리스토텔레스는 '성격적 탁월성'은 교육을 통한 좋은 습관의 축적으로 습득되고, 스스로 노력함으로써 완전해지며, 우리의 품성상태가 '메소테스'의 원칙과 일치할 때 확연히 드러난다고 주장했다. 그가 말한 '메소테스'는 바로 초과와 부족의 양극단을 배제한 중간의 자리를 의미한다. 그러나 이는 결코 단순한 산술적 평균을 의미하는 게 아니라 여러 사정을 고려한 종합적인 균형을 의미한다. '무과불급無過不及'의 의미로 사용되는 '중용'의 개념과 하등 차이가 없는 것이다.

아리스토텔레스의 주장에 따르면 '허풍'과 '자기 비하'의 '메소테스'는 진실을 뜻하는 '알레테이아aletheia'가 된다. 이는 어원적으로 보면 '감추어진 것을 드러내 보이다'의 뜻을 지니고 있다. 결국 속으로 감추지 않고 드러내며 위선이 없는 사람이 바로 참된 사람에 해당하는 셈이다. 아리스토텔레스는 이런 '아레테'의 덕목들을 습관을 통해 갖추고 이를 실천에 옮길 때 바로 최상의 삶을 살 수 있고, 그것이 바로 행복이라고 주장한 것이다.

그러나 행복한 삶이 항상 즐겁기만 한 것은 아니다. '아레테'를 실천하는 삶은 일면 고통을 수반하기도 한다. 대표적인 예로 전쟁터에서 나타나는 '용기'를 들 수 있다. 이를 두고 아리스토텔레스는 이같이 풀이해 놓았다.

"죽음과 부상은 용감한 사람에게도 고통스럽고 내키지 않는 것이 될 것이다. 그러나 그는 이것을 견뎌낼 것이다. 그리 하는 것이 고귀하고, 그리 하지 않는 것은 부끄러운 일이기 때문이다."

아리스토텔레스는 행복한 삶을 살고자 하는 사람은 때로 두려운 일에도 뛰어들어야 하고, 괴로운 일도 자청해야 할 때가 있음을 지적한 것이다. 결국 아리스토텔레스가 말하는 '메소테스'는 '아레테'를 기반으로 한 공적인 삶을 추구하는 행복의 지표가 되는 셈이다. 초과와 부족을 용납하지 않는 용기와 절제 등의 가치지향적인 선택이 바로 '메소테스'에 해당한다. 이는 『중용』의 취지와 하등 차이가 없는 것이다. 원래 『중용』에서 말하는 '중용'도 저울추의 위치처럼 가변적인 까닭에 단순한 중앙이나 중간이 될 수 없다.

이를 통해 짐작할 수 있듯이 아리스토텔레스가 말하는 '메소테스'는 '숭고한 덕성' 내지 '무과불급'의 의미로 통용되는 '중용'의 기본 취지와 부합한다. '중용' 역시 시기와 장소를 분별해 나아가고 물러설 때를 알고, 인내하며 자수自修하거나 과감히 앞으로 나아가는 용기를 내포하고 있다. 다만 '중용'은 '수제'의 차원을 넘어 '치평'이라는 보다 고상한 목표를 향해 나아간다는 점에서 상대적으로 개인 차원의 덕성 구현에 중점을 둔 '메소테스'와 차이가 있다.

원래 『중용』과 『대학』은 군자의 '치평'을 논하고 있다는 점에서 하등 차이가 없다. 다만 『중용』은 『대학』에 비해 상대적으로 군자의 덕성을 보다 강조하고 있는 점이 약간 다르다고 할 수 있다. 그러나 『중용』은 내용 자체가 매우 사변적인 형이상의 논리로 구성돼 있어 유가의 여타 경전과 커다란 차이를 보이고 있다. 『중용』에서 강조하는 중용지도中庸之道는 곧 『주역』에서 말하는 중정지도中正之道와 그 취지가 같다. 『중용』을 통상 '소주역小周易'으로 부르는 것은 바로 이 때문이다.

조선조에서 퇴계退溪의 학통을 이어받은 성호星湖 이익李瀷은 『성호사설星湖僿說』에서 『대학』 역시 『주역』에서 나왔다는 주장을 펼친 바 있다. 실제로 그는 『대학』을 주석한 『대학질서大學疾書』에서 '명명덕明明德'의 출처를 「진괘晉卦」 괘사에 나오는 소명덕昭明德, '신민新民'을 「혁괘革卦」와 「정괘鼎卦」의 괘사인 '혁기구革其舊'에서 찾았다. 『대학』이 『주역』에서 나왔다는 그의 이런 관점은 백봉래白鳳來의 『대학통리大學通理』로 이어져 '3강령 8조목'을 『주역』의 하도낙서河圖洛書와 비교하는 극단적인 상황까지 빚어졌다. 이에 대해 다산 정약용은 특이하게도 『대학』의 근원을 『서경』의 「고요모皐陶謨」에서 찾았다.

원래 『주역』에서 말하는 중中은 각 괘의 육효六爻 중 하괘下卦의 가운데에 처한 제2효第二爻와 상괘上卦의 가운데에 처한 제5효第五爻를 가리킨다. 정正은 양효陽爻가 양위陽位에 처하고 음효陰爻가 음위陰位에 처해 바른 위치에 앉아 있는 것을 말한다. '중정'은 곧 부중不中하고 부정不正한 것은 나쁜 것이라고 뜻을 내포하고 있다. 주희의 『주역』에 대한 주석은 모두 '중정中正'에 그 초점이 맞춰져 있다고 해도 과언이 아니다.

그러나 『주역』의 '중정'은 설령 '중정'이 아무리 길할지라도 어디까지나 겸허한 자세로 부단히 노력하는 것을 전제로 한 것이이다. 비록 '중정'에 처했을지라도 겸손한 자세로 노력하지 않으면 이내 흉하게 되어 있다. 반대로 '부중'하고 '부정'한 자리에 처했을지라도 성신誠信의 자세로 수신修身하면 얼마든지 길할 수 있다. 이것이 『주역』에서 말하는 '중정'의 기본 취지이다.

그럼에도 주희는 「비괘否卦」에 나오는 '불리군자정不利君子貞'의 괘사卦辭를 두고 '설령 비색否塞 : 꽉 막힘의 시기에 처했을지라도 군자는 정도를 지키는 것이 이롭다'고 풀이해 놓았다. 이는 효의爻義에 배치되는 풀이가 아닐 수 없다. 원래 「비괘」의 '비否'는 '비색否塞' 내지 '비폐否閉 : 꽉 닫힘'의 뜻이다. '불리군자정'은 '비색'의 시기에는 군자의 수정守貞 : 정도를 지킴이 불리하다는 취지를 담고 있는 것으로 소인의 도가 통하고 대인의 도가 통하지 않는다는 뜻을 내포하고 있다. '비색'의 시기에는 아무리 군자일지라도 '수정'을 감추고 '명철보신明哲保身'해야 한다는 게 바로 '불리군자정'의 기본 취지인 것이다. 공자는 『논어』 「공야장」편에서 이같이 언급한 바 있다.

"나라에 도가 없을 때에는 벌을 받아 주살되는 일을 면해야 한다."

이것이 바로 「비괘」의 '불리군자정'의 효사에 부합하는 해석이다. 그럼에도 주희는 고식적으로 육효六爻 중 제2효와 제5효만

'중정中正' 하다고 간주해 오직 '중정' 만이 어느 경우에나 통용될 수 있는 절대적 진리로 본 것이다. 그는 '중정' 을 모든 상황에 변함없이 적용되는 불변의 진리로 해석하는 잘못을 범한 셈이다. 『주역』에서 강조하는 것은 '변역變易' 의 이치이지 '불변不變' 의 이치가 아니다. 때와 장소에 따른 응변應變이 바로 '변역' 의 이치이고 다양한 상황에서 사물이 취할 수 있는 가장 바람직한 자세이다. '중정' 또한 '응변' 의 이치에서 벗어날 수 없는 것이다.

『주역』이 말하는 전망은 크게 '자수自修' 과 '쾌단夬斷' 두 가지로 요약할 수 있다. '자수' 는 시기가 불리한 까닭에 더 이상 나아가지 않은 채 스스로 덕을 닦는 것을 말하고, '쾌단' 은 유리한 상황이 도래한 까닭에 속히 결단하여 앞으로 나아가는 것을 말한다. 『주역』에서 '자수' 도 '쾌단' 도 아닌 '현상유지' 와 '유예猶豫 : 머뭇거림' 를 주문한 경우는 전무하다. 이는 바로 인간의 굳은 의지와 부단한 노력, 쾌도난마의 결단력을 촉구한 것이다.

『주역』은 결코 점복서도 아니지만 불변의 도리를 언급한 도학서도 아니다. 천지만물이 끝없이 변하는 만큼 인간 또한 이에 부응해 부단히 노력해 가장 올바른 대안을 모색해야 한다는 것이 바로 『주역』의 기본 취지이다. 『중용』에서 말하는 '시중時中' 은 바로 이를 말한 것이다. 『중용』 역시 『주역』과 마찬가지로 결코 불변의 도리를 언급한 도학서가 아니다.

그럼에도 주희가 『중용』을 도학의 관점에서 풀이해 놓은 이후 현재에 이르기까지 대부분 주희와 동일한 입장에서 『중용』에 접근하는 방법만이 성행하고 있다. 이는 『중용』을 『예기』 제31편에 편제한 『예기』 편집자들의 기본 취지에 반하는 것이다. 『중용』 역시 『대학』과 마찬가지로 예치의 다양한 실천방안을 기술한 『예기』의 기본 취지에서 벗어나 있는 게 아니다.

역사상 『중용』을 이런 관점에서 새롭게 해석한 대표적인 인물로 대만의 장제스蔣介石 전 총통을 들 수 있다. 그의 호가 '중정中正'인 데서 알 수 있듯이 그는 『대학』과 『중용』에 해박한 지식을 지니고 있었다. 그는 이미 1930년대에 충칭重慶에서 『대학지도大學之道』와 『중용요지中庸要旨』를 펴낸 데 이어 1960년대에 『대학』과 『중용』에 대한 기존의 주석을 새로이 정리한 『과학적학용科學的學庸』을 펴낸 바 있다. 이는 『중용』을 치인治人의 관점에서 풀이한 것이다. 장제스의 이러한 접근방법은 전래의 접근방법과 커다란 차이가 있다. 역사상 존재한 『중용』에 대한 해석 관점은 크게 4가지로 분류할 수 있다.

첫째 주희 등의 성리학자들이 취한 철학적 관점이다. 이는 『중용』을 이기론理氣論과 같은 극히 사변적인 이론에 입각해 해석해 놓은 까닭에 비록 이론 면에서 정치精緻하기는 하나 내용면에서는 난삽하기 짝이 없다. 이러한 관점이 『예기』 제31편에 편제된 『중용』의 기본 취지와 어긋나는 것임은 말할 것도 없다.

둘째 신학적 관점이다. 이는 서구의 천주天主 개념을 도입해 『중용』을 해석한 것으로 서양 선교사들이 처음으로 시도한 것이다. 마테오 리치M. Ricci가 저술한 『천주실의天主實義』가 그 대표적인 예라고 할 수 있다. 『천주실의』는 음양오행에 입각한 우주생성론을 부인하고 인격적 신의 성격을 띤 상제上帝가 만물의 주재자라는 관점에 서 있다. 이는 말할 것도 없이 『성경』에 나오는 유일신인 '야훼'를 『서경』 등의 선진 문헌에 나오는 '상제'로 둔갑시켜 놓은 것이다. 불가의 관점에서 접근한 것도 이와 유사하다고 할 수 있다.

셋째 윤리학적 관점이다. 구체적인 실천방법으로 신독愼獨을 중시하며 인간 내면의 양지良知를 십분 발휘할 것을 역설하는 양명학陽明學의 입장이 여기에 속한다. 양명학은 『중용』에서 말하는 '천天'을 종교적 신앙의 대상이 아닌 '신독'의 근본 배경으로 간주하고 있다.

넷째가 바로 장제스가 취한 통치학적統治學的 관점이다. 이는 『중용』을 '이기론' 등의 사변론思辨論과 '신독' 등의 수제론修齊論 관점과는 달리 '치인治人'을 위한 구체적인 방법론의 관점에서 접근하고 있다. 『중용』을 일종의 치평론治平論으로 풀이하고 있는 셈이다. 이러한 '통치학적' 관점이 『예기』 제31편에 편제된 『중용』의 기본 취지에 부합하는 것임은 말할 것도 없다. 다산茶山 정약용도 『중용』을 주석하면서 비록 양명학의 윤리학적 관점과 『천주실의』의 신학적 관점을 적잖이 반영해 놓기는 하나 대략 이런 관점에 서 있다고 할 수 있다.

다산의 『중용』에 관한 주석서는 크게 『중용자잠中庸自箴』과 『중용강의보中庸講義補』, 『희정당중용강록熙政堂中庸講錄』 등 3가지이다. 그는 23세 때인 정조 8년1784에 태학생太學生으로 있으면서 정조의 명을 좇아 『중용자잠』 초고를 만든 이후 계속 보완을 거듭해 강진에 유배 중이던 순조 14년1814에 최종본을 탈고했다. 『중용자잠』의 완성은 햇수로 꼬박 30년이 걸린 셈이다. 그러나 다산은 이에 만족치 않고 유배가 풀린 뒤 『중용자잠』을 보완해 『중용강의보』 6권을 저술했다. 『희정당중용강록』은 정조 14년1790에 정조가 희정당에 들러 규장각奎章閣의 각신閣臣들에게 『중용』을 강의토록 하면서 문답한 내용을 정리한 것이다.

다산은 기본적으로 『중용』을 인도人道에 중점을 둔 인간수양의 경전으로 이해코자 했다. 『중용』에 나오는 천도天道는 어디까지나 인도를 위한 천도일 뿐 '천天'이나 '신神'을 위한 천도가 될 수 없다는 게 그의 기본 입장이었다. 이는 『중용』을 '치학'의 관점에서 접근한 결과로 볼 수 있다. 그는 『중용강의보』에서 이같이 주장했다.

"주자朱子는 천도와 인도를 차례로 말하고 있으나 『중용』은 천명에 근본하고 있을지라도 그 도는 바로 인도이다. '성자천지도誠者天之道 · 성지자인지도誠之者人之道' 구절 역시 생지生知 · 학지學知의 등급을 말한 것에 불과한 것으로 '천天'과 '인人'으로 나눠 얘기할 수 없다."

다산은 『중용』을 천학天學으로 간주한 주희의 견해에 반대해 인간학人間學으로 파악한 것이다. 다산이 만인동성설萬人同性說을 인정하면서 만물일체설萬物一體說을 반대한 이유가 여기에 있다. 이는 『중용』에 나오는 귀신鬼神을 천지공용天地功用으로 간주한 정이천의 해석과 음양 2기의 양능良能으로 풀이한 장재張載의 해석을 거부하고 단지 자연의 물질로 파악한데 따른 것이다.

다산은 기본적으로 한학漢學인 훈고학訓詁學이나 송학宋學인 성리학을 초월해 선진시대의 원시유학에서 천天과 상제上帝의 의미를 찾고자 했다. 다산이 말하는 '천'이 주재적主宰的인 동시에 도덕적인 성격을 띤 이유가 여기에 있다.

당초 『중용』에서 말하는 '성'을 본연지성本然之性인 천지지성

天地之性과 기질지성氣質之性으로 나눈 사람은 장재이다. 이후 정이천과 주희를 비롯한 성리학자들은 모두 이러한 분류를 그래도 좇았다. 주희는 소위 이동기이理同氣異의 관점에서 인간과 만물의 '성'은 동일하다는 인물성개동설人物性皆同說을 주장했다. 이는 불가에서 말하는 만유불성萬有佛性의 개념을 차용한 것이다.

이에 대해 다산은 기동리이氣同理異의 관점에서 인간과 만물의 '성'은 동일할 수 없다는 인물성이설人物性異說을 주장했다. 이는 인성人性은 도의와 기질이 합쳐진 것인 데 반해 물성物性은 오직 기질지성밖에 없다는 판단에 따른 것으로 순자의 주장을 좇은 것이기도 하다. 『순자』「왕제」편은 인성과 물성의 차이를 이같이 구별해 놓았다.

"수화水火는 기氣는 있으나 생生이 없고, 초목草木은 '생'은 있으나 지知가 없고, 금수禽獸는 '지'는 있으나 의義 : 예의가 없다. 그러나 사람은 '기'와 '생', '지'를 구비한 데다가 '의'도 있다. 그래서 사람은 천하에서 가장 존귀한 존재인 것이다."

다산은 바로 이를 받아들여 주희의 '성즉리性卽理' 내지 '천즉리天則理' 주장을 비판한 것이다. 다산은 만일 주희처럼 『중용』의 '천'을 '리理' 자체로 파악할 경우, 이는 '천'을 지각도 없고 능력도 없는 사물死物로 만드는 것으로 결코 신독愼獨의 대상이 될 수 없다고 보았다. 이는 다산이 주희와 달리 음양설은 인정하되 오행설五行說을 인정치 않은 사실과 무관치 않다.

주희는 '천'이 음양오행의 이치를 좇아 만물을 화생化生한다고 보았다. 그러나 다산은 음양 자체는 일광日光의 조엄照掩 : 비추거나 가림에서 나온 것이고, 오행은 만물 중 5가지 물질에 불과한 까닭에 만물화생의 인자가 될 수 없다고 보았다. 만물의 화생은 오직 일광의 '조엄'에 의해 생성된 결과물에 불과하다고 본 것이다. 이는 『천주실의』가 천지만물을 자립자自立者와 의뢰자依賴者로 양분한 것과 이론적 맥을 같이 하는 것이다. 다산이 주희와 달리 태극太極을 만물의 근원으로 인정치 않은 것은 바로 이 때문이다. 『중용』의 경문經文 자체만으로도 충분히 『중용』의 내용을 깊이 연구할 수 있는 마당에 굳이 실체도 알 수 없는 '태극' 개념을 끌어들여 문제를 복잡하게 만들 이유가 없다는 것이 다산의 기본적인 생각이었다.

다산이 『중용』을 이해하는 관건으로 윤리문제를 든 것은 그가 비록 다양한 관점에서 『중용』을 파악하기는 했으나 기본적인 입장은 어디까지나 치학적 관점에 서 있었음을 뒷받침하는 것이다. 다산이 '희·노·애·락'과 관련한 미발未發의 '중中'과 이발已發의 '화和'를 주희와 같이 성정性情의 문제로 파악치 않고 군자의 존심양성存心養性의 문제로 접근한 것은 바로 이 때문이다. 그는 『중용자잠』에서 이같이 주장했다.

"신독愼獨은 성誠이다. 천하의 대본大本을 세운다는 것은 중화中和를 극진히 하는 것이고, 천지의 화육化育을 안다는 것은 천지가 서고 만물이 커나간다는 것이고, '어찌 의지하는 바가 있겠는가'라고 말한 것은 '중화'의 덕을 찬미한 것이다. '중화' 두 글자는 성인의 극공極功이니 어찌 중인衆人이 가질 수 있겠는가."

다산은 오직 신독하는 사람만이 '중화'를 얻을 수 있다고 주장한 것이다. 원래 『중용』의 내용은 크게 전반부의 '중용'과 후반부의 '성誠'으로 대별된다. 이를 두고 청대의 고증학자 최술崔術은

두 권의 책이 하나로 합쳐졌을 가능성을 제시한 바 있다. 주희를 비롯한 대부분의 주석가들은 미발未發의 '중中'과 이발已發의 '화和' 개념을 동원해 '중용'과 '지성至誠'을 하나로 꿰어 해석했다.

다산도 '신독'을 통해 '지성'에 이를 수 있고, '지성'에 이른 뒤에 '중'에 이를 수 있다고 보았다. '중中'과 '화和', '용庸'을 일직선상의 개념으로 파악한 것이다. 이를 수레운행에 비유하면 출발하지 않은 상태가 '미발'이고 운행에 들어간 상태가 '이발'에 해당한다. 출발 전에 모든 채비를 마치고 안전한 운행을 다짐하는 것이 '중'이고, 운행에 들어가 빈틈없이 수레를 모는 것이 '화'이고, 처음의 다짐을 기억하면서 계속하여 최상의 쾌조를 유지하는 것이 '용'이라고 할 수 있다.

다산은 『대학』과 『중용』 모두 성誠을 수공首功으로 삼고 있으면서 『대학』은 뜻을 참되게 하고자 하는 사람에게 격물치지格物致知를 먼저 권한 데 반해 『중용』은 몸을 성실히 닦고자 하는 사람에게 명선明善을 먼저 권한 점이 다르다고 보았다. 그에 따르면 『대학』과 『중용』 모두 성誠을 수공首功으로 삼고 있는 까닭에 『대학』의 성의誠意와 『중용』의 지천知天은 그 뜻하는 바는 같게 된다. '지천'은 천명을 아는 '지명知命'과 동일한 뜻이다. 따라서 『중용』의 전반부에 비록 '성'이라는 용어가 나오지는 않고 있으나 '신독愼獨'이 곧 '성'이고 '중화'가 곧 신독군자의 극공極功인 까닭에 '신독'에 의해서만 '중화'에 이를 수 있다는 결론이 나온다.

결국 다산의 주장에 따르면 '신독'이 없으면 '공부工夫'의 결과로 나타나는 '중용'이 성취될 수 없게 된다. '중'은 '성誠'이고 '성'은 '신독'에 의해 이뤄진다는 다산의 논리는 여기서 나온 것이다. 이는 『중용』을 일이관지一以貫之하여 해석하는 기준이 되는 동시에 『중용』과 『대학』을 상통케 하는 근거가 된다. 다산이 '중화'를 '공부'와 '항구불식恒久不息'을 구비한 성인의 '극공'으로 파악한 것은 바로 이 때문이라고 할 수 있다.

다산은 정이천이 '중'을 『주역』의 「복괘復卦」로 보고 주희가 「곤괘坤卦」로 보는 것에 반대하면서 『중용』을 『주역』으로 풀이코자 하는 것은 잘못이라고 지적했다. 이에 다산은 '중화'를 '무과불급無過不及'으로 새기면서 주희와 달리 판단의 기준을 타인이 아닌 자신으로 삼았다. 다산의 '중화'는 자율성이 부여된 주체를 전제로 성립한 것이다. 이는 '예禮'를 성인의 적공積功으로 파악한 순자의 주장과 맥을 같이 하는 것이다. 『순자』「성악」편은 '예치'의 의미를 이같이 설명해 놓았다.

"옛날 성왕이 예의를 일으키고 법도法度를 만들어 이내 인정人情을 교정하여 단정하게 만들고, 인간의 정성情性을 교화하여 올바로 이끌었다. 이에 사람들이 모두 다스림을 받아들여 도에 부합토록 행동케 되었다."

『중용』의 '중화'는 바로 『순자』의 '예치'를 의미하는 것이다. 다산이 『중용』을 고답적인 도학서가 아닌 '항구불식'의 '공부'에 관한 이론서로 간주한 이유가 여기에 있다. 여기서 『중용』이 『예기』 제31편에 편제된 이유가 선명히 드러나고 있다. 다산이 성인의 마음이 명경지수明鏡止水와 같다는 정이천의 주장을 불가에서 차용한 사변론으로 치부하며 비판을 가한 것은 바로 이 때문이었다. 다산이 『중용강의보』에서 주희의 '미발이발설'을 비판한 내용을 보면 이를 보다 쉽게 이해할 수 있다.

"무릇 정문程門에서 학문을 말하는 처음부터 이미 어긋남이 많다. 주희는 정문의 잘못된 기록을 '도를 어지럽혀 남을 그릇되게 한다'고 잘라 말했으나 오히려 그 근본과 지엽이 분명치 못하다. 이에 중인衆人을 언급한 것으로 보는가 하면 단지 군자를 말한 것으로 보기도 하고, 본심의 체용이라고 말하는가 하면 신독의 공효라고 말하기도 한다. 그 말이 좌우로 치우쳐 일정하지 않으니 배우는 사람의 깊은 한이다."

다산은 기본적으로 '중용'은 인도의 극치이고, '중화'는 '중용'의 '중'으로 미발과 이발의 '신독'이라고 보았다. 이에 따르면 '중화'는 항상 애써 인도의 극치를 구하려는 동적인 실천의지가 될 수밖에 없다. 다산이 『중용』의 성격을 두고 '신독'을 전제로 한 '공부'에 관한 이론서로 파악한 이유가 확연히 드러나는 대목이 아닐 수 없다. 다산의 『중용』에 관한 입장을 장제스와 마찬가지로 통치학적 관점에서 『중용』을 파악한 견해로 간주하는 이유가 여기에 있다.

이는 『순자』의 입장과 통하는 것이기도 하다. 유가와 관련한 선진시대의 문헌 중 '중화'를 언급한 것으로는 『중용』을 제외하고는 『순자』밖에 없다. 『순자』는 모두 네 곳에 걸쳐 '중화'를 언급하고 있다. 내용별로 보면 「권학」편에서는 '예악禮樂의 중화', 「왕제」편에서는 '청정聽政의 중화', 「치사」편에서는 '임사접민臨事接民의 중화', 「악론樂論」에서는 '입악立樂의 중화'를 거론해 놓았다. 하나같이 예악을 기초로 한 통치의 관점에서 '중화'를 거론하고 있는 것이다. 이는 『논어』 「안연」편에 간략히 언급돼 있는 '중용'의 의미를 풀이한 것으로 볼 수 있다.

그럼에도 오랫동안 『중용』과 『순자』의 상호 연관성을 간과해왔다. 이는 『중용』을 자사子思의 저작으로 간주한 사실과 무관치 않았다. 그러나 『중용』 역시 『예기』의 여타 편과 마찬가지로 전한 제국 초기에 유가 후학에 의해 완성된 것이 거의 확실하다. 그렇다면 『중용』 또한 자하를 사숙한 예치학파인 순자 문인의 손에 의해 이뤄진 것으로 보는 게 타당할 것이다. 그것이 『중용』을 『예기』 제31편에 편제한 『예기』 편집자들의 기본 취지에 부합하는 것이기도 하다.

제2편 편제론

오랫동안 『예기』는 『시경詩經』, 『서경書經』, 『악경樂經』, 『주역周易』, 『춘추春秋』와 더불어 소위 '육경六經'으로 분류되었다. '육경'에 관한 언급은 『장자』「천운天運」편에도 나온다. 적잖은 사람들이 이를 토대로 『예기』는 대략 전국시대 말기에 나온 것으로 보고 있다. 그러나 여러 정황에 비춰 『예기』는 청대의 고증학자 모기령毛奇齡의 주장을 좇아 전한제국 초기에 나온 것으로 보는 게 타당할 것이다.

공자가 활약할 당시의 '예禮'는 예절이나 예의에 국한된 좁은 의미가 아니었다. 개인은 물론 국가공동체의 법제와 예제를 모두 포괄하는 용어로 사용되었다. 이를 현대 용어로 풀이하면 헌법과 행정법, 형법 등의 국가 공법公法을 포함해 가정의례家庭儀禮에 이르기까지 모든 법제와 예제를 총괄한 개념에 가깝다. 대표적인 '예'의 형식으로는 제례祭禮와 장식葬式, 조의朝儀, 군례軍禮 등을 들 수 있다. 이중 고대 중국에서 천자가 행하는 제천祭天의 예와 천자를 비롯해 귀족의 집에서 행해지는 종묘宗廟의 예가 가장 중시되었다. 행례行禮의 의식 또한 극히 장중하면서 복잡했다.

그러나 '예'에 관한 기본 경전인 『예기』의 기원은 공자에서 찾을 수 있다. 당초 공자가 생존한 춘추시대 말기는 열국의 제후들이 치열한 접전을 벌이며 쟁패爭覇하는 난세의 시기였다. 『논어』에는 제후국인 노魯나라의 배신陪臣에 불과한 계씨季氏가 참람하게도 자신의 조묘祖廟 제사에 천자가 사용하는 8일무八佾舞를 행하는 대목이 나온다. 공자는 계씨가 천자의 무악舞樂을 행했다는 소식을 듣고 크게 개탄했다.

공자가 평소 예는 형식보다 마음이 중요하다고 말한 것은 공자의 시대에 이미 예악이 크게 형식화되어 예악 창제의 기본 정신이 소홀히 여겨지고 있었음을 반증하는 것이다. 실제로 당시 위정자들은 국정의 급무를 군비와 법제, 생산, 재정 등의 현실문제 처리에 두고 제례 따위의 예제는 모두 전문 관원들에게 일임한 채 이를 거들떠 보지도 않았다. 공자가 주공의 예악을 부흥시켜 천하를 덕화德化시키고자 한 것은 바로 이 때문이었다. 공자가 주공을 사모하며 예악의 숭상을 강조한 것은 결코 단순한 회고주의懷古主義에서 비롯된 것이 아니다. 그는 예악을 토대로 한 군자정君子政의 속래速來를 갈구했던 것이다.

공자가 『춘추공양전』에서 말하는 소위 '발란반정撥亂反正'의 요체를 예교禮敎의 진흥에서 찾은 것은 바로 이 때문이었다. 그는 사람들로 하여금 각자 자신의 본분을 지킬 때 국가공동체를 건전하게 유지시킬 수 있다고 확신했다. 공자가 『춘추』를 산삭刪削할 때 '예'를 기준으로 삼아 '예'에 순응한 자는 포褒하고 이를 거슬린 자는 폄貶한 것도 이와 무관치 않다고 보아야 한다.

그러나 공자가 활약할 당시에 완전한 체계를 갖춘 '예서禮書'가 존재했던 것은 아니다. 이는 『논어』에 '예서'를 인용한 공자의 말이 전혀 나오지 않고 있는 사실이 뒷받침한다. 그러나 공문孔門에서 '예'를 가르치지 않은 것은 아니다. 오히려 '예'는 크게 중시되었다. 공자가 생전에 제자들에게 『시』·『서』·『예』·『악』으로 상징되는 '군자학君子學'을 가르치며 세속적인 명리를 초월한 참다운 유자인 소위 '군자유君子儒'가 될 것을 당부한 사실이 이를 뒷받침한다. 이를 통해 당시 공문 내에서 『예』가 극히 중시되었음을 짐작할 수 있다.

그러나 당시 공문 내에서 교습된 『예』는 현재의 『예기』와는 다른 것이었다. 당시의 『예』는 전래의 예제에 관한 문서를 정리해 놓은 수준에 불과했다. 『예기』「잡기雜記 하」편에 나오는 "휼유恤由의 초상에 노애공魯哀公이 유비孺悲를 시켜 공자에게 사상례士喪禮를 배워오게 했다"는 대목이 이를 뒷받침한다. 만일 당시 '예서'가 존재했다면 이런 말이 나왔을 가능성은 매우 희박하다고 보아야 한다. 현재 대부분의 학자들은 당시 공자가 선왕이 정해 놓은 '예'에 관한 문적文籍을 토대로 제자들에게 '예'를 가르친 것으로 추정하고 있다.

그럼에도 불구하고 오랫동안 공문 내에서 공자가 수찬修撰한 '예서'가 존재한 것으로 믿었다. 이런 오해는 『한서』「예문지」의 기록과 무관치 않았다. 이 기록에 따르면 한무제漢武帝 당시 노공왕魯共王이 공자의 집을 헐고 자신의 궁전을 넓히던 중 벽장 속에서 『고문상서古文尙書』와 『예기』, 『논어』, 『효경』 등 수십 편의 책을 얻은 기록이 실려 있다. 이를 소위 '공벽경孔壁經'이라고 한다. 이 기록을 액면 그대로 믿을 수는 없다. 그럼에도 『예기』가 공자의 고택에서 나왔다고 하는 사실이 오랫동안 역사적 사실로 믿어졌다.

'공벽경' 일화와 더불어 공자의 『예기』 수찬을 역사적 사실로 믿게 한 데에는 공자가 노자에게 '예'를 물었다는 소위 '문례問禮'설화가 지대한 공헌을 했다. 이 설화는 『사기』 「노장신한열전」에 가장 먼저 보인다. 이에 따르면 노자가 주나라 수장실守藏室의 사관을 지낼 당시 공자가 주나라로 가 노자에게 예를 묻자 노자가 이같이 말했다.

"그대가 말하는 그 사람은 이미 오래 전에 죽어 뼈는 모두 썩어버렸고 단지 그의 말이 남아 있을 뿐이다. 군자가 때를 얻으면 관직에 나아가지만 때를 얻지 못하면 정처 없이 떠돌아다니는 것이다. 내가 듣기로는 훌륭한 장사꾼은 재물을 깊이 감추어 두고 없는 것처럼 하고 군자는 성대하지만 용모는 어리석은 것같이 한다 하였다. 그대의 교만한 기운과 욕심이 많은 것과 꾸민 자태와 음란한 뜻을 버려라. 이것은 모두 그대의 몸에 무익한 것이다. 내가 그대에게 이야기하고자 하는 것은 이것뿐이다."

공자가 크게 놀라 노자와 헤어진 뒤 제자에게 이같이 탄식했다.

"새라면 날 수 있다는 것을 나는 알고 있다. 물고기라면 헤엄칠 수 있다는 것을 나는 알고 있다. 짐승이라면 달릴 수 있다는 것을 나는 알고 있다. 달리는 것은 그물로 잡을 수 있고, 헤엄치는 것은 낚시로 잡을 수 있고, 나는 것은 주살로 잡을 수 있다. 그러나 용에 대해서는 나는 알지 못한다. 바람과 구름을 타고 하늘로 오르기 때문이다. 내가 오늘 노자를 보니 용과 같았다."

이 '문례'설화는 말할 것도 없이 노자를 높이고자 하는 취지에서 나온 것으로 역사적 사실과 동떨어진 것이다. 그럼에도 불구하고 이 설화가 『사기』「노장신한열전」을 비롯해 선진시대의 여러 문헌에 두루 실려 있던 까닭에 많은 사람들이 이를 역사적 사실로 믿었다. 그러나 공자 당시에는 체계를 갖춘 그 어떤 '예서'도 존재하지 않았다고 보는 게 타당하다. 다만 공자가 제자들에게 『예』를 가르치기 위해 전래의 예제와 관련한 문적을 활용했을 공산은 매우 크다.

사서의 기록에 따르면 전한제국 초기에 전해진 예서는 오직 『의례儀禮』 17편뿐이었다. 『의례』가 사실상 가장 먼저 출현한 '예서'에 해당한다. 『의례』를 전한 사람은 노나라의 고당생高堂生으로 알려져 있다. 고당생이 전한 『의례』의 원래 명칭은 『사례士禮』였다.

이후 『의례』는 하구瑕丘 출신 소분蕭奮이 고당생으로부터 전수받아 후창后蒼에 전했다고 한다. 『한서』「예문지」에 따르면 후창은 기원전 1세기의 한소제漢昭帝 때 수만 자에 달하는 『후씨곡대后氏曲臺』 9편을 저술했다고 한다. 후창은 다시 자신의 제자인 양梁 땅 출신의 대덕戴德 : 大戴 및 대성戴聖 : 小戴과 패沛 땅의 경진慶普에게 전했다. 사서의 기록에 비춰 전한제국 초기의 예가禮家로 대대大戴 : 대덕와 소대小戴 : 대성, 경씨慶氏 : 경진의 학파가 생겨난 것은 확실하다. 그러나 이는 『의례』의 전통으로 현존 『예기』와는 하등 상관이 없는 것이다.

『예기』의 존재와 관련해 믿을 만한 것은 『한서』「경십삼왕전景十三王傳」의 기록이다. 이에 따르면 전한제국 초기에 광적으로 문헌을 수집한 하간헌왕河間獻王 유덕劉德이 얻은 책 중에 『주례』와 『상서』, 『예기』, 『맹자』, 『노자』 등이 있었다고 한다. 『후한서』「유림전儒林傳」에 따르면 『예기』는 '대덕'과 '대성'의 등장에도 불구하고 유림 사이에 그다지 높게 평가되지 못했다. 『후한서』「영제기靈帝記」의 주에 따르면 가평嘉平 연간에 세워진 석경石經 『예기』에 간의대부 마일제馬日磾 등의 이름이 있다고 했다. 후한제국 말기 당시 『예기』가 경전 속에 포함되어 있었다는 것은 의심할 여지가 없다.

대덕이 지은 『대대례기大戴禮記』 85편은 북주北周의 여변盧弁이 주석을 가했으나 수隋제국 때 이미 절반 이상이 유실되었고 현존하는 것은 39편만이 남아 있을 뿐이다. 대덕의 조카로 후창의 제자였던 대성 역시 『소대례기小戴禮記』 49편을 편집했다. 이것이 현존 『예기』이다. 대성은 한선제漢宣帝의 감로甘露 3년기원전 51에 오경五經의 동이점을 토론키 위한 석거각石渠閣 모임에 참석한 까닭에 그의 편집방법은 대덕보다 진일보한 것이었다. 그러나 대성은 자신의 예설을 체계화하는 수준에는 이르지 못하고 다만 고문헌에 나오는 여러 예설을 유형별로 모아놓는 데 그쳤다.

전한제국 말기에 유향劉向이 황제의 명을 받아 고서적을 정리하면서 책별로 요지와 목록을 작성했다. 이를 『별록別錄』이라고 한다. 『별록』은 『예기』의 편수를 49편으로 기록해 놓았다. 이는 『소대례기』와 같은 것이다. 당시 『소대례기』가 『대대례기』를 누르고 『예기』의 기본 경전으로 간주되었음을 시사하고 있다.

『예기』가 후대에 높이 평가된 것은 뛰어난 주석가들이 등장한 데 따른 것이었다. 후한말기의 마융馬融 과 노식盧植이 주해를 붙였고, 특히 정현鄭玄은 『주례』와 『의례』 등을 참고해 『예기』에 치밀한 주석을 가했다. 이로써 『예기』는 『주례』 및 『의례』와 함께 '삼례三禮' 의 하나가 될 수 있었다. 이후 삼국시대에 위나라의 왕숙王肅이 정현의 주에 이의를 제기하며 새로운 주석을 가했으나 현재에 이르기까지 정현의 주가 가장 널리 인용되고 있다.

『예기』는 남북조시대에 사대부들의 교양서로 널리 통용되었다. 이는 양무제梁武帝를 위시해 황간皇侃과 최령은崔靈恩, 유헌지劉獻之, 이현李鉉, 웅안생熊安生 등 수많은 학자들이 『예기』에 주석을 가한 사실이 뒷받침한다. 『예기』는 과거제도가 정착되는 당제국 때에 이르러서는 정교政敎의 교범이 되었다. 당태종 정관貞觀 14년640에 공영달孔穎達에 의해 『예기』를 비롯한 '5경' 의 주석이 '5경정의五經正義' 로 찬정撰定된 사실이 그 증거이다. 이때 공영달은 정현의 주를 기본으로 하여 남북조 때 학자들의 주석을 참조해 자세한 해설을 가한 『예기정의』를 펴냈다. 『예기정의』는 지금까지 가장 권위 있는 주석서로 통용되고 있다.

'삼례三禮' 중 국가 공법에 해당하는 예서禮書를 통상 『주례』라고 한다. 『주례』는 주나라 시대의 관제를 기술한 것으로 주공단旦이 지었다고는 하나 후대의 유가가 편제한 것이 확실하다. 원래는 『주관周官』으로 불렸으나 당제국 이후 『주례』로 일컫게 되었다. 분서갱유로 사라졌다가 전한제국 때 5편이 발견된 것을 계기로 여기에 「고공기考工記」가 추가돼 모두 6편이 되었다고 한다.

『주례』는 관제를 천지 및 사계四季와 연결시켜 크게 천관天官

과 지관地官, 춘관春官, 하관夏官, 추관秋官, 동관冬官 등으로 나누고, 그 밑에 속관을 두어 388개의 관직에 대한 설명을 가했다. 중국 역대 왕조의 관제는 이것을 규범으로 삼은 것이 많다. 우리나라에서도 고려 예종 때 구인재求仁齋에서 이를 주요 유교경전으로 가르쳤다. 조선조에서는 세종 때 단행본으로 간행되어 일반에 보급되기도 했다.

『주례』 이외에도 유가에서 극히 중시한 예제에 관한 경전으로 『의례儀禮』와 『예기禮記』를 들 수 있다. 『의례』는 『주례』와 달리 궁중의 종묘제사를 비롯해 사서인士庶人의 상례喪禮에 이르기까지 관혼상제冠婚喪祭를 포함한 모든 예제를 담아놓은 경전이라고 할 수 있다.

『의례』는 모두 17편으로 구성돼 있다. 「사관례士冠禮」와 「사혼례士昏禮」, 「사상견례士相見禮」, 「향음주례鄕飮酒禮」, 「연례燕禮」, 「대사의大射儀」, 「빙례聘禮」, 「공대부례公大夫禮」, 「근례覲禮」, 「상복喪服」, 「사상례士喪禮」, 「이석례旣夕禮」, 「사우례士虞禮」, 「특생궤식례特牲饋食禮」, 「소뢰궤식례少牢饋食禮」, 「유사철有司徹」 등이 그것이다. 『주례』와 『의례』가 바로 예학禮學의 기본 경전이었다.

『예기』는 『의례』를 풀이한 것이다. 『의례』가 경문經文이라면 『예기』는 경문을 풀이한 전문傳文에 해당한다. 현존하는 『예기』는 총 49편으로 이뤄져 있다. 「곡례曲禮」와 「단궁檀弓」, 「왕제王制」, 「월령月令」, 「예운禮運」, 「예기禮器」, 「교특성郊特性」, 「명당위明堂位」, 「학기學記」, 「악기樂記」, 「제법祭法」, 「제의祭儀」, 「관의冠儀」, 「혼의婚儀」, 「향음주의鄕飮酒儀」, 「사의射儀」 등이 그것이다. 『예기』는 예론 및 실제와 관련한 내용으로 편제되어 있는 게 특징이다.

『예기』 편제의 기원은 한선제漢宣帝 때의 유향劉向에게 있다. 유향이 전래의 예론을 정리해 214편으로 만든 것을 대덕戴德이 다시 정리해 『대대례大戴禮』 85편으로 만들었고, 다시 그의 조카인 대성戴聖이 이를 대폭 줄여 『소대례小戴禮』 49편을 만들었다고 한다. 그러나 내용면으로 볼 때 대성이 『대대례』를 참고해 『소대례』를 만든 게 아니라 독자적인 관점에서 『소대례』를 만들었을 공산이 크다.

『예기』는 여타의 유가경전과 달리 작자가 각 편마다 다르다는 것이 통설이다. 대표적인 예로 주희가 「중용」편은 자사子思인 공급孔伋이 지었고 「대학」편은 증자가 지었다고 주장한 것을 들 수 있다. 그의 이런 주장은 『사기』 「공자세가孔子世家」의 기록을 토대로 한 것이기는 하나 무슨 근거가 있는 것은 아니다.

이밖에도 후한제국 말기의 노식盧植은 「왕제」편을 전한제국 초기의 박사가 지은 것으로 보았고, 정현은 「월령月令」편을 여불위呂不韋가 지은 것이라고 했다. 정현의 이런 주장은 『여씨춘추呂氏春秋』 속에 「월령」편이 있는 점에 주목한 것이다. 그러나 『여씨춘추』 속에 「월령」편이 있다는 이유로 『예기』의 「월령」편을 여불위가 지었다고 주장하는 것은 잘못이다. 이로 인해 후한제국 말기의 채옹蔡雍과 삼국시대의 왕숙王肅 등은 「월령」편을 주공이 지은 것으로 보았으나 이 또한 무슨 근거가 있는 것은 아니다.

『예기』의 작자가 각 편마다 다른 것은 『예기』 자체가 전래의 예론과 예설을 한데 그러모은 데 따른 것이다. 『예기』에 나오는 '예'가 다양한 의미를 지니게 된 이유가 여기에 있다. 『예기』에 나오는 '예'의 의미는 크게 3가지로 나눌 수 있다.

첫째 법칙제도法則制度를 말한다. 주나라와 관제를 기록한 「왕제王制」편 등이 그것이다. 둘째 의식儀式을 말한다. 길吉·흉凶·군軍·빈賓·가嘉 등의 5례五禮로 방문訪問과 접대接待, 회맹會盟, 향연饗宴 등에 관한 예제가 이에 속한다. 「곡례曲禮」와 「혼의昏義」편 등은 이를 기록해 놓은 것이다. 셋째 예의禮義를 말한다. 상하 내지 대등한 관계에서 지켜야 할 도리로 「내칙內則」편 등이 여기에 속한다.

이를 통해 짐작할 수 있듯이 '예'는 기본적으로 '치평'에 반드시 필요한 통치질서를 평온히 유지키 위해 과불급이 없도록 표준을 세워놓은 것을 말한다. 본래 국가공동체의 관점에서 볼 때 대소, 강약, 군신, 부자, 장유, 귀천 등의 모든 관계에 일정한 법도가 존재하기 마련이다. 상호 직역을 범하는 일이 없도록 각자 맡은 바 소임을 충실히 수행하도록 만드는 것이 바로 '예'인 것이다. 이는 모든 사람이 각자 자신의 본분을 지키는 상생相生·상양相讓의 이치를 의미한다. 이를 예교의 대성大成이라고 한다. 국가공동체의 유지와 발전을 위해 반드시 필요한 것이 바로 '예'인 것이다.

정형政刑은 예교가 행해지고 국가의 기초가 정해진 뒤에 행하는 것이다. 공자가 『논어』「위정」편에서 '정령政令으로 인도하고, 형벌로써 가지런히 하고자 하면 백성들이 이를 면하려고만 하여 이내 부끄러움을 모르게 된다'고 언급한 것이 이를 뒷받침한다. 이는 순자의 '예치'사상과 일맥상통하는 것이기도 하다. 순자는 이를 '군거화일群居和一'로 표현했다.

고금동서를 막론하고 '예'를 배제한 채 오직 법령만으로 다스리고자 할 경우 반드시 정치가 각박해질 수밖에 없다. 이는 진秦제국의 속망速亡 사례를 통해 쉽게 확인할 수 있다. 법가의 법치사상이 일정한 한계를 지닐 수밖에 없는 이유가 바로 여기에 있다. 순자가 '예'를 치국의 대본大本으로 삼은 것도 바로 법가의 이런 한계를 통찰한 데 따른 것이었다.

『예기』의 꽃은 『대학』이라고 할 수 있다. 전한제국 초기에 편제된 『예기』는 '예'와 관련한 여러 학설 등을 그러모은 까닭에 일견 치평에 관한 정치한 이론으로 구성된 『대학』과 무관한 듯이 보이는 게 사실이다. 그러나 『대학』의 내용을 자세히 살펴보면 예치에 관한 다양한 실천방안을 언급하고 있는 『예기』의 기본 취지에서 조금도 벗어나지 않고 있다.

그럼에도 오랫동안 『대학』은 『예기』의 예치사상과 무관한 것으로 간주되었다. 이는 말할 것도 없이 주희가 『대학』을 별도의 경전으로 떼어낸 데서 비롯된 것이다. 원래 남송대에 성리학이 등장하기 이전까지만 해도 유가경전은 통상 오경五經으로 분류되었다. '오경'은 후한제국 말기의 정현鄭玄이 주석을 단 이래 유가경전의 기본 체제로 인식되었다.

그러나 주희가 『예기』에서 『대학』과 『중용』을 떼어내 독립경전으로 만들어 소위 '사서四書' 체계를 확립한 이후 '오경'은 더 이상 존재하지 않게 되었다. '사서'의 주석에서 주희의 『사서집주四書集註』가 가장 권위 있는 주석서로 통용된 것은 자연스런 일이었다. 유학의 역사를 크게 당제국 이전의 '오경의 역사'와 남송대 이후의 '사서의 역사'로 양분하는 것은 바로 이 때문이었다.

이는 말할 것도 없이 주희가 사상 최초로 '사서' 체제를 편제하면서 성리학을 집대성한 데 따른 것이었다. '사서의 시대'는 곧 성리학, 즉 주자학朱子學이 기본 통치이념으로 작용했음을 의미한다. 주자학의 입장에서 '사서'를 해석하는 것은 하나의 불문율로 작용했다.

우리나라는 고려시대 말기에 안향安珦에 의해 『예기』를 처음으로 접하게 되었다. 성리학을 유일무이한 통치이념으로 받아들인 조선조의 경우는 『예기』에서 떨어져 나온 『대학』을 가장 중시했다. 이는 주희가 평생을 두고 『대학』의 주석에 혼신의 노력을 기울인 사실과 무관치 않았다.

원래 『대학』은 당제국 이전까지만 해도 거의 주목을 끈 일이 없다. 『대학』을 처음으로 중시한 인물은 한유韓愈였다. 그는 「원도原道」에서 『대학』의 구절을 인용해 마음을 바르게 하고 뜻을 성실히 하는 내면의 수양에 힘쓰면서 치평에 임하는 군자의 길을 역설했다. 그는 이를 통해 불교 및 도교로부터 유학을 방위코자 했던 것이다. 그러나 한유의 이런 노력은 어디까지나 개인적인 차원에 그침으로써 「대학』이 일반인의 주목을 받은 데까지는 이르지 못했다.

북송의 인종仁宗 때에 들어와 천성天聖 5년1027에 처음으로 과거 급제자에게 『중용』이 하사되고, 3년 뒤에는 『대학』이 하사되기 시작했다. 이후 급제자에게 『대학』과 『중용』은 물론 『예기』 제41편인 『유행儒行』을 하사하는 것이 하나의 관행으로 굳어졌다. 이를 계기로 『대학』과 『중용』이 '학용學庸'으로 통칭되면서 『중용』은 물론 『대학』에 대한 주석서가 쏟아지기 시작했다.

당송팔대가의 한 사람인 증공曾鞏은 신종神宗에게 올린 상소에서 『서경』「홍범」편과 더불어 『대학』을 치도의 근본으로 삼을 것을 주장했다. 범조우范祖禹는 『제학帝學』 8권을 저술하면서 『대학』의 '명명덕明明德' 에서 '평천하平天下' 에 이르는 도를 요·순의 도와 제왕학의 도로 간주했다.

이때 『자치통감』의 저자인 사마광은 사상 처음으로 『대학』과 『중용』을 『예기』에서 뽑아내 단행본으로 구성한 뒤 주해를 덧붙인 『대학광의大學廣義』와 『중용광의中庸廣義』를 펴냈다. 이는 사마광이 『대학』과 「중용」을 제왕의 덕을 이룰 수 있는 근본대책을 서술한 책으로 간주한 데 따른 것이었다. 「대학광의」는 『대학』에 대한 최초의 주석서에 해당하나 도중에 유실되어 현존하지는 않는다.

이후 정호程顥와 정이程頤 형제가 『대학』을 새롭게 정리한 정본定本을 만들었다. 정호는 『대학』을 공자의 유서遺書로 간주해 수양의 근본으로 삼았다. 정이는 『대학』을 성인이 저작한 완벽한 책으로 간주해 덕으로 들어가는 문으로 『대학』만한 것이 없다고 단언했다. 정이의 제자인 여대림呂大臨은 『대학해大學解』를 펴냈다. 이후 정씨 학단學團은 『대학』과 『중용』을 여타 경전과 더불어 독립경전으로 취급하기 시작했다. 『대학』과 『중용』이 독립경전으로 정립케 된 단초는 바로 정씨 학단에 있었다고 해도 과언이 아니다.

남송대에 들어와 주희가 『대학장구』 1권과 『중용장구』 1권을 펴내면서 마침내 『대학』과 『중용』은 『논어』 및 『맹자』와 함께 '사서' 의 하나로 규정되었다. 주희는 『대학』의 첫머리에 나오는 205

자를 경문經文으로 삼고 나머지 1,546자를 10장의 전문傳文으로 나눈 뒤 경문은 공자의 말이고 전문 10장은 고제자인 증자의 해설을 그의 문인이 기록한 것이라고 주장했다. 이는 『대학』을 경서로 끌어올리기 위한 의도에서 나온 것으로 무슨 뚜렷한 근거가 있는 것은 아니었다.

주희는 여기서 한 걸음 더 나아가 한유의 '도통설'을 차용해 공학孔學의 정맥이 자사를 거쳐 맹학孟學으로 이어졌고, 맹학은 1천여 년을 격해 정자程子 : 정호와 정이에게 이어졌다는 '도통전수설道統傳授說'을 주장했다. 이 또한 유학의 전통을 불가의 전통보다 우월하다는 드러내기 위한 의도에서 나온 것으로 무슨 근거가 있는 것은 아니었다.

당시 주희의 『대학』과 『중용』에 대한 애정은 각별했다. 이는 주희가 순희淳熙 원년1188부터 시작해 무려 16년간에 걸쳐 『대학장구』와 『중용장구』를 저술한 사실이 뒷받침한다. 특히 주희는 『대학장구』를 다듬기 위해 죽기 3일 전까지 개정에 힘썼다. 『주자어류朱子語類』는 당시의 상황을 이같이 기록해 놓았다.

"사마광은 『자치통감』을 저술한 뒤 말하기를, '신의 평생 정력이 모두 이 책에 있습니다'라고 했다. 주자의 『대학』 또한 그러했다. 『논어』와 『맹자』, 『중용』은 그렇게까지 힘을 들이지 않았다."

주희가 『대학』을 중시한 증거는 『주자어류』의 권수 배당을 통해서도 쉽게 찾아낼 수 있다. 주희는 학문하는 순서를 〈『대학』→『논어』→『맹자』→『중용』〉으로 정했다. 주희는 이 순서를 뛰어넘거나 바꾸는 것을 엄히 금했다. 그의 다음과 같은 언급이 그 증거이다.

"우선 『대학』을 읽어 규모를 정하고, 『논어』를 읽어 근본을 세우고, 『맹자』를 읽어 발월發越 : 교양을 관찰하고, 『중용』을 읽어 고인古人의 미묘처微妙處를 구해야 한다."

주희는 『대학장구』 중에서도 특히 서문과 「대학경문」 제1장, 자신이 만들어 삽입시킨 「대학전문」 제5장인 소위 '격물보전格物補傳'을 중시했다. 『중용』도 서문과 제1장이 특히 중시되었다. 이는 주희가 이들 편장을 성리학 이론의 통론通論으로 간주한 데 따른 것이었다. 이는 정씨 학단에서 통상 입문한 후 한참 시간이 지난 뒤에야 비로소 『대학』을 읽게 한 전통과 밀접한 관련이 있었다. 이때부터 『대학』은 성리학의 이론을 뒷받침하는 최고의 이론적 지침서로 간주되고 있었다. 이런 상황에서 성리학자들이 『대학』을 중시한 것은 자연스런 일이었다. 주희는 『대학장구』를 쓰게 된 이유를 이같이 밝혀놓았다.

"자정자子程子가 말하기를, '대학은 공씨孔氏가 남긴 글로 처음 배우는 사람이 덕에 들어가는 문이다'라고 했다. 지금 옛 사람의 학문하는 차례를 볼 수 있는 것은 홀로 「대학」편이 남아 있기 때문이다."

당시 주희는 『대학』의 중요성을 강조한 정자程子 : 정씨 형제를 높이기 위해 호칭을 '자정자'로 한 단계 더 높였다. 이는 『묵자墨子』가 묵가의 비조인 묵적墨翟을 '자묵자子墨子'로 존칭해 놓은 것에 비유할 만하다. 그러나 원래 유가에서는 이런 극존칭을 사용하지 않는다. 공자와 맹자조차 '자공자'와 '자맹자'로 불린 적이 없다. 그럼에도 주희는 '정자'를 '자정자'로 한 단계 더 높여 부른 것이다. 주희가 자신의 사상적 뿌리인 정씨 형제 중 동생인

정이를 얼마나 숭상했는지를 짐작케 해주는 대목이 아닐 수 없다.

주희는 『대학』과 관련해 『대학장구』 이외에도 『대학혹문大學或問』을 저술했다. 이는 이전의 여러 학자들의 설을 취사선택하게 된 이유를 서술한 것이다. 주희는 『대학혹문』에서 단순히 선인의 설을 비판한 데 그치지 않고 자신의 주장을 부기해 놓았다. 이로 인해 성리학자들은 『대학혹문』을 크게 중시했다. 이는 성리학의 이론적 기반이 된 소위 '거경설居敬說'과 '격물치지설格物致知說', '이기설理氣說' 등의 출처가 모두 『대학혹문』이라는 사실과 무관하지 않다.

『대학』과 관련한 주희의 언술은 이밖에도 그가 죽은 뒤 70년 만에 그의 제자들이 펴낸 『주자어류』 제14-18권에도 나온다. 이는 주희가 평소 제자들과 나눈 문답을 하나로 그러모은 것이다. 총 140권으로 구성된 방대한 분량의 『주자어류』에는 『대학장구』와 『중용장구』, 『대학혹문』 등과 달리 주희의 분방한 발언과 비유가 그대로 실려 있다.

원래 『대학』은 경문과 전문이 없다. 주희 이전에 북송대의 정자程子가 『대학』의 원문에 손질을 가해 정본定本을 만든 바 있다. 주희는 이를 바탕으로 『대학』의 전문 일부를 스스로 만들어 끼워 넣기도 했다. 그는 『대학』의 구성이 혼란스럽고 각 장의 자구와 문장의 전도가 극심하다는 이유로 스스로 '전문'의 일부를 만들어 삽입시키는 일도 개의치 않은 것이다.

그러나 이는 공자의 '술이부작述而不作' 정신과 명백히 배치되는 것이다. 주희는 『대학』의 본래 모습을 복원키 위해 부득이한 조치였다고 변명했다. 당시 주희가 『대학』 및 『중용』에 얼마나 큰 애정을 기울였는지를 짐작케 해주는 대목이 아닐 수 없다.

주희와 같은 시기의 육구연陸九淵은 주희와 마찬가지로 사물의 이치를 연구해 궁극적으로 치평에 활용해야 한다고 주장했다. 그러나 그는 주희의 성즉리性卽理와 달리 심즉리心卽理를 주장하면서 자신의 본심을 직관해 이를 적극 함양할 것을 주문했다. 그는 소위 '감담減擔 : 경전의 주석을 해독하는 짐을 덜어버림'과 '반사反思 : 스스로를 대상으로 하여 생각함'의 논리를 통해 치지격물에 이를 것을 주장한 점에서 주희와 뚜렷한 차이를 보이고 있다.

이는 주희가 외적 지향을 강조하며 '격물'을 중시한 것과 달리 내적 지향을 강조하는 '치지'를 중시한 견해라고 할 수 있다. 육구연의 등장은 이후 '격물치지'에 대한 기본 입장이 이학理學과 심학心學으로 갈리는 결정적인 분기점이 되었다. 이학과 심학의 분기는 '격물'과 '치지'가 별개의 것이 될 수 없음에도 불구하고 지나치게 한쪽 측면만을 강조한 부작용이 아닐 수 없다.

훗날 '격물'을 중시한 주희의 견해는 명대 말기에 왕부지王夫之의 '격물궁리설格物窮理說'로 연결되었다. 왕부지는 사고思考를 '치지'의 중요 방법으로 인식하면서도 사고는 반드시 '격물'의 기초 위에 세워져야 한다고 생각했다. 그가 독서와 궁리를 '경세치용經世致用'으로 표현하는 것을 반대하면서 일종의 과학에 해당하는 소위 '질측학質測學'을 강조한 것은 바로 이 때문이었다. 비록 '경세치용'을 반대하는 잘못을 범하기는 했으나 개방적인 자세로 서양의 근대과학을 적극 수용코자 한 자세는 높이 평가할 만하다.

이에 반해 '치지'를 중시한 육구연의 견해는 왕양명王陽明의

'치량지설致良知說'로 연결되었다. 왕양명은 육구연의 심학을 그대로 수용해 정주학程朱學의 성리학의 대비되는 소위 육왕학陸王學의 양명학을 완성시켰다. 양명학은 명대 말기에 주자학을 능가할 정도의 위세를 떨쳤다. 왕양명은 육구연과 마찬가지로 마음을 모든 이치를 구비하고 있는 주체로 간주해 자신의 마음을 격물치지의 근본으로 삼을 것을 주문했다. 그는 『대학』의 주석에도 심혈을 기울여 정덕正德 13년1518에 『예기』에 실려 있는 「대학」편인 소위 '고본대학古本大學'을 저본으로 삼아 『대학고본방주大學古本旁註』를 저술한 데 이어 가정嘉靖 6년1527에는 『대학문大學問』을 펴냈다.

왕양명은 『대학문』 등에서 주희의 『대학장구』 체제를 완전히 무시한 채 주희가 채워넣은 '격물보전格物補傳'을 전혀 인정치 않았다. 그는 주희가 격물을 공부의 근본으로 간주한 것과 달리 성의에서 그 요체를 찾았다. 그는 인간 자체가 시비선악을 가리는 능력을 갖추고 있는 까닭에 명덕明德의 본체는 바로 양지良知에 있다고 주장했다.

이후 그의 제자인 왕간王艮은 자신의 몸을 편히 보존하는 것을 근본으로 삼아 남을 사랑하고 다스려 예우하는 것이 곧 격물이라고 하는 소위 '회남격물설淮南格物說'을 주장했다. 이재李材 역시 별도의 학설을 세워 『대학』의 근본은 몸을 다스리는 데 있다고 주장했다. 고헌성顧憲成은 『대학통고大學通古』에서 주희와 왕양명의 주장을 절충코자 시도했다. 고반룡高攀龍 역시 『대한지본대의大學知本大義』에서 '격물치지의 의의는 정주程朱가 가장 정밀하고, 치지致知의 의의는 왕양명이 가장 분명하고, 지선止善의 의의는 이재가 가장 완벽하다'는 견해를 제시했다.

명대 말기의 유종주劉宗周는 『대학고기약의大學古記約義』에서 『대학』의 도는 한마디로 신독愼獨에 있을 뿐이라고 주장했다. 이는 조선조의 다산 정약용에게 커다란 영향을 미쳤다. 다산은 『대학』을 『예기』의 한 편으로 간주해 연구하면서 유종주와 유사한 결론에 도달했다. 다산의 접근방법이 『대학』 본연의 모습을 찾아내는 데 훨씬 유용한 것임은 말할 것도 없다.

『중용』 역시 『대학』과 마찬가지로 『예기』의 한 편으로 편제된 것이다. 『중용』이 어떤 이유로 『예기』의 한 편으로 편제되었는지를 정확히 헤아릴 길이 없다. 대략 『논어』 「옹야」편에 처음으로 '중용'이라는 말이 언급되어 있는 점에 비춰 유가 후학들이 이를 기초로 정치精緻하게 다듬어낸 '예론'이 『예기』의 편집자들에 의해 『예기』의 한 편으로 편입된 것으로 짐작된다.

이와 관련해 최근 중국학자 곽기郭沂 등의 주장이 관심을 모으고 있다. 이들은 『중용』을 지난 1993년에 출토된 중국 호북성 곽점촌郭店村의 죽간본竹簡本과 관련시켜 『중용』은 서로 다른 3종의 글이 섞어놓은 것이라고 주장했다. 이에 따르면 『중용』은 '중니왈仲尼曰' 내지 '자왈子曰'로 시작하는 '중용'에 관한 기언체記言體의 글과 '천명지위성天命之謂性'으로 시작하는 '지성至誠'에 관한 의론체議論體의 글, '거동궤車同軌' 등으로 시작하는 후대의 글이 하나로 섞여 있다는 것이다.

그러나 『중용』 역시 『대학』과 마찬가지로 『예기』의 예치사상에서 한 치도 벗어나지 않고 있다는 점에서 볼 때 이들의 주장을 전면적으로 수용키는 어렵다. 특히 '천명'으로 시작되는 의론체의 글을 자사의 저술로 간주하는 것은 적잖은 문제가 있다. 다만 『중용』의 내용 중 '중용'을 언급한 부분과 '천명'을 언급한 부분이 구별되고 있다는 점에서 이들의 주장을 일정 부분 수용할 필요가 있다. 이 경우 과연 서로 다른 내용의 글들이 어떤 과정을 통해 하나로 뒤섞이게 되었고, 내용상의 차이는 무엇인지 등에 관한 심도 있는 연구가 이어져야만 할 것이다.

원래 『중용』은 『대학』과 달리 전한제국 초기부터 많은 학자들의 관심을 끌었다. 기원전 1세기 무렵에 나온 『한서』「예문지藝文志」의 '예부禮部'에 『중용설中庸說』 2편이 기록되어 있는 사실이 이를 뒷받침한다. 이는 『대학』이 북송대에 들어와 비로소 관심대상으로 부상한 것과 적잖은 차이가 있는 것이다. 남북조시대에는 남조 송나라의 대옹戴顒이 『예기중용전』 2권을 펴냈고, 양梁나라의 무제武帝도 『중용강소中庸講疏』 1권을 펴낸 바 있다. 양무제의 신하들은 『중용강소」를 토대로 『사기제지중용의私記制旨中庸義』 5권을 펴내기도 했다.

『중용』의 주석과 관련해 주목할 대상은 당제국 때의 이고李翶이다. 한유韓愈의 제자인 그는 『복성서復性書』를 통해 『중용』과 『주역』을 통합한 성정론性情論을 전개했다. 그는 이후 이를 토대로 『중용설』 1권을 펴냈다. 그는 『복성서』에서 『중용』뿐만 아니라 『대학』에 대해서도 독자적인 해석을 시도했다. 그는 '격물치지'에 대해 이런 주석을 가했다.

"물物은 만물이고, 격格은 '내來' 또는 '지至'의 뜻이다. 그 마음이 밝아 사물을 밝게 분별하되 사물에 응하지 않는 것이 치지致知이다. 이는 지지지知之至 : 앎의 지극함를 말한다. 이에 '의성심정意誠心正'이 이뤄져 마침내 천하가 평정되고 능히 천지와 함께 할 수 있는 것이다."

이고의 이러한 주장은 송대의 성리학자들에게 지대한 영향을 끼쳤다. 송유宋儒가 도통설道統說을 주장한 한유의 『원도原道』와 더불어 이고의 『중용설』에 주목한 것은 바로 이 때문이었다. 이를 통해 『중용』은 송대 이전에 이미 『주역』과 같은 차원에서 주목을 받기 시작했음을 알 수 있다.

『중용』은 오랫동안 공자의 손자인 원헌原憲 즉 자사子思가 지은 것으로 알려져 왔다. 이는 『사기』「공자세가孔子世家」의 기록에 따른 것이다. 공자 일족의 언행을 모아놓은 『공총자孔叢子』「거위居衛」편도 『중용』의 작자와 관련한 최초의 기록인 「공자세가」의 기록을 그대로 좇았다. 「거위」편에 따르면 16세 때 송나라에서 포위된 경험이 있었던 자사가 크게 느낀 바가 있어 '중용지서中庸之書' 49편을 지었다고 한다. 일본 제왕학의 비조에 속하는 오규 소라이荻生徂徠는 『논어』의 저자를 자사의 문인門人으로 간주하는 소위 '원헌설'을 주장한 바 있다.

원래 전국시대 말기의 맹자孟子는 자사의 문인으로부터 공자 사상을 접한 것으로 알려져 있다. 맹자를 성리학의 사상적 비조로 삼은 주희가 『중용』을 별도의 경전으로 추출해낸 것도 이와 무관치 않을 것이다. 실제로 주희는 『중용』을 『대학』 못지않게 중시했다. 그는 하나로 묶여 있는 『중용』의 전문全文을 모두 33장으로 분장分章했다. 이에 대한 주희의 기본 입장은 『중용장구中庸章句』 서문 이외에도 『주자어류』 제62-64권에 자세히 나타나 있다.

성리학자들은 『중용』을 크게 중시한 나머지 주희가 지은 『중용장구』 서문을 정신통일을 위한 경문처럼 암송했다. 심지어 사귀邪鬼와 맹수를 물리치는 힘을 지니고 있다고 생각해 산속이나 밤길을 갈 때 이를 외웠다는 얘기까지 전해지고 있다. 이는 『중용』을 '소주역小周易'으로 간주한 사실과 무관치 않았다.

그러나 사실 『공총자』는 후대에 만들어진 위서僞書인 까닭에 이를 액면 그대로 믿을 수는 없는 일이다. 『사기』「공자세가」의 기록 역시 사마천司馬遷이 전한제국 당시 항간에 떠돌던 얘기를 그러모은 것으로 역사적 사실과 적잖은 차이가 있다. 『중용』 역시 『대학』과 마찬가지로 전한제국 초기에 이론에 뛰어난 유가 후학의 손에 의해 완성된 하나의 '예설'로 보는 게 타당하다.

이는 『중용』과 『대학』이 상호 밀접한 관계를 맺고 있는 사실을 통해 쉽게 확인할 수 있다. 오랫동안 『중용』과 『대학』을 묶어 '학용學庸'으로 부른 사실이 이를 뒷받침한다. 내용면에서 볼 때 『중용』 역시 『대학』과 마찬가지로 『예기』의 기본 취지인 '예치'의 구체적인 실천방안을 언급하고 있다. 다만 『중용』은 '천명天命'과 '성性' 등을 직접적으로 언급하고 있는 것이 『대학』과 다른 점이라고 할 수 있다.

이는 『중용』의 원형이 만들어지는 전국시대 후기의 상황과 무관치 않았다. 맹자가 '괴력난신'을 타기한 공자와 달리 '천명'과 '성'을 전면적으로 거론하고 나선 사실이 이를 뒷받침한다. 그렇다면 『중용』의 '천명'과 '성'은 공자사상을 왜곡한 것일까. 반드시 그같이 볼 필요는 없다. 공자가 『논어』「옹야」편에서 '중용'의 공효功效를 칭송한 대목이 이를 뒷받침한다.

"중용의 덕은 참으로 지극하다. 그러나 이를 능히 할 수 있는 백성이 희귀해진 지 이미 오래 되었다."

이마저도 후세의 위작으로 보는 견해가 있으나 『옹야』편은 비교적 이른 시기에 편집된 소위 '상편上篇'에 속한다. 이마저 위작으로 보는 것은 아무래도 지나치다. 원래 '중용中庸'의 '중中'은 중도中道, '용庸'은 상도常道의 의미를 지니고 있다. 따라서 공자는 최소한 『중용』에서 말하는 취지로 '중용'을 언급치는 않았을지라도 '중도' 내지 '상도'의 의미로 '중용'을 언급했을 공산이 크다. 대략 후대의 『예기』 편집자들이 『논어』에 나오는 '중용'의 의미를 이론적으로 정립한 유가 후학의 글을 『예기』 제31편에 「중용」이라는 이름으로 삽입시켰을 가능성이 높다.

내용면에서 볼 때 『중용』은 『대학』과 상통하고 있다. 『대학』이 군자의 '학지學知'를 통한 '지인至仁'으로의 접근을 언급하고 있다면 『중용』은 군자의 '성誠'을 통한 '지인'으로의 접근을 언급하고 있다. 『중용』은 인성의 '성性'을 '성誠'으로 간주해 '성'을 좇아 행동하는 것이 바로 '도道'이고, '도'를 닦기 위해서는 궁리窮理가 필요하고, 이 궁리가 바로 교敎라고 보고 있다. 『대학』의 '명덕明德'은 『중용』의 '성性', 『대학』의 '신민新民'은 『중용』의 '도道', 『대학』의 '지선至善'은 『중용』의 '교敎'에 해당한다. 『중용』은 바로 '성'과 '도', '교'를 연구한 책이라고 할 수 있다.

『순자』가 설파했듯이 원래 인간에게는 '성' 이외에도 희喜·노怒·애哀·락樂의 정情이 있다. 이러한 '정'이 겉으로 드러나지 않고 '성' 속에 잠재해 있는 것을 '중中', 알맞게 나타나는 것을 '화和'라고 한다. 중화中和는 곧 사람을 '도'로 이끌 수 있는 근본이 된다. 일찍이 5·4운동 당시 량수밍梁漱溟은 『동서문화와 철학』에서 인류문명을 서양문명, 인도문명, 중국문명으로 나눈 뒤 서양문명은 진취進取, 인도문명은 사리捨離, 중국의 문명은 중화中和의 문명으로 규정하며 중국문명의 특수성을 부각시킨 바 있다. '중화'가 이루어진 세상이 바로 『중용』에서 말하는 이상세계라고 할 수 있다.

이를 통해 알 수 있듯이 『중용』과 『대학』 모두 학덕學德을 연마한 군자가 위정자가 되어 '치평'을 이루는 군자정君子政의 구체적인 실천방안을 언급했다는 점에서 하등 차이가 없는 것이다. 이는 공자에서 순자로 이어지는 예치사상을 정치한 이론으로 조탁彫琢해낸 결과로 볼 수 있다. 『중용』과 『대학』을 원래의 모습대로 『예기』의 한 편으로 복원시켜 『예기』의 전체 맥락에서 그 의미를 파악해야만 하는 이유가 바로 여기에 있다.

제2부

주석론

제1편 대학

대학경문(大學經文)

大學之道, 在明明德, 在親(=新)民, 在止於至善.

知止而后有定, 定而后能靜, 靜而后能安, 安而后能慮, 慮而后能得.

物有本末, 事有終始, 知所先後, 則近道矣.

古之欲明明德於天下者, 先治其國. 欲治其國者, 先齊其家. 欲齊其家者, 先修其身. 欲修其身者, 先正其心. 欲正其心者, 先誠其意. 欲誠其意者, 先致其知. 致知在格物.

物格而后知至, 知至而后意誠, 意誠而后心正, 心正而后身修, 身修而后家齊, 家齊而后國治, 國治而后天下平.

自天子以至於庶人, 壹是皆以修身爲本.

其本亂而末治者否矣. 其所厚者薄, 而其所薄者厚, 未之有也.

대학(大學 : 大人의 학문을 지칭)의 **요도**(要道 : 요체)는 **명명덕**(明

明德 : 至德을 밝힘, '明德'은 '至德'의 의미임)과 친민(親民 : 백성을 가까이 함), 지어지선(止於至善 : 至善에 머무름)에 있다.

지지(知止 : 머물 줄 앎) 이후 안정(安定)할 수 있고, '안정' 한 이후 능히 정한(靜閑 : 고요하고 한가함)할 수 있고, '정한' 한 이후 능히 안온(安穩 : 평온함)할 수 있고, '안온' 한 이후 능히 사려(思慮)할 수 있고, '사려' 한 이후 능히 득의(得意)할 수 있다.

사물에는 본말(本末 : 뿌리와 가지)이 있고, 일에는 종시(終始 : 끝과 시작)가 있다. 일을 하면서 선후(先後)를 가릴 줄 알면 곧 도에 가깝다.

옛날 천하에 명명덕(明明德)하고자 한 자는 먼저 치국(治國 : 나라를 다스림)하고, '치국' 하고자 한 자는 먼저 제가(齊家 : 집안을 가지런히 함)하고, '제가' 하고자 한 자는 먼저 수신(修身 : 몸을 닦음)하고, '수신' 하고자 한 자는 먼저 정심(正心 : 마음을 바르게 함)하고, '정심' 하고자 한 자는 먼저 성의(誠意 : 뜻을 정성되게 함)하고, '성의' 하고자 한 자는 먼저 치지(致知 : 참된 앎을 이룸)했다. '치지'는 격물(格物 : 사물에 나아가 그 이치를 꿰뚫어 봄, '格'은 '至'와 통함)에 있다.

물격(物格 : 사물의 이치가 확연해짐) 이후 지지(知至 : 참된 앎이 다다름)하고, '지지' 이후 의성(意誠 : 뜻이 정성됨)하고, '의성' 이후 심정(心正 : 마음이 바르게 됨)하고, '심정' 이후 신수(身修 : 몸이 닦임)하고., '신수' 이후 가제(家齊 : 집안이 가지런해짐)하고, '가제' 이후 국치(國治 : 나라가 다스려짐)하고, '국치' 이후 천하평(天下平 : 천하가 고르게 됨)한다.

천자로부터 서인(庶人)에 이르기까지 일시(壹是 : '專行'의 뜻으로 곧 '하나같이'의 의미임) 모두 '수신'을 근본으로 삼았다.

근본이 어지러운데도 말절(末節)이 잘 다스려진 일은 없는 법이다. 삼대(三代 : 하 · 은 · 주를 지칭)에는 후하게 해야 할 것을 박하게 하고 박하게 해야 할 것을 후하게 하는 일이 없었다.

제1절에서 제3절에 나오는 명명덕明明德과 친민親民, 지어지선止於至善을 소위 '3강령三綱領'이라고 한다. 제4절에서 제7절에 나오는 격물格物과 치지致知 · 성의誠意 · 정심正心 · 수신修身 · 제가齊家 · 치국治國 · 평천하平天下는 소위 '8조목八條目'이라고 한다. 실천과정에서 8조목에 3강령이 포함되는 까닭에 격물, 즉 사물의 이치를 규명하는 것이 대학의 첫걸음이 된다. 이것이 평천하의 궁극적인 목적에 연결된다는 것이 대학의 논리이다.

「대학전문」 제1장-제10장은 바로 「대학경문」에서 언급하고 있는 이들 3강령 및 8조목에 대한 풀이에 해당한다. 『대학』은 바로 이들 3강령과 8조목에 대한 해석이라고 해도 과언이 아니다. 3강령은 '명명덕'과 '친민', '지어지선'을 지칭한다. 강령綱領의 '강綱'은 그물의 벼리, '령領'은 옷의 중심부분인 옷깃을 말한다.

이들 3강령은 『대학』 전체를 총괄하는 핵심어에 해당한다. 이는 '대학'의 기본 취지가 바로 이들 3강령에 있음을 의미한다. 주희는 3강령의 순서가 '명명덕'에서 '친민', '지어지선'으로 전개되어야 한다고 보았다. 이에 반해 왕양명은 이들 3강령 사이에 순서의 차가 없다고 보았다.

주희와 왕양명의 이견은 기본적으로 '대학大學'의 개념에 대한 해석 차이에서 비롯되고 있다. 주희는 '대인大人'을 '소자小子 : 어린 아이'에 대비되는 '성인成人'의 의미로 간주해 '대학'을 '대인의 학문'으로 정의했다. 이에 대해 왕양명은 '대인'을 '소인小人'에 대비되는 '군자君子'로 간주해 '대학'을 '군자의 학문'으로 풀이했다.

만일 주희와 같이 '대학'을 '성인의 학문'으로 규정할 경우 3

강령은 상호 순차적인 관계로 이뤄졌다고 보는 게 타당하다. 그러나 왕양명과 같이 '군자의 학문'으로 파악할 경우 군자에게 3강령은 모두 중요한 것인 까닭에 상호 간에 우선순위가 존재할 수 없게 된다. 과연 어느 쪽 주장이 타당한 것일까.

이는 '명덕明德'에 대한 해석과 밀접한 관련이 있다. 주희는 '명덕'을 '성즉리性卽理'의 관점에서 바라본 까닭에 '대인'을 '성인'으로 파악했다. 그는 '명덕'을 맹자가 말한 사단四端이 발현된 인·의·예·지의 사덕四德을 지칭하는 것으로 본 것이다. 사덕은 모든 사람이 지니고 있는 것으로 수오지심羞惡之心 등의 '사단'을 제대로 발현시키기만 하면 능히 얻을 수 있는 것이다. 그렇다면 굳이 '대학'을 '군자'의 학문으로 좁게 해석할 이유가 없게 된다.

주희를 비롯한 송대의 성리학자들은 맹자가 말한 '양지양능良知良能'에 대해 본연지성本然之性의 구체적인 표현인 소위 '본연지선本然之善'의 일종으로 간주해 그다지 큰 의미를 부여하지 않았다. 이들이 『대학』을 토대로 '치평'의 출발이 개인의 수양에 있다고 보아 '치지격물致知格物'을 강조한 것은 바로 이 때문이다. 이는 양명학이 강조하는 '치량지致良知 : 양지양능의 극치를 구현함·정사사正事事 : 사물을 올바르게 함'와 대조를 이루고 있다.

그러나 왕양명은 '심즉리心卽理'의 관점에서 『대학』의 첫 글자인 '대학'을 '군자의 학문'으로 풀이해야 타당하다고 주장했다. 이는 '명덕'을 『맹자』「진심 상」편에 나오는 '양지양능良知良能'으로 해석한 데 따른 것이다.

맹자는 「진심 상」편에서 '친친親親'과 '경장敬長'을 확충할 경우 마침내 치평의 대덕大德을 이룰 수 있다고 주장하면서 그 근거로 인간이 배우거나 생각지 않고도 생래적으로 지니고 있는 '양지양능'을 내세웠다. 왕양명은 여기에 주목해 '양지양능'을 발휘하기만 하면 누구든지 치평의 대덕을 실현하는 성현이 될 수 있다고 주장한 것이다.

결국 왕양명은 천지만물의 '인仁'이 '양지양능'에서 비롯된 것으로 본 까닭에 '대학'을 '군자의 학문'으로 풀이한 셈이다. 이는 『대학』의 '명덕'을 맹자의 '사단설'에 입각해 '사덕'으로 풀이한 성리학에 대한 강력한 이의제기나 다름없다. 그는 『대학문大學問』에서 '명덕'을 풀이하는 과정에서 '대학'을 이같이 규정했다.

"주자는 대학을 '대인'의 학이라고 했다. 대인의 학이 명덕을 밝히는 데 있다는 것은 무슨 뜻이 있는가. 이른바 대인은 천지만물로 일체를 삼는 사람이다. 그가 천하를 보는 것은 한 집안과 같고, 중국을 보기를 한 사람같이 한다. 그러나 육체적인 개별성을 고집해 너와 나를 구별하는 것은 소인과 다름없는 것이다. 대인이 천지만물을 일체로 한 것은 의식적으로 그리 한 것이 아니다. 그 마음의 인仁이 본래 천지만물과 하나로 되어 있는 것이다. 하늘과 땅의 성품에 뿌리를 박은 까닭에 스스로 신령하고 밝아 어둡지 않다. 그래서 그것을 '명덕'이라고 한 것이다."

왕양명은 '친민'에 대해서도 주희와 전혀 다른 주장을 펼쳤다. 그는 『논어』「헌문」편에 나오는 '수기이안백성修己以安百姓' 구절을 그 논거로 제시하면서 여기의 '안백성'은 바로 '친민'의 구체적인 표현에 해당한다고 보았다.

사실 주희와 왕양명은 '명명덕' 구절과 연결된 '재친민在親民'

구절의 해석에서 의견이 뚜렷이 갈리고 있다. 왕양명은 여기의 '친민親民 : 백성을 가까이 함'을 글자 그대로 풀이해야 한다고 주장했다. 이에 대해 주희는 정자의 주장에 따라 '친민'을 '신민新民 : 백성을 새로이 함'으로 고쳐 읽어야 한다고 주장했다. 주희의 이런 주장은 『대학』 제2장이 '신민'으로 나와 있는 점에 주목한 것이기는 하나 지나치게 도학적인 해석이라는 지적을 면키 어렵다. 주희의 주장은 경문 자체의 글자를 바꾼다는 점에서 공자가 말한 '술이부작述而不作'의 정신과 정면으로 배치되는 것이기도 하다.

그렇다면 제1절의 마지막 구절인 '지어지선止於至善'은 어떻게 해석해야만 하는 것일까. 주희는 소위 '천리인욕설天理人欲說'에 입각해 '지선'을 사리事理의 극치로 간주했다. 그는 '지어지선'을 일호一毫의 사사로움도 없는 천리의 지극한 상태에 도달한 것으로 풀이했다.

이에 대해 왕양명은 '지선'을 '양지良知'로 간주해 '지어지선'을 본연의 마음으로 돌아가는 것으로 풀이했다. 이는 말할 것도 없이 '심즉리'에 입각한 해석이다. 마음을 천지만물의 이치를 파악하는 궁극으로 본 왕양명은 '지선'을 인간의 근원인 마음과 일치시킨 셈이다. 왕양명은 마음이 곧 천지만물의 이치에 해당하는 까닭에 마음 밖에서 사리事理 : 사물의 이치를 찾는 것은 잘못이라고 본 것이다.

이와 관련해 다산은 '지어지선'을 치인治人이 아닌 자수自修로 보았다. 그는 설령 위정자들이 '명명덕'과 '친민'을 두루 구비했을지라도 '자수'를 통해 솔선수범하는 모습을 보여주지 않으면 백성들이 추종하지 않는다고 주장했다. 『중용』과 『주역』, 『노자』

등을 관통하는 이치가 바로 '자강불식自彊不息'에 있음을 통찰한 탁견이 아닐 수 없다.

원래 성리학과 양명학 모두 인간의 선성善性을 바탕으로 수제치평修齊治平을 이루고자 한 점에서는 하등의 차이가 없다. 이런 점에서 볼 때 '대학'과 '명덕'에 관한 해석 차이는 본질적인 것이 아니라 단지 방법론상의 차이에 불과할 뿐이다. '대학'과 '명덕', '친민', '지선'을 어느 쪽으로 해석하든 아무 문제가 없는 것이다.

당초 주희는 『대학장구』에서 8조목 가운데 '격물 · 치지 · 성의 · 정심 · 수신'의 5개조는 '명명덕'의 일이고, '제가 · 치국 · 평천하'의 3개조는 '친민'의 일이라고 규정했다. 이어 '명명덕'과 '친민'은 모두 '지선'에 그쳐야 하는 까닭에 '명명덕'과 '친민'이 '지선'에 이르는 과정은 〈격물→치지→성의→정심→수신→제가→치국→평천하〉의 도식을 따른다고 주장했다. 주희의 주장에 따르면 '명명덕'과 '친민'은 '지선'에 이르는 도정에 불과하게 된다. 그렇다면 '지선'의 원리를 밝히는 '격물 · 치지'를 궁구해야만 '성의 · 정심'에 이르고 차례대로 다음 단계로 나아가 마침내 '평천하'에 이르게 된다.

주희의 이런 주장은 '격물'을 극단적으로 중시한 데 따른 것으로 『대학』의 본령인 '치평'의 논리를 '수제'의 논리에 함몰시킬 소지가 크다. 실제로 성리학은 그런 방향으로 진행되었다. 주희가 '수신'과 '제가'를 한 묶음으로 보지 않고 따로 떼어내 '수신'은 '명명덕', '제가'는 '신민'으로 본 것도 문제이다. '치평'에서 출발한 『대학』의 기본 논리에 비춰 '격물 · 치지 · 성의 · 정심'은 『주역』에서 말하는 '자강불식自彊不息'의 천도를 터득하는 자세를 말한다. 『중용』의 '성지誠之'와 『맹자』의 '사성思誠'은 바로 이를 말한 것이다. '격물 · 치지 · 성의 · 정심'의 공효는 먼저 개인적인 차원의 '수신'으로 나타나고 이는 곧바로 '제가'로 연결된다.

원래 국가공동체와 천하공동체를 다스리는 '치국 · 평천하'는 개인 차원의 '수신 · 제가'의 즉각적인 공효로 나타나는 게 아니다. '수신 · 제가'와 '치국 · 평천하' 사이에는 마치 커다란 강이 존재하고 있는 것과 같다. 한비자를 비롯한 법가가 '치국 · 평천하'를 이루면 '수신 · 제가'의 문제는 저절로 해결된다고 주장한 이유가 바로 여기에 있다. 주희는 도학의 관점에서 '격물'을 천리天理를 궁구하는 소위 '궁리窮理'로 간주한 나머지 '제가'를 '수신'에서 분리시키는 잘못을 범했다. 그는 '수신'을 '치국 · 평천하'와 같은 차원으로 해석함으로써 개인 차원의 '성지誠之'와 공동체 차원의 '성지'를 뒤섞어 놓았다는 비난을 면키 어렵다. 주희의 주장을 좇을 경우 공公과 사私의 경계가 불분명해져 『춘추』와 법가에서 '치평'의 구체적인 방법론으로 제시한 소위 '대의멸친大義滅親'의 대덕大德을 구현할 길이 없게 된다. '치평'의 논리 위에 서 있는 『대학』을 천리인욕설天理人欲說로 구성된 성리학의 관점에 입각해 무리하게 견강부회牽强附會한 데 따른 부작용이 아닐 수 없다.

제2절에서는 3강령의 체현과정을 〈지지知止-유정有定-능정能靜-능안能安-능려能慮-능득能得〉으로 도식화해 놓았다. 이를 두고 주희는 '유정有定'이 '능정能定'으로 표현되어 있지 않은 점에 주목해 이같이 주장했다.

"정靜은 마음이 망령되이 움직이지 않음을 말한 것이고, 안安은 있는 곳에서 편안함을 말한 것이고, 려慮는 일에 임해 정상精詳 : 정밀하고 상세함한 것을 말한 것이고, 득得은 머무를 곳을 얻는 것을 말한 것이다."

주희는 정靜 · 안安 · 려慮는 마음에 관해 말한 것이나 정定은 사리에 관해 말한 것이라고 본 것이다. 사리가 일정한 것으로 파악되면 곧 정확한 지식을 얻어 마음이 일정하게 된다는 게 그 요지이다. 주희는 제2절을 제1절의 마지막 구절인 '지어지선'의 부연설명으로 간주해 정定 · 정靜 · 안安 · 려慮는 상호 순차적인 점증관계에 있다고 본 것이다. 대략 문의文意에 부합한다.

제3절의 '본말本末'과 '종시終始'에 대해 주희는 '명덕'을 내內, '신민'을 외外의 관계로 보아 '본말'은 곧 '내외'를 의미한다고 풀이했다. 그는 기본적으로 〈지지知止－능득能得〉의 도식에 입각해 제3절은 학문의 본말과 선후를 알고 있으면 도에 이르는 길이 멀지 않다는 뜻을 풀이한 것으로 보았다.

이에 대해 왕양명은 '본말'을 둘로 나누는 것에 반대했다. 그는 『대학문』에서 나무줄기가 '본'이고 가지가 '말'이라고 하면 그것은 바로 한 물건에 지나지 않는다고 보았다. 그는 이를 두 물건으로 나누면 '본말'이라는 표현이 모순되는 까닭에 '명덕'과 '친민' 역시 한가지로 보아야 한다고 주장했다. 이는 '대학'을 '군자의 학문'으로 파악해 3강령에 차등을 두지 않은 데 따른 당연한 주장이기도 하다.

제4절 이하 3개 절은 '8조목'의 대강을 언급하고 있다. '8조목'은 〈격물格物－치지致知－성의誠意－정심正心－수신修身－제가齊

家-치국治國-평천하平天下〉의 도식에 나오는 8가지 조목을 말한다. 이들 '8조목' 중 앞의 '격물'과 '치지'는 그 뜻이 확연치 않다. 대략 '격물'은 '격格'을 궁구窮究의 의미로 보아 '사물을 깊이 관찰하여 연구하다'의 뜻으로 새기면 될 것이다. '치지'는 '치致'를 도달到達의 의미로 보아 '참된 지식에 이르다'의 뜻으로 새기면 될 것이다. '성의'에서 '평천하'까지는 글자 그대로 해석할지라도 아무 문제가 없다.

주희는 제4절의 첫 구절이 '명명덕어천하明明德於天下'로 되어 있는 점에 주목해 '8조목' 중 앞의 5개 조목은 '명명덕'과 '신민'을 동시에 언급한 것으로 간주했다. '명명덕'이 '천하天下'에 드러났다는 것은 체體인 '명명덕'이 그 용用인 '신민'과 함께 작용한 결과로 보아야만 한다는 것이다. 이는 '명명덕'과 '신민', '지어지선'의 '3강령'이 점증적인 관계로 이뤄져 있다고 파악한 데 따른 해석이기는 하나 제1절의 해석과 명백히 모순된다.

'격물'에서 '정심'에 이르는 4개 조목은 '수신'의 구체적인 방법론을 언급한 것으로 해석하는 게 타당하다. 『대학』은 비록 8개 조목으로 나눠 놓기는 했으나 내용상 앞의 4개 조목은 수신의 구체적인 방법론에 불과한 것으로 '수신' 및 '제가'·'치국'·'평천하'의 나머지 4개 조목과 조응하고 있는 게 아니다. 내용적으로 볼 때 '8조목'은 사실 '수신'과 '제가'·'치국'·'평천하'로 이뤄진 '4조목'으로 요약하는 게 타당하다. 이들 '4조목'은 다시 '수신제가'와 '치국평천하'의 '2조목'으로 축약할 수 있다.

사실 '8조목'을 '2조목'으로 축약해 보는 게 공자사상과 부합한다. 공자는 『논어』에서 군자의 학문을 시종 '수신제가'와 '치국평천하'의 2개 조목으로 나눠 풀이해 놓았다. '수신제가'는 '치국평천하'의 방법론에 해당한다. 『논어』는 〈수신제가⇋치국평천하〉의 도식에 입각해 있다고 해도 과언이 아니다. 이는 춘추시대에 첫 패업霸業을 이룬 관중管仲을 두고 '수신제가' 차원에서는 비례非禮를 저질렀으나 '치국평천하' 차원에서는 인仁의 공업功業을 이뤘다고 평가한 데서 극명하게 나타나고 있다. 공자의 〈수신제가⇋치국평천하〉 입장을 그대로 전수받은 사람이 바로 순자이다. 『순자』가 32편 전편에 걸쳐 시종 〈수신제가⇋치국평천하〉 입장에서 치도治道 문제를 논하고 있는 게 그 증거이다.

당초 순자사상의 세례를 받아 소위 '성삼품설性三品說'을 주장키도 했던 전한제국 초기의 동중서董仲舒는 '분서갱유焚書坑儒'의 참화를 다시 초치하지 않기 위해서는 제국질서에 순응하는 것이 유리하다고 판단했다. 이로 인해 그는 유가사상에 미신적인 음양陰陽이론을 대거 혼입시켰다. 그가 『춘추공양전春秋公羊傳』을 근거로 하여 내세운 여러 이론 중 가장 미신적인 것은 소위 '천인감응설天人感應說'이었다. 이는 제왕의 덕을 모든 자연현상과 결부시켜 해석하는 사고체계를 말한다. 이 설의 가장 큰 폐단은 군신君臣과 부자父子, 부부夫婦 등 일체의 인간관계를 불가역不可逆의 고정적인 상하관계로 파악한 데 있었다. 동중서의 '천인감응설'은 맹자가 말한 소위 '천인합일설天人合一說'을 이은 것이기도 하다.

원래 공자사상의 모든 체계는 통상 이원적으로 대립되는 개념이 하나로 합쳐져 있다는 데 그 특징이 있다. 형식과 내용을 뜻하는 '문질文質', 도덕과 이익을 뜻하는 '의리義利', 이론과 실천을 뜻하는 '지덕知德', 물질과 정신을 뜻하는 '부교富敎' 등 수많은 대립 개념이 공자사상에는 하나로 통일되어 있다. 이는 개인적 수양을 중시하는 '수신제가修身齊家'와 공동체적 이익을 중시하는 '치국평천하治國平天下'의 2개 항목으로 요약할 수 있다. 공자는 '수제'와 '치평'이념을 하나로 통일시켜 소위 '내성외왕內聖外王'과 '수기치인修己治人'의 '치평학'을 사상 최초로 만들어냈다고 해도 과언이 아니다.

공문孔門에서 『논어』에 나오는 문文·행行·충忠·신信 등의 덕목은 어디까지나 '외왕'이 되기 위한 실천론으로 강조되었을 뿐이다. 이들 덕목이 결코 교과목으로 채택된 적이 없었다. 당시 공문 내에서 시·서·예·악에 대한 수준 높은 교습이 전제되지 않은 문·행·충·신 등의 수양론이 강조된 적이 없다. 공문이 기본적으로 '외왕'을 지향한 것은 의심의 여지가 없는 것이다.

그럼에도 공학의 적통을 자처한 맹자는 공자의 〈수신제가⇆치국평천하〉 도식을 일방적으로 〈수신제가→치국평천하〉 도식으로 바꿔놓았다. 이는 그가 관중을 일언지하에 왕도王道를 저버리고 패도覇道를 추구한 '반왕도'의 인물로 매도한 데서 극명하게 드러나고 있다. 그러나 그의 이런 입장이 공자의 기본 입장과 배치되는 것임은 말할 것도 없다.

주희를 비롯한 성리학자들은 맹자의 〈수신제가→치국평천하〉 도식을 받아들인 것은 물론 여기서 한 걸음 더 나아가 『대학』에 나오는 '격물치지'와 '성의정심'을 '수신제가' 및 '치국평천하'와 같은 차원으로 격상시켜 놓은 것이다. '8조목'의 등장은 바로 여기서 비롯된 것이다. 이로써 '수신'의 가장 기초단계인 '격물'

이 문득 통치의 최고단계인 '치천하'와 등치等値되는 기이한 현상이 빚어지고 말았다. 이는 중간과정을 생략할 경우 곧 〈격물→치평〉의 도식을 제시한 것이나 다름없다.

실제로 주희를 비롯한 성리학자들은 '격물'을 제대로 실행할 경우 자연스럽게 '평천하'를 이룰 수 있다고 주장했다. 이는 마치 불가의 선승禪僧들이 형이상의 화두話頭를 지렛대로 삼라만상의 이치를 찾아내 마침내 성불成佛할 수 있다고 주장한 소위 '참구參究'의 논리를 직수입한 것이나 다름없다. 양명학자들 역시 '양지양능'을 발휘하기만 하면 능히 '평천하'를 이룰 수 있다고 주장한 점에서 성리학자들과 별반 차이가 없었다.

이들의 이런 주장이 소위 치평학治平學으로 출발한 공학孔學을 결정적으로 왜곡시켜 놓은 것은 말할 것도 없다. 이러한 왜곡의 단초는 전국시대 중엽에 활약한 맹자의 소위 '왕도설'과 '인의설', '사단설'에서 나왔다. 형이상의 사변론에 입각한 맹자의 이런 주장은 수제修齊를 극히 중시한 데서 비롯된 것으로 치평治平과는 동떨어진 것이다. 전국시대 말기에 순자가 맹자를 질타한 것은 바로 이 때문이었다.

이를 통해 대략 짐작할 수 있듯이 성리학은 '치평학'에서 출발한 '공학'을 맹학孟學이 '수제학'으로 축소시켜 놓은 데서 한 걸음 더 나아가 아예 '격물학格物學'으로 왜소화시켜 놓았다. '격물학'은 선학禪學이 하나의 화두를 놓고 끝없이 사색한 끝에 삼라만상의 생멸生滅 이치를 찾아내듯이 끝없는 탐구 끝에 사리事理를 밝혀내는 데 그 근본취지가 있다. 성리학의 이론적 기반이 되고 있는 소위 '이기설理氣說'과 '천리인욕설天理人欲說' 등이 모두

'격물학'의 소산인 것임은 말할 것도 없다.

'격물학'은 극히 사변적인 논리로 이뤄져 있는 까닭에 그 용어 자체가 현실세계와 동떨어져 있을 뿐만 아니라 '치평'과는 더욱 거리가 멀다. 만일 '격물학'이 서양의 '과학科學'과 같이 사물의 기본 원리를 탐구하는 방향으로 진행되었다면 세계의 역사는 완전히 다르게 전개되었을 것이다. 그러나 불행하게도 주자학에서 나온 '격물학'은 '과학'으로 나아가지 않고 극히 사변적인 '철학哲學'으로 전개되었다.

서양은 유사 이래 과학과 철학을 하나로 통합한 그리스 철학의 전통이 있었던 까닭에 비록 한 때 철학이 '신학神學'의 시녀로 전락키는 했으나 르네상스 시대를 전후로 하여 '과학'에 봉사하는 활로를 찾아낼 수 있었다. 그러나 동양의 '격물학'은 이런 전통이 전무했던 까닭에 서양 제국주의 세력이 지구상의 마지막 식민지 대상지인 동아시아로 몰려올 때 아무런 대안을 제시할 수 없었다. '격물학'은 19세기 이래 근 2백여 년 동안 동아시아를 위시한 동양 제국諸國을 서양의 식민국가로 만드는 데 결정적인 원인을 제공했다고 해도 과언이 아니다.

그러한 불행의 단초가 바로 「대학경문」에 나오는 '8조목'에 있었다고 해도 과언이 아니다. 만일 주희를 비롯한 성리학자들이 『대학』의 '8조목'을 『논어』의 기본 취지에 맞춰 '4조목' 내지 '2조목'으로 파악했다면 '격물학'이 곧 '치평학'으로 둥치되는 일은 빚어지지 않았을 것이다. 그리 되었으면 동양의 '격물학' 역시 서양의 '과학'과 마찬가지로 '치평학'에 봉사하는 '실용과학'으로 크게 융성했을 공산이 컸다.

그러나 불행하게도 동양의 '격물학'은 맹학의 사변론에 기초한 성리학에서 출발한 까닭에 '실용과학'으로 성장하기는커녕 오히려 '치평학'을 '격물학'의 부속학문 내지 종속학문으로 전락시키는 후과를 낳고 말았다. '치평학'에서 출발한 공학의 왜곡은 곧 군신과 부자, 부부의 관계를 이원적인 상하관계로 고착시키는 '삼강오륜三綱五倫'의 고식적인 강상명교綱常名敎의 윤리론倫理論을 낳았고, 이는 국가쇠망의 단초가 되었다.

「대학경문」에 나오는 '8조목' 중 앞의 4개 조목은 '격물치지'와 '성의정심'의 2개 조목으로 묶어 서양의 '과학'에서 말하는 '엄밀한 실험조건'과 '부단한 탐구정신'으로 바꿔 해석할 필요가 있다. 이는 일종의 '과학방법론'에 해당한다. 실제로 공자가 『논어』에서 밝힌 취지도 이와 같다. 공자는 『논어』「위령공」편에서 이같이 갈파한 바 있다.

"나는 일찍이 종일토록 먹지 않고 밤새도록 자지 않고 깊이 생각했으나 유익함이 없었다. 잠시라도 배우느니만 못했다."

이는 선가의 '참구'와 같이 교학敎學을 등한히 하는 자세를 질타한 것이다. 공자는 널리 배우지도 않은 채 '격물치지'를 통해 사물의 궁극적인 이치를 파헤치고자 한 자들을 경계한 것이다. '치평학'의 관점에서 볼 때 '수신' 차원의 '격물치지'와 '성의정심'에 함몰된 나머지 '치평' 차원의 '학지學知'를 소홀히 하는 것은 공학의 기본 취지를 망각한 것이나 다름없다. '학지'를 게을리 하면 식견이 넓을 수 없어 이내 바람직한 덕행도 이룰 수 없게 된다. 공학이 '학덕겸수學德兼修'를 요구한 이유가 바로 여기에 있는 것이다.

제6절에서 천자 이하 서민에 이르기까지 하나같이 '수신'을 근본으로 삼았다고 말한 것은 '수제치평修齊治平'으로 요약되는 『대학』의 출발점이 '수신'에 있음을 언급한 것이다. 그럼에도 주희는 이를 두고 '수신'만 이루면 '제가'와 '치국', '평천하'가 모두 이뤄질 수 있다고 보았다. 지나치게 '수신'을 강조한 데 따른 무리한 해석이 아닐 수 없다.

제7절은 앞 구절과 뒤 구절을 나눠 해석할 필요가 있다. 앞 구절은 '근본이 어지러운데도 말절末節이 잘 다스려진 일은 없는 법이다'는 뜻의 당위론을 언급한 것이다. 뒤 구절은 '삼대三代의 태평시대에는 후하게 해야 할 것을 박하게 하고 박하게 해야 할 것을 후하게 하는 일이 없었다'는 뜻의 회고적인 언급으로 보아야 한다. 대부분 제7절의 마지막 구절인 '미지유야未之有也'를 '미상유야未嘗有也 : 일찍이 존재한 적이 없음'의 뜻의 당위론에 입각해 해석하고 있으나 그럴 경우 '소후자所厚者 : 후하게 해야 할 것'에 대해 박하게 대하는 현실을 해명할 길이 없게 된다. '미지유야'가 문법상 '미상유야'와 통하지 않는 것은 아니나 문맥 전체에 비춰볼 때 '삼대에는 그런 일이 없었다'의 회고적인 언급으로 풀이하는 게 타당하다.

이와 관련해 주희는 신身을 '본本', 천하국가天下國家를 '말末'로 간주해 '소후자'를 '수신제가', '소박자所薄者'를 '치국평천하'로 풀이해 놓았다. 주희의 이런 주석은 말할 것도 없이 맹자가 말한 〈수제→치평〉의 관점에서 비롯된 것이다. 주희는 군사와 재정 등을 유사有司 : 해당 관원의 업무로 기술한 『논어』「태백」편을 인용해 자신의 주장을 이같이 피력했다.

"군사와 재정 등이 '유사'의 일이라고 할지라도 그것은 모두 자신을 위해 하는 것이 된다. 세상에 알려지기 위해 하게 되면 아무리 도덕적인 행위라 할지라도 그것은 모두 남을 위해 하는 것에 불과하다."

주희는 결국 '치평'을 '수제'의 확대에 불과한 것으로 간주한 까닭에 '소박자'를 '치평'으로 해석한 셈이다. 그러나 이는 잘못이다. 일찍이 한비자는 맹자와 정반대로 〈치평→수제〉의 입장을 피력한 바 있다. 이는 '수제'를 지나치게 강조한 맹자의 〈수제→치평〉을 질타한 데서 나온 것이다. 그러나 한비자 역시 맹자가 '수제'를 지나치게 강조한 나머지 '치평'을 소홀히 했다는 지적을 받는 것과 마찬가지로 '치평'을 지나치게 강조한 나머지 '수제'와 '치평'의 유기적 결합 가능성을 간과했다는 지적을 면키 어렵다.

이에 대해 도덕 실천을 중시한 왕양명은 8조목을 달리 해석했다. 주희는 격물과 치지를 지知의 단계로 파악하고, '성의 · 정심 · 수신 · 제가 · 치국 · 평천하'의 6조목을 행行의 단계로 보았다. 이는 선지후행先知後行의 관점에 입각한 것이다. 그러나 왕양명은 격물을 사물에 대한 탐구가 아니라 일을 도덕적으로 바르게 행하는 '정사正事', 치지를 마음의 양지良知를 실천하는 '치양지致良知'로 풀이했다. 그는 『전습록傳習錄』에서 이같이 주장했다.

"내가 말하는 치지격물은 내 마음의 양지를 각각의 사물에 실현하는 것이다. 내 마음의 양지가 바로 천리天理이다."

이에 왕양명은 '성의'를 '내 마음의 실천 의도를 참되게 하는 것', '정심'을 '마음의 모든 작용을 바르게 실천하는 것'으로 풀이했다. '격물·치지·성의·정심'은 단계적인 것이 아니라 단지 하나의 수기修己과정에 불과한 것으로 본 것이다. 본래부터 타고난 양지를 자기수양은 물론 제가와 치국, 평천하에 실현해야 한다는 뜻으로 풀이한 셈이다. 왕양명이 거경居敬의 수행 대신 일상 직무에서 도덕을 실천하는 소위 '사상마련事上磨鍊'을 강조한 것은 바로 이 때문이다. 지행합일知行合一을 강조한 양명학의 기본 입장이 선명히 드러나고 있다.

원래 양명학은 상대적으로 이론에 치우친 주자학과 달리 실천에 중점을 두었다. 그러나 양명학 역시 주체성을 고양하고 자기수양을 지나치게 강조한 결과 정치면에서 별다른 효험을 거두지 못했다. 8조목을 '수기'와 '치인'으로 구분하면서 '치인'의 영역인 '제가·치국·평천하'까지도 마음의 양지를 실천하면 능히 이룰 수 있다고 주장한 데 따른 부작용이 아닐 수 없다.

왕양명이 죽은 뒤 그의 사구교四句敎에 대한 해석을 둘러싸고 양명학은 좌파와 우파로 나뉘었다. '사구교'는 왕양명이 제자들에게 남긴 4가지 구절의 가르침을 의미한다. 『전습록』은 '사구교'를 이같이 풀이해 놓았다.

"선도 없고 악도 없는 것이 마음의 본체이고, 선도 있고 악도 있는 것은 의향이 움직인 것이고, 선을 알고 악을 아는 것은 양지이고, 선을 행하고 악을 없애는 것은 격물이다."

이를 두고 좌파인 왕용계王龍溪는 마음의 본체가 무선무악無善無惡한 것이라면 의향과 양지, 사물 모두 무선무악이어야 한다고 주장했다. 이에 대해 우파인 전덕홍錢德洪은 마음의 본체가 무선무악이라는 것은 지선至善을 의미하고, 의향과 사물에 선악의 구분이 있어야 공부가 가능하다고 주장했다. 좌파는 '길에 가득 찬 사람이 모두 성인이다'라는 입장에서 양지의 즉각적인 발현이 바로 공부라고 본 데 반해 우파는 독서를 포함한 일정 형식의 공부가 필요하다는 입장을 견지한 것이다. 좌파가 불가의 선종禪宗에 가깝다면 우파는 교종敎宗에 가깝다고 할 수 있다.

실제로 좌파는 이탁오李卓吾의 등장으로 반성리학의 성격을 강화해 불가의 선종과 가까운 쪽으로 진행한 데 반해 우파는 동림학파東林學派와 같이 성리학의 경전 공부를 수용하는 쪽으로 기울어졌다. 우파에 속하는 황종희黃宗羲가 『명유학안明儒學案』에서 이탁오를 배제한 것은 양측의 이론적 갈등이 심각한 수준에 이르렀음을 시사한다. 우파는 좌파의 무선무악설이 도덕규범과 사회질서를 파괴한다고 여겼다.

좌파에 대한 비판은 명나라가 멸망하고 청나라가 들어서면서 양명학 전체에 대한 비판으로 확대되었다. 이는 당시 사대부들이 명나라의 패망 원인을 양명학의 주관주의적 성향으로 돌린 데 따른 것이었다. 양명학은 마음의 주관을 지나치게 강조한 나머지 경전에 대한 학습과 공부를 무시했고, 이로 인해 객관적 규범과 사회질서가 무너지게 되어 끝내 패망을 자초하는 단초가 되었다는 것이다. 양명학에 대한 이러한 비판은 청대 고증학의 등장에 결정적인 영향을 미쳤다.

이상 살펴본 바와 같이 성리학과 양명학은 대인 내지 군자의 학문을 하는 방법론에서 커다란 이견을 보이고 있다. 이는 성리학이 격물格物을 통한 궁리窮理를 중시한 데 반해 양명학이 양지良知에 기초한 치지致知와 성의誠意·정심正心을 강조한 데서 비롯된 것이다. 그러나 대학을 '성즉리性卽理'의 관점에서 천리天理에 대한 탐구로 간주한 성리학은 말할 것도 없고 '심즉리心卽理'의 관점에서 양지良知의 발현을 통한 치지致知로 간주한 양명학 또한 대학의 기본 취지를 제대로 파악치 못했다는 지적을 면키 어렵다.

대학의 기본 취지는 말 그대로 외물에 대한 철저한 분석을 통한 사리事理의 통찰에 있다. 이는 인간의 이지理智에 기초한 과학적 탐구를 말한 것으로 천리天理 내지 심리心理의 탐구와는 거리가 멀다. '격물치지'의 본래 의미가 바로 여기에 있었던 것이다. 주희는 『대학』의 의미를 왜곡하는 데 결정적인 역할을 수행한 셈이다.

조선조에서도 중기 이후 일부 학자들에 의해 주희의 『대학장구』에 커다란 회의를 표시하면서 주희와 달리 주석코자 하는 움직임이 단속적으로 일어났다. 윤휴尹鑴와 박세당朴世堂, 다산 등이 그들이다. 이들 중 주희에 대해 가장 비판적인 입장에 서 있던 사람이 다산이었다. 그는 『대학』을 '제왕학'으로 규정하고 고증학적인 방법을 동원해 『대학』의 경문을 실천적인 입장에서 연구했다. 다산의 『대학』에 대한 주석은 다른 어떤 주석보다도 그 입론立論과 전거典據 등이 확실해 『대학』 주석의 새로운 경지를 개척했다고 할 만하다.

다산은 『대학공의大學公議』에서 엄밀한 고증학적 방법을 동원해 『대학』의 저자를 증자로 간주한 주희의 주장이 잘못된 것임을 밝혀냈다. 주희는 공자의 도통이 증자에게 전해졌다고 주장한 바 있다. 그러나 다산은 자사子思와 맹자는 저서가 있지만 증자는 저서가 없는 점에 주목해 주희가 자신의 도통설을 합리화하기 위해 근거 없는 주장을 펼쳤다고 비판했다.

다산은 주희가 대학에서 일반 서민의 자제들을 가르쳤다는 주장에 대해서도 『주례』 등을 근거로 대학은 곧 태학太學, 즉 국학國學으로 천자와 왕공 · 대부의 적자嫡子인 소위 '주자胄子' 들을 가르친 곳이었다고 반박했다. 대학지도大學之道 역시 '사물의 이치를 궁구하여 심신을 바르게 하고 사람을 다스리는 도리' 에 해당한다는 주희의 주장과 달리 '주자' 들을 가르친 까닭에 치평지도治平之道로 보아야 한다고 주장했다. 치평학治平學에서 출발한 공학을 수제학修齊學으로 축소시킨 데 이어 『대학』마저 치기治己에 관한 이론서로 둔갑시킨 주희의 왜곡된 견해를 통박한 탁견이 아닐 수 없다.

다산은 도덕률의 관념으로서 인간의 내면에 선험적으로 존재하는 인 · 의 · 예 · 지를 인정하지 않았다. 인간은 다만 선을 지향하는 성기호性嗜好를 지녔고, 이러한 기호가 행위를 통해 나타난 것이 바로 도덕이라고 보았다. 그는 『대학공의』에서 이같이 말했다.

"마음은 본래 덕이 없는 것이다. 오직 직성直性 : 곧은 성품으로 나의 직심直心 : 곧은 마음을 행하는 것을 일컬어 덕이라고 한다. 선을 실행한 후에 덕이라는 명칭이 성립되는 것이다. 행하기 이전에 어떻게 그 몸에 명덕明德이 있을 수 있겠는가. 『주역』에서 '경敬은 내면을 바르게 하고 의義는 외면을 반듯이 하는 것이다' 라고 했다. 접물接物 : 사물에 접합한 뒤에야 '경' 이라는 명칭이 생기는 것이고, 응사應事 : 일을 처리함한 뒤에야 '의' 라는 명칭이 성립되는 것이다. 사물에 접응하지 않는다면 '경의敬義' 라는 명칭은 성립될 수 없다."

인·의·예·지와 '경', '덕' 과 같은 유학의 중요한 도덕률과 도덕적 관념은 의식에 선험적으로 주어져 있는 게 아니라 '행사' 와 '접물', '응사' 등의 실천과 연관될 때 비로소 형성된다는 다산의 주장은 탁견이 아닐 수 없다. 원래 맹자가 말한 4단四端은 무슨 과학적인 근거에서 나온 것이 아니라 그의 성선설을 합리화하기 위한 이론으로 제시된 것이다. 공자 당시의 원시유학으로 돌아가 공자사상의 원형을 찾아낼 것을 주창한 다산은 맹자의 '4단설' 이 실천과 괴리된 공허한 사변론에 불과하다는 사실을 통찰한 것이다. 그는 이를 불교의 교리와 비교해 이같이 설명해 놓았다.

"불가에서는 치심治心 : 마음을 다스림을 사업事業으로 삼지만 유가에서는 '사업' 을 '치심' 으로 삼는다. 성의·정심이 비록 배우는 사람들의 지극한 공부이기는 하나 매양 '사事' 로 인해 성의를 다하고 정심하는 것이지 선가처럼 벽을 마주보고 앉아 마음을 들여다보고만 있지는 않는다."

유학의 도덕률은 '사事' 라는 실천과 직접적인 연관을 가질 때 성립한다는 것이 그의 주장이다. 공자사상의 가장 큰 특징이 학행學行과 덕행德行의 겸수兼修에 있다는 사실을 통찰한 결과가 아닐 수 없다. 그의 이러한 주장은 『대학』의 3강령에 대한 주석에서 가장 선명하게 드러나고 있다.

다산은 우선 '친민' 을 '신민' 으로 해석하는 주희의 주장에 일리가 있다고 전제하면서도 왕양명의 손을 들어주었다. 다산은

『대학공의』에서 그 이유를 이같이 설명했다.

"공자는 말하기를, '백성에게 친애할 것을 가르치자면 효孝보다 앞서는 일이 없고, 백성에게 예법에 순종할 것을 가르치자면 제悌보다 앞서는 일이 없다'고 했다. 백성이 친애한다는 것은 백성들끼리 친하게 된다는 뜻이다."

다산은 『대학』에서 말하는 '친민'은 곧 '효제지도孝悌之道'를 진작시키는 데 있다고 본 것이다. 실천윤리를 강조한 다산으로서는 당연한 주장이기도 하다. 그러나 사실 '친민'은 군주의 애민愛民을 뜻한다. 공자는 기본적으로 가족과 국가의 이해가 상충한다기보다는 오히려 그 반대로 생각했다. 『시경』「소아 · 남산유대南山有臺」에 나오는 다음 대목이 그 증거이다.

"낙지군자樂只君子 : 즐거운 군자는 백성들의 부모라네."

『시경』「대아 · 형작泂酌」에도 '개제군자豈弟君子 : 곧 愷悌君子로 다정한 군주를 지칭는 백성들의 부모라네'라는 구절이 나온다. 이는 군주가 백성을 자식처럼 가까이 하는 것을 말한다. 집약적인 농경문화를 영위한 춘추전국시대의 가족원은 '우리 집단'의 일원이고 수단이 아닌 목적으로 대우받았다. 상호 간에 역할에 따른 복종관계는 있었으나 각자 존엄성을 지니고 있었다. 공자 역시 국가공동체 구성원들이 마치 가족공동체 구성원과 같이 살기를 바랐다. 이는 「안연」편에 나오는 자하의 다음과 같은 언급에 잘 나타나 있다.

"군자가 공경하는 자세로 잘못을 저지르지 않고, 남과 더불어 있을 때 공손한 자세로 예를 갖추면 사해四海 안이 곧 모두 형제인 것이다. 군자가 어찌 형제가 없음을 걱정하겠는가."

다산은 실천윤리 차원에서 주희의 '신민'을 배격함으로써 결과적으로 왕양명의 '친민'을 선택한 셈이나 결코 왕양명의 지론을 추종한 것은 아니다. 이는 그가 자신만의 독특한 해석을 가해 명명덕을 '효孝·제悌·자慈', 신민을 '노노老老·장장長長·휼고恤孤', 지선을 '효孝·경敬·신信·자慈·인仁'으로 풀이한 사실을 보면 쉽게 알 수 있다.

다산은 주희가 말한 8조목에 대해서도 완전히 새로운 해석을 가했다. 그는 8조목 중 '성의·정심·수신·제가·치국·평천하'의 6조목을 모두 '격물·치지'에 속하는 것으로 보았다. 이를 '격치6조설格致六條說'이라고 한다. 다산은 그 이유를 이같이 설명해 놓았다.

"물物은 의意·심心·신身·가家·국國·천하天下를 말하고, 사事는 성誠·정正·수修·제齊·치治·평平을 말한다. 치致는 이르게 한다는 것이고, 격格은 헤아린다는 것이다. 먼저 하고 뒤에 할 일을 철저히 아는 것이 치지致知이고, 물物에 근본과 말단이 있음을 헤아리는 것이 격물格物이다."

다산은 6물六物의 본말과 6사六事의 종시終始를 도량度量하는 것이 바로 주희가 말한 '8조목'으로 근본이치는 '격물치지'에 있다고 본 것이다. 그가 '격물치지'를 '명명덕'이나 '신민'의 조목이 아니라고 생각해 8조목에 포함시키지 않은 이유가 여기에 있다. 다산은 이어 6조목에 대해서도 대학의 조목은 오직 '효·제·자'일 뿐이고 '격물·치지·성의·정심'은 성인의 문하에서 전해 내려오는 비결일 뿐이므로 결코 교육의 목적이 될 수 없다고 보았다.

결국 다산의 주장에 따르면 '6물'은 인륜의 실천면에서 '6사'의 대상이 되는 까닭에 '6물'과 '6사'의 본말과 종시를 도량하는 것이 '격물'이고, 본시本始를 먼저하고 말종末終을 뒤에 할 줄 아는 것이 '치지'가 된다. 이에 본말과 종시를 헤아려 인륜을 실천하는 것이 곧 '성의 · 정심 · 수신 · 제가 · 치국 · 평천하'의 대학지도大學之道가 되는 셈이다. 다산에게 '효 · 제 · 자'의 실천을 떠나서는 '성의 · 정심'은 물론 '명명덕 · 신민 · 지어지선'도 없는 셈이다. 실천윤리를 강조한 다산의 입장이 선명히 드러나는 대목이 아닐 수 없다.

다산의 주장은 실천을 강조하고 있다는 점에서 나름대로 타당하기는 하나 '성의 · 정심'을 '격물 · 치지'와 분리시켜 '수신 · 제가 · 치국 · 평천하'와 한 묶음으로 만든 것은 무리이다. 이는 주희가 '제가'를 '수신'과 분리시켜 '치국 · 평천하'와 한 묶음으로 만든 것과 동일한 오류를 범한 것이다. 비록 실천을 강조키 위한 창견創見이기는 하나 국가공동체 및 천하공동체의 '치평'을 의미하는 '공公'과 개인적 차원의 '수제'를 의미하는 '사私'의 구분이 불분명하다는 문제점을 안고 있는 것이다.

8조목은 크게 '대학'으로 상징된 '치평학'의 연찬방법론을 제시한 '격물 · 치지 · 성의 · 정심'과 그 공효로 나타나는 '수신 · 제가 · 치국 · 평천하'로 양분한 뒤 '수신 · 제가 · 치국 · 평천하'를 다시 개인 차원의 공효인 '수신 · 제가'와 공동체 차원의 공효인 '치국 · 평천하'로 세분하는 게 타당하다. 이러한 분류가 동서고금의 통치를 하나로 관통해 파악할 수 있는 최상의 방법이다. 정치는 기본적으로 개인과 공동체의 대립적인 존립과 상호 유기적인 조화 문제에서 출발하고 있기 때문이다.

따라서 3강령과 8조목의 상호관계는 '격물·치지·성의·정심'과 '수신·제가'는 '명명덕', '치국·평천하'는 '신민' 또는 '친민'으로 보는 게 타당하다. '지어지선'은 다산의 주장과 같이 8조목에 공히 적용되는 자수自修의 원리로 보면 된다. 이같이 해석하는 것이 '학지學知'를 통해 궁극적인 목표인 '치평'을 이루고자 한 『대학』의 기본 취지에 부합한다.

대학전문(大學傳文)

제1장 명덕(明德)

「康誥」曰, "克明德." 「大甲」曰, "顧諟天之明命." 「帝典」曰, "克明峻德." 皆自明也.

『서경』 「주서(周書) · 강고(康誥)」편에 이르기를, '자신의 덕(德)을 극명(克明 : 능히 밝힘, 克은 能과 통함)한다' 고 했다. 『서경』 「상서(商書) · 태갑(大甲)」편에 이르기를, '이 하늘의 명명(明命 : 밝은 명)을 고(顧 : 돌이켜 생각함)한다' 고 했다. 『서경』 「우서(虞書) · 제전(帝典 : 堯典)」편에 이르기를, '준덕(峻德 : 大德)을 극명(克明)한다' 고 했다. 이는 모두 군주가 스스로 명덕(明德)을 밝힌 것을 말한 것이다.

『서경』은 전설적인 요堯 · 순舜으로부터 주왕조 개국 초기까지의 여러 전설과 역사적 사실을 묶어놓은 유가의 경전으로 일종의 사서에 해당한다. 이는 크게 「우서虞書 : 요순시대」와 「하서

夏書 : 하나라」, 「상서商書 : 은나라」, 「주서周書 : 주나라」로 이뤄져 있다. 그러나 「주서」 이전의 것은 대부분 후대에 만들어 넣은 위작으로 항간의 전설을 역사적 사실로 미화해 놓은 것이다.

「주서 · 강고」편은 주무왕周武王이 아우인 강숙康叔을 위衛나라에 봉하면서 내린 훈계로 되어 있다. 공안국孔安國은 주무왕의 아들인 주성왕周成王이 어린 숙부인 강숙에게 한 말이라고 주장했으나 주희朱熹는 호굉胡宏의 설을 좇아 주무왕의 글이라고 주장했다.

「상서 · 태갑」편은 은나라의 명재상인 이윤伊尹이 탕湯의 손자인 태갑을 훈계한 말이다. '시諟'는 '시是'의 고자古字로 '이것'을 뜻하나 '정正'의 뜻으로 풀이하기도 한다. 「우서 · 제전帝典」편은 「우서 · 요전堯典」편의 별명으로 『서경』의 맨 첫머리에 있는 편이다. 여기의 준덕峻德은 「강고」편에 나오는 '자신의 덕'과 「제전」편에 나오는 '하늘의 명'을 총칭한 개념으로 '대덕大德'과 같은 뜻이다. 이 장의 핵심어는 '명明'으로 '3강령' 중 첫 번째 강령인 '명명덕明明德'에서 동사로 쓰인 첫 번째 '명明'의 의미를 풀이한 것이다.

제2장 신민(新民)

湯之〈盤銘〉曰, "苟日新, 日日新, 又日新."
「康誥」曰, "作新民."
『詩』曰, "周雖舊邦, 其命惟(=維)新."
是故君子無所不用其極.

당(湯)의 '반명(盤銘)'에 이르기를, '실로 일신(日新 : 날로 새로워짐)하면 일일신(日日新 : 끊임없이 날로 새로워짐)하고, 우일신(又日新 : 또 날로 새로워짐)한다'고 했다.

『서경』「주서 · 강고」에 이르기를, '작신민(作新民 : 새롭게 하는 백성을 일으킴)'이라고 했다.

『시경』「대아 · 문왕(文王)」에 이르기를, '주(周)나라는 비록 구방(舊邦 : 오래된 나라)이나 그 명(命 : 천명)은 새롭다'고 했다.

이에 군자는 용극(用極 : 心力을 끝까지 다 사용함, '極'은 '盡'과 통함)하지 않는 바가 없는 것이다.

'반명盤銘'은 청동제 대야에 새겨진 일종의 경계문警戒文을 말한다. 고대의 제사나 향연에는 물을 부어 손을 씻는 '옥관沃盥'의 예절이 있었다. 세수용 물주전자인 '이匜'는 '표瓢 : 표주

박'와 비슷한 모양으로 만들어진 것으로 물을 부어 손을 씻도록 하는 도구였다. 통상 손을 씻을 때에 '이'를 사용했다. 이때 '이' 밑에 '반盤'을 두고 그 물을 받았다. '반'은 곧 물을 받는 대야로 '이'와 '반'은 세수할 때 함께 사용된 세면도구였다. 그러나 당시 '반'은 음식을 먹고 마시는 데에도 사용되었다. 『춘추좌전』「노희공 23년」에 나오는 다음 구절이 그 증거이다.

"반손盤飧 : 쟁반에 담은 저녁밥을 주었다."

'반'이 매우 폭넓게 사용되었음을 짐작케 해주는 대목이다. 당시 평민들은 귀중한 기물로 인식된 청동제 용기를 사용할 수 없었다. 이에 대부분 음식을 먹을 때는 진흙을 구워 만든 역鬲 : 다리 굽은 솥과 분盆 : 동이, 우盂 : 바리, 관罐 : 항아리 등을 사용했다.

주희도 여기의 '반'을 일종의 세수용 대야로 해석했다. '명銘'은 청동제 그릇에 새겨넣은 글을 말한다. '명'이 '금金'과 '명名'의 합성어인 점이 이를 뒷받침한다. 당시 '금金'은 '동銅'의 뜻으로 사용되었다. 후대에는 붓으로 종이에 쓴 글도 '명'으로 통용되었다. 탕의 '반명'은 청동제 대야에 새겨진 글로 보는 게 타당할 것이다.

주희는 '작신민作新民' 구절을 두고 '작作'을 '고무진작鼓舞振作'으로 간주해 '자신을 새롭게 하려는 백성을 격려해 떨쳐 일어나게 했다'는 뜻으로 풀이했다. 「강고」가 주왕조 건국 초기에 만들어진 점을 감안해 은왕조의 유민遺民들을 주왕조의 새로운 백성으로 고무진작시켰다는 뜻으로 풀이한 셈이다. 문의에 부합한다.

제3절에 인용된 『시경』「대아·문왕文王」의 '주수구방周雖舊邦,

기명유신其命惟新' 구절의 유신惟新은 일부 판본에 '유신維新'으로 되어 있다. 이는 같은 뜻이다. 이 구절은 후대에 수많은 종류의 '유신'이라는 혁명적 사태를 지칭하는 용어의 전거가 되었다. 이는 원래 주나라가 시조인 후직后稷으로부터 주문왕에 이르기까지 1천 년 이상 오래된 나라였으나 주문왕 때에 이르러 새로이 천명을 받아 새 왕조를 건설함으로써 그 명이 새롭게 되었다는 뜻으로 사용된 것이다.

제1절의 탕의 '반명'에서 제3절의 '기명유신'에 이르는 구절은 군주의 덕이 새로워지면 백성도 새로워지고 천명 역시 새로워진다는 뜻을 차례대로 서술하고 있는 것이다. 제4절의 용극用極은 바로 제1절에서 제3절까지 핵심어로 사용된 '신新' 개념에 대한 군자의 자세를 언급한 것이다. 결국 '신'은 군자의 '용극'을 통해 이뤄질 수밖에 없다는 결론을 내린 셈이다. 이 장의 핵심어는 '신'으로 '3강령' 중 두 번째 강령인 '신민新民'의 동사로 쓰인 '신'의 의미를 풀이한 것이다.

제3장 지선(至善)

『詩』云, "邦畿千里, 惟民所止."

『詩』云, "緡蠻黃鳥, 止于丘隅." 子曰, "於止, 知其所止, 可以人而不如鳥乎."

『詩』云, "穆穆文王, 於緝熙敬止." 爲人君, 止於仁, 爲人臣, 止於敬. 爲人子, 止於孝. 爲人父, 止於慈, 與國人交, 止於信.

『詩』云, "瞻彼淇澳, 菉竹猗猗. 有斐君子, 如切如磋, 如琢如磨. 瑟兮僩兮, 赫兮喧兮. 有斐君子, 終不可諠兮." 如切如磋者, 道學也. 如琢如磨者, 自修也. 瑟兮僩兮者, 恂慄也. 赫兮喧兮者, 威儀也. 有斐君子·終不可諠兮者, 道盛德至善, 民之不能忘也.

『詩』云, "於戲, 前王不忘." 君子賢其賢而親其親, 小人樂其樂而利其利, 此以沒世不忘也.

『시경』「상송·현조(玄鳥)」에 이르기를, '방기천리(邦畿千里 : 천자가 직할하는 京畿지역 1천리)여, 오직 백성이 머무르는 곳이라네' 라고 했다.

『시경』「소아·면만(緜蠻)」에 이르기를, '면만황조(緡蠻黃鳥 : 재잘대는 꾀꼬리, 緡은 緜과 통함)여, 구우(丘隅 : 언덕 모퉁이)에 머무네' 라고 했다. 이를 두고 공자가 탄식키를, '머무는 것으로 말하면 황조도 그 머물 곳을 아는데 가히 사람이 되어 새만도 못할 수 있겠는가'

라고 했다.

『시경』「대아 · 문왕(文王)」에 이르기를, '목목문왕(穆穆文王 : 아름답고 훌륭한 주문왕)이여, 오(於 : 감탄사), 그 덕이 집희(緝熙 : 크게 밝음, 緝은 光과 통함)이니, 경지(敬止 : 스스로 머물 곳을 공경히 함)하네' 라고 했다. 주문왕은 인군(人君 : 군주)이 되어서는 인(仁 : 어짊)에 머물고, 인신(人臣 : 신하)이 되어서는 경(敬 : 공경)에 머물고, 인자(人子 : 자식)가 되어서는 효(孝 : 효도)에 머물고, 인부(人父 : 부친)가 되어서는 자(慈 : 자애)에 머물고, 국인(國人 : 원래는 도성의 사람으로 백성을 지칭)과 사귈 때는 신(信 : 신의)에 머물렀다.

『시경』「위풍(衛風) · 기욱(淇澳)」에 이르기를, '저 기욱(淇澳 : 淇水가 굽이치는 기슭, 澳는 隈와 통함)을 보니 녹죽(菉竹 : 녹두와 작은 대, 菉은 王芻, 竹은 매듭이 있는 작은 萹竹을 지칭)이 의의(猗猗 : 아름답게 우거짐)하네. 유비군자(有斐君子 : 문채가 빛나는 군자, 학식이 뛰어난 군자를 지칭)여, 여절여차(如切如磋 : 뼈를 자르고 상아를 다듬은 듯함) · 여탁여마(如琢如磨 : 옥을 쪼고 돌을 간 듯함)하네. 슬혜한혜(瑟兮僩兮 : 안색이 矜莊하고 성행이 관대함) · 혁혜훤혜(赫兮喧兮 : 안색이 盛美하고 威儀가 아름다움)하니, 유비군자(有斐君子)여, 종불가훤(終不可諠 : 종내 잊을 수 없음)이라네' 라고 했다. '여절여차' 는 도학(道學 : 배우는 것을 말함, '道' 는 '說' 과 통함), '여탁여마' 는 자수(自修 : 스스로 닦음)이다. '슬혜한혜' 는 준률(恂慄 : 안색이 준엄하여 전율케 함), '혁혜훤혜' 는 위의(威儀), '유비군자 · 종불가훤혜' 는 성덕지선(盛德至善)을 백성들이 능히 잊지 못하는 것을 이른 것이다.

『시경』「주송 · 열문(烈文)」에 이르기를, '오호(於戲 : 감탄사, 戲는 乎와 통함), 전왕(前王 : 전대의 성군을 지칭)을 잊지 못하네' 라고 했다. 군자는 현기현(賢其賢 : 현자를 현자로 대한 전왕의 賢賢之德을 기림) · 친기친(親其親 : 선왕의 親親之德을 기림)하고, 소인은 낙기락(樂其樂 : 전왕이 愛樂한 것을 애락함) · 이기리(利其利 : 전왕이 백성에게 이롭게 한 것을 이롭게 여김)한다. 이로써 군자와 소인 모두 몰세(沒世 : 終身)토록 전왕을 잊지 못하는 것이다.

제1절의 '방기邦畿'는 천하를 천자가 머무는 도성都城을 중심으로 하여 9개의 정방형을 쪼갰을 경우 가장 안쪽에 있는 정방형의 지역을 말한다. 이는 천자의 도성을 기점으로 사방 5백 리에 해당한다. 원으로 환산할 경우 대략 직경이 1천 리에 해당하는 까닭에 '방기천리邦畿千里'로 표현한 것이다. '방기'는 통상 '경기京畿' 또는 '기전畿甸'으로 불린다. 이는 천하의 중심을 의미한다. 천자가 머무는 도성은 경성京城, 경도京都, 경사京師, 왕도王都, 황도皇都 등으로 불렸다.

제1절의 맨 앞에 나오는 '시운詩云'이 일부 판본에는 '시왈詩曰'로 되어 있으나 뜻은 같다. 제1절의 마지막 구절인 '유민소지惟民所止'의 '지止'를 두고 주희는 '거居'로 풀이했다. 천하의 중심인 '방기'에 백성들이 머물러 사는 것은 당연한 일이다. 문의에 부합하는 풀이이다.

제2절의 '면만황조緡蠻黃鳥' 구절의 '면만'은 꾀꼬리의 울음소리를 의미한다. '구우丘隅'는 언덕의 한 모퉁이가 솟아올라 나무들이 울창한 소위 '잠울지처岑蔚之處'를 뜻하는 말로 황조黃鳥 : 꾀꼬리가 모여 사는 매우 안온한 장소를 의미한다. '면만황조'는 제3절에 인용된 「대아·문왕文王」편의 '목목문왕穆穆文王' 구절과 조응하고 있다.

제4절의 '녹죽菉竹'을 두고 '녹菉'을 '녹綠'으로 간주해 '푸른 대'로 풀이하기도 한다. 절차탁마切磋琢磨는 칼과 톱, 망치, 끌, 대

패 등으로 뿔과 돌 등을 끊고 쪼아 기물을 만드는 것을 의미하는 말이다. 주희는 '절차'를 학문, '탁마'를 자기 수양으로 풀이했다. 통상 '단련鍛鍊' 또는 '연마鍊磨'의 뜻으로 사용되고 있는 '절차탁마' 구절은 뒤이어지는 '슬한혁훤瑟僩赫喧' 구절과 조응하고 있다.

제5절에 인용된 「주송 · 열문」편의 '전왕불망前王不忘' 구절은 제1절에서 제4절에서 언급한 지선至善의 효과를 언급한 것이다. '전왕'이 백성들로부터 잊을 수 없는 존재로 남게 된 이유는 성덕聖德과 '지선'으로 인한 것이다. 이 장의 핵심어는 '지止'로 '3강령' 중 세 번째 강령인 '지어지선止於至善'의 동사로 쓰인 '지'의 의미를 풀이한 것이다.

제4장 지본(知本)

子曰, "聽訟, 吾猶人也, 必也使無訟乎." 無情者不得盡其辭, 大畏民志, 此謂知本.

공자가 말하기를, '청송(聽訟 : 송사를 들음, 곧 판결을 의미)으로 말하면 나도 남과 같을 뿐이다. 그러나 나는 반드시 아예 쟁송(爭訟)치 못하게 만들 것이다' 라고 했다. 이는 무정자(無情者 : 실없이 虛誕한 말을 하는 자, 情은 實과 통함)의 부득진사(不得盡辭 : 허탄한 말을 함부로 하지 못함, 함부로 쟁송하지 못함을 의미)와 대외민지(大畏民志 : 백성들도 허탄한 뜻을 갖는 것을 크게 두려워하도록 만듦)를 말한 것이다. 이를 일컬어 '지본(知本 : 근본을 앎)' 이라고 한다.

제1장에서 제3장까지는 '3강령' 의 풀이에 해당한다. 제4장에서는 「대학경문」 제3절에서 언급한 사물의 '본말' 과 일의 '종시' 를 풀이한 것이다. 그럼에도 맨 마지막 구절에는 '본말' 에 관한 '지본知本' 만 언급되어 있을 뿐 '종시' 에 관한 '지사知事' 가 언급되어 있지 않다. 이를 두고 주희는 '종시' 에 관한 전문傳文이 누락되었을 가능성을 제기한 바 있다. 그러나 '지본' 의 '본本' 은 단지 사물의 '본말' 만을 뜻하는 것이 아니라 일의 '종시' 를 내포

한 의미로 파악하는 게 타당하다. '본'의 구체적인 의미와 관련해 '성의誠意'로 보는 견해도 있으나 이는 잘못이다. 제4장이 「대학 경문」에 나온 사물의 '본말'과 일의 '종시'를 풀이한 것이라는 사실을 간과한 데서 이런 해석이 나온 것이다.

이 장에 인용된 공자의 말은 『논어』「안연」편에 나온다. 공자는 소송을 제기하는 일 자체를 미연에 방지하는 게 필요하다는 취지로 말한 것이다. 허탄虛誕한 얘기를 함부로 하는 무정자無情者로 하여금 함부로 말을 하지 못하도록 하여 백성들도 허탄한 뜻을 갖는 것 자체를 두려워하도록 만드는 데 그 취지가 있다. 공자는 바로 이를 '지본'으로 규정한 것이다. 이를 통해 '지본'의 '본'은 곧 사물의 '본말'과 일의 '종시'를 헤아리는 요체를 지칭하는 것임을 쉽게 알 수 있다.

제5장 치격(致格)

此謂知之至也.

《所謂致知在格物者, 言欲致吾之知, 在卽物而窮其理也. 蓋人心之靈, 莫不有知, 而天下之物, 莫不有理. 惟於理有未窮, 故其知有不盡也. 是以『大學』始敎, 必使學者, 卽凡天下之物, 莫不因其已知之理, 而益窮之, 以求至乎其極. 至於用力之久, 而一旦豁然貫通焉, 則衆物之表裏精粗無不到, 而吾心之全體大用, 無不明矣. 此謂格物, 此謂知之至也.》

이를 일컬어 '지지지(知之至 : 앎의 지극함, 致知와 같은 뜻임)' 라고 하는 것이다.

《소위 '치지재격물(致知在格物 : 치지가 격물에 있음)' 은 내가 치지(致知)하고자 할 경우 그 요체가 바로 즉물궁리(卽物窮理 : 사물을 접하면서 그 이치를 깊이 窮究함)에 있음을 말한 것이다. 대개 인심(人心)의 신령(神靈)은 알지 못하는 게 없고, 천하 사물은 이치가 없는 게 없다. 그러나 다만 그 이치의 궁리(窮理)에 미궁(未窮)한 면이 있는 까닭에 그 앎이 부진(不盡 : 지극하지 못함)한 것이다. 이에 『대학의』의 시교(始敎 : 처음 가르침)는 반드시 학자(學者 : 배우는 자)로 하여금 모든 천하 만물을 접하면서 이미 알고 있는 이치를 기초로 더욱 궁리하여 구극(究極 : 사물의 궁극을 탐구함)을 추구치 않는 일이 없게 하는 것이다. 용력(用力)이 오래되어 마침내 일단(一旦 : 하루아침, 一朝와 같음)에 활연(豁然)히 관통하는 경지에 이르면 곧 중물(衆物 : 모든 사물)의 표리(表裏 : 안과 밖) · 정조(精粗 : 정교함과 조잡함)에 상도(想到 : 생각이 미침)치 않는 게 없고, 내 마음의 전체대용(全體大用 : 본체를 온전히 하여 크게 사용함)에 밝지 않은 게 없게 된다. 이를 일컬어 '격물(格物)' 또는 '지지지(知之至)' 라고 한다.》

이 장부터 제10장까지는 소위 '8조목'을 풀이한 것이다. 주희에 따르면 이 장은 당초 '차위지본此謂知本, 차위지지야此謂知之至也'라는 10자만 남고 나머지는 모두 없어졌다고 한다. '차위지본'은 제4장의 마지막 구절인 점을 감안하면 일종의 연문衍文에 해당하는 까닭에 제5장은 겨우 '차위지지야' 한 구절만 남아 있었던 셈이 된다. 주희는 이를 근거로 정자의 의견을 참조해 대담하게도 '치지격물'을 해설하는 장을 만들어 삽입시켰다. 이를 흔히 주희의 '격물보전格物補傳'이라고 한다. '《》' 부호 속에 들어 있는 것이 바로 '격물보전'으로 모두 134자이다.

그러나 '격물보전'이 과연 주희의 말대로 『대학』의 원래 모습을 복원한 것인지 여부에 대해서는 신중한 검토가 필요하다. 선진시대 이후의 역대 사상가 중 그 누구도 주희와 같이 선진시대의 문헌에 대해 공개적으로 전문傳文을 삽입시킨 적은 없었다. 이는 공자의 '술이부작述而不作' 정신과 정면으로 배치되는 것이다. 오히려 '격물보전'이 『대학』의 원래 모습을 크게 훼손했을 가능성도 배제할 수 없는 것이다.

'격물보전'의 장인 제5장은 주희의 『대학』에 대한 기본 이념을 선명하게 드러낸 장인 것만은 확실하다. 주희는 '격물보전'에서 소위 '거경설居敬說'과 '격물치지'의 취지를 집중 거론하고 있다. '격물보전'은 주희가 『대학혹문』에서 가장 중시한 대목이기도 하다. 성리학의 관점에서 볼 때 '격물보전'이야말로 『대학』의 가장 중심적인 교설敎說일 뿐만 아니라 주희사상의 요체를 담은 대목이라고 해도 과언이 아니다. 주희는 '격물보전'을 만들게 된 취지를 이같이 밝혔다.

"기질에 청탁淸濁과 정편正偏의 차이가 있고, 물에 천심후박淺深厚薄의 차별이 있다. 거기서 사람과 물건의 현우賢愚가 생겨난다. 이에 기품의 차이로 인해 이치를 충분히 다할 수 없는 경우가 자주 있게 된다. 이치에 다하지 못한 점이 있음으로 인해 지知에도 다하지 못한 점이 있고, 마음에서 나오는 의意와 순수한 이의理義에도 물욕이라는 사사로운 것이 섞여들지 않을 수 없게 된다. 성인이 이를 걱정해 교화의 첫 단계로 『소학小學』을 만들고 거기서 성誠과 경敬을 익히게 했다. 다시 『대학』에 나아가면 사물에 대해 이미 알고 있는 이치를 기초로 미루어 연구하여 각각 이치의 극치에 이르도록 했다. 이에 내 지식도 정밀하고 적절하여 완벽하게 된다. 행동과 사유를 통해 천지와 귀신, 금수초목의 형태에 이르기까지 그 이理를 보게 되면 그 표리表裏와 정조精粗를 토대로 주연周延 : 개념의 외연을 모두 포함시킴시켜 나가면 마침내 어느 날 갑자기 탁 트이게 되는 지경에 이르게 된다. 그리 되면 천하의 모든 이치를 궁극까지 연구하게 되고, 나의 총명예지도 남김 없이 발휘케 된다. 이상이 내가 제5장을 만들게 된 취지이다. 모두 정자의 설에 따른 것은 아니나 대략 합치하고 있다. 독자들의 깊은 연구와 파악이 있기를 기대한다."

현재로서는 '격물보전'에 관한 해석은 주희가 본문 자체를 만들어 끼워넣은 까닭에 주희의 주석을 좇을 수밖에 없으나 사실 '격물보전' 자체에 적잖은 문제가 있다. '즉물궁리卽物窮理' 등의 주장은 서양의 '과학방법론'과 대략 상통하는 까닭에 수용할 수 있다. 그러나 '활연관통豁然貫通' 등의 주장은 선가의 '돈오성불頓悟成佛' 개념에 가까운 비과학적인 형이상의 논리일 뿐이다.

나아가 주자가 말하는 '격물치지'의 방법론도 적잖은 문제가 있다. 그는 사물 자체에 대한 객관적인 고찰에서 사리事理를 찾아낼 것을 주장하지 않고 내 마음의 양지良知를 기초로 이를 추지推知하여 사리를 찾아낼 것을 주장했다. 주희의 이런 주지주의적主知主義的 접근은 원죄론原罪論 등에 입각한 종교윤리와 비교할 때 인간 중심의 도덕철학道德哲學을 제기한 점에서는 나름대로 탁월한 것이기는 하나 '치평'과는 완전히 동떨어진 것이다.

주희가 '격물보전'에서 '성誠'과 더불어 '경敬'을 강조하며 이른바 '거경설居敬說'을 내세운 것도 적잖은 문제가 있다. 만일 '경'이 그토록 중요한 개념이라면 '거경'을 '8조목'의 하나로 거론하거나 '성의'를 '거경'으로 대체시키는 것이 타당했다. 내용적으로 볼지라도 '성의'는 일종의 '과학정신'으로 파악할 경우 '격물치지'와 나름대로 밀접한 관련을 맺게 되나 윤리적인 입장을 반영한 '거경'은 '격물치지'와 동떨어진 것이기도 하다. 성의誠意를 강조한 육상산陸象山이 주희의 '거경설'을 두고 '사족蛇足'에 불과하다고 질타한 것도 바로 이 때문이다.

'격물보전'에 나타나고 있는 주희의 '격물치지'에 관한 기본 입장은 자칫 비과학적인 미신과 독단적인 윤리강상 이론으로 치달을 소지가 크다. 실제로 성리학이 출현한 이후 『대학』에 대한 해석과 적용은 그런 방향으로 전개되었다. 동양이 기원전부터 뛰어난 산학算學과 천문학天文學을 발전시켜 왔음에도 불구하고 성리학이 출현한 후 오히려 퇴보하는 모습을 보이다가 이내 서양의 식민지로 전락케 된 것도 이와 무관치 않을 것이다.

본래 『예기』「대학」에서 말한 '격물치지'의 취지는 주희의 '격물보전' 논리와는 달랐다. 공자가 제자들에게 '학지學知'를 강조한 사실이 이를 뒷받침한다. 일찍이 공자는 『논어』「양화」편에서 이같이 강조한 바 있다.

"인仁만 좋아하고 불호학不好學 : 배우기를 좋아하지 않음하면 어리석게 되고, 지知만 좋아하고 '불호학' 하면 방자하게 된다."

공자는 지인至仁에 이르기 위해서는 반드시 호학好學이 전제되어야 한다는 점을 강조하고 있다. 인도仁道를 입으로 떠들기만 하거나 머리만 믿고 배움을 게을리 하면서 사변으로 일관해서는 결코 '지인'의 경지에 이를 수 없음을 경고한 것이다. 이를 통해 공학이 '학지學知'와 얼마나 불가분의 관계를 맺고 있는지를 쉽게 확인할 수 있다.

물론 주희가 '격물보전'에서 말하고 있는 '즉물궁리'가 '호학'과 전혀 무관한 것은 아니다. 그러나 이는 '호학'보다는 차라리 '호사好思 : 즐겨 사색함'에 가깝다. '호학'과 '호사'는 불가분의 관계를 맺고 있다. 『논어』「위정」편의 다음 대목이 그 증거이다.

"배우되 생각하지 않으면 어둡고, 생각하되 배우지 않으면 위태롭다."

공자는 '호학'과 '호사'가 함께 어우러져야만 인仁을 이룰 수 있다고 본 것이다. 그러나 '호사'는 반드시 '호학'을 전제로 해야만 한다. 공자의 제자 중 이를 가장 잘 실천한 인물이 바로 안회였다. 공자가 '인'을 구현한 구체적인 사례로 안회를 자주 거론한 것은 바로 이 때문이었다. 「옹야」편에는 제자들 중 가장 '호학'한 인물을 묻는 노애공의 질문에 대한 공자의 답변이 실려 있다.

"안회라는 사람이 배우기를 좋아했습니다. 노여움을 옮기지 않고 두 번 다시 잘못을 저지르지 않았습니다. 다만 불행히도 명이 짧아 죽고 말았습니다. 지금은 그와 같은 사람이 없어 아직 배우기를 좋아하는 사람이 있다는 얘기를 듣지 못했습니다."

안회는 '일단사일표음一簞食一瓢飮'의 가난한 생활 속에서도 전혀 구애받지 않고 학문하는 즐거움에 젖어 있었다. 공자가 안회를 두고 '호사'했다고 말하지 않은 것은 바로 이 때문이었다. 이를 통해 '호사'는 '호학'과 불가분의 관계를 맺고 있으나 반드시 '호학'이 전제되어야만 한다는 사실을 확인할 수 있다. 그렇다면 본래 『예기』「대학」편의 '격물치지' 역시 '호학'의 관점에서 기술된 것으로 보는 게 타당하다.

원래 공자가 공문에서 제자들을 대상으로 '치평학'을 본격 연마시킨 것은 낡은 봉건질서를 무너뜨리고 새로운 통치질서를 속히 정립키 위한 것이었다. 선진시대에 수많은 제자백가가 출현해 나름대로 '치평'의 방략을 내세운 것 역시 같은 취지에서 비롯된 것이다. 기본적으로 모두 '호학'에서 출발한 셈이다.

그럼에도 주희는 '격물보전'에서 '즉물궁리'로 상징된 '호사'만 강조했을 뿐 '호학'에 대해서는 아무런 언급도 하지 않은 것이다. 성리학이 '격물치지'로 상징되는 형이상의 사변론思辨論과

'성의정심'로 상징되는 개인의 수양론修養論, '수신제가'로 상징되는 고식적인 윤리론倫理論으로 침몰한 이유가 바로 여기에 있다. 이는 '치평'과 동떨어진 일종의 도덕철학적 개념에 불과한 것이다.

성리학이 '치평'의 논리를 거의 드러내지 않은 채 오직 '격물치지'와 '성의정심', '수신제가'로 상징되는 사변론과 수양론, 윤리론만을 부각시킨 후과는 매우 컸다. 난세의 치리治理로써 전혀 실용성이 없게 된 것이 그것이다. 19세기 말기에 뛰어난 과학기술을 앞세운 서구 열강의 제국주의 침탈에 성리학이 아무런 대안도 제시하지 못하고 일거에 사라진 것도 바로 이 때문이라고 할 수 있다. 난세의 치리와 배치되는 성리학의 태생적 한계가 바로 주희의 '격물보전'에서 비롯되었다고 해도 과언이 아니다.

기본적으로 『예기』「대학」편에 실려 있던 '격물치지'를 풀이한 내용이 도중에 망실되었다는 주희의 주장 자체에 문제가 있다. 「대학경문」 제4절을 보면 '치지격물' 구절은 앞의 구절들과 같이 '욕치기지자欲致其知者, 선격기물先格其物'로 되어 있지 않고 단지 '치지재격물致知在格物'로 되어 있다. 애초부터 『예기』「대학」편 자체가 '치지격물'에 관한 별도의 해설을 실어 놓지 않았을 공산이 큰 것이다.

실제로 왕양명도 주희의 주장에 커다란 회의를 표한 바 있다. 20세기 초에 강희장江希張 역시 '격물'을 하기 위한 첫 공부가 자신을 속이지 않는 성의誠意에서 시작되는 까닭에 '격물치지'에 관한 장은 원래부터 있을 수 없다고 주장한 바 있다. 사실 '성의'를 풀이한 제6장은 첫머리가 이후의 장들과 같이 '소위성의재치지자所謂誠意在致知者'의 문장구조로 되어 있지 않고 '소위성기의자所謂誠其意者'로 시작하고 있는 것도 주희의 주장에 문제가 있음을 시사하고 있다. 지난 1999년에 북경대에서 출간한 『13경주소』의 『예기』「대학」편은 주희의 '격물보전'에 대해 아무런 언급도 해 놓지 않았다.

다산도 『대학공의』에서 고본대학古本大學, 즉 『예기』「대학」편을 정본으로 삼았다. 그는 주희의 '격물보전'에 대해 '『대학』에 착간錯簡은 있을 수 있어도 궐문闕文은 없다'는 원대의 유학자 왕백王栢의 주장을 인용해 질타를 가했다.

여러 정황을 종합해 볼 때 주희가 '격물보전'을 끼워넣고 장문의 주석을 가한 것은 분명 도를 넘은 것이다. 설령 주희의 주장이 사실에 부합한다고 간주해 '격물보전'을 만든 취지를 인정할지라도 '격물치지'에 대한 그의 해석은 이미 지적한 바와 같이 적잖은 문제를 안고 있다. 이런 점에서 지금까지 '격물보전'에 대해 제대로 된 비판이 이뤄지지 않는 것 자체가 기이한 일이다.

제6장 정성(正誠)

所謂誠其意者, 毋自欺也. 如惡惡臭, 如好好色, 此之謂自謙(=慊), 故君子必愼其獨也.

小人閒居爲不善, 無所不至, 見君子而后厭然, 揜(=掩)其不善, 而著其善, 人之視己, 如見其肺肝然, 則何益矣. 此謂誠於中 · 形於外, 故君子必愼其獨也.

曾子曰, "十目所視, 十手所指, 其嚴乎."

富潤屋, 德潤身, 心廣體胖, 故君子必誠其意.

소위 '성의(誠意)' 는 자기(自欺 : 스스로를 속임)하지 않는 것이다. 이는 마치 오악취(惡惡臭 : 악취를 싫어함) · 호호색(好好色 : 美色을 좋아함)과 같은 것이다. 이를 일컬어 '자겸(自謙 : 자족하여 안정됨, 謙은 慊과 통함)' 이라고 한다. 그래서 군자는 반드시 신독(愼獨 : 홀로 있을 때 더욱 삼감)하는 것이다.

그러나 소인은 한거(閒居 : 한가히 거처함)하면 불선(不善)을 행하면서 이르지 않는 게 없다. 그러나 군자에게 그 모습이 내보이면 암연(厭然 : 은밀함, 厭은 闇과 통함)히 그 '불선' 을 가리고 자신이 행한 선(善)을 널리 드러낸다. 그러나 사람들이 그 자신의 '불선' 을 꿰뚫어 보는 것이 마치 그의 폐간(肺肝)을 보는 듯하니 무슨 유익함이 있겠는가. 이를 일컬어 '성어중 · 형어외(誠於中 · 形於外 : 안으로 정성되면 자연히 겉으로 드러남)' 라고 한다. 그래서 군자는 반드시 '신독(愼獨)' 하는 것이다.

증자가 말하기를, '열 사람의 눈이 쳐다보고 열 사람의 손이 가리키니, 어찌 이리 엄준(嚴峻)한가' 라고 했다.

부(富)는 집안을 윤택하게 하고, 덕(德)은 몸을 윤택하게 한다. 심광체반(心廣體胖 : 마음이 넓고 크면 몸도 튼실해짐)하는 까닭에 군자는 반드시 '성의(誠意 : 뜻을 정성되게 함)' 하는 것이다.

주희는 '격물보전' 을 '격물치지' 에 대한 풀이로 간주한 까닭에 제5장인 '격물보전' 은 '몽夢' 에서 '각覺' 으로 나아가는 방안을 언급한 데 반해 제6장은 '악惡' 에서 '선善' 으로 나아가는 방안을 언급한 것이라고 주장했다. 그는 『대학혹문』에서 '신독愼獨' 과 '성의誠意' 를 나눠 '신독' 은 착하지 못한 일을 하지 않는 소극적인 방향인 데 반해 '성의' 는 선을 행하는 적극적인 방향을 표현한 것으로 보았다.

"천하의 도는 둘이다. 선과 악이 그것이다. 선은 천명에 의해 부여받은 본연의 것이고, 악은 물욕에서 생겨난 우연의 것에 불과하다. 사람의 떳떳한 성품으로는 선만 있을 뿐 악은 없는 것이다. 그러나 육체라고 하는 방해물이 있고 그 위에 물욕이라는 것이 본연의 것을 덮고 가리어 드러내지 못하게 함으로써 사물의 이치에 대해 전혀 선악을 구분치 못하는 사람 등이 나타나게 된다. 성인은 이를 걱정해 『대학』에서도 먼저 최초로 '격물치지' 를 가르쳐 그 심술心術을 열어 밝히고 선악의 소재와 호오好惡의 필연성을 인식시킨 뒤 비로소 '성의' 에 의해 그를 전진토록 만들고자 한 것이다."

주희의 주석은 불가에서 말하는 선악 개념을 차용한 이분법적 발상에 기초한 것으로 제6장에 대한 왜곡이 아닐 수 없다. 주희는 『대학』뿐만 아니라 모든 유가경전에 대해 이러한 이분법적 분류에 기초해 주석을 가했다. 이는 공자의 사상과 정면으로 배치되는 것이다.

공자사상은 모든 대립되는 개념이 하나로 통합돼 있다는 데 그 특징이 있다. 형식과 내용을 뜻하는 '문질文質', 도덕과 이익을 뜻하는 '의리義利', 이론과 실천을 뜻하는 '지덕知德', 물질과 정신을 뜻하는 '부교富敎' 등 수많은 대립 개념이 공자사상에는 하나로 통일되어 있는 것이다. 공자는 '수제'와 '치평'에 대해서도 이를 하나로 통일시켜 소위 '내성외왕內聖外王'과 '수기치인修己治人'의 '치평학'을 사상 최초로 만들어냈다. 전목錢穆이 『공자와 논어』에서 공자를 두고 평민학平民學의 창시자인 동시에 왕관학王官學을 정립한 인물로 평가한 것도 이와 무관치 않다. 공자사상은 평민을 위한 교육학인 동시에 위정자를 위한 제왕학의 정수에 해당한다.

이를 통해 짐작할 수 있듯이 제6장 역시 어디까지나 '성의'에 입각한 군자의 '신독愼獨'을 언급한 것으로 결코 '악'에서 '선'으로 나아가는 방안을 언급한 게 아니다. 왕양명이 『대학고본』의 서문에서 '『대학』의 요체는 성의일 뿐이다'라고 언급한 것도 이와 무관치 않다고 보아야 한다. 왕양명의 이런 언급은 제6장을 『대학』의 핵심으로 간주한 데 따른 것이다. 주희가 '격물보전'인 제5장을 『대학』의 요체로 삼으면서 '거경설'을 강조함으로써 '성의'의 개념을 상대적으로 축소시킨 것과 대조되는 모습이 아닐 수 없다. 왕양명이 무엇이나 둘로 쪼개는 주희와 달리 무엇이나 하나로 합친다는 얘기를 듣게 된 것도 이와 무관치 않을 것이다.

'격물치지'와 '성의정심'은 '수신'의 방법을 형식상 둘로 나눠놓은 것으로 내용 면에서 하나로 묶어 해석할 필요가 있다. 이 장의 핵심어는 '성誠'으로 '허虛'와 대립되는 '실實' 개념으로 풀이하는 게 문의에 부합한다. 『중용』 제20장의 '성誠은 천도天道이고, 성지誠之 : 정성되게 함는 인도人道이다'라는 구절도 바로 '성'을 '실'의 개념에 입각해 풀이해 놓은 것이다.

제7장 수신(修身)

所謂修身在正其心者. 身有所忿懥, 則不得其正. 有所恐懼, 則不得其正. 有所好樂, 則不得其正. 有所憂患, 則不得其正.

心不在焉, 視而不見, 聽而不聞, 食而不知其味.

此謂修身在正其心.

소위 '수신재정심(修身在正心 : 수신이 정심에 있음)'은 신심(身心)에 분치(忿懥 : 분노, '懥'는 '怒'와 통함)하는 바가 있거나, 공구(恐懼)하는 바가 있거나, 호요(好樂 : 좋아하고 즐김, '好樂'를 음악을 즐긴다는 뜻의 '호악'으로 보기도 함)하는 바가 있거나, 우환(憂患)하는 바가 있으면 정도(正道)에서 어긋나게 되는 것을 말한다.

마음이 부재(不在 : 정도에 있지 않음)하면 시이불견(視而不見 : 보려고 해도 보이지 않음)·청이불문(聽而不聞 : 듣고자 해도 들리지 않음)·식부지미(食不知味 : 맛을 보고자 해도 맛을 알지 못함)하게 된다.

이를 일컬어 '수신재정심'이라고 하는 것이다.

제1절의 '신유소분체身有所忿懥'와 관련해 주희는 '신身'자는 오자로 응당 '심心'자로 바꿔야 한다고 주장했다. 이에 대해 다산은 '신'자 자체가 '심'의 의미를 내포하고 있는 까닭에 이를

고칠 필요가 없다고 주장했다. 다산의 주장이 타당하다.

제2절의 '심부재心不在' 구절을 두고 주희는 앞장과 마찬가지로 선악 개념에 입각해 선에 해당하는 마음이 악에 해당하는 몸의 주인이 되는 까닭에 마음이 바로 서지 않으면 그 몸을 통솔할 수 없다는 뜻으로 새겼다. 이는 맹자의 주장을 그대로 좇은 것이다. 맹자는 『맹자』「고자 상」편에서 이같이 언급한 바 있다.

"이목耳目은 사고하는 기능이 없어 늘 사물에 가려진다. 외물外物이 이목과 접촉하면 이목은 그것에 이끌릴 뿐이다. 그러나 마음의 기능은 생각하는 것이다. 생각하면 얻고, 생각지 못하면 얻지 못한다. 이는 하늘이 우리 인간에게 부여해 준 것이다. 그래서 먼저 대체大體에 기반을 확고히 세우면 소체小體가 이를 빼앗는 일이 없게 된다. 이것이 대인大人이 되는 까닭이다."

맹자가 여기서 말한 '대체'는 곧 '심心', '소체'는 '신身'을 말한다. 맹자는 '심신心身'을 이분법적으로 분해해 '심'이 '신'을 통제한다는 일종의 유심론唯心論을 전개한 셈이다. 주희는 맹자의 주장을 좇아 '심부재' 구절을 해석하면서 '경敬'의 필요성을 역설했다. '경'에 의거해야만 마음이 바른 위치에 설 수 있다고 주장한 것이다.

그러나 '심'과 '신'은 상호 밀접히 관련되어 있는 까닭에 '심'이 '신'을 지배한다고 생각하는 것은 잘못이다. '신'도 상황에 따라서는 얼마든지 '심'을 지배할 수 있다. '심'과 '신'을 이분법적으로 해체해 유심론 내지 유물론의 관점에서 접근하는 한 '심신'은 물론 인간에 대한 정확한 이해에 도달하기 어렵다.

여기의 '심부재' 구절을 이같이 유심론에 입각해 해석할 경우

부분적 타당성을 지닐 수밖에 없다. 그보다는 '부재不在' 뒤에 '정도正道'를 의미하는 '정正' 자가 생략돼 있다고 보아 '마음을 전일專一하게 갖지 못하고 딴 곳에 두다'의 뜻으로 풀이하는 게 문맥상 순통順通한다. 원문에 '경敬'이 전혀 언급돼 있지 않은 점 등을 감안할 때 주희와 같이 무리하게 '경'의 개념을 끌어들이는 것은 본문의 취지를 왜곡할 소지가 크다. 이 장의 핵심어는 '정正'으로 '일一' 내지 '전專'의 뜻을 내포한 것으로 풀이하는 게 문의에 부합한다.

제8장 제가(齊家)

所謂齊其家在修其身者, 人之其所親愛而辟(=僻)焉, 之其所賤惡而辟焉, 之其所畏敬而辟焉, 之其所哀矜而辟焉, 之其所敖惰而辟焉. 故好而知其惡, 惡而知其美者, 天下鮮矣.

故諺有之曰, "人莫知其子之惡, 莫知其苗之碩."

此謂身不修, 不可以齊其家.

소위 '제가재수신(齊家在修身 : 제가가 수신에 있음)' 은 사람이 친애(親愛 : 가까이 하며 아낌)하는 바가 편벽(偏僻)되고, 그 천오(賤惡 : 천시하며 미워함)하는 바가 편벽되고, 그 외경(畏敬 : 두려워하여 敬遠함)하는 바가 편벽되고, 그 애긍(哀矜 : 안타까워하여 긍휼히 여김)하는 바가 편벽되고, 그 오타(敖惰 : 거만하며 업신여김)하는 바가 편벽된 것을 말한다. 그래서 호이지악(好而知惡 : 좋아하면서도 그의 惡事를 앎) · 오이지미(惡而知美 : 미워하면서도 그의 美行을 앎)하는 자가 천하에 드문 것이다.

그래서 속담에 이르기를, '사람은 그 자식의 악행을 알지 못하고, 농부는 그 묘종(苗種 : 옮겨 심어야 할 모)이 웃자란 것을 알지 못한다' 고 한 것이다.

이를 일컬어 '신불수 · 불가제가(身不修 · 不可齊家 : 수신이 이뤄지지 않으면 제가할 수 없음)' 라고 한다.

제2절에 인용된 속담 중 '막지기묘지석莫知其苗之碩' 구절은 농부의 욕심이 지나쳐 농사를 망치는 경우를 지적한 것이다. 농부가 욕심이 지나치면 자신의 곡식이 다른 사람 곡식보다 더 잘 자라고 있다는 사실을 인정하기 어렵다. 이로 인해 적당한 때를 기다려 모를 이앙移秧해야 함에도 불구하고 풍작에 대한 욕심이 지나친 나머지 이내 모가 웃자란 것도 모르고 지나침으로써 농사를 망치게 되는 것을 지적한 것이다. '편벽偏僻'에 대한 경계가 아닐 수 없다. 제1절에서는 '편벽'의 구체적인 사례로 친애親愛와 천오賤惡, 외경畏敬, 애긍哀矜, 오타敖惰 등 모두 5가지를 들고 있다.

이 장에서 주목할 것은 주희가 '수신'과 '제가'를 분리시켜 '제가'를 '치국' 및 '평천하'와 같은 차원에서 논의하고 있는 점이다. 주희의 이런 분류는 '수신'과 '제가'를 하나로 묶어 해석한 공학孔學의 기본 전통과 어긋난다. 일찍부터 농경문화를 발달시켜 온 동양에서는 유목문화에 기초한 서양과 달리 개인은 늘 가족 내지 가문의 일원으로 존재해 왔다. 가족 내지 가문과 절연한 채 출가出家하여 산림에 파묻힌 자를 제외하고는 개인이 독자적인 개체로서의 의미를 지니지 못했던 것이다. 『대학』에서 말한 '수신' 역시 이를 전제로 한 것으로 보아야 한다. '수신'의 공효가 곧바로 '제가'로 나타날 수밖에 없다는 생각에서 비롯된 것으로 보는 게 타당하다.

실제로 공자 역시 비록 『논어』에서 명언明言치는 않았으나 문맥상 '수신'을 '제가'와 한 묶음으로 간주해 놓았다. 『맹자』와 『순자』 역시 같은 논리 위에 서 있다. 주희가 '수신'을 '제가'와 분리시킨 것은 '격물치지'를 『대학』의 요체로 간주한 데 따른 억지논리가 아닐 수 없다.

'수제'는 어의 상 '치평'과 크게 차이가 나는 것은 아니나 다스림의 대상이 자신 및 처자식을 포함한 가족이라는 점에서 볼 때 일반 백성을 대상으로 한 '치평'과 본질적인 차이가 있다. 『대학』의 '8조목'은 '수신'과 '제가'로 상징되는 개인 단위의 '수기修己' 내지 '치기治己' 개념과 '치국' 및 '평천하'로 상징되는 국가공동체 단위의 '치인治人' 개념을 엄격히 구분한 데서 출발하고 있다. 제8장의 핵심어는 '수제修齊'로 이는 '수기' 내지 '치기'를 달리 표현한 것이기도 하다.

제9장 치국(治國)

所謂治國必先齊其家者, 其家不可敎而能敎人者無之. 故君子不出家而成敎於國. 孝者, 所以事君也. 弟者, 所以事長也. 慈者, 所以使衆也.

「康誥」曰, "如保赤子." 心誠求之, 雖不中, 不遠矣, 未有學養子而後嫁者也.

一家仁, 一國興仁. 一家讓, 一國興讓. 一人貪戾, 一國作亂. 其機如此. 此謂一言僨事, 一人定國.

堯舜帥(=率)天下以仁而民從之. 桀紂帥天下以暴而民從之. 其所令, 反其所好, 而民不從. 是故, 君子有諸己而後求諸人. 無諸己而後非諸人. 所藏乎身不恕, 而能喩諸人者, 未之有也.

故治國, 在齊其家.

『詩』云, "桃之夭夭, 其葉蓁蓁. 之子于歸, 宜其家人." 宜其家人, 而后可以敎國人.

『詩』云, "宜兄宜弟." 宜兄宜弟, 而后可以敎國人.

『詩』云, "其儀不忒, 正是四國." 其爲父子兄弟足法, 而后民法之也.

此謂治國在齊其家.

소위 '치국필선제가(治國必先齊家 : 치국은 반드시 제가보다 앞서야 함)' 는 그 집안을 가르치지 못하면서 능히 사람을 가르칠 수 있는 자는 있을 수 없음을 말한 것이다. 그래서 군자는 먼저 제가를 하는 까닭에 집을 나오지 않고도 나라에서 그 가르침을 이룰 수 있는 것이다. 효(孝)는 사군(事君), 제(弟 : 공손)는 사장(事長 : 어른을 섬김), 자(慈 : 자애)는 사중(使衆 : 뭇사람을 부림)의 근원이 된다.

『서경』「주서 · 강고」에 이르기를, '적자(赤子 : 어린 아기)를 보호하듯 하네' 라고 했다. '적자' 를 사랑하면서 마음으로 정성을 다해 그 기욕(嗜欲)을 좇으면 비록 부중(不中 : 정확히 맞아 떨어짐)할지라도 그 '기욕' 과 그리 멀리 떨어지지는 않을 것이다. 자식 기르는 것을 배운 뒤 출가해 어미가 되는 경우는 없다.

한 집안이 인(仁)하면 한 나라가 흥인(興仁 : 인의 기풍을 크게 일으킴)하고, 한 집안이 겸양(謙讓)하면 한 나라가 흥양(興讓 : 겸양의 기풍을 크게 일으킴)하고, 한 사람이 탐려(貪戾 : 탐학하여 悖戾함)하면 한 나라가 작란(作亂 : 난이 일어남)한다. 그 관기(關機 : 중요한 기틀)가 이와 같다. 이를 일컬어 '일언분사(一言僨事 : 군주의 한마디 말이 대사를 망침, 僨은 敗와 통함) · 일인정국(一人定國 : 군주 한 사람이 능히 나라를 안정시킴)' 이라고 한다.

요(堯) · 순(舜)이 인(仁)으로 솔천하(帥天下 : 천하를 이끎, '帥' 는 '率' 과 통함)하자 백성이 따랐다. 걸(桀) · 주(紂)가 폭압으로 '솔천하' 해도 백성이 따랐다. 그러나 그 명령하는 바가 백성들이 좋아하는 바에 반하면 백성들이 따르지 않는 법이다. 이에 군자는 자신에게 먼저 덕이 있고 나서야 남에게 그것을 요구하고, 자신에게 먼저 흠이 없고 나서야 남에게 타이를 수 있다. 자신이 관서(寬恕)의 덕을 지니고 있지 않으면서 능히 남을 깨우칠 수 있는 자는 없다.

그래서 '치국재제가(治國在齊家)' 라고 하는 것이다.

『시경』「주남 · 도요(桃夭)」에 이르기를, '복숭아의 요요(夭夭 : 싱싱함)함이여, 그 잎이 진진(蓁蓁 : 무성함)하네. 지자(之子 : 이 아가씨, 子는 남녀 공용으로 사용되었음)가 우귀(于歸 : 出嫁)하니 의당 그 가인

(家人 : 시가 사람들을 지칭)을 화목하게 하네' 라고 했다. 집안사람을 화목하게 한 뒤에야 비로소 국인을 가르칠 수 있는 것이다.

『시경』「소아 · 육소(蓼蕭)」에 이르기를, '의당 형제를 화목하게 하네' 라고 했다. 형제를 화목하게 뒤에야 비로소 국인을 가르칠 수 있는 것이다

『시경』「조풍 · 시구(鳲鳩)」에 이르기를, '그 위의(威儀)가 불특(不忒 : 어긋나지 않음)하니 사국(四國 : 사방의 이웃 나라)을 바로 잡네' 라고 했다. 그 부자형제(父子兄弟) 됨이 족히 본받을 만한 뒤에야 비로소 백성이 이를 본받는 것이다.

이를 일컬어 '치국재제가' 라고 하는 것이다.

제1절의 '치국필선제가治國必先齊家' 구절은 일종의 당위론을 언급한 것으로 보는 게 옳다. 비록 '제가' 와 '치국' 이 자연스럽게 연접된 것처럼 표현돼 있으나 사실 '수신제가' 로 상징되는 '치기治己' 와 '치국평천하' 로 상징되는 '치인治人' 사이에는 커다란 강하江河가 가로 놓여 있다고 보는 게 타당하다.

이는 수많은 역사적 사실이 뒷받침하고 있다. 뛰어난 '수신제가' 로 '치기' 를 이룬 인물이 능히 '치인' 에도 성공한 사례가 많지만 이는 어디까지나 태평성세에 나타난 것이다. 난세에 태어나 '치인' 에 성공한 인물은 역설적으로 오히려 '치기' 에 실패한 자들이 매우 많았다.

제5절에 나오는 '치국재제가治國在齊家' 의 근거로 거론된 제4절의 마지막 구절인 '불서불능유인不恕不能喩人' 구절도 이를 뒷받침하고 있다. 제8장에서는 '제가' 를 언급하면서 '관서寬恕' 를 그 근거로 제시한 바 없다. 그러나 제9장에서는 '치국재제가' 의

논거로 '관서'를 들고 있는 것이다. 이는 '치기'의 덕목인 '제가'가 '치인'의 덕목인 '치국'으로 자연스럽게 확장되기 위해서는 한 단계 높은 차원의 '관서'라는 덕목을 갖출 것을 요구한 것이다. 제2절에서 「강고」편의 '여보적자如保赤子' 구절을 인용한 이유가 바로 여기에 있다.

'치국필선제가' 구절은 어디까지나 응당 그러한 것이 바람직하다는 취지의 당위론에 입각한 것으로 현실론에 입각한 게 아니라는 사실에 주의할 필요가 있다. 그럼에도 주희는 이를 평면적으로 해석해 '제가'만 잘 이뤄지면 능히 '치국'으로 연결될 수 있다는 식으로 풀이해 놓았다. 이는 '치인'의 논리를 '치기' 논리의 종속적인 개념으로 간주한 데 따른 것이다.

『춘추좌전』「노은공 4년」조는 비행을 저지른 자식을 가차 없이 죽인 것을 두고 '대의멸친大義滅親 : 국가를 위해 육친을 멸함'으로 칭송한 바 있다. '치인'에는 '수신제가'로 상징되는 '치기'와는 차원이 다른 논리가 요구되고 있다. 〈치기⇆치인〉의 도식은 타당하나 〈치기→치인〉의 도식은 부분적인 타당성을 지닐 수밖에 없는 것이다.

제10장 평천하(平天下)

所謂平天下在治其國者, 上老老而民興孝. 上長長而民興弟. 上恤孤而民不倍(=背), 是以君子有絜矩之道也.

所惡於上, 毋以使下. 所惡於下, 毋以事上. 所惡於前, 毋以先後. 所惡於後, 毋以從前. 所惡於右, 毋以交於左. 所惡於左, 毋以交於右. 此之謂絜矩之道也.

『詩』云, "樂只君子, 民之父母." 民之所好好之, 民之所惡惡之. 此之謂民之父母.

『詩』云, "節彼南山, 維石巖巖. 赫赫師尹, 民具爾瞻." 有國者不可以不愼, 辟則爲天下僇(=戮)矣.

『詩』云, "殷之未喪師, 克配上帝. 儀監于殷, 峻命不易." 道得衆則得國. 失衆則失國.

是故君子先愼乎德. 有德此有人, 有人此有土, 有土此有財, 有財此有用.

德者, 本也. 財者, 末也.

外本內末, 爭民施奪.

是故財聚則民散, 財散則民聚.

是故言悖而出者, 亦悖而入. 貨悖而入者, 亦悖而出.

「康誥」曰, "惟命不于常." 道善則得之. 不善則失之矣.

『楚書』曰, "楚國無以爲寶, 惟善以爲寶."

舅犯曰, "亡人無以爲寶. 仁親以爲寶."

「秦誓」曰, "若有一介(=个)臣, 斷斷兮無他技, 其心休休焉, 其如有容焉. 人之有技, 若己有之. 人之彦聖, 其心好之, 不啻若自其口出. 寔能容之, 以能保我子孫黎民, 尙亦有利哉. 人之有技, 娼嫉以惡之, 人之彦聖, 而違之俾不通. 寔不能容, 以不能保我子孫黎民, 亦曰殆哉."

唯仁人放流之, 迸(=屛)諸四夷, 不與同中國. 此謂, "唯仁人爲能愛人, 能惡人."

見賢而不能擧, 擧而不能先, 命也. 見不善而不能退, 退而不能遠, 過也.

好人之所惡, 惡人之所好, 是謂拂人之性, 菑必逮夫身.

是故君子有大道, 必忠信以得之, 驕泰以失之.

生財有大道, 生之者衆, 食之者寡, 爲之者疾, 用之者舒, 則財恒足矣.

仁者以財發身, 不仁者以身發財.

未有上好仁而下不好義者也. 未有好義, 其事不終者也. 未有府庫財, 非其財者也.

孟獻子曰, "畜馬乘, 不察於鷄豚. 伐冰之家, 不畜牛羊. 百乘之家, 不畜聚斂之臣, 與其有聚斂之臣, 寧有盜臣." 此謂國不以利爲利 · 以義爲利也.

長國家而務財用者, 必自小人矣. 彼爲善之, 小人之使爲國家, 菑害並至, 雖有善者, 亦無如之何矣. 此謂國不以利爲利 · 以義爲利也.

소위 '평천하재치국(平天下在治國)'은 군상(君上 : 군주)이 노로(老老 : 노인을 노인으로 대함)하여 아래 백성이 홍효(興孝 : 효도를 일으킴)하고, 장장(長長 : 어른을 어른으로 대함)하여 아래 백성이 홍제(興弟 : 공손함을 일으킴)하고, 휼고(恤孤 : 고아 등 孤弱한 자를 긍휼히 여김)하여 아래 백성이 불배(不背 : 배반하지 않음)하는 것을 말한다. 이에 군자는 혈구지도(絜矩之道 : 잣대로 재는 방도, '絜'은 '結'과 통함)가 있게 되는 것이다.

군상에게 싫은 것으로써 아래 백성을 부리지 말고, 아래 백성에게 싫은 것으로써 군상을 섬기지 말고, 앞사람에게 싫은 것으로써 뒷사람을 앞서지 말고, 뒷사람에게 싫은 것으로써 앞사람을 좇지 말고, 오른쪽 사람에게 싫은 것으로써 왼쪽 사람을 사귀지 말고, 왼쪽 사람에게 싫은 것으로써 오른쪽 사람을 사귀지 말아야 한다. 이를 일컬어 '혈구지도' 라고 한다.

『시경』「소아 · 남산유대(南山有臺)」에 이르기를, '낙지군자(樂只君子 : 즐거워라 군자여, 只는 뜻 없는 語助辭) · 민지부모(民之父母 : 백성의 부모)' 라고 했다. 백성이 좋아하는 바를 좋아하고 백성의 싫어하는 바를 싫어하니, 이를 일컬어 '민지부모' 라고 한 것이다.

『시경』「소아 · 절남산(節南山)」에 이르기를, '깎아지른 듯한 저 남산이여, 유석암암(維石巖巖 : 바윗돌을 쌓아올린 듯이 삐죽이 높고 큼)하네. 혁혁(赫赫 : 번쩍거림)한 사윤(師尹 : 太師와 스승이 될 만 한 자)이여, 백성이 모두 그대를 바라보네' 라고 했다. 그래서 유국자(有國者 : 군주를 지칭)는 신중하지 않을 수 없는 것이다. 편벽되면 천하인의 주륙(誅僇) 대상이 될 것이다.

『시경』「대아 · 문왕」에 이르기를, '은나라가 아직 상사(喪師 : 무리를 잃음, 師는 衆과 통함)하지 않았을 때는 상제(上帝)를 극배(克配 : 능히 짝을 이룸, 克은 能과 통함)했다네. 은나라의 존망을 의감(儀監 : 의당 세밀히 살핌, 儀는 宜, 監은 視와 통함)해야 하니 준명불이(峻命不易 : 大命을 받들기가 쉽지 않음)하다네' 라고 했다. 이는 득중득국(得衆得國 : 무리를 얻으면 나라를 얻음)과 실중실국(失衆失國 : 무리를 잃으면 나라를 잃음)을 말한 것이다.

이에 군자는 먼저 자신에게 덕이 있는지 여부를 삼가 살핀다. 덕이 있으면 이에 사람이 있고, 사람이 있으면 이에 땅이 있고, 땅이 있으면 이에 재물이 있고, 재물이 있으면 이에 용재(用財)가 있다.

덕은 근본이고 재물은 말절이다.

외본내말(外本內末 : 근본인 덕을 멀리하고 말절인 재물을 가까이 함, '外'는 '疏', '內'는 '親'과 통함)하면 쟁민(爭民 : 이익을 다투는 백성인 '爭利之民' 을 의미)이 시탈(施奪 : 남의 물건을 겁탈코자 하는 '劫財之情' 을 널리 전파함)하는 것이다.

이에 재물이 모이면 백성이 흩어지고, 재물이 흩어지면 백성이 모이는 것이다.

그래서 말을 패출(悖出 : 민심에 거슬러 내보냄, '悖' 는 '逆' 과 통함)하면 또한 이내 패입(悖入 : 君心에 거슬러 들어옴)케 되고, 재물을 '패입(悖入 : 민심에 거슬러 聚斂함)' 하면 또한 이내 '패출(悖出 : 군심에 거슬러 흩어짐)' 케 된다.

『시경』「주서 · 강고」에 이르기를, '유명불우상(惟命不于常 : 천명은 오직 한 가문에만 상주하지 않네)' 라고 했다. 이는 선하면 곧 천명을 얻고, 선하지 못하면 곧 천명을 잃는 것을 말한 것이다.

『초서(楚書)』에 이르기를, '초나라는 다른 것으로 보배를 삼지 않고 오직 선(善)을 보배로 삼는다' 고 했다.

구범(舅犯 : 晉文公의 외숙인 狐偃)이 말하기를, '망인(亡人 : 망명한 사람으로 진문공을 지칭)은 다른 것을 보배로 삼지 않고 인친(仁親 : 仁道를 친애함)을 보배로 삼는다' 고 했다.

『서경』「주서 · 진서(秦誓)」에 이르기를, '만일 한 명의 신하가 있어 단단(斷斷 : 정성되게 하나를 추구함)하여 타기(他技 : 異端의 재주)는 없으나 그 마음이 휴휴(休休 : 너그러움)하면 남을 수용하는 것과 같다. 남의 재주를 마치 자기 재주인 양 여기고, 남의 언성(彦聖 : 뛰어남, 彦은 원래 善士로 여기서는 善美를 의미)을 마음으로 좋아하면서 다만 입에서 나오는 말로만 그리 하지 않으면 이는 실로 능히 남을 수용하는 것이다. 이로써 능히 우리 자손과 여민(黎民 : 衆民)을 보존할 수 있으니 상역(尙亦 : 거의 또한, 尙은 庶幾와 같음) 유익함이 있으리라. 남의 재주를 모질(媢嫉 : 질투함)하여 미워하고, 남의 '언성' 을 어긋나게 하여 통하지 못하게 하면 이는 실로 남을 받아들이지 못하는 것이다. 이로써 우리 자손과 여민을 보존하지 못할 것이니 이 또한 위태롭다고 말할 수 있으리라' 라고 했다.

오직 인인(仁人)만이 남을 시기하고 미워하는 자들을 방류(放流 : 放逐)하여 사이(四夷)로 내쫓아 중국(中國 : 천하의 중심국)과 더불어 같이 살지 못하게 할 수 있다. 이를 일컬어 '오직 인인만이 능히 사람을 애오(愛惡 : 사랑하고 미워함)할 수 있다' 고 하는 것이다.

현자(賢者)를 보고도 능히 거용(擧用)케 하지 못하고, 거용케 하면서도 능히 군주로 하여금 자신보다 먼저 임용(任用)케 하지 못하는 것은 경만(輕慢 : 사람을 천거하는 일에 게으름)이다. 불선(不善)을 보고도 능히 물리치지 못하고, 물리치면서도 능히 멀리 하지 못하는 것은 과오(過誤 : 허물)이다.

사람의 미워하는 바를 좋아하고 사람의 좋아하는 바를 미워하면 이를 일컬어 '인성을 거스른다' 고 한다. 그리하면 재앙이 반드시 몸에 미칠 것이다.

그래서 군자에게 대도(大道)가 있는 것이다. 이는 반드시 충신(忠信)으로 얻고, 교태(驕泰)로 잃게 된다.

생재(生財 : 재물을 생산함)에는 대도가 있다. 생산하는 자는 많으나 먹는 자는 적고, 일하는 자는 재빠르나 쓰는 자는 느리면 재물은 항상 풍족하게 된다.

인자(仁者)는 재물로써 발신(發身 : 몸을 일으킴)하고, 불인자(不仁者)는 몸으로써 발재(發財 : 재물을 일으킴)한다.

윗사람이 호인(好仁 : 인을 좋아함)하는데도 아랫사람이 호의(好義 : 의를 좋아함)하지 않는 경우는 없다. '호의' 하는데도 그 일을 이루지 못하거나 부고(府庫)의 재물이 그의 재물로 되지 않는 경우도 없다.

맹헌자(孟獻子 : 노나라 대부 仲孫蔑)가 말하기를, '마승(馬乘)을 기르면 계돈(鷄豚)을 살피지 않고, 벌빙지가(伐冰之家 : 喪祭禮에 얼음을 사용하는 卿大夫 이상의 관원의 집안을 지칭)는 불휵우양(不畜牛羊 : 소와 양을 기르지 않음)하고, 백승지가(百乘之家 : 수레 百乘을 제공하는 집안으로 采地가 있는 집안을 의미)는 취렴지신(聚斂之臣 : 재물을 그러모아 결과적으로 의를 상하게 하는 신하)을 불휵(不畜)한다. 취렴지신을 두느니 차라리 도신(盜臣 : 재물만을 손상시키는 신하)을 두는 게 낫다' 고 했다. 이를 일컬어 '나라는 이리위리(以利爲利 : 財利로 이익을 삼음)하지 않고 이의위리(以義爲利 : 의를 이익으로 삼음)한다' 고 하는 것이다.

나라와 집안의 장(長)이 되어 재용(財用 : 재물을 그러모아 자신을 위해 사용함)에 힘쓰는 것은 반드시 소인의 행위에서 비롯된 것이다. 군주가 선정을 베풀고자 하면서도 소인으로 하여금 나라를 다스리게 하면 재해가 병지(並至 : 마구 밀어닥침)한다. 설령 선한 바가 있다고 말할지라도 이미 악한 바가 현저한데 장차 이를 어찌할 수 있겠는가. 이를 일컬어 '나라는 이리위리(以利爲利)하지 않고 이의위리(以義爲利)한다' 고 하는 것이다.

중간 부분에 나오는 '거이불능선擧而不能先, 명야命也' 구절의 '명命' 자를 두고 정현은 '만慢' 자로 바꿔야 한다고 주장했다. 정이천도 '태怠' 의 뜻으로 풀이했다. 주희는 '명命자와 만慢자는 소리가 서로 가깝다' 고 말하면서 분명한 입장을 밝히지 않았다. 이에 대해 다산은 '명' 자에 아무런 잘못이 없다고 주장했다. 문맥상 정현의 풀이가 타당하다.

이 장은 '8조목' 의 결어에 해당한다. 그 요체가 '혈구지도絜矩之道' 로 표현되어 있다. 혈구絜矩는 구矩 : 곱자인 曲尺를 동원해 측량대상이 비뚤어지지 않았는지를 측량하는 것을 말한다. 이를 두고 주희는 주지주의적인 입장에서 '내 마음을 곡척曲尺으로 하여 남의 마음을 잰다' 는 뜻으로 풀이하면서 이같이 하면 상하사면이 모두 똑같이 되어 이내 평천하를 이룰 수 있다고 주장했다.

'혈구지도'의 기본 취지는 제2절에 잘 나타나 있다. 제2절은 『논어』「안연」편과 「공야장」편, 「위령공」편에 두루 나타나고 있는 '기소불욕己所不欲, 물시어인勿施於人'의 취지를 밝힌 것이다. 이는 소위 '충서忠恕'를 풀이한 것이다. 제1절에 거론된 군주의 노로老老와 장장長長, 휼고恤孤 역시 '군도'에 당연히 포함된 '양민養民'의 덕목을 예거例擧한 것이다. '양민'이 '지평'을 보장하는 것도 아닐 뿐만 아니라 군주의 마음을 곡척으로 삼아 백성의 마음을 잰 결과로 나타나는 것도 아니다. '양민'은 군주가 응당 해야 할 기본 책무에 불과할 뿐이다.

제2절에 거론된 '기소불욕, 물시어인' 취지의 '신도' 역시 내 마음을 곡척으로 삼아 남의 마음을 잰 결과가 아니다. 공자가 『논어』에서 '기소불욕, 물시어인'을 언급한 것은 자신을 기준으로 삼아 남을 재단하라고 권한 게 아니라 '충서'의 마음을 지니고 남을 대하라고 권한 것이다. 일종의 '역지사지易地思之'를 권한 것이나 다름없다. '역지사지'의 경우 오히려 판단의 곡척은 나에게 있는 게 아니라 남에게 있다.

내 마음을 곡척으로 삼을 경우 가장 큰 문제점은 자칫 자신과 다르다는 이유로 남을 소인으로 몰아붙일 우려가 크다는 데 있다. 역사적으로 볼 때 군신群臣들이 무리를 지어 파쟁을 일삼는 것도 바로 여기서 비롯된 것이다. '혈구지도'에 대한 주희의 해석은 군권을 무시한 신권세력의 발호를 부추길 우려가 크다는 점에서 적잖은 문제를 안고 있다. 이와 관련해 조선조의 다산 정약용은 '혈구지도'를 이같이 풀이해 놓았다.

"혈絜 : 원래는 삼 한 단을 의미은 줄로써 물건을 묶어 그 대소를 재는 것이고, 구矩는 직각으로 된 곱자로 물건을 네모반듯하게 하는 것이다. 스스로 태학太學에 나아가 3례三禮 : 養老, 序齒, 恤孤를 행하면 백성이 모두 효孝·제悌·자慈의 기풍을 일으키게 된다. 이로써 내가 좋아하는 것을 남도 좋아함을 알 수 있다. '혈구지도'를 행하는 것이 곧 '서恕'이다."

다산은 평생 동안 함께 생활하는 것은 사람뿐으로 윗사람은 싫어하는 것으로 아랫사람을 부리지 않고, 아랫사람은 싫어하는 것으로 윗사람을 섬기지 않아야 한다며 이를 총괄하는 글자가 바로 '서'라고 보았다. 『논어』「안연」편 등에 나오는 '기소불욕己所不欲, 물시어인勿施於人'이 바로 '서'의 구체적인 뜻이다. 다산의 분석이 타당한 것임은 말할 것도 없다.

'치평'의 기본 취지는 보국안민保國安民에 있다. 제1절과 제2절 역시 이를 전제로 '혈구지도'를 언급한 것이다. '혈구'의 잣대가 나에게 있다고 단정할 경우 여러 부작용을 일으킬 우려가 크다는 점에서 주희의 주석은 채택키가 어렵다. 대략 '혈구지도'를 어의 그대로 '치평의 요도要道 : 핵심방도'로 풀이하는 게 타당할 것이다. 이 경우 '혈구'의 주체는 비록 군주를 비롯한 위정자이기는 하나 '구矩'의 기준은 어디까지나 백성이 되어야 한다. 『노자』 제49장의 다음 구절이 이를 뒷받침한다.

"성인은 늘 무심無心한 까닭에 백성의 마음을 자신의 마음으로 삼는다."

이것이 최상의 치도治道인 소위 '제도帝道'를 이루는 길이기도 하다. 이 대목은 '왕도王道'보다 한 단계 위에 있는 '제도'를 이루는 길이 바로 백성을 기준으로 삼는 데 있음을 극명하게 보여주고 있다. 그것이 바로 『논어』에서 말하는 '기소불욕, 물시어인'의 취지에 부합하는 것이기도 하다.

『초서楚書』는 실전된 초나라 연대기를 말한다. '초나라는 다른 것으로 보배를 삼지 않고 오직 선善을 보배로 삼는다'는 구절과 관련된 얘기는 춘추시대 말기에 초나라 사자 왕손 어圉가 진晉나라에 사자로 가서 한 말로 알려져 있다. 당시 왕손 어는 진정공晉定公이 베푼 향례에 참석했다가 진나라 권신 조간자趙簡子가 초나라의 보배를 질문하자 이같이 대답했다고 한다. 유사한 내용이 유향劉向이 쓴 『신서新序』에도 나온다. 여기에서는 소해휼昭奚恤이 초나라의 보기寶器를 염탐하러 온 진秦나라가 사자에게 '초나라의 보기는 현신에게 있다'고 대답한 것으로 되어 있다.

'구범舅犯'은 춘추시대 두 번째 패자인 진문공晉文公 : 공자 重耳의 외숙인 호언狐偃을 말한다. 그의 자가 '자범子犯'인 까닭에 '외숙 자범'을 약칭해 '구범'이라고 칭한 것이다. 『예기』「단궁」편에는 '망인亡人은 다른 것으로 보배로 삼지 않고 인친仁親을 보배로 삼는다' 구절의 '망인'이 '상인喪人 : 부친상을 당한 공자 중이를 지칭'으로 되어 있다.

맹헌자孟獻子는 노나라 대부 중손멸仲孫蔑로 공자보다 2세대가량 앞선 사람이다. '마승馬乘을 기르면 계돈鷄豚을 살피지 않는다'는 구절은 사士의 신분에 있던 사람이 대부大夫가 되면 '계돈'을 키워 이익을 얻는 일로 백성과 다투지 않게 된다는 뜻이다. 당시 대부는 반드시 수레를 타고 다녀야 했다. 녹봉을 받는 대부는 수레를 끌기 위한 4필의 말을 집에서 기르는 까닭에 따로 이익을 얻기 위해 계돈을 키울 일이 없었던 것이다.

마지막 절의 '피위선지彼爲善之' 구절을 두고 주희는 문맥이 잘 통하지 않는 것을 이유로 전후의 문장이 빠져 있거나 전사轉寫 과정에서의 오사誤寫 가능성을 제기했다. 그러나 '피彼'를 '군주'로 간주해 '군주가 선정을 베풀고자 하면서도'로 풀이하면 문맥이 순통한다.

『대학』의 대미를 장식하는 제10장의 마지막 구절은 '이의위리以義爲利'로 끝나고 있다. 이는 맹자사상과 맥을 같이 하는 것이기도 하다. 주희가 『대학』을 그토록 높이 평가한 것도 이와 무관치 않다고 보아야 한다. 원래 맹자는 공자의 '인仁'에 '의義'를 덧붙여 소위 '인의설仁義說'을 주창한 바 있다. '인의설'은 비록 '인'을 앞에 내세우기는 했으나 그 요체는 '의'에 있다고 해도 과언이 아니다. 『대학』의 대미 역시 공교롭게도 '이의위리'로 끝나고 있다. 『예기』「대학」편을 편제할 때 맹학을 추종하는 유자가 적극 개입했을 가능성을 시사하는 대목이 아닐 수 없다.

제2편 중용

제1장 중화(中和)

天命之謂性, 率性之謂道, 修道之謂教.

道也者, 不可須臾離也. 可離, 非道也. 是故君子戒愼乎其所不睹, 恐懼乎其所不聞.

莫見乎隱, 莫顯乎微, 故君子愼其獨也.

喜怒哀樂之未發, 謂之中. 發而皆中節, 謂之和. 中也者, 天下之大本也. 和也者, 天下之達道也.

致中和, 天地位焉, 萬物育焉.

하늘이 명부(命賦)한 것을 일컬어 성(性), '성'을 좇는 것을 도(道), '도'를 닦는 것을 교(敎)라고 한다.

'도'는 수유(須臾 : 잠시)도 떠날 수 없다. 떠날 수 있으면 '도'가 아니다. 그래서 군자는 아무도 보이지 않을지라도 계신(戒愼 : 경계하여 신중히 함)하고, 아무 것도 들리지 않을지라도 공구(恐懼 : 두려워함)하는 것이다.

은닉(隱匿 : 감춤)보다 잘 드러나는 것도 없고, 미행(微行 : 은밀한 움직임)보다 더 두드러진 것도 없다. 그래서 군자는 신독(愼獨 : 홀로 있을 때 더욱 삼감)하는 것이다.

희(喜)·노(怒)·애(哀)·락(樂)이 아직 발하지 않은 것을 일컬어 '중(中)', 발하여 모두 중절(中節 : 절도에 맞음)하는 것을 일컬어 '화(和)'라고 한다. '중'은 천하의 대본(大本)이고, '화'는 천하의 달도(達道)이다.

중화(中和)에 이르면 천지가 제 자리를 잡고 만물이 자라난다.

『중용』에서 말하는 '성性'의 근원인 하늘은 동양 전래의 천인관天人觀에 나타나는 비인격적인 '천天'으로 서양의 유일신 개념과는 차원이 다르다. 공자가 『논어』「양화」편에서 제자인 자공에게 '하늘이 무슨 말을 하던가. 4계절이 운행되고 만물이 태어나지만 하늘이 무슨 말을 하던가'라고 반문한 하늘이 바로 『중용』에서 말하는 '천'이다. 천명天命은 천도天道의 구체적인 표현으로 '천'의 자기 실현을 의미한다.

『주역』의 「건괘乾卦」 괘사에 나오는 소위 '자강불식自彊不息'이 바로 '천명'의 기본 취지를 밝힌 것이라고 할 수 있다. 『중용』의 '성'은 곧 생생불이生生不已 : 낳고 또 낳아 그치지 않음로 상징되는 '천'의 자기 실현과정이 인간을 포함한 만물 속에 구현된 것으로 본성本性을 의미하는 것이다.

동양은 본래 '천'을 서양의 유물론과 같이 전혀 무가치한 것으로 본 적이 없다. '천'과 관련해 노자와 맹자는 공히 천인합일天人合一을 주장했다. 노자는 인위人爲를 부인하는 입장에서 천도를 무위無爲로 파악한 데 반해 맹자는 적극적인 인위人爲를 강조하는 차원에서 인도人道와 천도天道의 상통을 역설했다.

이에 대해 공자는 외천畏天 : 하늘을 멀리하면서 공경함의 입장을 견지했고, 순자 역시 천인상분天人相分 : 천도와 인도의 분리을 주장하면서도 참천參天 : 천지의 운행에 참여함의 입장을 고수했다. 내용상 약간의 차이는 있으나 '천'을 '생생불이'하는 모든 생명의 근원으로 파악한 점에서는 하등 차이가 없는 것이다. 동양이 서양과 달리 인격신의 신앙체계를 갖지 않은 것은 바로 '천'을 유기체적 우주생성론의 차원에서 접근한 결과라고 할 수 있다.

원래 공자는 생전에 '천'과 '성'에 관해 거의 언급치 않았다. 이를 최초로 언급한 사람은 맹자였다. 맹자는 자신의 성선설性善說을 뒷받침하기 위해 '성'과 '천도' 문제를 깊이 천착했다. 후대에 전개되는 '성'과 관련된 무수한 논의는 여기서 비롯되었다고 할 수 있다. 그 해답은 아직도 나오지 않고 있다. 형이상의 개념을 하나의 실체로 명확히 규정하려는 시도 자체가 무모한 것이다. 공자가 '성'과 '천도'에 관한 언급을 극도로 꺼린 이유도 여기에 있었다.

그렇다면 『중용』의 첫머리에 나오는 '천天'과 '성性', '도道', '교敎'는 어떻게 해석해야만 좋은 것일까. 주희는 '천명'의 명命을 '명령命令', '솔성率性'의 솔率을 '순循 : 따름', 성性을 '리理'로 보았다. 하늘이 음양오행으로 만물을 화생하고 이치가 부여되는 것이 마치 하늘이 명령하는 바와 같은 까닭에 만물의 성품이 생긴다고 본 것이다.

주희의 이런 해석은 나름대로 타당하기는 하나 '성'을 '리'로 간주한 것은 자신의 성리학 이론을 뒷받침하기 위한 이분법적 억지 논리가 아닐 수 없다. 『중용』이 '희 · 노 · 애 · 락'의 정情이 아직 발하지 않은 상태를 '중中'으로 규정한 사실이 이를 뒷받침한다. 『중용』은 '성'과 '정'을 분리해 말하지 않고 있다. 만일 주희의 주장과 같이 '성'이 '리'라고 한다면 '성'에 기초한 '정' 또한 응당 '리'의 표현이 되어야 한다. 그렇다면 '성'이 발하기 이전의 상태를 '중', 발한 이후의 상태를 '화和'로 굳이 구분해 표현할 이유가 없는 것이다. 『중용』의 첫 구절은 오히려 순자의 성악설性惡說을 뒷받침하는 것으로 보아야 한다.

순자의 성악설은 원래 '성'을 언급한 것이 아니라 '정'을 언급한 것이다. 순자의 성악설은 엄밀히 말해 '성악설'이 아닌 소위 '정악설情惡說'로 보아야 하는 이유가 여기에 있다. '정악설'의 관점에서 볼 때 순자의 '성악설'은 기본적으로 맹자의 '성선설'과 하등 차이가 없다. 순자는 '성' 자체가 악하다고 말한 적이 없다. 순자가 융례隆禮로써 인간의 욕정을 얼마든지 제어할 수 있다고 본 것은 바로 그의 인성론이 '정악설'에 기초해 있음을 뒷받침하는 것이다. 순자의 예치설禮治說은 바로 여기서 비롯된 것이다.

이에 대해 순자의 제자인 한비자는 인간의 욕정은 '정'의 차원을 떠나 본래의 바탕인 '성'에서 비롯된 것으로 보았다. 그가 엄법嚴法을 통해서만 인간의 악성惡性을 교정할 수 있다고 주장한 것은 바로 여기서 비롯된 것이다. 맹자의 '성선설'과 극명한 대조를 이루고 있는 것은 순자의 '정악설'이 아니라 한비자韓非子를 위시한 법가가 말한 '성악설'이다.

그럼에도 주희가 『중용』의 첫 구절을 맹자의 성선설에 입각해 해석해 놓은 이래 현재에 이르기까지 '성'을 '리'로 간주하는 잘못이 계속되고 있다. 아직도 대다수 사람들이 『중용』의 첫머리에 나오는 '성'을 두고 맹자의 사단설四端說에 입각해 인仁·의義·예禮·지智의 단서가 되는 측은지심惻隱之心과 수오지심羞惡之心, 사양지심辭讓之心, 시비지심是非之心으로 파악하고 있는 게 그 증거이다. 이는 주희의 주장을 맹목적으로 추수한데 따른 것이다.

도덕철학의 관점에서 볼 때 맹자가 말한 '사단설'은 도덕성의 근거를 인간 자체 내에서 찾았다는 점에서 인간세계 밖에 존재하는 신神으로부터 도성덕의 근거를 찾은 서양의 도덕논리에 비해 탁월한 바가 있다. 그러나 국가공동체의 운영을 중시하는 통치철학의 관점에서 볼 때 맹자의 사단설 및 성선설은 적잖은 문제가 있다. 맹자의 이런 논리를 극단화할 경우 형정刑政의 논리는 설 곳이 없게 된다. 국가공동체의 존립근거를 뒤흔드는 이적의 침공조차 덕정德政으로 대처하고자 하는 무모한 모습을 보일 소지가 크기 때문이다. 송양지인宋襄之仁의 고사가 그 증거이다.

춘추시대 초엽인 주양왕周襄王 14년기원전 638 겨울에 송나라 군사와 초나라 군사가 홍수泓水 : 하남성 자성현 서북쪽를 사이에 두고 접전케 되었다. 당시 송양공宋襄公은 초나라 군사가 군진을 펼치기 전에 공격하자는 주위의 권고를 물리치고 이같이 말했다.

"초나라 군사는 비록 군사의 수효는 많으나 인의仁義가 부족하다. 과인은 군사와 무기는 부족하나 인의를 지키고자 한다. 옛날 주문왕은 군사 3천 명으로 상왕조 대군을 무찔렀다. 이는 인의가 있었기 때문이다."

그리고는 마침내 오는 11월 초하룻날 홍양泓陽 : 홍수 남쪽 땅에서 싸우자는 전서戰書를 초나라 사자에게 건넸다. 드디어 교전일이 되어 초나라 군사가 배를 타고 도강하기 시작하자 송양공의 좌우가 이같이 간했다.

"저들은 병력이 많고 우리는 적습니다. 저들이 반쯤 건너왔을 때 공격하면 우리가 이길 수 있습니다. 만일 저들이 모두 상륙하게 되면 중과부적으로 당하기 어렵습니다. 그러니 저들이 아직 물을 다 건너지 못하고 있을 때 공격해야 합니다."

그러나 송양공은 완강했다.

"과인은 진을 펴고 정정당당히 싸울 것이다. 어찌 적이 반쯤 건너오는 것을 칠 수 있겠는가."

초나라 군사가 도강을 완료한 뒤 아직 진형을 갖추지 못했을 때 좌우에서 다시 급공을 가할 것을 권했으나 송양공은 또 반대했다.

"어찌 일시적인 이익만 탐하고 만세의 인의를 모르는 것인가. 과인이 어찌 진형도 갖추지 않은 적을 공격할 수 있겠는가."

그리고는 초나라 군사가 진형을 다 갖춘 뒤에야 비로소 진격의 북소리를 울리게 했다. 양군 사이에 치열한 접전이 벌어졌다. 이 싸움에서 송나라 군사들이 대패한 것은 말할 것도 없다. 송양공 역시 오른쪽 넓적다리에 화살을 맞고 힘줄이 끊어지는 큰 부상을 입게 되었다. 전사한 송나라 병사들의 부형과 처자들이 공궁 밖으로 몰려와 대성통곡하며 송양공을 원망하자 송양공은 이같이 말했다.

"군자는 부상당한 적을 죽이지 않고 이모二毛 : 斑白이 된 늙은 적군을 지칭는 포획하지 않는 법이다. 옛날 용병의 도리는 적이 불리한 처지에 처한 것으로써 승리를 도모하지 않았다. 과인은 비록 망국亡國 : 은왕조를 지칭의 후손이기는 하나 대열을 다 이루지 못한 적을 향해 진격을 명할 수는 없었다."

후세인들은 이때 홍수의 싸움에서 송양공이 보여준 인의를 두고 흔히 '송양지인宋襄之仁'이라 칭하며 비웃었다. 이후 치세와 난세를 구분하지 못하는 고지식한 도덕론자의 행태를 두고 '송양지인'으로 칭하게 되었다. 맹자의 왕도정치王道政治와 맹학孟學에 사상적 뿌리를 둔 성리학이 내우외환에 휩싸인 난세의 시기에 아무런 기능도 하지 못한 이유가 바로 여기에 있다.

사실 순자의 예치사상에 입각한 『예기』의 한 편으로 편제된 『중용』의 첫머리에 맹자의 성선설에 입각한 '성'이 언급되어 있다고 생각하는 것 자체가 무리이다. 『중용』이 '성' 자체에 대한 언급에 그치고 있을 뿐 '성'의 선악에 대해서는 아무런 언급도 하지 않고 있는 점에 주목할 필요가 있다. '희 · 노 · 애 · 락'의 미발未發과 이발已發을 '중'과 '화'로 나눠 설명하고 있는 점 등에 비춰 『중용』의 첫머리에서 나오는 '성'은 선악시비의 판단을 떠난 본연의 바탕을 언급한 것으로 풀이하는 게 타당하다. 이는 소위 '정악설'을 주장한 순자의 주장과 일맥상통하는 것이기도 하다.

원래 '성'은 글자 자체가 '심心'자와 '생生'자의 결합으로 이뤄진 데서 알 수 있듯이 만물이 태어날 때부터 갖고 있는 본연의 바탕을 의미한다. 왕충王充은 『논형論衡』에서 '성은 태어나면서 그렇게 되어진 것이다'라고 정의한 바 있다. 『중용』이 '하늘이 명부한 것을 일컬어 성이라고 한다'고 규정한 것도 바로 이런 취지에서 나온 것이다.

이와 관련해 조선조의 다산 정약용은 인간의 선으로의 지향을 필연적이고 보편적인 경향임을 설명하기 위해 '천'을 '성'과 연관시켰다. 그는 '성'을 일종의 '기호嗜好'로 파악해 선을 지향하는 기호가 바로 '천명'을 뜻하는 것으로 보았다. 그는 『중용자잠中庸自箴』에서 이같이 말했다.

"『중용』에서 말하는 '솔성率性'은 '천명'을 따르는 것을 말한다. '천'이 생을 부여해 주자마자 이 '명'도 있게 된 것이다. 살아 있는 동안에는 시시각각 이 '명'이 계속되고 있는 것이다."

다산은 '성'과 '천'의 연관은 '명'을 통해 이뤄지고, 이는 태어나서 죽을 때까지 계속된다고 본 것이다. 인간은 기본적으로 일종의 기호성嗜好性을 가지고 태어난 까닭에 호덕지정好德之情 : 善德을 좋아하는 마음과 택선지능擇善之能 : 선을 분별하는 능력을 동시에 지니게 되었고, 이는 '천명'에서 비롯되었다는 게 그의 주장이다. 다산은 주희와 달리 인간을 하늘과 소통하는 존재로 여기는 동시에 여타 사물과 차별화한 것이다.

이는 세계 속에서 인간존재의 위상을 확립코자 하는 취지에서 비롯된 것이다. 실제로 다산은 '천'과 '인人'의 관계를 천명에 근거한 '인도'로 일관되게 파악했다. 이는 『중용강의보中庸講義補』에 나오는 그의 다음과 같은 주장에 극명하게 드러나고 있다.

"『중용』 전체가 비록 천명에 근거하고 있지만 그 도는 모두 인도이다."

다산은 주희가 인간과 만물을 포괄해 『중용』을 해석하는 것에 반대해 『중용』을 오로지 인간의 문제로 해석해야 할 것임을 역설한 것이다. 하늘을 두려워하는 인간, 개체의 자율성을 지닌 인간, 물질적 자연을 이용하는 인간이 『중용』에서 말하는 인간이라는 게 다산의 해석이다. 이지理智를 갖춘 인간에 대해 무한한 신뢰를 보낸 공자와 순자의 인문주의 정신에 입각한 해석으로 주희에 의해 왜곡된 유학의 인간상을 원래의 모습으로 복원시킨 탁견이 아닐 수 없다.

『중용』에서 말하는 도道는 말 그대로 '솔성率性'의 방도를 말하고, 교敎는 이러한 방도를 닦는 것을 의미한다. '성'은 '천'의 자기 실현으로 나타난 것인 까닭에 기본적으로 선악시비善惡是非로부터 초연해 있다. 결코 맹자가 말하듯이 인·의·예·지의 4덕四德을 발현시키는 단서인 사단四端을 의미하는 것도 아니고, 주희가 말하듯이 '리理'를 의미하는 것도 아니다. '생생불이生生不已'의 '자강불식自彊不息'이 바로 『중용』에서 말하는 '성'의 참된 뜻이다.

『중용』의 '도'는 바로 '자강불식'을 추구하는 길을 말하고, 이를 전심專心하여 추구하는 것이 바로 '교'인 것이다. 주희도 '도'를 '로路 : 길을 가는 도로', '교敎'를 '예악형정禮樂刑政'으로 풀이한 바 있다. 대략 『중용』에서 말하는 취지에 부합한다.

그렇다면 '도'는 구체적으로 무엇을 말하는 것일까. 이는 다산이 갈파했듯이 인도人道를 말하는 것이다. 인도는 인간 개인과 국가공동체를 유지하는 기본 질서를 의미한다. 군신·부부·부자·형제 등의 모든 인간관계에 적용되는 일체의 예의禮義가 바로 인도인 것이다. 그 출발은 바로 인간 자신에게 있다. 공자가 『논어』 「위령공」편에서 '구저기求諸己 : 군자는 모든 허물을 자신에게서 구함'

를 강조한 것은 바로 이 때문이라고 할 있다.

여기서 공자가 사상 최초로 사숙私塾을 마련해 군자학을 가르친 이유를 찾을 수 있다. 『중용』에서 말하는 '교'는 바로 '구저기'에서 출발한 수제修齊가 치평治平으로 확산되는 이치를 연마하는 수련과정을 의미하는 것이다. 이는 이론적 탐구인 학행學行과 실천적 수행인 덕행德行을 끊임없이 겸수겸행兼修兼行하는 것을 뜻한다. 이를 『순자』「권학」편은 이같이 풀이해 놓았다.

"군자는 널리 배우고 날마다 세 번씩 자신의 몸을 살핀다. 그리 하면 지식은 밝아지고 행동하는 데 허물이 없게 된다. 높은 산에 오르지 않으면 하늘이 높은 것을 알지 못하고, 깊은 계곡에 이르지 않으면 땅이 두터운 것을 알지 못하고, 옛 군왕의 유언遺言을 듣지 못하면 학문의 위대함을 알지 못한다. 간干 : 오나라를 지칭과 월越, 이夷 : 동쪽의 이적, 맥貉 : 북쪽의 이적의 자식들도 태어났을 때는 같은 소리를 내지만 자랄수록 풍습이 달라지는 것은 가르침이 다르기 때문이다."

선진시대의 제자백가 문헌 중 『중용』에서 말하는 '천'과 '성', '도', '교'의 의미를 이처럼 명쾌하게 풀이해 놓은 것은 없다. 그럼에도 『중용』의 첫 구절에 나오는 '천'과 '성', '도', '교'의 상호관계를 『순자』를 인용해 풀이한 주석서가 거의 전무했다. 오직 맹자의 사단설 내지 주희의 이기설에 입각한 풀이만이 유행한 것이다. 『대학』과 『중용』을 『예기』의 한 편으로 환원시켜 예치사상의 전체 맥락에서 풀이해야만 하는 이유가 바로 여기에 있다.

『중용』 역시 『대학』과 마찬가지로 제1장의 첫머리부터 군자의 학덕겸수學德兼修를 언급해 놓은 것이다. 『논어』의 첫 편이 「학이

學而」으로 되어 있고, 『순자』의 첫 편이 「권학勸學」으로 되어 있는 것도 결코 우연이 아닌 것이다. 『논어』와 『순자』의 편집자들은 군자학의 출발이 '학덕겸수'에 있다는 점을 통찰하고 의도적으로 이런 편제를 취한 것으로 보아야 한다. 『예기』의 편제자들이 『대학』과 『중용』의 첫머리에 '학덕겸수'를 언급한 것도 결코 우연으로 볼 수 없는 것이다.

『중용』이 '도는 잠시라도 떠날 수 없다'고 언명한 이유가 바로 여기에 있다. 이는 '생생불이'의 '자강불식'으로 상징되는 '천도'를 '인도'에 그대로 적용한 당연한 결과이기도 하다. 이를 두고 『순자』「권학」편은 이같이 풀이해 놓았다.

"학문은 어디서 시작하고 어디서 끝나는가. 이르기를, '그 방법은 송경誦經 : 경문을 외움에서 시작해 『예禮』를 읽는 것으로 끝나고, 그 뜻은 선비가 되는 데서 시작해 성인이 되는 것으로 끝난다'고 했다. 적력積力 : 노력을 쌓음이 오래 되어야 비로소 그런 경지에 들어갈 수 있으니, 학문이란 죽은 뒤에나 끝나는 것이다. 그래서 학문의 방법에는 끝이 있지만 그 뜻은 수유須臾라도 버려둘 수 없다. 학문을 하면 사람이 되고 학문을 버리면 짐승이 된다. 『서書』는 정사政事를 기록한 것이고, 『시』는 음악에 맞는 것들을 모아놓은 것이고, 『예』는 법의 대분大分 : 크게 나뉘는 근본이고 여러 일에 관한 강기綱紀이다. 그래서 학문은 『예』에 이르러 그치는 것이다. 무릇 이를 일컬어 도덕지극道德之極 : 도덕의 지극함이라고 한다. 『예』의 경문敬文 : 공경과 문식과 『악樂』의 중화中和 : 중용의 조화, 『시』·『서』의 광박廣博, 『춘추春秋』의 은미隱微가 천지의 사이에 있게 되면 모든 것을 마치는 것이다."

주희를 비롯한 성리학자들은 『중용』의 '불가수유리不可須臾離' 구절을 두고 '천리天理로부터 잠시라도 떨어질 수 없다'는 식으로 풀이해 놓았다. 이는 『중용』의 기본 취지를 근본적으로 왜곡한 것이다. '불가수유리'는 학덕學德의 겸수겸행兼修兼行을 잠시라도 그칠 수 없다는 치지에서 나온 것이다. 순자가 '학문은 죽은 뒤에야 끝난다'고 단언한 것은 바로 이 때문이다. 이는 말할 것도 없이 『대학』이 인도의 구현으로 제시한 수제치평修齊治平이 천도의 '자강불식'을 본받은 데 따른 것이다.

이같이 해석해야만 『중용』이 첫머리에서 '천'과 '성', '도', '교'를 차례로 언급한 뜻이 비로소 분명해진다. 만일 '불가수유리'를 성리학자들과 같이 해석케 되면 뒤이어 나오는 '신독愼獨'의 의미를 제대로 해석할 길이 없다. '신독'은 말 그대로 홀로 있을 때 더욱 삼가는 것을 말한다. 이는 '천리天理의 궁구窮究'를 의미하는 것이 아니라 '학덕의 겸수겸행'을 뜻하는 말이다. 성리학자들의 주석은 오랫동안 화두話頭를 궁구하다가 홀연히 돈오頓悟하는 선가禪家의 면벽좌선面壁坐禪을 연상시키는 해석이 아닐 수 없다. 이것이 『중용』의 '불가수유리'의 취지와 동떨어진 것임은 말할 것도 없다.

『중용』은 군자가 '신독'하는 것을 두고 '은닉隱匿보다 잘 드러나는 것도 없고, 미행微行보다 더 두드러진 것도 없다'는 것을 그 이유로 들었다. 이는 기본적으로 공자의 외천畏天 내지 순자의 참천參天 사상에서 나온 것이다. '아무 것도 들리지 않을지라도 공구恐懼한다'고 언급한 대목이 그 증거이다. 군자는 홀로 있을 때조차 자신의 존재가 천지의 운행이치에서 한 치도 벗어날 수 없다는 사실을 통찰하고 있는 까닭에 비록 아무 것도 보이지 않을지라도 더욱 계신戒愼하면서 잘못을 저지를까 두려워하는 것이다. 이와 관련해 공자도 『논어』「안연」편에서 비슷한 취지로 언급한 바 있다.

"내성內省 : 스스로 자신을 되돌아보아 안으로 성찰함하여 조그마한 허물도 없는데 무엇을 근심하며 두려워하겠는가."

공자는 '내성'을 통해 허물이 없을 경우 결코 두려워할 이유가 없다고 말한 것이다. 이는 『대학』에서 말하는 성의誠意·정심正心의 취지와 상통하는 것이다. '신독'과 '성의·정심'은 공히 군자의 지극한 학덕겸행의 자세를 표현한 것이라고 할 수 있다. 『중용』의 대략大略을 '성誠'으로 간주하는 이유가 바로 여기에 있다.

이에 대해 주희는 『중용』의 대략을 '경敬'으로 간주했다. 이는 『주역』의 「곤괘坤卦」의 〈문언전文言傳〉에 나오는 '경이직내敬以直內 : 敬으로써 內心을 곧게 함·의이방외義以方外 : 義로써 外行을 바르게 함' 구절을 주목한 데 따른 것이다. 이 구절은 정이程頤를 비롯해 주희 등의 성리학자들에게 커다란 영향을 끼쳤다. 이를 두고 정이는 이같이 풀이해 놓았다.

"군자는 '경敬'을 근본으로 그의 마음을 바르게 하고, '의義'를 지킴으로 그의 행위를 바르게 한다. '경'이 서면 마음이 바르게 되고 '의'가 드러나면 행위가 바르게 된다."

이는 『주역』과 『노자』를 관통하는 근본이치로 '무無'를 상정한 왕필王弼의 주석을 좇은 것으로 맹자의 인의설仁義說과 맥이 닿아 있는 것이다. 주희는 바로 정이천의 주석에 기초해 천리에 이르는 방법으로 소위 '거경설居敬說'을 주장함으로써 『중용』을 토대로 '성誠'을 강조한 정호程顥와 뚜렷한 대조를 이뤘다. 조선조 때 율곡栗谷은 정호의 주장을 좇아 주희가 내세운 '경' 대신 '성'을 강조했다. 이에 반해 퇴계退溪는 주희의 주장을 좇아 '경'을 중시했다.

이는 기본적으로 『중용』에 나오는 '신독'의 해석 차이에서 비롯된 것이다. 정이와 주희 등은 덕행의 실천에 무게를 두어 '경'을 중시한 데 반해 정호는 학행의 연마에 무게를 두어 '성'을 중시한 셈이다. 『중용』이 제1장에서 군자의 '학덕의 겸수겸행'을 강조한 데서 출발하고 있는 점을 감안할 때 '신독'은 『대학』에서 말하는 '성의·정심'을 달리 표현한 것으로 풀이하는 게 타당하다.

공자가 말년에 자신의 삶을 회고하면서 50대를 '지명知命', 60대를 '이순耳順', 70대를 '종심불유구從心不踰矩'로 표현한 것도 이런 맥락에서 이해할 수 있다. 이는 결코 '면벽좌선'의 노선을 의미한 게 아니다. 공자의 14년간에 걸친 천하유세는 바로 자신이 그리는 군자정의 실현을 앞당기기 위한 '학덕의 겸수겸행'의 일환으로 이뤄진 것이다. 순자가 '학문을 하면 사람이 되고 학문을 버리면 짐승이 된다'고 단언하면서 죽을 때까지 학덕 연마를 게을리하지 말 것을 역설한 이유가 바로 여기에 있다. 사실 이같이 해석해야만 뒤이어지는 '중中'과 '화和'의 의미를 제대로 파악할 수 있다. 선진시대에 나온 제자백가의 문헌 중 '중화'를 언급한 것은 『순자』밖에 없다. 「권학」편에서는 '예악禮樂의 중화', 「왕제」편에서는 '청정聽政의 중화', 「치사」편에서는 '임사접민臨事接民의 중화', 「악론樂論」에서는 '입악立樂의 중화'가 거론되고 있다. 『순자』는 예악을 기초로 한 '치평'의 관점에서 '중화'를 거론하고 있는 것이다. 『중용』에서 말하는 '치중화致中和'는 바로 '중화'를 통해 '치평'을 이룬 상태를 의미한다. 이는 '치중화'가 이뤄져야만 천지만물이 위육位育 : 제 자리를 잡고 자라남하게 된다고 언급한 대목이 뒷받침한다.

그럼에도 주희는 '성'을 '리'로 간주한 까닭에 '중화'를 『주역』에서 말하는 '중정中正'으로 풀이했다. 주희는 '중정'을 천리에 부합하는 가장 선한 이치를 뜻하는 것으로 보았다. 주희는 제1장을 두고 자사가 공자사상을 조술祖述한 것으로 보았다. 정자의 제자인 양구산楊龜山은 『중용』 전체의 휴요休要 : 요체가 제1장에 있다고 보았다. 성리학자들이 『중용』 제1장을 얼마나 중시했는지를 짐작케 해주는 대목이 아닐 수 없다.

그러나 이는 변역變易의 이치를 기술한 『주역』의 기본 취지에 배치되는 것으로 천리를 영구불변의 실체로 간주한 데 따른 교조적인 해석이 아닐 수 없다. 주희의 주석을 좇게 되면 『중용』이 굳이 '희 · 노 · 애 · 락'의 미발未發상태를 '중', 이발已發상태를 '화'로 규정한 이유를 제대로 파악키가 어렵다.

원래 『중용』에서 말하는 '중용' 및 '중화'와 『주역』에서 말하는 '중정'은 의미하는 바가 약간씩 다르다. 『주역』에서 말하는 '중정'의 '중中'은 각 괘의 6효爻 중 제2효와 제5효가 상괘와 하괘의 중위中位에 처해 있는 상태를 지칭한다. '정正'은 음효陰爻 및 양효陽爻가 각각 정위正位인 음위陰位 및 양위陽位에 처한 것을 말한다. '중정'은 곧 중덕中德과 정덕正德을 모두 얻은 제2효인 음효와 제5효인 양위의 괘덕卦德을 말하는 것이다.

그러나 이는 주희가 말하듯이 일정불변한 상덕常德을 의미하는 것이 아니다. 주어진 상황에 따라서는 정덕을 발휘하는 소위 '수정守貞'이 크게 불리할 수도 있다. 이는 변역變易의 이치를 논한 『주역』의 기본 논리상 당연한 것이기도 하다. 그럼에도 주희는 '중정'의 덕을 얻을 경우 여하한 경우일지라도 '수정'해야만 길하다는 식으로 풀이한 뒤 이를 『중용』의 '중용' 및 '중화'에도 그대로 적용한 것이다. 천리를 고정불변의 진리로 간주한 데 따른 왜곡된 해석이 아닐 수 없다.

『중용』에서 말하는 '중용'의 '중'은 어느 한쪽으로 치우치지 않는 상태를 말하고, '용庸'은 평상平常의 상태를 의미한다. 이 또한 『주역』의 '중정'과 마찬가지로 상황에 따른 적의한 택선擇善을 통해 평상의 상태를 유지하는 것을 뜻하는 것으로 결코 고정불변한 것이 아니다. '중화' 역시 '중용'과 그 기본 취지를 같이 하는 말이다.

『중용』에 따르면 '중화'의 '중'은 '희·노·애·락'의 미발상태를 뜻한다. '희·노·애·락'은 '성'에서 연유하는 '정情'을 의미한다. 이는 '성'이 외물에 반응해 나타나는 것이다. '성'과 '정'은 결코 불리할 수 있는 게 아니다. 이를 두고 『순자』「정명正名」편은 이같이 풀이해 놓았다.

"사람에 관한 산명散名 : 여러 명칭 중 나면서부터 소이연所以然 : 그러함한 것을 일컬어 '성性'이라고 한다. 음양陰陽의 2기二氣가 서로 화합해 생성되고, 정합감응精合感應 : 감관본능과 합쳐진 뒤 외물과 감응함하고, 불사자연不事自然 : 후천적인 노력과 주변의 영향과 상관없이 자연스럽게 그리 됨하는 것을 일컬어 '성'이라고 한다. '성'의

호好·오惡·희喜·노怒·애愛·락樂을 일컬어 '정情'이라고 한다. '정'으로 요약되는 '호·오·희·노·애·락'을 '심心'이 선택하는 것을 일컬어 '사려思慮'라고 한다. 마음이 사려하는 가운데 '관능官能'이 이에 의거해 움직이는 것을 일컬어 '작위作爲'라고 한다."

『순자』「정명」편은 '호好·오惡·희喜·노怒·애愛·락樂'의 '6정六情'을 언급하고 있다. 이에 대해 「예운」편은 '희·노·애哀·구懼·애愛·오惡·욕欲은 배우지 않고도 할 수 있다'고 언급하면서 '7정七情'을 제시해 놓았다. 성리학자들은 「예운」편의 '7정'을 맹자의 '4단설'과 연결시켜 소위 '4단7정론四端七情論'을 전개했다. 이를 둘러싼 논쟁이 중국보다 조선조에서 크게 일어났다. 퇴계학파와 율곡학파가 갈리게 된 것은 바로 '4단7정론'을 둘러싼 논쟁에서 비롯되었다고 해도 과언이 아니다.

'4단7정론'의 쟁점은 4단과 7정이 발發하는 근원에 대한 시각 차이에서 비롯된 것이다. 성리학자들은 맹자의 성선설에 입각해 4단은 순선무악純善無惡한 데 반해 7정은 유선유악有善有惡하다고 보았다. 주희는 이기론理氣論에 입각해 '성'을 크게 본연지성本然之性 : 理과 기질지성氣質之性 : 氣으로 나눠 『중용장구』에서 '희·노·애·락'을 '기질지성'의 미발未發로 보았다. 이는 기질지성의 발發을 '정'으로 간주한 데 따른 것이다. 이에 그는 4단을 논하면서 중절中節과 부중절不中節, 정正과 부정不正이 있다고 보았다. 이는 '성'을 '본연지성'과 '기질지성'으로 나눈 데 따른 것이다.

율곡은 주희의 이론을 거의 그대로 수용해 먼저 '기氣'가 발동하면 '리理'가 이에 올라타나 '기'의 청탁에 따라 '리'의 발현이 결정된다는 소위 '기발이승설氣發理乘說'을 전개했다. 이에 따르면 4단7정은 모두 '기'에 의해서만 발현되는 셈이다. 그러나 주희의 '심통성정心統性情'과 '성발위정性發爲情' 주장에 따르면 4단7정 모두 '심心'의 감응에 불과할 뿐이다. 주희가 마음의 지각으로 4단을 말하면서 4단에 '중절'과 '부중절'이 있다고 주장한 것은 바로 이 때문이다.

이에 대해 퇴계는 맹자의 즉체즉용卽體卽用 이론에 입각해 '기발이승'만 존재하는 것이 아니라 '리'가 '기'보다 먼저 발동해 '기'가 '리'를 따르는 경우도 존재한다는 소위 '이기호발설理氣互發說'을 주장했다. 그에 따르면 '리'는 본질적으로 순전히 선하기만 하고 악함이 없는 '순선무악'인 데 반해 '기'는 선할 수도 악할 수도 있다. 이는 기본적으로 '본연지성', 즉 본래의 '성'은 순선純善이지만 '기질지성', 즉 '정'은 유선유악有善有惡하다는 사고에서 나온 것이다. '리'에만 근거한 4단은 순선이지만 '이기理氣'에 근거한 7정은 유선유악하다는 게 논지이다.

퇴계의 '이기호발설'은 인간의 도덕윤리를 중시한 그의 사상이 그대로 투영된 결과라고 할 수 있다. 퇴계는 주희의 논지를 좇아 '기발이승'만이 존재한다고 간주할 경우 사실상 '리'는 사물死物이 되어 인간의 높은 도덕적 판단에 따른 자발적 행보를 제대로 설명할 길이 없게 된다고 판단했다. 그의 '이기호발설'은 '리'를 높이고 '기'를 천하게 보는 소위 '이귀기천理貴氣賤' 사상이 극명하게 드러나는 대목이 아닐 수 없다.

주희는 중화에 이르는 방법으로 '경敬'을 중시했다. 미발에는 '경'으로써 존양存養하고, 이발 이후에는 '경'으로써 성찰한다.

미발에 '경'으로써 존양하면 이것이 바로 정중동靜中動이고, 이발 때에 '경'으로써 성찰하면 이것이 곧 동중정動中靜이 된다고 보았다. '경'으로 존양하면 '치중致中', '경'으로 성찰하면 '치화致和'를 이룰 수 있다고 본 것이다.

이는 퇴계에게 심대한 영향을 끼쳤다. 퇴계는 '리'를 지나치게 높인 나머지 항시 도심道心과 4단의 발휘를 중시하는 입장에 서 있었다. 퇴계학이 순수한 의리지학義理之學으로 나아가게 된 것은 바로 이 때문이었다. 주자학의 특징은 의리의 실천에 있다. 이는 그의 존리尊理사상에서 나온 것이다. 거경궁리居敬窮理를 통해 성덕聖德을 완성시키고자 하는 것이 바로 『중용』에서 말하는 '치중화致中和'라는 것이다. '치중화'는 구인求仁의 지극한 공功으로 인仁의 지극한 발현을 의미한다.

이를 주희의 '인설仁說'에 따라 해석하면 '인'은 천지가 사물을 낳는 마음이고, 인간이 사람을 사랑하고 사물을 이롭게 하는 마음이다. 이것이 천지에 편재한 것이 곧 천리天理이고, 인간에 내재한 것이 인성人性이다. 천리는 천하의 공공지리公共之理로서 보편성의 '리'이고, 인성은 사람만이 구비하고 있는 특수성의 '리'이다. '치중화'는 바로 보편성의 '리'와 특수성의 '리'가 일치하는 것을 의미한다. 이를 소위 '외내합일外內合一'이라고 한다.

퇴계의 '이기호발설'은 맹자의 성선설과 완전히 부합하는 것이다. 주희는 인심을 반드시 7정이라고 하지 않았으나 퇴계는 '순리純理'인 4단을 도심道心, '이기理氣'를 겸한 7정을 인심人心으로 보았다. 인심은 선악을 겸하므로 거악去惡하면 선하고, 이같이 해야만 성인의 마음에 이를 수 있다는 게 퇴계의 생각이었다.

퇴계는 '거경궁리'를 오랫동안 실행해야만 비로소 인욕人欲을 제거해 존천리存天理가 이뤄질 수 있다고 본 것이다. 『중용』에서 말한 '치중화'는 바로 존천리를 통해 도심과 4단이 발현된 상태로 덕업의 완성을 의미한다. 퇴계의 4단7정론은 주희보다 상대적으로 더욱 철저한 존리尊理사상에 기초해 있었다.

이에 반해 율곡의 '리'는 주희가 말한 '리'에서 더 이상 나아가지 않았다. 주희의 '이기론'에 의하면 이기理氣는 서로 떨어질 수 없고 선후도 없다. 주희는 때로 '리'가 '기'보다 앞선다고 말하는가 하면 '기'가 '리'보다 앞선다고 말했으나 율곡은 '리'와 '기'를 하나로 합쳐 말함으로써 주희의 '이기론'에 나타나는 복잡성을 제거했다. 그 결과물이 바로 율곡의 독특한 이론인 '이통기국설理通氣局說'이다.

'이통기국설'에 따르면 인리人理와 물리物理는 단일한 '리'에서 나온 까닭에 하나로 통하나, '기'는 천지의 연변演變에 따른 국한성局限性을 지닌 까닭에 다양한 모습으로 나타나게 된다. '이통'에서 '리'는 형체가 없고 하는 일이 없는 까닭에 시공간적으로는 선후가 부재한다. 그러나 '리'는 '기'에 얹혀 유행流行하는 까닭에 만물 가운데 나타나지 않는 곳이 없게 된다. '기국'에서 '기'는 형체를 지니고 운동하는 까닭에 시공간적으로 선후가 존재한다. 이에 '기'는 쉬지 않고 오르내리며 유행하는 까닭에 휴식이 없고 만물 가운데 나타나지 않는 곳이 없게 된다.

'이통'은 형이상인 까닭에 만물 속에 두루 상존하는 보편자이고, '기국'은 형이하인 까닭에 소장消長과 변동이 끊임없이 일어나는 특수자에 해당한다. 율곡의 '이통기국설'은 '리'와 '기'를 통일적으로 설명해 놓은 것으로 성리학의 이기론을 일보 진전시킨 것이다. 율곡은 『중용』에서 말하는 '치중화'는 곧 '성명誠明'을 뜻하고, 이는 진리진성盡理盡性에 그 뜻이 있다고 보았다. '진리진성'은 퇴계와 마찬가지로 주리론主理論의 입장을 드러낸 것으로 퇴계를 주리론, 율곡을 주기론主氣論으로 보는 기존의 견해가 잘못된 것임을 뒷받침하고 있다.

이를 통해 알 수 있듯이 『중용』에 나오는 '희·노·애·락'의 미발未發과 이발已發 개념은 성리학자들 사이에 전개된 '4단7정 논쟁'의 단초가 되었다. 이는 기본적으로 '성'을 '본연지성'과 '기질지성'으로 나눈 뒤 '성'에 기초한 정情의 '미발'상태를 '기질지성'으로 간주한 데서 비롯된 것이다. 확인할 수도 없는 형이상의 '이기론' 개념을 동원해 인간의 자연스런 성정性情의 표현인 '희·노·애·락'을 견강부회하여 주석한 부작용이 아닐 수 없다. 이러한 잘못된 논쟁은 말할 것도 없이 '성'을 '리', '정'을 '기'로 간주한 주희의 이기론에서 비롯된 것이다.

『중용』에서 말하는 '중'과 '화'는 『순자』에 나와 있듯이 군자가 '치평'을 이루기 위한 성정性情의 조화상태를 지칭한 것이다. 「정명」과 「예운」편에 나오는 '6정'과 '7정'은 기본적으로 모두 인간의 자연스런 본성에서 유출된 것으로 이기론에서 말하는 '리' 또는 '기'와 하등 상관없는 것이다.

6정 내지 7정으로 상징되는 인간의 성정은 외물과의 접촉을 통해 나타나는 것이다. 『중용』에서 말한 '중中'은 곧 외물과 접촉이 이뤄지지 않은 상태를 지칭하고, '화和'는 외물과의 접촉을 통해 표현된 6정 내지 7정이 절도에 맞는 것을 지칭한 것이다. 이기론에 입각한 해석을 배제해야만 그 뜻이 명확히 드러나고 있다.

이같이 해석해야만 '중'을 천하의 대본大本, '화'를 천하의 달도達道로 규정한 의미가 선명히 드러날 수 있다. 이는 군자의 바람직한 통치를 상징하는 '공명정대公明正大'를 의미하는 것이다. 공명정대한 통치는 바로 성정의 발현이 '중화'에 부응하는 데서 비롯된 것으로 한쪽으로 치우치지 않고 시의에 부합하는 조화로운 통치상태를 뜻한다.

'중화에 이르면 천지가 제 자리를 잡고 만물이 자라난다'는 결어結語는 바로 '중화'의 공효功效를 언급한 것이다. 이는 '천'과 '성', '도', '교'로 시작한 『중용』의 대의가 마침내 공명정대한 통치로 귀결되었음을 의미한다. 『대학』에서 군자가 '격물·치지'에서 시작해 '성의·정심'을 거쳐 '수신·제가'를 이룬 뒤 마침내 '치국·평천하'를 이룸으로써 소임을 다하는 것으로 매듭지은 것과 같다고 할 수 있다. 『중용』의 결어인 '중화'는 곧 『대학』에서 말하는 '수제·치평'의 도정을 성정론性情論의 관점에서 풀이한 것이라고 해도 과언이 아니다.

제2장 시중(時中)

仲尼曰, "君子中庸, 小人反中庸."
君子之中庸也, 君子而時中. 小人之(反)中庸也, 小人而無忌憚也.

중니(仲尼)가 말했다.

"군자는 중용(中庸 : '중화'를 常道로 삼음, '庸'은 '常'과 통함)하나, 소인은 반중용(反中庸 : 중용에 반함, 중용에 어긋난 짓을 하면서도 스스로는 중용을 행한다고 생각함)한다."

군자의 '중용'은 그 용모가 군자이고 시중(時中 : 心行 또한 시절에 맞음)한다. 소인의 '중용'은 그 용모가 소인이고 무기탄(無忌憚 : 심행에 꺼리는 바가 없음)한다.

제2장 이하의 내용은 제1장에서 천명한 '중화'에 입각한 공명정대한 '치평'의 의미를 구체적으로 풀이한 각론에 해당한다.

'소인지중용야小人之中庸也' 구절에 나오는 '반反'자는 원래 『13경주소본』에는 없는 것으로 왕숙본王肅本에만 나온다. 정자와 주희는 '반'자가 있어야 한다고 생각해 왕숙본을 좇아 주석을 가했다. 전후 문맥에 비춰 '반'자를 끼워넣어 해석하는 것이 일견 타당해 보이나 반드시 그같이 볼 필요는 없다. '소인은 중용에 반하는 행동을 하면서도 스스로는 이를 중용이라고 생각한다'의 뜻으로 풀이하면 하등 모순이 없다. 실제로 정문程門 4선생四先生의 한 사람으로 불린 사량좌謝良佐는 이같이 해석했다. 『13경주소본』을 좇아 '반' 자가 없는 것으로 보는 게 타당하다.

제2장에서는 '중용'의 의미를 깊이 천착하고 있다. 일찍이 정현은 '중용'의 의미를 두고 풀이하기를, '용庸은 상常이다. 중中으로써 상도常道를 삼는 것을 말한다'고 했다. 이에 대해 정이는 풀이하기를, '치우치지 않는 것이 중이고, 바뀌지 않는 것을 용이라고 한다. 중은 천하의 정도正道이고, 용은 천하의 정리定理이다'라고 했다. 성리학적 해석이 아닐 수 없다. 이에 대한 풀이는 정호의 풀이가 가장 볼 만하다. 그는 이같이 풀이해 놓았다.

"중中의 이치는 지극하다. 음陰만으로 생성되지 않고, 양陽만으로 생성되지도 않는다. 치우치면 금수가 되고 '중'을 얻으면 사람이 된다. '중'은 불편不偏이고, '용'은 불역不易이다. '중'만으로는 그 의미를 다하기에 불충분한 까닭에 '중용'이라고 한 것이다."

주희는 이상의 여러 견해를 종합해 '중'은 불편불의不偏不倚와 무과불급無過不及, '용'은 평상지리平常之理로 정리했다. 주희의 정리는 중용의 의미에 관한 최종적인 결론에 해당한다. 그렇다면 과연 '중용'이라는 개념은 언제부터 나타나기 시작했던 것일까. 『논어』「요왈」편에서 요堯가 순舜에게 당부하는 내용 중에 이를 시사하는 대목이 나온다.

"아, 너 순아. 하늘의 역수曆數 : 천명을 받은 왕조변혁의 순서가 너의 몸에 있으니 장차 정사를 행할 때 윤집기중允執其中토록 하라."

여기의 '윤집기중'은 믿음을 갖고 그 가운데를 잡으라는 뜻으로 매사에 중용을 취하라는 뜻과 통한다. 이를 액면 그대로 수용하면 전설상의 삼황오제三皇五帝 때부터 중용 개념의 원형이 존재했다는 결론에 도달케 된다. 그러나 전설상의 요·순을 역사상 실존인물로 간주해 성군으로 언급한 최초의 인물은 전국시대 중엽에 활약한 맹자였다. 맹자 이전에는 요·순을 유가의 성군으로 간주한 적이 없다. 「요왈」편 역시 『논어』 20편 중 가장 나중에 편제된 것이다. 이 구절은 전국시대 말기 내지 전한제국 초기에 만들어진 것으로 보는 게 타당하다. '윤집기중'이 『서경』「우서虞書·대우모」편에는 '윤집궐중允執厥中'으로 나타나고 있다.

'윤집기중'은 끊임없이 전변轉變하는 상황에 적극 대응해 가장 타당한 선택을 하는 것을 말한다. 이것이 바로 시중時中의 의미이다. 이는 수시처중隨時處中의 줄임말이다. 흡호처恰好處와 극지처極至處, 십분시처十分是處, 무과불급無過不及 등은 모두 '수시처중'의 또다른 표현으로 볼 수 있다. 이는 『대학』에서 말하는 지선止善과 같은 취지로 임기응변臨機應變을 의미한다. 『맹자』「진심 상」편의 다음 구절이 그 증거이다.

"자막子莫 : 노나라의 현자은 집중執中했다. 자막의 '집중'은 도에 가깝기는 했으나 권도權道 : 시의에 따른 應變를 행하지 못한 까닭에 집일執一 : 저울의 한쪽 끝을 잡는 것과 같이 한쪽으로 치우침과 같았다. '집일'을 나쁘게 여기는 것은 그것이 도를 해치기 때문이다."

맹자는 '자막'을 예로 들어 임기응변을 뜻하는 '집중'과 응변이 불가능한 '집일'을 대비시켜 놓았다. 권도는 바로 시의를 좇아 '집중'한 통치를 의미하는 것이다. 『주역』은 이를 '변통變通'으로 풀이해 놓았다. 『주역』「계사전」은 '변통'의 의미를 이같이 풀이해 놓았다.

"일합일벽一闔一闢 : 열고 닫음을 변變, 왕래불궁往來不窮 : 왕래하며 궁하지 않음을 통通이라고 한다. 이러한 변통을 천하의 백성에게 적용하는 것을 사업事業이라고 한다."

'일합일벽'과 '왕래불궁'은 음양이 끊임없이 교대로 변전하는 것을 의미한다. 이러한 변통의 이치를 천하의 백성에게 적용하는 '사업'은 곧 경영천하經營天下를 뜻하는 것이다. 『주역』 또한 『중용』 및 『대학』과 마찬가지로 군자의 통변자재通變自在하는 '치평'에 그 궁극적인 목적이 있음을 선명히 보여주는 대목이 아닐 수 없다. 『논어』는 군자의 '통변자재'를 소위 '절사絶四'로 풀이해 놓았다. 『논어』「자한」편은 '절사'의 의미를 이같이 풀이해 놓았다.

"공자에게는 네 가지가 없었다. 무의毋意 : 사사로운 뜻이 없음, 무필毋必 : 꼭 하겠다는 것이 없음, 무고毋固 : 고집하는 것이 없음, 무아毋我 : 내가 아니면 안 된다는 것이 없음가 그것이다."

이를 두고 정이천은 풀이하기를, '여기의 무毋자는 의도적으로 금지하는 말이 아니다. 성인은 이 네 가지 마음이 전혀 없었으니 어찌 의도적으로 금지할 필요가 있겠는가'라고 했다. '무의'와 '무필', '무고', '무아'는 군자의 변통자재變通自在를 의미한다. 이는 『논어』「이인」편에 나오는 공자의 다음 언급이 뒷받침한다.

"군자는 천하에 임해 반드시 해야 한다고 주장하는 것도 없고,

결코 해서는 안 된다고 주장하는 것도 없다."

장재張載는 이를 '성誠'으로 요약했다. 이를 통해 알 수 있듯이 『중용』에서 언급하고 있는 '중용'의 의미는 『논어』의 '윤집기중'과 같은 것으로 곧 군자의 '통변자재'를 뜻하는 것이다. 이는 개인적 이익을 좇아 수시로 변하는 소인들의 교변巧變 내지 기변奇變과는 질적으로 다른 것이다. 소인의 '교변'은 공자가 타기한 향원鄕原 : 鄕愿의 모습이다. 공자는 『논어』「양화」편에서 '향원'을 이같이 질타했다.

"향원은 덕의 적賊이다."

주희는 '향원'을 시골 사람 중 근후한 사람을 뜻한다고 보았다. '향원'은 세속에 영합함으로써 시골에서 근후하다는 칭송을 받는 속되고 옹졸한 자를 지칭한다. 공자가 '향원'을 질타한 것은 사이비似而非 덕으로 덕을 해치기 때문이다. 『맹자』「진심 하」편은 맹자의 입을 빌려 '향원'을 신랄하게 비판해 놓았다.

"비난코자 해도 지적할 게 없고, 풍자하려 해도 풍자할 게 없고, 유속流俗 : 유행과 세속에 휩쓸리고, 오세汙世 : 더러운 세상에 영합하고, 평소에는 충신忠信하게 살며 염결廉潔하게 행동하는 듯하고, 중인들이 좋아하면 스스로 옳다고 여긴다. 이런 자들과는 더불어 요순지도堯舜之道에 들어갈 수 없다. 그래서 공자는 '덕의 적'이라고 한 것이다. 공자가 이르기를, '나는 사이비似而非 : 비슷한 듯하지만 다름를 미워한다. 가라지를 미워하는 것은 곡식의 싹을 어지럽힐까 염려하기 때문이다. 영인佞人 : 잔재주가 있는 자을 미워하는 것은 의義를 어지럽힐까 염려하기 때문이다. 말재주가 있는 자를 미워하는 것은 신뢰를 어지럽힐까 염려하기 때문이다. 정성

鄭聲 : 淫風의 정나라 음악을 미워하는 것은 예악을 어지럽힐까 염려하기 때문이다. 자색紫色을 미워하는 것은 주색朱色을 어지럽힐까 염려하기 때문이다. 향원을 미워하는 것은 덕을 어지럽힐까 염려하기 때문이다'라고 했다. 군자는 경도經道 : 떳떳한 도를 회복할 뿐이다. 경도가 바르면 서민이 흥기興起하고, 서민이 흥기하면 사특邪慝이 사라질 것이다."

'향원'은 세속에 영합함으로써 시골에서 근후하다는 칭송을 받는 속되고 옹졸한 자를 지칭한다. 공자가 '향원'을 질타한 것은 사이비似而非 덕으로 덕을 해치기 때문이다. '향원'의 일화에 대한 맹자의 해석은 『논어』에 나오는 공자의 발언 취지에 부합한다. 다산은 맹자가 '향원'의 전형적인 작태로 거론한 '엄연미세閹然媚世'를 두고 풀이하기를, '소인이 뜻을 품고 드러내지 않으면서 남에게 아첨하는 것을 말하니 이른바 암아媕婀 : 여인이 머뭇거리며 애정을 표시하지 못하는 모습와 같다'라고 했다. 뛰어난 비유가 아닐 수 없다.

원래 주희는 『중용장구서』에서 『논어』「요왈」편의 '윤집기중'과 『서경』「대우모」편의 '윤집궐중' 등을 근거로 '중용'의 연원을 상고시대까지 소급시켜 놓았다. 이는 역사적 사실과 동떨어진 것이다. 다만 비교적 앞선 시기에 편제된 『논어』「옹야」편에 '중용'이라는 말이 나오고 있는 점에 비춰 최소한 공자가 생존할 당시에 '중용'에 관한 기본 개념이 형성되었을 공산이 크다. 『예기』의 편제가 전한제국 초기에 만들어진 점 등을 감안할 때 '중용'에 대한 구체적인 이론은 전국시대 말기에 형성되기 시작했다고 보는 게 타당할 것이다.

제3장 선능(鮮能)

子曰, "中庸其至矣乎. 民鮮能久矣."

공자가 말했다.

"중용은 그 얼마나 지극한가. 그러나 백성 중 이를 능히 구행(久行 : 오랫동안 행함)할 수 있는 자가 드물구나."

유사한 내용의 구절이 『논어』「옹야」편에 나온다.「옹야」편에서는 '민선능구의民鮮能久矣' 구절 중 '능能' 자가 빠져 있다. 이는 해석상 약간의 문제를 야기하고 있다.「옹야」편의 '민선구의民鮮久矣' 구절은 '능' 자가 없는 만큼 '민선民鮮'을 주어로 보고 '구久'를 서술어로 간주해 '능히 할 수 있는 백성이 희귀해진 것이 이미 오래 되었다'로 풀이해도 상관없다. 그렇다면 『중용』의 해석도 이를 좇는 게 좋은 것일까.

내용상 어느 쪽으로 해석해도 큰 차이는 없으나 『중용』은「옹야」편과 달리 '능' 자가 첨가되어 있는 만큼 약간 달리 해석하는 게 타당할 것이다. '민선능구의民鮮能久矣' 구절의 서술어는 '구久'가 아닌 '선鮮'으로 간주하는 것이 문맥상 타당하다. 『예기정의』도 이런 뜻으로 풀이해 놓았다.

공자가 여기서 '능구能久'를 언급한 것은 중용지도의 실현을 임기응변의 관점에서 조명한 것이라고 할 수 있다. '중용'을 고정된 원칙 하에서 행하는 것은 상대적으로 쉬울 수 있다. 그러나 이는 진정한 의미의 '중용'이 될 수 없다. 제1장에서 검토한 바와 같이 '통변자재通變自在'의 '중화中和'는 곧 임기응변臨機應變을 의미한다. 이는 세인들이 행하기가 어려운 것이다. 설령 일시적으로 이를 행했을지라도 오랫동안 이런 뛰어난 행보를 취하기는 어려울 수밖에 없다. 공자는 바로 군자가 아닌 일반 백성들이 통변자재의 임기응변을 오랫동안 시행키는 어려울 수밖에 없다는 취지에서 이런 말을 한 것으로 보는 게 타당하다.

제4장 도행(道行)

子曰, "道之不行也, 我知之矣. 知者過之, 愚者不及也. 道之不明也, 我知之矣. 賢者過之, 不肖者不及也. 人莫不飮食也, 鮮能知味也."

공자가 말했다.

"도가 행해지지 않는 이유를 나는 안다. 지자(知者)는 지나치고, 우자(愚者)는 미치지 못하기 때문이다. 도가 밝아지지 않는 이유를 나는 안다. 현자(賢者)는 지나치고, 불초자(不肖者)는 미치지 못하기 때문이다. 사람으로 음식(飮食 : 마시고 먹음)하지 않는 자가 없으나 능히 지미(知味 : 맛을 앎)하는 자는 드물다."

이 장의 핵심어는 무과불급無過不及이다. '중용'의 의미를 이같이 풀이한 사람은 남송대의 여대림呂大臨이다. 이는 『논어』「선진」편에 나오는 '과유불급過猶不及'과 그 취지가 같다. 이에 따르면 하루는 자공이 공자에게 이같이 물었다.

"사師 : 자장와 상商 : 자하 중 누가 낫습니까."

공자가 대답했다.

"사는 지나치고 상은 미치지 못한다."

자공이 다시 물었다.

"그렇다면 사가 낫습니까."

공자가 대답했다.

"지나침은 미치지 못함과 하등 다를 게 없다."

공자가 자장의 '과過'와 자하의 '불급不及'을 같은 것으로 본 것은 말할 것도 없이 '과'와 '불급' 모두 '중용'에서 괴리되어 있기 때문이다. '과'와 '불급'은 어느 쪽이 더 나을 것도 없이 모두 한쪽으로 기울어진 '비중용非中庸'의 상태를 말한 것이다. 이를 두고 주희는 풀이하기를, '현자와 지자의 지나침이 비록 우자愚者와 불초자不肖者의 불급不及보다 나은 듯이 보이지만 중용을 잃은 점에서는 똑같다'고 했다. 문의에 부합하는 해석이다.

『중용』에서는 〈지자知者와 우자愚者〉, 〈현자賢者와 불초자不肖者〉를 대비시켜 놓았다. 이를 두고 사마광과 왕안석王安石, 소식蘇軾 등은 〈지자와 우자〉의 대비는 도의 '불행不行'이 아닌 '불명不明'의 비유에 맞고, 〈현자와 불초자〉의 대비는 도의 '불명'이 아닌 '불행'의 비유에 맞는다고 주장했으나 이는 근거 없는 것이다. '지자'와 '현자', '우자'와 '불초자'는 사실 같은 의미를 지니고 있다. 단지 도의 '불명'과 '불행'을 나누어 설명하기 위해 동일한 내용을 약간 표현을 달리해 구사한 것으로 보는 게 타당하다.

제5장 불행(不行)

子曰, "道其不行矣夫."

공자가 탄식했다.
"도가 어찌하여 행해지지 않는 것인가."

여기의 도는 말할 것도 없이 '중용지도'의 인도人道이다. 공자가 언제 어떤 이유로 인도의 불행不行을 탄식했는지를 헤아리기가 쉽지 않다. 대략 이를 짐작케 해주는 대목이 『논어』「공야장」편에 나온다. 이에 따르면 공자가 문득 이같이 말했다.

"도가 행해지지 않는구나. 뗏목을 타고 바다로 나아가면 나를 따라올 사람은 아마도 유由 : 자로일 것이다."

자로가 이 말을 듣고 기뻐하자 공자가 다시 이같이 덧붙였다.

"유는 용맹을 좋아하는 것이 나보다 나으나 뗏목의 재료로 삼을 것이 없다."

이를 두고 주희는 풀이하기를, '자로가 이를 사실로 여겨 크게 기뻐하자 공자가 자로의 용기를 찬미하면서도 사리를 재단해 의에 맞게 행동하지 못한 것을 기롱譏弄한 것이다'라고 했다. 지나친 도학적 접근이 아닐 수 없다. 이에 대해 후한 말기의 정현은 '뗏목의 재료로 삼을 만한 것이 없다'로 풀이한 바 있다. 이 견해가 문맥상 타당하다.

공자는 14년간에 걸친 천하유세 후 고국인 노나라로 귀국한 지 불과 4년 반 만에 세상을 떠났다. 이때 애제자인 안회顔回와 자로 등이 차례로 세상을 떠났다. 여러 정황에 비춰 대략 천하유세가 끝나갈 무렵 자신의 천하유세가 별다른 성과를 거두지 못한 것을 두고 자탄한 것으로 짐작된다.

제6장 대지(大知)

子曰, "舜其大知也與. 舜好問而好察邇言, 隱惡而揚善, 執其兩端, 用其中於民, 其斯以爲舜乎."

공자가 말했다.

"순(舜)은 그 얼마나 대지(大知)인가. '순'은 호문(好問 : 묻기를 좋아함)하고, 호찰이언(好察邇言 : 비근한 말에 귀를 기울이며 쉽게 다가가 잘 살핌)하고, 은악양선(隱惡揚善 : 악을 덮어 숨기고 선을 밝게 드러냄)하고, 양단(兩端 : 양쪽 끝, '過'와 '不及'을 지칭)을 잡아 용중어민(用中於民 : 과불급이 없는 중용지도를 백성에게 사용함)했다. 이로써 '순'이 된 것이리라."

『논어』에는 공자가 요·순을 높이 칭송한 대목이 산견되고 있다. 그러나 맹자 이후 비로소 전설상의 요·순이 유가의 성군으로 숭앙된 점에 비춰 『논어』의 해당 대목은 물론 『중용』의 이 대목도 유가의 후학들이 만들어낸 얘기일 공산이 크다.

이 장을 두고 정이천은 풀이하기를, '도에 조예가 깊은 뒤에는 비록 상인常人의 언어를 듣더라도 지리至理가 아닌 게 없다'고 했다. 성리학적인 풀이가 아닐 수 없다. 이 장의 핵심어는 '지知'

이다. 원래 『중용』에 등장하는 '순'은 지知 · 인仁 · 용勇의 소위 '삼달덕三達德' 중 '지'를 상징하는 인물로 묘사돼 있다. 이는 '인'을 상징하는 인물로 묘사되어 있는 『논어』와 약간 차이가 있다. 『중용』이 '순'을 '지'를 상징하는 인물로 묘사해 놓은 것은 『중용』 역시 『대학』과 마찬가지로 군자의 '통변자재'하는 '치평'을 강조하기 위한 것이다.

이 장에서 '순'의 지혜가 대지大知로 평가받게 된 이유로 호문好問과 호찰이언好察邇言, 은악양선隱惡揚善, 용중어민用中於民 등의 4가지 항목을 든 사실을 통해 이를 쉽게 짐작할 수 있다. 이들 4가지 항목 모두 군자의 '통변자재'하는 '치평'의 이치를 말한 것이다. 『맹자』「공손추 상」편에도 유사한 구절이 나온다.

"대순大舜은 선한 일을 다른 사람들과 함께 했다. 자신의 사사로움을 버린 채 다른 사람을 따르고, 즐거운 마음으로 다른 사람에게서 좋은 점을 받아들여 선을 행했다. 스스로 경가도어耕稼陶漁 : 밭 갈고, 곡식을 심고, 그릇을 굽고, 고기를 잡음할 때부터 제위帝位에 오를 때까지 다른 사람에게서 좋은 점을 취하지 않은 적이 없었다."

이를 통해 알 수 있듯이 이 장의 요체는 군자의 '대지大知'를 통한 '치평'에 있다. 『중용』이 『논어』와 달리 '순'을 '대지'의 상징적인 인물로 묘사한 이유가 바로 여기에 있다. 이를 두고 '지'가 아닌 '리理'의 관점에서 풀이하는 것은 잘못이다.

제7장 여지(予知)

子曰, "人皆曰, '予知.' 驅而納諸罟擭陷阱之中, 而莫之知辟也. 人皆曰, '予知.' 擇乎中庸, 而不能期月守也."

공자가 말했다.

"사람들이 모두 말하기를, '나는 지혜롭다' 고 한다. 그러나 고화함정(罟擭陷阱 : 그물 및 덫과 함정, '擭' 는 '檻' 의 뜻임) 속으로 몰아넣어도 피할 줄 모른다. 그럼에도 오히려 사람들은 모두 말하기를, '나는 지혜롭다' 고 한다. 소인들은 중용을 행하지도 못하지만 설령 우연히 중용을 택했을지라도 한 달을 기약해 지키는 것조차 제대로 하지 못한다."

이 장은 '민선능구의民鮮能久矣' 를 언급한 제3장의 취지를 부연해 설명한 것에 해당한다. 공자가 볼 때 사람들의 가장 큰 통폐는 지혜롭지도 못하면서 지혜롭다고 여기는 데 있었다. 공자가 '고화함정罟擭陷阱' 을 언급한 것이 그 증거이다. 이는 『서경』 「상서商書 · 태갑」편에 인용된 '자작얼自作孼 : 스스로 만든 재앙' 에 해당한다. 이 장에서 말하는 '여지予知' 의 통폐를 가장 통렬하게 지적한 것으로는 『노자』 제71장을 들 수 있다.

"지부지知不知 : 알면서도 모른다고 생각함는 최상의 지혜이고, 부지지不知知 : 모르면서도 안다고 생각함는 최악의 병病 : 병통이 됨이다. 오직 병병病病 : 병통을 병통으로 여김해야 불병不病 : 병통이 없음한다. 성인이 '불병'인 것은 '병병'하기 때문이다. 그래서 '불병'인 것이다."

이를 통해 알 수 있듯이 노자 역시 모르면서도 안다고 생각하는 '부지지不知知'를 최악의 병통으로 생각했다. 이는 이 장에서 말하는 '여지予知'를 의미한다. 노자와 공자 모두 성인의 지혜는 바로 아는 것을 안다고 말하고 모르는 것을 모른다고 말하는 데 있음을 언급한 셈이다. 다만 노자는 그 배경을 '병병病病'에서 찾은 데 반해 공자는 '중용'에서 찾은 점이 다르다고 할 수 있다.

제8장 복응(服膺)

子曰, "回之爲人也, 擇乎中庸. 得一善, 則拳拳服膺, 而弗失之矣."

공자가 말했다.

"안회(顔回)의 사람됨을 보면 중용을 선택함으로써 만일 일선(一善)을 얻으면 곧 권권(拳拳 : 공손히 지킴)히 복응(服膺 : 마음에 새겨 잊지 않음)하여 결코 잃지 않았다."

안회는 공자의 제자 중 가장 촉망받는 인물이었으나 공자에 앞서 요절하고 말았다. 그의 학문과 덕행은 공자에 핍근逼近했던 까닭에 후세인들은 '복성復聖'으로 추앙했다. 공자 또한 안회의 요절을 통절하게 생각했다. 이는 『논어』의 여러 대목에 산견되고 있다. 공자가 그의 죽음을 통절하게 생각한 것은 말할 것도 없이 그의 근면한 학덕學德 연마의 자세에 있었다. 호학好學을 묻는 노애공의 질문에 거침없이 안회를 거론한 공자의 모습을 수록해 놓은 『논어』「옹야」편의 다음 기록이 그 증거이다.

"안회라는 사람이 배우기를 좋아했습니다. 노여움을 옮기지 않고 두 번 다시 잘못을 저지르지 않았습니다. 다만 불행히도 명이 짧아 죽고 말았습니다. 지금은 그와 같은 사람이 없어 아직 배우기를 좋아하는 사람이 있다는 얘기를 듣지 못했습니다."

공자는 호학好學을 지인至仁에 이르는 대전제로 삼았다. 안회가 『논어』에서 '인仁'의 상징으로 묘사되어 있는 것도 바로 이 때문이라고 할 수 있다. 이 장에서는 안회를 예로 들어 '중용'을 '지인'에 이르는 요체로 언급해 놓고 있다. '중용' 자체가 학지學知와 불가분의 관계가 있는 만큼 이 장에 나오는 안회의 모습이 『논어』에 나오는 안회의 모습과 동떨어진 것은 아니다. 주희는 안회가 나이 32세에 죽었다고 주장했으나 무슨 확실한 근거가 있는 것은 아니었다. 오히려 『사기』와 『춘추좌전』의 기록 등을 종합해 볼 때 40세 후반에 죽었을 공산이 크다.

제9장 가균(可均)

子曰, "天下國家可均也, 爵祿可辭也, 白刃可蹈也, 中庸不可能也."

공자가 탄식했다.

"가히 천하국가(天下國家)도 평치(平治 : 고르게 다스림)할 수 있고, 작록(爵祿)도 사양할 수 있고, 백인(白刃 : 시퍼렇게 날이 선 칼)도 밟을 수 있다. 그러나 중용만은 능히 할 수 없다."

이 장은 앞장의 부연설명에 해당한다. 공자는 앞장에서 안연만이 능히 '택호중용擇乎中庸' 했다고 언급한 데 이어 이 장에서는 '택호중용'이 결코 쉽지 않은 것임을 3가지 비유를 들어 설명하고 있다. '치평治平'과 '사작辭爵 : 작록의 사양', '도인蹈刃'이 그것이다. 이들 모두 쉽지 않은 일이다.

원래 '치평'은 현인賢人, '사작'은 의인義人, '도인'은 용자勇者와 관련된 일이다. 이 장을 액면 그대로 해석하면 결국 공자는 '중용'을 현賢 · 의義 · 용勇의 덕 위에 올려놓은 셈이다. 공자는 무슨 근거로 '중용'을 이토록 높이 평가한 것일까. 이를 짐작케 해주는 대목이 『논어』「이인」편에 나온다.

"군자는 밥을 먹는 동안에도 인을 어기지 않아야 한다. 조차造次 : 급하고 구차함할 때에도 반드시 이에 의거하고, 전패顚沛 : 엎어지고 넘어짐할 때에도 반드시 이에 의거해야 한다."

이는 공자가 인仁을 얼마나 중시했는지를 여실히 보여주고 있다. 공자는 결코 '인' 보다 높은 덕목을 언급한 적이 없다. 공자는 인자仁者만이 능히 '중용지덕' 을 이룰 수 있다고 말한 것이다. 이와 관련해 주희는 『중용혹문』에서 이같이 풀이했다.

"중용은 비록 알기 어렵고 행하기 어려운 일은 없으나 천리天理가 혼연渾然한 까닭에 과불급過不及이 없어야 한다. 실로 일호一毫의 사의私意라도 식멸息滅되지 않으면 비록 택하여 지키고자 할지라도 의의擬議하는 사이에 문득 이미 과불급의 한쪽에 떨어지고도 스스로 알지 못하게 된다. 이것이 비록 무척 쉬운 것처럼 보이면서도 실은 능할 수 없는 까닭이다. 그래서 정자程子는 극기克己가 가장 어렵다고 말했으니 그 지취旨趣가 깊다."

주희는 공자가 '중용' 을 현·의·용보다 높게 평가한 이유를 '극기' 에서 찾은 셈이다. 그러나 이는 지나치게 수제修齊 측면을 강조했다는 지적을 면키 어렵다. 문맥상 공자가 '중용' 을 '치평' 보다 더 어렵다고 말한 것은 군자의 공명정대한 통치가 그만큼 어렵다는 취지에서 나온 것으로 풀이하는 게 타당하다.

제10장 문강(問强)

子路問强.

子曰, "南方之强與, 北方之强與, 抑而强與. 寬柔以敎, 不報無道, 南方之强也, 君子居之. 衽金革, 死而不厭, 北方之强也, 而强者居之. 故君子和而不流, 强哉矯. 中立而不倚, 强哉矯. 國有道, 不變塞焉, 强哉矯. 國無道, 至死不變, 强哉矯."

자로가 '강(强 : 굳셈)'에 대해 물었다.

공자가 대답했다.

"묻는 것이 남쪽의 '강'인가, 북쪽의 '강'인가, 아니면 이강(而强 : 자로의 '강'으로 곧 中原의 '강'을 지칭, 而는 汝의 뜻임)인가. 관유(寬柔 : 너그러움과 부드러움)로 가르치고, 무도(無道)한 자에게 앙갚음하지 않는 것은 남쪽의 '강'이니 군자는 거기에 머문다. 임금혁(衽金革 : 무기와 갑옷을 깔고 앉음, '衽'은 '臥席'을 의미)하여 죽을지라도 이를 마다하지 않는 것은 북쪽의 '강'이니 강자(强者)는 거기에 머문다.

그래서 군자는 화이불류(和而不流 : 조화롭게 어울리면서도 휩쓸리지 않는 중원의 '강'을 의미)하는 것이니 그 지의(志意)가 참으로 강하구나, 모습도 교연(矯然 : 꿋꿋함)하고.

중립불의(中立不倚 : 가운데 서서 한쪽으로 기울지 않음)하니 그 지의가 참으로 강하구나, 모습도 교연하고.

나라가 유도(有道)할 때 불변색(不變塞 : 守直하며 변치 않음, '塞'은 '實'과 통하나 일부 판본은 '色'으로 되어 있음)하니 그 지의가 참으로 강하구나, 모습도 교연하고.

나라가 무도(無道)할 때 지사불변(至死不變 : 죽게 될지라도 지조를 바꾸지 않음)하니 그 지의가 참으로 강하구나, 모습도 교연하고."

자로는 공자의 제자 중 의용義勇을 상징하는 인물이다. 소위 공문십철孔門十哲 중 수위에 있는 그는 성이 중仲, 이름이 유由로 자로子路는 그의 자字이다. 그는 노나라의 변卞 : 산동성 사수현 땅 출신이었다. 공자보다 9년 연하로 제자들 중 나이가 가장 많았다. 그는 공자에게 일종의 반면교사의 역할을 수행함으로써 공자사상의 정립에 지대한 공헌을 한 인물이었다. 『사기』「중니제자열전」은 자로가 공자의 제자가 된 배경을 다음과 같이 기술해 놓았다.

"자로는 성질이 거칠고 용맹을 좋아해 심지心志가 강직했다. 수탉의 꼬리로 관을 만들어 쓰고 수퇘지의 가죽으로 주머니를 만들어 허리에 찼다. 공자의 제자가 되기 전에 한때는 공자를 업신여기며 폭행하려 했다. 그러나 공자가 예로써 대하며 조금씩 바른 길로 인도하자 뒤에 유복儒服을 입고 폐백을 드리면서 문인들을 통해 제자가 되기를 청했다."

자로는 젊었을 때 매우 과격한 인물이었다. 그는 자신이 확신하는 원칙에 대해 스스로 엄격했을 뿐만 아니라 스승인 공자에게도 거리낌 없이 엄하게 추궁하는 모습을 보였다. 이는 그가 타고난 무골武骨이었다는 사실과 무관치 않았다. 자로의 직선적이고 성급한 성정으로 인해 공자는 늘 자로에 대해 세심한 배려를 해야만 했다. 그는 예의바르고 학자적인 취향을 지닌 다른 제자들과는 확실히 이질적인 인물이었다. 자로도 이를 인식하고 있었다. 그러나 그는 오히려 자신의 이러한 특성을 자랑하는 듯한 모습을 보였다. 「술이」편에 나오는 다음과 같은 일화가 그 실례이다.

하루는 공자가 총애하는 제자 안회의 능력을 칭찬하자 자로가 불만스럽게 물었다.

"선생님은 삼군三軍을 지휘케 되면 누구와 함께 하겠습니까."

그러자 공자가 이같이 대답했다.

"포호빙하暴虎馮河 : 범을 맨손으로 잡기 위해 무모하게도 맨몸으로 황하를 건넘하다가 죽는데도 후회치 않을 자와는 내가 함께 하지 않을 것이다. 그러나 일에 임하여 두려워하며 즐겨 계책을 세워 일을 성사시키는 자와는 내가 함께 할 것이다."

이는 자로를 '포호빙하'에 비유한 것이다. 자로는 항상 용맹스러웠지만 그로 인해 공자로부터 적잖은 꾸지람을 받았다. 「공야장」편에 나와 있듯이 공자가 자로를 두고 '유由는 용맹을 좋아하는 것이 나보다 나으나 뗏목의 재료로 삼을 것이 없다'고 힐난한 것이 그 증거이다.

그러나 사실 자로는 이같이 성실하고 강직한 성격에도 불구하고 제자들 중에서 가장 온화하고 인간적인 모습을 지닌 인물이었다. 이는 그가 한번 한 약속은 절대 어기는 일이 없었다는 사실을 통해 쉽게 알 수 있다. 공자도 그의 이런 측면을 높이 평가했다. 「안연」편에 나오는 공자의 다음과 같은 언급이 이를 뒷받침한다.

"한마디 말로 절옥折獄 : 옥사의 판결할 수 있는 자는 아마도 유由일 것이다."

이는 자로가 다른 사람의 충고를 흔쾌히 받아들일 줄 아는 너그러운 마음을 지니고 있었기 때문에 가능한 것이기도 했다. 그는 늘 다른 사람이 자신의 결점을 지적하면 크게 기뻐했다. 자로는 위衛나라에 봉직하다가 정쟁의 와중에 주군을 위해 장렬하게 싸우다 전사했다. 자로가 죽었을 때 공자의 나이는 73세였다. 『춘추공양전』「노애공 14년」조에는 당시 자로의 죽음에 낙담한 공자가 하늘을 향해 탄식한 대목이 나온다.

"아, 하늘이 나를 죽이려 하는구나."

이를 통해 알 수 있듯이 자로는 공자의 제자들 중 의용義勇이 가장 뛰어난 인물이었다. 자로가 공자에게 '강强'을 물은 것도 바로 그의 이런 기백에서 나온 것으로 보인다. 공자가 자로의 질문에 '남방지강南方之强' 등을 들먹이며 힐문詰問한 것은 「공야장」편에 나오는 '유由는 용맹을 좋아하는 것이 나보다 나으나 뗏목의 재료로 삼을 것이 없다'는 힐난과 맥을 같이 하는 것이다. 그러나 공자의 이런 힐난은 마치 가까운 친구에게 격의 없이 농담조로 던진 말과 같다. 공자와 자로 사이에는 통상적인 사제 간의 관계를 넘어 마치 동료애와 같은 깊은 애정의 유대가 형성돼 있었다. 이는 자로가 제자들 중 가장 연장인 데다가 천하유세 기간은 말할 것도 없고 평생 공자 곁에서 고락을 같이 한 사실과 무관치 않았다.

이 장에서 공자가 언급코자 한 것은 군자의 '화이불류和而不流'와 '중립불의中立不倚'이다. 이는 '중용'을 달리 표현한 것이라고 할 수 있다. '화이불류'는 『논어』「자로」편에 나오는 '화이부동和而不同'과 같은 말이다. 중인衆人과 어울리되 하나로 뒤섞이지 않는다는 뜻이다. '중립불의'는 中立不倚'는 『서경』「주서 · 홍범洪範」편에 나오는 '무편무당無偏無黨'과 같은 뜻이다. 중인과 어울리되 편당偏黨을 짓지 않는다는 뜻이다. 주희는 이를 두고 이같이 풀이해 놓았다.

"스스로 인욕人欲의 사私를 이겨내지 않으면 능히 택하여 지킬 수 없으니 군자가 강한 것으로 그 어떤 것이 이보다 더하겠는가."

주희는 '화이불류'와 '중립불의'를 사리사욕의 극복을 뜻하는 '극사克私'로 풀이한 셈이다. 문의文意에 부합하는 해석이다. 군자의 공명정대한 '치평'은 사의私義보다 공의公義, 사리私利보다 공리公利를 앞세우는 데서 시작된다. 이는 『춘추좌전』「노은공 4년」조에 나오는 '대의멸친大義滅親 : 국가의 이익을 위해 肉親을 멸함'의 취지에 부합하는 것이기도 하다.

제11장 소은(素隱)

子曰, "素(=傃)隱行怪, 後世有述焉, 吾弗爲之矣. 君子遵道而行, 半途而廢, 吾弗能已矣. 君子依乎中庸, 遯(=遁)世不見知而不悔, 唯聖者能之."

공자가 말했다.

"소은행괴(素隱行怪 : 은둔하는 등의 괴이한 짓을 행함)로 후세에 이름을 남기려는 자가 있으나 나는 그리 하지 않는다. 군자가 준도이행(遵道而行 : 도를 좇아 행함)하다가 반도(半途 : 중도)에서 그만두는 경우가 있으나 나는 도중에 그만둘 수 없다. 군자는 중용에 의지하니 둔세(遯世 : 세상을 피해 숨어 삶)하여 알려지지 않을지라도 후회하지 않는다. 오직 성자(聖者 : '舜'을 지칭)만이 능히 그리 할 수 있다."

'소은행괴素隱行怪'의 '소素'와 관련해 정현은 '향嚮'의 뜻을 지닌 '소傃'와 통하는 것으로 보았으나 주희는 『한서』「예문지」의 기록에 근거해 '색索 : 탐색'의 오자로 보았다. 이에 대해 예사倪思는 『중용집의中庸集義』에서 글자 그대로 평소平素의 의미로 간주해 '은거하는 것으로 평소의 생활로 삼다'의 뜻으로 새기는 것이 타당하다고 주장했다. '소은素隱'이 '행괴行怪'와 짝을 이뤄 사용된 점에 비춰 정현의 풀이가 타당하다.

공자는 이 장에서 은일隱逸과 괴이怪異 등에 대한 반대 입장을 분명히 하고 있다. 공자는 이러한 행태를 '비중용非中庸'으로 본 것이다. 공자는 기본적으로 '은일'을 반대했다. 『논어』에는 공자가 도가道家사상의 원조에 해당하는 은일지사隱逸之士들로부터 비난을 받는 대목이 제법 많이 나온다. 대표적인 예로 『논어』「헌문」편에 나오는 다음과 같은 일화를 들 수 있다.

하루는 자로가 석문石門 : 위치 미상에서 유숙했다. 신문晨門 : 문지기를 지칭이 물었다.

"어디에서 왔는가."

"공씨孔氏에게서 왔소."

그러자 그가 이같이 꼬집었다.

"바로 불가능한 줄 알면서도 하는 자 말인가."

'신문'은 새벽에 성문을 열어주는 사람이라는 뜻으로 문지기를 의미한다. 대략 문지기를 하는 은자로 추정되고 있다. 이 일화는 공자가 천하유세를 벌이던 중의 일화로 짐작된다. 당시 공자의 천하유세는 외견상 아무런 성과도 거두지 못했다. 공자가 세인들의 눈에 불가능한 일을 하는 사람으로 비춰진 것은 당연한 일이었다. '신문'은 바로 세인들의 이런 시각을 대변한 것이나 다름없었다.

그러나 공자의 천하유세는 결코 실패로 끝난 게 아니었다. 비록 당대에는 성사되지 못했으나 전국시대에 들어와 군자학을 습득한 공문의 문인들이 새로운 시대의 주역으로 등장해 마침내 신분세습의 봉건질서를 무너뜨리고 재덕을 갖춘 군자가 정치를 다루는 것이 당연시되는 소위 '사인시대士人時代'를 열었다. 그가 생각한 군자정君子政의 이상은 한제국의 등장 이후 수천 년 동안 지속되었다. 결과적으로 공자는 자신의 이상을 실현시킨 셈이다. 공자가 불가능한 줄 알면서도 자신의 뜻을 굽히지 않은 이유가 바로 여기에 있었다.

공자가 '은일지사'의 행태를 '비중용'으로 간주한 것은 바로 이 때문이었다. 이는 '치평'의 이치에 대한 탐구를 평생의 과제로 삼은 공자의 입장에서 볼 때 당연한 것이기도 했다. 『논어』「미자」편에 나오는 다음과 같은 일화가 이를 뒷받침한다.

하루는 장저長沮와 걸닉桀溺이 짝을 지어 밭을 가는데 공자가 지나가다가 자로를 시켜 나루터를 묻게 했다. 자로가 나루터를 묻자 장저가 반문했다.

"수레 고삐를 잡고 있는 사람이 누구인가."

"공구孔丘입니다."

장저가 다시 물었다.

"노나라의 공구인가."

"그렇습니다."

그러자 장저가 이같이 꼬집었다.

"그 사람은 천하를 두루 돌아다녔으니 나루터의 위치를 알고 있을 것이네."

이에 자로가 할 수 없이 걸닉에게 묻자 걸닉이 자로에게 되물었다.

"당신은 누구인가."

"중유仲由입니다."

걸닉이 다시 물었다.

"그대가 바로 노나라 공구의 무리인가."

"그렇습니다."

그러자 걸닉이 이같이 말했다.

"도도하게 흐르는 것은 천하가 모두 그러한데 누구와 더불어 이를 바꾸겠다는 것인가. 그대가 사람을 피하는 선비를 따르는 것이 어찌 세상을 피하는 선비를 따르는 것만 하겠는가."

그리고는 계속 장저와 함께 짝을 지어 밭을 가는 일을 멈추지 않았다. 자로가 돌아와 공자에게 이를 말하자 공자가 무연憮然 : 안타까워함히 말했다.

"조수鳥獸와 함께 무리지어 살 수는 없는 노릇이다. 내가 이 사람의 무리와 함께 하지 않고 누구와 더불어 지내겠는가. 천하에 도가 있으면 내가 아예 누구와 더불어 세상을 바꾸려 하지도 않았을 것이다."

이 일화를 통해 알 수 있듯이 공자는 기본적으로 은일지사를 조수와 함께 무리지어 사는 자들로 본 것이다. 그들의 행보가 '중용'에서 벗어난 것임은 말할 것도 없다. '군자정'의 새로운 통치질서를 구축코자 한 공자의 의지가 선명히 드러나는 대목이 아닐 수 없다.

'괴이'는 공자가 타기한 '괴력난신怪力亂神'을 의미한다. 공자는 귀신의 위력을 빌려 기복祈福하는 등의 참위讖緯에 대해 매우 비판적이었다.『논어』「술이」편의 다음 일화가 그 실례이다.

하루는 공자의 병이 위중하자 자로가 기도할 것을 청했다. 그러자 공자가 물었다.

"그런 이치가 있느냐."

자로가 대답했다.

"있습니다. 뇌문誄文 : 사자를 애도하며 그의 행적을 쓴 祭文에 기록돼 있기를, '너를 위해 천지신명에게 기도했다' 고 했습니다."

공자가 말했다.

"그런 의미라면 나는 기도한 지 오래다."

이를 통해 알 수 있듯이 공자는 사후의 문제를 포함해 '괴력난신' 을 원용해 인간의 일을 재단코자 하는 일체의 행위에 대해 비판적인 입장을 견지했다. 당시 점서占筮가 크게 유행했음에도 불구하고 공자가 생전에 한 번도 점을 친 사실이 없었던 점 등이 그 증거이다.

이 장에서 언급한 '괴이' 에는 '괴력난신' 이외에도 기행奇行 등의 통상적인 행동과 어긋나는 것도 포함된다. 대표적인 예로 『맹자』「등문공 하」편에 나오는 다음과 같은 일화를 들 수 있다. 이에 따르면 하루는 제나라 장수 광장匡章이 맹자에게 이같이 말했다.

"진중자陳仲子는 어찌 실로 염사廉士 : 청렴한 선비가 아니겠습니까. 그는 어릉於陵 : 산동성 장산현 서남쪽 땅에 머물 때 3일 동안 먹지 못해 귀에는 들리는 게 없고, 눈에는 보이는 게 없었습니다. 당시 우물가에 있던 오얏나무에는 벌레 먹은 열매가 반이 넘었는데 중자는 기어가서 떨어진 열매를 주워 먹고 세 번을 삼킨 뒤에야 비로소 귀에 들리는 게 있고, 눈에 보이는 게 있었다고 합니다."

그러자 맹자가 이같이 말했다.

"제나라의 선비 중에 나는 반드시 중자를 거벽巨擘 : 엄지손가락으로 여기오. 비록 그렇기는 하나 중자가 어찌 염사일 수 있겠소. 중자가 추구하는 지조를 채우려면 구인蚯蚓 : 지렁이이 되고 나서야 가능할 것이오. 무릇 '구인'은 위로 고양槁壤 : 마른 흙을 먹고, 아래로 황천黃泉 : 땅 속의 흐린 물을 먹소. 중자가 거처하는 집은 백이伯夷가 지은 것이오, 아니면 도척盜跖이 지은 것이오. 그가 먹는 곡식은 백이가 심은 것이오, 아니면 도척이 심은 것이오. 이를 알 길이 없소."

광장이 반박했다.

"그것이 무슨 문제가 되겠습니까. 그는 직접 신발을 짜고, 처는 삼을 길쌈하여 곡식과 바꿔 먹습니다."

이에 맹자가 이같이 말했다.

"중자는 제나라의 세가世家 출신으로 형인 진대陳戴가 합蓋 땅의 수확에서 얻는 봉록이 1만 종鍾이나 되오. 그런데 형의 봉록이 의롭지 못하다고 해서 그것을 먹지 않고, 형이 사는 집이 의롭지 못하다고 해서 그곳에 거처하지 않았소. 그래서 형을 피하고 어머니를 떠나 어릉에 거처한 것이오. 훗날 형의 집으로 돌아갔을 때 그 형에게 살아 있는 거위를 선물한 자가 있었소. 그는 빈축頻顣 : 이마를 찡그림하여 말하기를, '이 거위를 어디에 쓸 것인가'라고 했소. 이후 어느 날 그의 어머니가 이 거위를 잡아 그에게 먹였소. 그때 마침 형이 밖에서 돌아와 말하기를, '이것이 그 꽥꽥거리는 거위의 고기이다'라고 하자 중자는 밖으로 나가 그것을 토했다고 하오. 그는 어머니가 주는 것은 먹지 않으면서 아내가 주는 것은 먹고, 형의 집에서는 살지 않으면서 오릉에는 거처했소. 이러고도 오히려 그가 능히 지조를 채웠다고 할 수 있겠소. 중자와 같은 자는 '구인'이 된 뒤에야 그 지조를 채울 수 있을 것이오."

맹자는 여기서 친친親親을 기초로 한 인륜人倫을 강조하며 진중자를 비판한 것이다. 진중자가 형을 피하고 어머니를 떠난 것은 곧 인륜을 저버린 행위라는 게 맹자의 판단이다. 진중자의 행보는 통상적인 인륜을 저버린 기행奇行이 아닐 수 없다. 이 또한 괴력난신과 마찬가지로 '비중용'에 속할 수밖에 없다. 공자가 '소은행괴素隱行怪'를 비판한 이유가 바로 여기에 있다. 공자는 '소은행괴' 모두 후세에 이름을 남기려는 속셈에서 비롯된 것으로 보았다. 공자가 군자의 준도이행遵道而行을 역설한 것도 이런 맥락에서 이해해야 할 것이다.

그렇다면 은일지사의 행보에 비판적인 견해를 피력한 공자가 성자聖者를 들먹이며 군자는 둔세遯世하여 알려지지 않을지라도 후회하지 않는다고 언급한 이유는 무엇일까. 외견상 이는 모순이 아닐 수 없다. 그러나 『논어』를 보면 공자가 '은일지사'를 무조건 타기한 것은 아니었음을 알 수 있다. 「미자」편의 다음 대목이 그 증거이다.

"미자微子 : 은왕 紂의 서형는 은나라를 떠나가고, 기자箕子 : 은왕 주의 숙부는 머슴이 되고, 비간比干 : 주의 숙부은 간하다가 죽임을 당했다. 이를 두고 공자가 말하기를, '은나라에는 3명의 인자가 있었다'고 했다."

이는 공자가 은나라의 '3은三隱 : 미자 · 기자 · 비간을 칭송한 내용이다. 이를 두고 주희는 풀이하기를, '세 사람의 행동은 같지 않으나 똑같이 지성스럽고 측달惻怛 : 비통해함한 뜻에서 나왔다. 이에 사랑의 이치에 어긋나지 않아 마음의 덕을 온전히 할 수 있었다'고 했다. 주희는 공자가 '3은'을 칭송한 배경을 나름대로 정확히 헤아린 셈이다.

미자 · 기자 · 비간 등은 결코 장저 및 걸닉 등과 같은 통상적인 도가의 은일지사와는 차원이 다르다. 이들은 무도한 군주를 바른 길로 이끌려고 간하다가 마지못해 은일한 경우에 속한다. 공자가 성자를 들먹이며 '의호중용依乎中庸'이라는 단서를 달아 마지못해 몸을 숨긴 은일지사를 높이 평가한 이유가 바로 여기에 있다. 공자는 미자 · 기자 · 비간 등의 행보를 '중용지덕'으로 평가한 것이다.

전체 문맥에 비춰 여기의 '의호중용'은 통변자재通變自在하는 임기응변을 의미한다. 유가에서 둔세遯世 자체에 비판적인 견해를 취하면서 소위 입신행도立身行道와 겸선천하兼善天下를 높이 평가하는 것도 바로 공자가 이 장에서 역설하고 있는 '의호중용'의 취지에 입각한 결과로 볼 수 있다. 외견상 동일한 '둔세'에도 상황에 따라 얼마든지 정반대의 평가가 내려질 수 있는 것이다. 이를 통해 『중용』에서 말하는 '중화'와 '중용'이 결코 시변時變에 아랑곳하지 않는 고정불변의 '중화'와 '중용'이 아님을 분명히 확인할 수 있다.

제12장 비은(費隱)

"君子之道, 費而隱. 夫婦之愚, 可以與知焉. 及其至也, 雖聖人亦有所不知焉. 夫婦之不肖, 可以能行焉, 及其至也, 雖聖人亦有所不能焉. 天地之大也, 人猶有所憾. 故君子語大, 天下莫能載焉. 語小, 天下莫能破焉. 『詩』云, '鳶飛戾天, 魚躍于淵.' 言其上下察也. 君子之道, 造端乎夫婦, 及其至也, 察乎天地."

공자가 말했다.

"군자지도(君子之道)는 비이은(費而隱 : 광대하며 隱微함)하다. 이에 필부필부(匹夫匹婦)의 어리석음으로도 가히 알 수 있는 바가 있으나 그 지극함에 미쳐서는 비록 성인일지라도 또한 알지 못하는 바가 있다. 필부필부의 불초(不肖)로도 능히 행할 수 있는 바가 있으나 그 지극함에 미쳐서는 비록 성인일지라도 능히 미치지 못하는 바가 있는 것이다. 천지가 크다 할지라도 사람에게는 오히려 소감(所憾 : 한스러워하는 바)이 있으니 하물며 성인의 경우야 어떠하겠는가. 그래서 군자가 큰 것을 말하면 천하조차 능히 그것을 싣지 못하고, 작은 것을 말할지라도 천하가 능히 깨뜨릴 수 없는 것이다.

『시경』「대아 · 한록(旱麓)」에 이르기를, '연비여천(鳶飛戾天 : 솔개가 날아 하늘에 이름, 戾는 至와 통함) · 어약우연(魚躍于淵 : 물고기가 못에서 뜀)' 이라고 했다. 이는 도가 상하로 크게 드러나는 것을 말한 것이다. 군자지도는 필부필부로부터 조단(造端 : 단서가 만들어짐) 하나 종국에 이르러서는 그 지극한 모습이 천지에 널리 드러난다."

공자의 말은 앞장에 이어 이 장에서도 계속 이어지고 있다. 앞장과 묶어야 하나 주희는 이를 끊어서 풀이해 놓았다.

'비이은費而隱'의 '비費'를 두고 정현은 '불拂'로 보고 '위려違戾 : 어그러짐'의 뜻을 지닌 '궤佹'와 통하는 것으로 보았다. 공영달은 이를 좇아 풀이하기를, '군자인 사람이 난세를 만나 도와 덕이 어그러지면 숨어버리고 벼슬하지 않는다'고 했다. 이에 대해 주희는 도의 체용體用의 관계로 보아 '비費'를 '용지광用之廣', '은隱'을 '체지미體之微'로 간주해 풀이하기를, '도의 용用은 광대하나 그 체體는 미밀微密하여 볼 수 없다'고 했다. 문맥상 주희의 주석이 타당하다. 주희는 '연비여천鳶飛戾天'과 '어약우연魚躍于淵'을 두고 이같이 풀이해 놓았다.

"도가 천지 사이에 유행하여 무소부재無所不在하니 위로는 솔개가 날아 하늘에 이르는 것이 이것이고, 아래로는 고기가 못에서 뛰어오르는 것이 이것이다. 사람에게는 필부필부가 능히 아는 바에서 성인도 알지 못하는 바가 있는 것이 이것이다. 도의 체용體用이 실로 무소부재하니 솔개는 반드시 하늘에서 날고, 고기는 반드시 못에서 뛰어오른다. 이는 군주가 군주로서의 도리를 행하고, 신하가 신하로서의 도리를 행하고, 아비가 아비로서의 도리를 행하고, 자식이 자식으로서의 도리를 행함으로써 각자 제자리에 머물러 가히 어지럽지 않게 함이다."

'연비여천'과 '어약우연'은 만물의 자성自性을 말한 것이다.

『주역』에서 천도의 지극한 이치로 언급한 '자강불식自彊不息'의 구체적인 표현이라고 할 수 있다. '자강불식'이 인도에 발현될 경우 필부필부의 불초不肖로도 능히 알고 행할 수 있는 것으로부터 시작해 성인조차 능히 알고 행할 수 없는 지극한 것에 이르기까지 무소부재하게 된다. 인도의 단초는 부부 간의 애정과 부모·자식 간의 자효慈孝이다. 그 궁극은 천도와 인도의 지극한 경지를 말한다. 천도와 인도 모두 그 단초는 지극히 평범한 곳에 있으나 그 지극함에 이르러서는 광대무변廣大無邊하기 짝이 없다는 뜻을 지니고 있는 것이다.

주희가 인도의 이치를 '수제·치평'의 차원에서 '부부자자父父子子·군군신신君君臣臣'에서 찾은 것은 타당한 것이다. 이는 『논어』「안연」편에 나오는 이치를 적용해 공자가 인용한 『시경』의 '연비여천'과 '어약우연'을 풀이한 것이라고 할 수 있다. 순자는 이를 '형형兄兄·제제弟弟·농농農農·사사士士·공공工工·상상商商'으로까지 확대시켰다. 『순자』「왕제」편은 그 의미를 이 같이 풀이해 놓았다.

"군자가 없으면 천지는 다스려지지 않고, 예의는 법통이 없게 되고, 위로는 군사君師 : 군주와 스승가 없고, 아래로는 부자父子가 없게 된다. 이를 일컬어 '지란至亂'이라고 한다. 군신君臣·부자·형제·부부는 시작되어서 끝나고, 끝나면 시작되고, 천지와 더불어 같이 다스려지고, 만세토록 같이 오래간다. 이를 일컬어 '대본大本'이라고 한다. 그래서 상제喪祭 : 상례와 제례·조빙朝聘 : 조례와 빙례·사려師旅 : 군대의 의식은 하나이다. 귀천·살생·여탈與奪도 한 가지 원리이다. 군군君君 : 군주는 군주다움·신신臣

臣 · 부부父父 · 자자子子 · 형형兄兄 · 제제弟弟도 한 가지 원리이다. 농농農農 : 농부는 농부다움 · 사사士士 · 공공工工 · 상상商商도 한 가지 원리이다."

이 장에서는 『중용』 제1장에서 언급한 천명天命과 성性이 인도에 발현된 구체적인 모습을 언급하고 있다. 『순자』 「왕제」편은 이를 보다 상세히 풀이해 놓은 셈이다. 『중용』과 『대학』이 순자의 문인들이 주도적으로 편집한 『예기』의 한 편으로 편제된 이유를 짐작케 해주는 대목이다.

제13장 불원(不遠)

子曰, "道不遠人, 人之爲道而遠人, 不可以爲道. 『詩』云, '伐柯伐柯, 其則不遠.' 執柯以伐柯, 睨而視之, 猶以爲遠. 故君子以人治人, 改而止. 忠恕違道不遠, 施諸己而不願, 亦勿施於人. 君子之道4, 丘未能一焉. 所求乎子以事父, 未能也. 所求乎臣以事君, 未能也. 所求乎弟以事兄, 未能也. 所求乎朋友先施之, 未能也. 庸德之行, 庸言之謹, 有所不足, 不敢不勉, 有餘不敢盡. 言顧行, 行顧言, 君子胡不慥慥爾."

공자가 말했다.

"도는 사람으로부터 멀리 떨어져 있지 않다. 사람이 도를 행할 때 그 도가 사람으로부터 멀리 떨어지게 되면 이는 결코 도라고 할 수 없다. 『시경』「빈풍 · 벌가(伐柯)」에 이르기를, '벌가(伐柯 : 도끼자루를 쥐고 나무를 벰)여, 벌가여, 가(柯 : 도끼)를 법칙으로 삼는 게 멀지 않다네' 라고 했다. 그러나 사람들은 집가(執柯 : 도끼자루를 쥠)하여 '벌가' 하는 까닭에 가히 척촌지법(尺寸之法 : 측량하는 법칙)으로 삼을 만한데도 오히려 예시(睨視 : 흘겨봄)하며 멀다고 생각한다.

그래서 군자는 이인치인(以人治人 : 人道로써 죄 지은 자를 다스림)하면서 개과(改過)하면 그치는 것이다. 충서(忠恕)는 도로부터 멀지 않다. 자신에게 시행하기를 원치 않는다면 또한 남에게 시행해서는 안 된다.

군자지도에 4가지가 있다. 공구(孔丘 : 공자)는 그 중 하나도 능히 하지 못했다. 자식에게 구하는 것으로써 사부(事父 : 부모를 섬김)하고, 신하에게 구하는 것으로써 사군(事君)하고, 아우에게 구하는 것으로써 사형(事兄)하고, 붕우에게 구하는 것으로써 선시(先施 : 먼저 벗에게 베풂)하는 것을 못했다. 용덕지행(庸德之行 : 통상적인 덕을 행함, '庸' 은 '常' 과 통함) · 용언지근(庸言之謹 : 통상적인 말을 조심함)하면서 부족한 게 있을 때 감히 불면(不勉 : 애쓰지 않음)하지 않고, 유여(有餘)할 때 감히 진행(盡行 : 人情을 좇아 모두 행함)하지 않았다. 말은 행실을 돌아보고 행실은 말을 돌아보니 군자가 어찌 조조(慥慥 : 독실함)하지 않을 수 있겠는가."

이 장의 첫 구절에 나오는 '도불원인道不遠人' 은 제1장의 '도야자道也者, 불가수유리不可須臾離' 와 그 취지가 같다. 여기서 말하는 '도' 는 인도人道를 말한다. 인도는 사람이 사람답게 사는 길을 의미한다. 이는 인간이 일상의 삶 속에서 구현하는 것이다. 삶의 모든 것이 인도의 구현인 셈이다. 아무리 평범하고 일상적인 것일지라도 경홀히 여길 수 없는 것이다. '도불원인' 을 언급한 이유가 바로 여기에 있는 것이다.

이 장에서는 일상의 삶 속에서 나타나는 인도의 실현을 『시경』의 「벌가伐柯」를 원용해 은유적으로 비유해 놓았다. 도끼자루의 준칙은 바로 자신이 손에 잡고 있는 도끼자루에 있다. 그럼에도 사람들은 자신이 쥐고 있는 도끼자루가 곧 척촌지법尺寸之法인데도 오히려 남의 것을 예시睨視하며 자신의 도끼자루는 결코 척촌지법이 될 수 없다고 생각하는 것이다.

자신에게 있는 준칙은 곧 다른 사람에게도 적용될 수 있는 것이다. 도는 자신만의 특유한 도가 아니라 인성이 보편적인 것처럼 다른 사람에게도 그대로 적용될 수 있는 것이다. 결코 멀리서 찾을 필요가 없는 것이다. 공자가 『논어』「위령공」편에서 '구저기求諸己 : 군자는 모든 허물을 자신에게서 구함'를 강조한 이유가 바로 여기에 있다. 인간 개인과 국가공동체를 유지하는 기본 질서를 의미하는 인도는 곧 군신·부부·부사·형제 등의 모든 인간관계에 적용되는 일체의 예의禮義를 뜻한다. 이 장은 그 출발이 바로 개인 자신에게 있음을 지적하고 있는 것이다.

'충서忠恕는 도로부터 멀지 않다'고 언급한 기본 취지가 바로 여기에 있다. 충서는 공자사상의 요체인 인仁을 상징하는 말이다. '인'을 '충서'로 요약한 사람은 증자였다. 『논어』「이인」편에 나오는 다음 구절이 그 증거이다.

하루는 공자가 증자에게 말했다.

"삼參 : 증삼아, 나의 도는 일이관지一以貫之 : 하나로써 꿰뚫음하고 있다."

증자가 대답했다.

"예."

공자가 나가자 문인들이 증자에게 물었다.

"무엇을 말한 것입니까."

증자가 대답했다.

"부자의 도는 충서忠恕일 뿐이다."

'충서'는 마음을 다하여 남의 마음을 헤아리는 것을 의미한다. 이는 공자가 말한 '서恕'를 보다 구체적으로 표현한 것이다. 예로부터 증자가 말한 '충서'와 관련해 여러 설이 대립했다. '충'과 관련해 『설문해자』는 '진심盡心'으로 해석해 놓았다. 맹자는 사람에게 선을 가르치는 '교선敎善', 왕필은 '진정盡精', 주희는 '진기盡己 : 자신을 다함'로 풀이했다.

'서'에 대해 『설문해자』는 '인仁'으로 풀이했다. 이를 두고 단옥재段玉裁는 『단씨설문해자주段氏說文解字注』에서 풀이하기를, "인을 행하는 것은 '서'에서 벗어나지 않으니 말하면 구별이 있고 섞으면 구별이 없다. 인은 친親이다"라고 했다. 가의賈誼는 자신을 기준으로 한 양인量人 : 사람의 그릇을 헤아림으로 보았고, 왕필은 반정동물反情同物 : 情으로 돌아가 사물과 같아짐로 해석했다. 주희는 '추기推己 : 자신을 기준으로 남에게 미침' 내지 '여심如心 : 자신의 마음과 같이 함'으로 보았다.

이에 대해 조선조의 다산 정약용은 '충'은 '서'의 근원인 까닭에 '충'과 '서'를 나눠서 보는 것은 잘못이라고 지적했다. 그는 『논어』「공야장」편 등에서 공자가 자공의 질문에 거듭 '서' 한 자만을 언급한 사례 등을 들어 자신의 주장을 뒷받침했다. 실제로 공자는 '인'을 '서'라는 단 한마디로 요약한 바 있다. 「위령공」편에 나오는 다음 일화가 그 증거이다.

하루는 자공이 공자에게 물었다.

"한마디 말로써 종신토록 행할 만한 것이 있습니까."

공자가 대답했다.

"그것은 서恕가 아니겠는가. '서'는 자신이 원치 않는 것을 남에게 강요치 않는 것이다."

그렇다면 증자는 왜 공자가 말한 '서'를 '충서'로 부연해 설명한 것일까. 이를 두고 다산은 『중용』에서 '충서'를 언급한 것을 예로 들어 '충'과 '서'는 본래 같은 뜻으로 사용된 것이라고 주장했다. 다산은 공자의 도를 하나로 관통시키는 '서恕'를 '성인지법成仁之法 : 인을 이루는 방법' 내지 『대학』에서 말하는 소위 '혈구지도絜矩之道'로 보았다. 옛 성인의 하늘을 섬기는 도리는 인륜에서 벗어나지 않으므로 '서'는 곧 사람을 섬기고 하늘을 섬기는 요체라는 게 다산의 주장이다. 다산의 주장이 타당한 것임은 말할 것도 없다.

원래 조선에서는 다산보다 한 세대 이전에 이미 다산과 유사한 주장을 펼친 인물이 있었다. 그는 성호 이익의 조카인 정산貞山 이병휴李秉休였다. 그는 『집성集成』에서 '충서'에 대해 이같이 풀이해 놓은 바 있다.

"충忠하므로 능히 서恕하고, '서'하면 '충'이 그 안에 있게 된다. 혹 '충서'를 병칭하거나 '서'만을 단칭할지라도 실제로는 하나이다. '서'는 요도要道이니 이를 일러 '혈구지도'라고 한다. 이는 '서'의 도를 풀이한 것이다."

다산이 지적한 바와 같이 증자가 언급한 '충서'는 공자가 말한 '서'를 부연해 설명한 것으로 그 뜻이 다르지 않다. '서'는 공자가 풀이했듯이 '기소불욕己所不欲, 물시어인勿施於人'을 의미한다. 『논어』는 「안연」편 제2장과 「공야장」편 제11장, 「위령공」편 제23장 등 3곳에 걸쳐 거듭 '기소불욕, 물시어인'을 언급하고 있다. 이 격언이 공문孔門에 얼마나 널리 회자되었는지를 짐작케 해주는 대목이 아닐 수 없다. 당시 공자는 제자들과 대화하면서 이 격언을 자주 인용했음에 틀림없다.

이 장에서는 '충서'를 구체화한 4가지 유형의 군자지도君子之

道를 언급하고 있다. 사부事父와 사군事君, 사형事兄, 선시先施가 그것이다. 이는 바로 '서도恕道 내지 '인도仁道'를 의미하는 것이다. '공구孔丘는 4가지 중 하나도 능히 하지 못했다'는 구절은 후학을 면려키 위한 일종의 겸어謙語 내지 반어反語의 표현으로 보아야 할 것이다. 그러나 실제로 사부事父 · 사군事君 · 사형事兄 · 선시先施를 지극히 하기가 쉽지 않다는 의미에서 액면 그대로 해석할지라도 큰 문제는 없다.

'용덕지행庸德之行'과 '용언지근庸言之謹'은 공자의 정명正名 사상과 연관된 것으로 언행일치를 추구하는 자세를 언급한 것이다. 이는 『논어』「이인」편에 나오는 '군자는 말을 하는 데에는 어눌語訥하나 행하는 데에는 민첩하다'는 공자의 언급과 그 취지를 같이 하는 것으로 볼 수 있다.

마지막 구절에 나오는 '조조慥慥'와 관련해 정현은 '실實을 지켜 언행이 일치함'으로 풀이한 데 반해 주희는 '독실함'으로 보았다. 청대의 왕인지王引之는 『광아廣雅』에 나오는 '조慥, 언행급야言行急也'의 풀이에 근거해 '부지런히 애쓰다'는 의미의 '축축蹙蹙' 내지 '급급汲汲'으로 보았다. 원래 '조慥'는 '서두르다'는 뜻과 '독실하다'는 뜻을 모두 지니고 있다. 문맥상 주희의 해석이 타당하다.

제14장 소위(素位)

君子素其位而行, 不願乎其外. 素富貴, 行乎富貴. 素貧賤, 行乎貧賤. 素夷狄, 行乎夷狄. 素患難, 行乎患難. 君子無入而不自得焉.

在上位, 不陵下. 在下位, 不援上. 正己而不求於人, 則無怨, 上不怨天, 下不尤人.

故君子居易以俟命, 小人行險以徼幸.

子曰, "射有似乎君子, 失諸正鵠, 反求諸其身."

군자는 그 위치에 처해 행보할 때는 그 위치를 벗어난 나머지 일은 생각지 않는다. 부귀에 처했을 때는 부귀를 누리고, 빈천에 처했을 때는 빈천하게 살고, 이적(夷狄) 사이에 처했을 때는 이적과 어울려 살고, 환난에 처했을 때는 환난에 맞게 대처한다. 군자는 어디에 처하든 자득(自得 : 처하는 곳에 따라 그에 합당한 도를 얻음)하지 않는 적이 없다.

윗자리에 앉아서는 아랫사람을 업신여기지 않고, 아랫자리에 앉아서는 윗사람에게 매달리지 않는다. 자신을 바르게 하여 남에게 구하지 않으면 원망(怨望)을 살 일이 없다. 이에 군자는 위로 불원천(不怨天 : 하늘을 원망치 않음)하고, 아래로 불우인(不尤人 : 사람을 탓하지 않음)하는 것이다.

그래서 군자는 거이사명(居易俟命 : 도를 얻기 쉬운 곳에 머물며 명을 기다림)하고, 소인은 행험요행(行險徼幸 : 위험한 짓을 행하며 요행을 바람)하는 것이다.

이를 두고 공자가 이같이 말했다.

"활쏘기는 군자를 닮은 점이 있다. 화살이 정곡(正鵠 : 과녁, 正直과 같은 뜻으로 원래는 '정'과 '곡' 모두 鳥名임)에서 벗어나면 돌이켜 자신에게서 그 허물을 찾는다."

첫 구절인 '소기위이행素其位而行'의 '소素'와 관련해 정현은 '향向'의 뜻을 지닌 '소傃'와 통하는 것으로 보았으나 주희는 '현재'의 의미로 풀이했다. 문맥상 정현의 풀이가 타당하다.

'자득自得'은 항시 자신의 처지를 자각해 처한 곳에 따라 그에 합당한 도를 얻는 것을 말한다. 이는 일종의 '수처수분隨處守分'의 정신이라고 할 수 있다. 의미상 『논어』「태백」편에 나오는 다음 구절과 상통하고 있다.

"그 지위에 있지 않으면 그 정무政務를 도모하지 않는다."

군자의 '거이사명居易俟命'은 바로 이를 의미하는 것이다. 이는 득지得志하지 못했을 때는 자수면려自修勉勵하고, 득지했을 때는 겸허한 자세로 전일專一하여 수직守職하는 것을 말한다. 이같이 행하면 득지하지 못했을지라도 원천우인怨天尤人하지 않게 된다. 공자가 '반구저기신反求諸其身'을 언급한 것은 바로 이 때문이다.

소인은 이와 정반대로 득지하지 못했을 때는 '자수면려'하지 않은 채 '원천우인'하고, 득지했을 때는 교만하고 방탕한 자세로 일관하다가 남의 원망을 사 마침내 멸문지화滅門之禍를 당하고 만다. 소인의 행험요행行險徼幸을 언급한 이유가 바로 여기에 있다. 이는 지나친 탐욕으로 아첨阿諂과 교지巧智 등을 일삼다가 몸을 망치는 것을 지적한 것이다.

제15장 행원(行遠)

君子之道, 辟(=譬)如行遠必自邇, 辟如登高必自卑.

『詩』曰, “妻子好合, 如鼓瑟琴. 兄弟旣翕(=合), 和樂且耽. 宜爾室家, 樂爾妻帑(=孥).”

子曰, “父母其順矣乎.”

군자지도는 비유하면 행원자이(行遠自邇 : 멀리 가고자 하면 반드시 가까운데서 시작함) · 등고자비(登高自卑 : 높이 오르고자 하면 반드시 낮은 곳에서 시작함)와 같다.

『시경』「소아 · 상체(常棣)」에 이르기를, ‘처자(妻子 : 처와 자식)가 즐겨 서로 하나 되는 모습이 마치 고슬금(鼓瑟琴 : 琴과 瑟이 相應하여 울림)과 같네. 형제가 이미 합쳐져 화락차탐(和樂且耽 : 화락하며 즐거워함, 『시경』에는 耽이 湛으로 되어 있음)하니 네 실가(室家 : 집안)를 화목하게 하고, 네 처노(妻帑 : 처와 자손)를 즐겁게 하네’ 라고 했다.

이를 두고 공자가 찬탄했다.

“부모가 참으로 화순(和順 : 화목하고 편함)하겠다.”

이 장에서는 ‘중용지덕’ 이 ‘수신 · 제가’ 차원에서 이뤄진 공효를 언급하고 있다. ‘행원자이行遠自邇’ 와 ‘등고자비登高自

卑'는 '중용지덕'의 단초가 '수신 · 제가'에 있음을 말한 것이다. 이는 제13장에서 '군자지도'의 단초는 필부필부匹夫匹婦의 어리석음으로도 가히 알 수 있는 바가 있다고 언급한 취지와 상통한다. 왕도정치王道政治를 제창한 맹자는 평소 '수제修齊'가 이뤄져야 치평治平도 이룰 수 있다고 강조했다. 『맹자』「양혜왕 상」편에 나오듯이 맹자가 세선왕齊宣王에게 다음과 같이 언급한 것이 그 증거이다.

"태산을 옆구리에 끼고 북해를 뛰어넘으라고 할 경우 사람들에게 말하기를, '나는 할 수 없소'라고 하면 이는 정말 할 수 없는 경우에 해당합니다. 그러나 어른을 위해 수족을 안마해 줄 경우 사람들에게 말하기를, '나는 할 수 없소'라고 하면 이는 하지 않는 것이지 할 수 없는 것이 아닙니다. 대왕이 왕도를 행하지 않는 것은 태산을 옆구리에 끼고 북해를 뛰어넘는 것과 같은 일이 아닙니다. 대왕이 왕도를 행하지 않는 것은 어른을 위해 안마해 주지 않는 경우에 해당합니다. 집안의 어른을 공경하는 데서 시작해 다른 어른에게 미치게 하고, 내 아이를 사랑하는 데서 시작해 남의 아이에게 미치게 하면 가히 천하를 손바닥 위에 올려놓고 운용할 수 있습니다."

맹자는 효제孝悌를 확대하면 능히 지극한 왕도를 이룰 수 있다고 주장한 것이다. 이는 '치평'의 단초가 '수제'에 있음을 언급한 것이나 다름없다. 전한제국 초기에 『효경孝經』이 널리 반포된 것도 이와 무관치 않다고 보아야 한다. 이에 대해 한비자를 비롯한 법가는 '치평'을 이뤄져야만 '수제'도 이룰 수 있다는 정반대의 논리를 전개했다. 법가의 이런 주장이 한무제의 독존유술獨尊儒術

선포로 유가사상이 유일무이한 통치이념으로 자리 잡은 이후 이내 이단으로 몰리게 된 것은 불가피한 일이었다.

제16장 미현(微顯)

子曰, "鬼神之爲德, 其盛矣乎. 視之而弗見, 聽之而弗聞, 體物而不可遺. 使天下之人, 齊(=齋)明盛服, 以承祭祀, 洋洋乎如在其上, 如在其左右. 『詩』曰, '神之格思, 不可度思, 矧可射思.' 夫微之顯, 誠之不可揜, 如此夫."

공자가 말했다.

"귀신(鬼神 : 鬼物과 神靈)의 위덕(爲德 : 덕을 이룸)이 이토록 성대한 것인가. 보고자 해도 보이지 않고, 듣고자 해도 들리지 않고, 체물(體物 : 사물을 낳음, '體'는 '生'과 통함)하면서도 불가유(不可遺 : 남겨진 바가 없음, 만물이 귀신의 氣를 통해 만들어졌다는 뜻임)한다. 천하인으로 하여금 재명성복(齊明盛服 : 몸을 깨끗이 하여 옷을 갖춰 입음, '齊明'은 '齋潔'의 뜻임)으로 제사를 받들게 하니 양양(洋洋 : 좌우에 어렴풋하게 있음)함이 마치 위에 있는 듯도 하고, 좌우에 있는 듯도 하다. 『시경』「대아 · 억(抑)」에 이르기를, '신(神)의 격사(格思 : 내려옴, 格은 來와 통함, 思는 語氣助辭)를 탁사(度思 : 헤아림)할 수 없는데 신가역사(矧可射思 : 하물며 가히 꺼려함, 射는 厭과 통함)인가' 라고 했다. 무릇 은미(隱微)한 것이 현현(顯現)하는 것과 성(誠)을 손바닥으로 가릴 수 없는 것이 마치 이와 같다."

공자는 비록 '괴력난신怪力亂神'을 타기했으나 조상신 등의 귀신에 대해서는 공경하는 자세를 취했다. 이는 귀신의 위력을 두려워했기 때문이 아니라, 사자에 대한 상제례喪祭禮에 공경을 다함으로써 살아 있는 자들의 효심孝心과 성심誠心을 진작시키기 위한 것이었다. 공자가 『논어』「선진」편에서 귀신을 섬기는 방법을 묻는 자로의 질문에 대해 '사람을 제대로 섬기지 못하는데도 어찌 능히 귀신을 섬길 수 있겠는가'라고 일갈한 이유가 여기에 있다. 공자가 『논어』「공야장」편에서 노나라 대부 장문중臧文仲을 질타한 것도 이 때문이다.

이에 따르면 당시 장문중은 점복占卜에 사용되는 큰 거북등을 보관하는 집을 지으면서 두공斗栱 : 들보와 마룻대를 괴는 큰 목재에는 산을 그리고, 동자기둥에는 수초 그림을 그려넣었다. 이를 두고 공자는 이같이 일갈했다.

"비례非禮를 저지른 그를 두고 어찌 지혜롭다고 할 수 있겠는가."

『논어』「옹야」편에 나오듯이 공자가 제자인 번지樊遲의 지知에 관한 질문에 대답하기를, "백성들을 의롭게 만드는 데 힘쓰고, 귀신을 경원敬遠 : 공경하면서도 멀리함하면 가히 '지'라고 할 수 있다"고 한 것도 같은 맥락에서 이해할 수 있다. 이는 귀신에 대한 '경원'을 역설한 순자의 입장과 상통하는 것이기도 하다. 『순자』「예론」편의 다음 대목이 그 증거이다.

"상례喪禮는 사자死者를 생자生者처럼 꾸미는 것이다. 살아 있을 때의 모습을 대체적으로 본떠 송사送死한다. 상례는 다른 게 아니라 사생死生의 뜻을 밝혀 애경哀敬 : 슬픔과 공경으로 전송하고 잘 매장함으로써 끝맺는 것이다. 그래서 매장은 그 시신을 공경히 묻고, 제사는 그 신神을 공경히 섬기는 것이다. 제례祭禮는 마치 귀신이 흠향歆饗하는 것처럼 해야 한다. 제사가 끝나고 손님이 나가면 주인은 배송拜送한 뒤 돌아와 제복祭服을 상복喪服으로 갈아입고 제자리로 돌아와 곡을 한다. 이때 마치 귀신이 떠나는 것처럼 해야 한다. 슬프구나, 공경하라, 사사여사생事死如事生 : 사자를 섬기는 것을 출생한 자를 아끼는 것처럼 함하고, 사망여사존事亡如事存 : 사자를 섬기는 것을 마치 살아 있을 때 섬기듯이 함하라."

순자가 공자의 귀신에 관한 '경원'의 입장을 그대로 수용했음을 뒷받침하는 대목이 아닐 수 없다. 이를 통해 공자가 평소 귀신의 존재 자체에 대해서는 회의적인 입장을 취했음을 쉽게 알 수 있다. 공자는 점복 등을 통해 귀신에게 기복祈福하는 등의 행위는 군자가 취할 바가 아니라고 본 것이다.

그럼에도 시간이 지나면서 예식을 치르는 기본 정신은 사라지고 상제례가 형식화되자 후상후장厚喪厚葬의 폐단이 일어났다. 상제례를 호구지책으로 삼는 속유俗儒가 속출한 것은 바로 이 때문이었다. 이는 묵가 등 제자백가로부터 신랄한 비판대상이 되었다. 대표적인 예로 『묵자』「비유 하」편에 나오는 다음 대목을 둘 수 있다.

"음식을 탐하지만 일하는 데에는 너무나 게으른 나머지 추위와 굶주림으로 얼어죽을 위험에 처해 있다. 여름에는 곡식을 구걸하고, 추수가 끝나면 장례식에 따라다니며 자식과 손자들을 데리고 가 상례를 거들고 상가 음식으로 배를 채운다. 몇 개의 장례식을 치러주기만 하면 족히 배를 채울 수 있다. 특히 부잣집에 상례

喪禮가 난 것을 들으면 크게 기뻐하며 외치기를, '음식과 옷을 얻을 기회가 왔다' 고 한다."

속유들의 이런 행태는 귀신을 경원시하면서 상제례의 기본 정신을 중시한 공자의 기본 입장과 배치되는 것이었다. 공자는 기본적으로 후장 등의 형식적인 상제례를 배격했다. 이는 「선진」편의 다음 대목을 보면 쉽게 파악할 수 있다.

"안회가 죽었을 때 문인들이 그를 후장厚葬코자 했으나 공사가 이를 반대했다. 그러나 결국 문인들이 그를 후장하자 공자가 질책하기를, '회回는 나 보기를 아버지처럼 했는데 이제 장례의 도리를 잃었으니 나는 그를 자식을 보듯이 대할 수 없게 되었다. 이는 내 탓이 아니라 몇몇 제자들 탓이다' 라고 했다."

이를 통해 알 수 있듯이 공자는 생애 최후의 희망을 건 애제자 안연을 잃고도 그의 장례를 후장으로 치르는 것을 반대했다. 이는 말할 것도 없이 형식적인 후장이 성행할 경우 상제례의 기본 정신인 효성孝誠의 정신이 훼손될 것을 염려한 데 따른 것이었다. 공자가 마지막 구절에서 '무릇 은미隱微한 것이 현현顯現하는 것과 성誠을 손바닥으로 가릴 수 없는 것이 마치 이와 같다' 고 언급한 것은 바로 이를 말한 것이다. 이는 모든 예식禮式에서 형식보다 정신이 중요함을 언급한 것으로 『예기』의 예치사상을 반영한 『중용』의 기본 정신이 바로 '성誠' 에 있음을 선명히 보여주고 있다.

『중용』의 '성' 을 두고 '불기不欺' 와 '불식不息', '무망無妄' 등 여러 해석이 존재했으나 주희는 이를 종합해 '진실무망眞實無妄' 으로 규정했다. 공자와 순자로 이어지는 예치사상을 반영하고 있는『중용』의 기본 취지에 부합하는 해석이다. 그럼에도 주희는 또 이기론理氣論의 입장에서 '성'을 '실리實理'로 풀이해 놓기도 했다. 이것이 '성'의 기본 이념과 배치되는 것임은 말할 것도 없다.

제17장 대덕(大德)

子曰, "舜其大孝也與. 德爲聖人, 尊爲天子, 富有四海之內, 宗廟饗之, 子孫保之. 故大德, 必得其位, 必得其祿, 必得其名, 必得其壽. 故天地生物, 必因其材而篤焉, 故栽者培之, 傾者覆之. 『詩』曰, '嘉樂君子, 憲憲令德. 宜民宜人, 受祿于天. 保佑命之, 自天申之.' 故大德者必受命."

공자가 말했다.

"순(舜)은 그 얼마나 대효(大孝)인가. 덕으로는 성인(聖人)이고, 존위(尊位)로는 천자이고, 부(富)로는 사해지내(四海之內)에 가득 차고, 종묘(宗廟)에서 제사지내고, 자손이 이를 보전한다. 그래서 대덕(大德)을 베푸는 자는 반드시 그 자리를 얻고, 그 녹을 얻고, 그 이름을 얻고, 그 수(壽)를 얻는 것이다. 하늘은 사물을 낳을 때 반드시 그 재질을 좇아 그 화복(禍福)을 두텁게 한다. 그래서 심어진 것은 북돋우고, 기우는 것은 엎어버리는 것이다. 『시경』「대아 · 가락(假樂)」에 이르기를, '가락군자(嘉樂君子 : 훌륭한 군자)여, 헌헌영덕(憲憲令德 : 흥성한 미덕, 현존『시경』은 顯顯令德)이라네. 의당 양민(養民)하고 관인(官人 : 인재를 적소에 배치함)하니 녹을 하늘에서 받네. 이에 하늘이 보우(保佑)하여 천자의 자리에 오르도록 명하니 이는 하늘이 거듭 복을 내리는 것이라네' 라고 했다. 그래서 대덕(大德)을 베푸는 자는 반드시 수명(受命 : 천명을 받음)하는 것이다."

이 장은 앞장에서 포괄적으로 설명된 '효성孝誠' 중 '효'를 따로 떼어내어 그 공효를 보다 상세히 풀이해 놓은 것에 해당한다. 『맹자』에서는 순舜을 대효大孝의 상징으로 그려놓았다. 그는 계모는 물론 생부로부터도 학대를 받아 죽을 고비를 여러 차례 겪었음에도 불구하고 시종 자식으로서의 도리를 다한 인물로 묘사돼 있다.

이 장에서는 '대효'를 '대덕大德'으로 규정해 '장수長壽'와 '수명受命'을 그 공효로 거론해 놓고 있다. 이는 지효至孝를 통한 입신양명立身揚名을 강조하고 있는 『효경』의 기본 정신과 통한다. '지효'가 국가공동체 차원의 충군충국忠君忠國은 물론 개인적 차원의 선경수복善慶壽福으로 이어진다는 논리는 유가가 오랫동안 신봉해 온 효충孝忠의 논리이기도 했다. 『주역』「곤괘」의 〈문언전文言傳〉에 나오는 다음 구절이 그 실례이다.

"적선지가積善之家는 반드시 경사가 있고, 적불선지가積不善之家는 반드시 재앙이 있다."

이는 불가에서 말하는 선인선과善因善果·악인악과惡因惡果의 '인과설因果說'과 통하는 것이기도 하다. 유가는 윤리적인 차원에서 '선인선과·악인악과'를 주장했음에도 불구하고 현세적인 화복禍福을 논하는 대목에 이르러서는 사실 종교 교리와 상통하고 있는 것이다. 철저한 무신론에 입각한 성리학의 '천리인욕설天理人欲說'이 내용면에서 볼 때 종교의 도그마에 가까운 기능을 한 것은 바로 이 때문이었다. 실제로 주희는 점복占卜의 효능을 신봉한 인물이기도 했다.

성리학을 신봉한 조선조의 경우도 예외가 될 수 없었다. 선조宣祖 연간에 나온 고상안高尙顔의 『효빈잡기效嚬雜記』에 따르면, 왜란 이후 조선의 사대부들은 술사術士들의 말을 굳게 믿은 나머지 수단방법을 가리지 않고 명당을 찾았다. 이들은 조상의 묘를 여러 차례 이장한 것은 물론 명당으로 지목된 남의 묘에 조상의 유골을 암장暗葬하는 일조차 꺼리지 않았다.

다산이 『목민심서牧民心書』에서 지방 관장의 업무 중 7할 이상이 명당자리에 대한 암장暗葬과 이장移葬문제를 둘러싼 소송사건인 것을 개탄한 사실만 보아도 그 부작용이 얼마나 심했는지를 대략 짐작할 수 있다. 이는 말할 것도 없이 현세에서의 기복祈福을 염원한 데서 비롯된 것이다. 조선조는 표면상 '도학'의 나라였으나 그 이면을 보면 오히려 주희와 마찬가지로 점복占卜을 극히 중시한 미신적인 나라였던 셈이다. 성리학이 일종의 미신적인 종교철학의 역할을 수행한 데 따른 후과가 아닐 수 없다.

제18장 무우(無憂)

子曰, "無憂者, 其惟文王乎. 以王季爲父, 以武王爲子, 父作之, 子述之. 武王纘大王 · 王季 · 文王之緖, 壹戎衣而有天下, 身不失天下之顯名, 尊爲天子, 富有四海之內, 宗廟饗之, 子孫保之. 武王末受命, 周公成文武之德, 追王大王 · 王季, 上祀先公以天子之禮. 斯禮也, 達乎諸侯大夫, 及士庶人. 父爲大夫, 子爲士, 葬以大夫, 祭以士. 父爲士, 子爲大夫, 葬以士, 祭以大夫. 期之喪, 達乎大夫. 3年之喪, 達乎天子. 父母之喪, 無貴賤一也."

공자가 말했다.

"무우자(無憂者 : 걱정이 없는 사람)는 오직 문왕(文王)이었던가. 왕계(王季)를 부친, 무왕(武王)을 자식으로 두었다. 부친이 일으키고, 자식이 뒤를 이었다. 무왕은 태왕(大王 : 고공단보) · 왕계(王季) · 문왕(文王)의 서(緖 : 大業)를 이어 일융의(壹戎衣 : 한 번의 용병을 의미)로 천하를 얻었다. 몸은 천하에 그 현명(顯名 : 뛰어난 명성)을 잃지 않고, 존위(尊位)로는 천자가 되고, 부(富)로는 사해 안에 가득 차고, 종묘에서 제사하고, 자손이 이를 보전했다. 무왕이 늙어서 천명을 받자 주공(周公)이 문왕과 무왕의 덕을 이뤄 태왕(大王) · 왕계(王季)를 추왕(追王 : 왕으로 追尊함)하고, 그 위의 선공(先公)은 천자의 예로 제사지냈다. 이 예는 제후와 대부, 사서인(士庶人)에게 미치게 되었다. 이에 아비가 대부이고 자식이 사(士)이면 장례는 대부, 제사는 '사'의 예로써 한다. 아비가 '사'이고 자식이 대부이면 장례는 '사', 제사는 대부의 예로써 한다. 기상(期喪 : 1년상)에는 대부까지만 상복을 입고, 3년상에는 천자까지 상복을 입는다. 부모의 상은 귀천의 구별 없이 한가지이다."

이 장의 '일융의壹戎衣' 구절과 관련해 정현은 '의衣'를 제나라 사람들이 '은殷'을 '의衣'처럼 발음한 데 따른 착오로 보아 '용병벌은用兵伐殷'의 의미로 새겼다. 그러나 이는 문자 그대로 전쟁을 상징하는 전복戰服 내지 병복兵服의 의미로 새기는 것이 자연스럽다. 『서경』「주서 · 무성武成」편에도 '일융의'로 되어 있다. 이 장의 '선공先公'은 주무왕의 고조부인 '조감組紺'에서 주족周族의 시조인 '후직后稷'에 이르는 모든 선조를 지칭한 것이다. '조감'은 흔히 제주諸盩로도 불린다.

주나라의 시조인 '후직后稷'의 '후后'는 부족장, '직稷'은 농사업무 관장을 의미한다. 고공단보古公亶父는 후직의 후손으로 알려져 있다. 주족의 우두머리인 고공단보는 융적의 압박으로 이내 빈邠 : 豳으로 섬서성 빈현 땅을 떠나 기산岐山 : 섬서성 기산현과 봉상현 일대 남쪽의 주원周原 땅에 정착했다. 고공단보는 아들 셋을 두었다. 장남은 태백太白, 차남은 중옹仲雍, 막내는 계력季歷이었다. 계력은 태임씨太任氏를 부인으로 맞아들여 아들 희창姬昌 : 주문왕을 낳았다. 태임이 희창을 낳을 때 붉은 새가 단서丹書를 물고 방으로 날아드는 상서로운 조짐이 있었다. 고공단보가 장차 나라를 희창에게 물려주려고 하자 태백과 중옹은 이같은 낌새를 눈치채고 형만荊蠻 : 곧 초나라로 秦莊襄王의 이름이 子楚였기에 荊으로 지칭케

된 것임 땅으로 들어갔다.

고공단보가 죽자 계력이 보위에 올랐다. 계력이 세상을 떠나자 그의 아들 희창이 보위에 올라 '서백西伯'을 칭하게 되었다. 그가 바로 주문왕이다. 서백이 죽자 그의 아들 희발姬發이 뒤를 이었다. 그가 바로 주무왕이다. 주무왕은 태공망太公望 여상呂尙을 비롯해 동생인 주공周公 단旦과 소공召公 석奭 등의 도움을 얻어 은왕조를 멸한 뒤 주왕조를 세웠다.

이 장에서는 바로 주왕실의 이런 창업과정을 예로 들어 상례喪禮의 기원에 관해 언급하고 있다. 주왕조의 예제는 주공 단에 의해 완비된 것으로 알려져 왔다. 주공 단은 주무왕 사후 어린 조카인 주성왕周成王을 보필해 주나라의 건국의 기틀을 다진 건국원훈으로 노나라의 건국시조이기도 하다. 공자는 평소 주공 단을 흠모했다. 이는 그가 예악을 정비한 것을 높이 평가한 데 따른 것이었다. 공자가 예禮를 인仁의 구체적인 표현으로 간주한 것도 이와 무관치 않다고 보아야 할 것이다.

제19장 달효(達孝)

子曰, "武王周公其達孝矣乎. 夫孝者, 善繼人之志. 善述人之事者也. 春秋, 修其祖廟, 陳其宗器, 設其裳衣, 薦其時食. 宗廟之禮, 所以序昭穆也. 序爵, 所以辨貴賤也. 序事, 所以辨賢也. 旅酬下爲上, 所以逮賤也. 燕毛, 所以序齒也. 踐其位, 行其禮, 奏其樂. 敬其所尊, 愛其所親. 事死如事生, 事亡如事存, 孝之至也. 郊社之禮, 所以事上帝也. 宗廟之禮, 所以祀乎其先也. 明乎郊社之禮, 禘嘗之義, 治國其如示諸掌乎."

공자가 찬탄했다.

"무왕과 주공은 그 얼마나 달효(達孝 : 至孝)인가. 무릇 효는 인지(人志 : 조상의 遺志)와 인사(人事 : 조상의 遺事)를 잘 계술(繼述 : 繼嗣)하는 것이다. 춘추로 수조묘(修祖廟 : 조상의 사당을 청소함)와 진종기(陳宗器 : 祭器를 벌임), 설상의(設裳衣 : 조상의 遺服을 陳設함), 천시식(薦時食 : 四時의 제사를 올림)을 행한다.

종묘의 예는 소목(昭穆 : '소'는 북쪽 벽 아래의 남면한 신위, '목'은 남쪽 벽 아래의 북면한 신위)의 순서를 정하기 위한 것이고, 작위의 순서를 정하는 것은 귀천을 변별하기 위한 것이고, 일의 순서를 정하는 것은 현불초(賢不肖)를 분별키 위한 것이고, 여수(旅酬 : 제사 후 참석자들이 서로 모여 수작함)에서 아랫사람이 윗사람에게 술잔을 올리며 공경하는 것은 체천(逮賤 : 천한 곳까지 미침)키 위한 것이고, 연모(燕

毛 : 제사 후 異姓의 참석자들이 물러난 뒤 同姓끼리 모여 베푸는 연회)는 서치(序齒 : 연치의 순서를 정함)하기 위한 것이다.

천위(踐位 : 자리에 오름)하여 행례주악(行禮奏樂 : 예를 행하고 음악을 연주함)하고, 경존애친(敬尊愛親 : 존경할 대상을 공경하며 가까이 할 사람을 사랑함)하고, 사사여생(事死如生 : 사자를 마치 生者처럼 섬김)하고, 사망여존(事亡如存 : 亡者를 현존하는 자처럼 섬김)하는 것이 '효지지(孝之至 : 효도의 지극함으로 至孝와 같은 뜻임)' 이다. 교사(郊社 : 천지에 지내는 제사)의 예는 상제(上帝)를 섬기기 위한 것이고, 종묘의 예는 선조를 제사지내기 위한 것이다. '교사' 의 예와 체상(禘嘗 : 太祖에 대한 제사와 가을의 추수제사)의 뜻에 밝으면 치국(治國)은 마치 손바닥을 들여다보는 것처럼 쉽다."

이 장 역시 앞장에 이어 주무왕 주공 단의 지효至孝를 예로 들어 제례祭禮에 관한 예제를 논하고 있다. 제례에서 가장 중시된 것은 역대 군왕의 신위神位를 모신 종묘宗廟의 제례였다. 종묘제례는 '좌소우목左昭右穆' 의 원칙에 따라 신위의 위치가 정해졌다. 이는 개국조開國祖를 가운데에 두고 좌우로 번갈아가며 신위를 배치하는 방식을 말한다. 『예기』「제통祭統」편은 이같이 설명해 놓았다.

"소목昭穆은 부자父子 · 원근遠近 · 장유長幼 · 친소親疎의 차례를 구별해 혼란을 없애기 위한 것이다."

'소목' 은 왕통王統과 밀접한 관련이 있다. 소목의 순서는 보위에 오른 순위에 따라 정해진 까닭에 친생親生 여부와는 상관이 없었다. 자신은 보위에 오르지 못한 채 자신의 자식이 보위에 오를 경우 통상 '대원군大院君' 으로 불렸다. 조선조에는 모두 3명의

'대원군'이 나왔다. 이 중 생전에 '대원군'의 자리에 오른 사람은 조선조 말기의 흥선대원군興宣大院君밖에 없다. 그는 자신의 아들이 고종高宗으로 즉위함에 따라 '흥선군'에서 '흥선대원군'으로 명호名號가 격상되었다.

'사사여생事死如生'과 '사망여존事亡如存'의 '사死'와 '망亡'은 대략 같은 뜻으로 쓰이고 있으나 엄격히 말하면 다른 뜻이다. '사자死者'는 장례를 치르기 이전의 죽은 자를 뜻하나 '망자亡者'는 장례 이후의 혼령 또는 망명한 자의 뜻을 동시에 지니고 있다. '생자生者'와 '존자存者'는 각각 '사자'와 '망자'에 대비되는 뜻으로 사용된 것이다. '사사여생'과 '사망여존'은 '생자'와 '존자'의 효성孝誠을 진작시키려는 취지에서 나온 것이다. 공자는 『논어』「학이」편에서 그 이유를 이같이 풀이해 놓았다.

"부친이 계실 때에는 그 자식의 뜻을 살피고, 돌아가실 때에는 그 자식의 행동을 살피는 것이니 3년 동안 부친의 도道 : 가르침를 고치지 않아야 가히 효라고 말할 수 있다."

이는 3년상의 상례喪禮와 관련된 것으로 최소한 부친이 몰沒한 뒤 3년 정도는 부친의 사적事迹을 훼손하지 말아야 효성을 유지할 수 있다는 뜻을 지니고 있다. 이를 두고 주희는 풀이하기를, '부친이 살아 있을 때에는 자식이 스스로 마음대로 할 수 없으나 대략 그 자식의 뜻은 알 수 있고, 부친이 별세한 후에야 그 자식의 행동을 관찰할 수 있는 까닭에 반드시 3년 동안 부친의 도를 고치지 않는 자가 진정한 효를 행하는 것이고, 그렇지 않으면 비록 선하다 할지라도 효라고 할 수 없다'고 했다. 대략 문의에 부합한다. 3년상의 취지를 보다 선명히 드러낸 대목으로는 『논어』

「양화」편에 나오는 다음과 같은 일화를 들 수 있다.

하루는 재아宰我가 공자에게 이같이 물었다.

"3년의 상기는 너무 깁니다. 군자가 3년 동안 예를 행하지 않으면 예가 반드시 무너지고, 3년 동안 음악을 익히지 않으면 음악이 반드시 무너질 것입니다. 한 해가 지나면 묵은 곡식이 이미 다 없어져 새 곡식이 이미 밥상에 오르고, 찬수鑽燧 : 나무에 구멍을 뚫은 뒤 문질러 불을 일으키는 것을 의미하여 새 불씨를 모시니 상기도 1년이면 그칠 만합니다."

공자가 반문했다.

"쌀밥을 먹으며 비단옷을 입는 것이 너에게 편안하냐."

재아가 대답했다.

"편안합니다."

그러자 공자가 이같이 말했다.

"네가 편안하면 그리 하도록 해라. 무릇 군자는 3년의 거상중에 맛있는 것을 먹어도 맛을 모르고, 음악을 들어도 즐겁지 않고, 거처해도 편치 않기에 그리 하지 않는 것이다. 그러나 만일 그것이 너에게 편하다면 그리 하도록 해라."

재아가 밖으로 나가자 공자가 말했다.

"재아의 어질지 못함이여. 자식은 태어나서 3년이 지난 뒤에야 부모의 품을 벗어나게 된다. 3년상은 천하의 통상적인 상례이다. 재여는 도대체 그 부모로부터 3년 동안의 사랑을 받기나 했던 것인가."

후세의 성리학자들은 이 대목을 근거로 3년상을 줄여야 한다는 재아를 질타했으나 재아의 주장이 전혀 일리가 없는 것은 아니었다. 3년상은 상황에 따라 얼마든지 변용할 수 있는 것으로 반드시 형식적인 상례를 지켜야 한다는 뜻은 아니다. 비록 부모상을 당했을지라도 전쟁과 같은 국가 위기상황에는 도중에 상복을 벗고 전쟁터로 나아가는 소위 '기복起復' 제도 등이 그 실례이다. 보다 중요한 것은 마음으로 기리는 소위 '심상心喪'이다. 공자가 재아의 청을 허여하면서 어질지 못함을 탓한 것은 바로 재아가 '심상'의 취지를 드러내지 못한 채 상기의 단축만을 얘기한 데 있었다. 공자는 결코 형식적인 3년상을 고집한 게 아니었다. 공자가 '사사여생事死如生'과 '사망여존事亡如存'을 '지효至孝'로 평가한 이유가 바로 여기에 있다.

교사郊社는 교제郊祭와 사제社祭를 말한다. '교제'는 천자가 도성 근교에서 지상의 신민臣民을 대신해 하늘에 제사를 올리는 것을 말한다. 이는 해마다 동지일冬至日에 도성의 남쪽 근교에 설치된 환구단圜丘壇 : 후대의 天壇에서 치러졌다. '환圜'은 하늘의 둥근 모습을 본뜬 것이다.

'사제'는 천자의 토지신에 대한 제사를 말한다. 대표적인 토지신으로 후토后土를 들 수 있다. 천자의 후토에 대한 제사는 천하의 모든 토지신에 대한 제사를 상징한 까닭에 흔히 '대사大社'로 불렸다. '대사'는 도성의 북쪽 근교인 방구方丘 : 후대의 地壇에서 치러졌다. '방方'은 땅의 모난 모습을 본뜬 것이다. 제후들은 각자의 영토를 관할하는 토지신에게만 제사를 올렸다. '사직社稷'은 토지신과 곡신穀神인 '직稷'을 통칭하는 말이다. 나라를 세우면 가장 먼저 '사직'을 받든 까닭에 '사직'은 곧 국가를 뜻하는 말로 전용되었다.

체상禘嘗의 '체禘'는 천자가 시조신을 태묘太廟 : 종묘에서 제사 지내는 대제大祭를 말한다. 『주례』에 따르면 이는 5년마다 한 번씩 치르게 되어 있다. '상嘗'은 춘 · 하 · 추 · 동으로 지내는 종묘의 시제時祭 중 가을에 지내는 추제秋祭를 말한다. 춘제春祭는 '사祠', 하제夏祭는 '약禴', 동제冬祭는 '증烝'이라고 했다. 공자가 이들 세례祭禮를 치국治國의 요체로 거론한 것은 '지효'의 논리를 '지충至忠'의 논리로 확대시킨 것이다. 『논어』「팔일」편에 나오는 공자의 다음과 같은 언급이 바로 이를 뒷받침한다. 어떤 사람이 '체제禘祭'의 내용에 관해 묻자 공자가 이같이 대답했다.

"모르겠소. 그 내용을 아는 자가 천하를 다스리고자 하면 마치 손바닥을 보는 것과 같을 것이오."

『중용』 제19장의 맨 마지막 구절인 '여시저장호如示諸掌乎'는 바로 「팔일」편의 이 대목을 그대로 옮겨놓은 것이다. 공자가 '체제'와 같은 국가적 의례를 중시한 것은 '지충'의 정신을 진작시키려는 취지에서 비롯된 것이다. 공자의 이런 언급은 당시 '체제'와 같은 국가공동체의 예제가 크게 무너져 있었음을 반증하는 것이다. 이는 「팔일」편에 나오는 공자의 다음과 같은 언급을 보면 보다 쉽게 확인할 수 있다.

"체제禘祭를 지낼 때 이미 관주灌酒를 행한 뒤로는 정성이 깃들어 있지 않아 내가 더 이상 보고 싶지 않다."

본래 '체제禘祭'는 천자가 정월에 시조 및 하늘에 올리는 제사를 말한다. 주왕조 초기에 주성왕은 주공의 봉국인 노나라에 특별히 주문왕에 대한 '체제'를 허용한 바 있다. '관주灌酒'는 술을 땅에 부어 혼령의 백魄을 부르는 일종의 강신주降神酒 의식을 말한다. 통상 혼魂을 부를 때는 분향焚香한다. 공자는 이 장에서 이러한 예식의 기본 정신이 배제된 노나라의 쇠락한 예제를 탄식한 것이다. 이는 '지효'의 정신이 '지충'의 정신으로 연결되지 못하는 세태에 대한 탄식으로 볼 수 있다.

제20장 문정(問政)

哀公問政.

子曰, "文武之政, 布在方策. 其人存則其政擧. 其人亡則其政息. 人道敏(=勉)政, 地道敏樹. 夫政也者, 蒲盧也. 故爲政在人, 取人以身, 修身以道, 修道以仁. 仁者, 人也, 親親爲大. 義者, 宜也, 尊賢爲大. 親親之殺, 尊賢之等, 禮所生也. 〈在下位不獲乎上, 民不可得而治矣.〉 故君子不可以不修身. 思修身不可以不事親. 思事親, 不可以不知人. 思知人, 不可以不知天. 天下之達道5, 所以行之者3. 曰, '君臣也, 父子也, 夫婦也, 昆弟也, 朋友之交也.' 5者, 天下之達道也. 知 · 人(=仁) · 勇3者, 天下之達德也, 所以行之者一也. 或生而知之, 或學而知之, 或困而知之, 及其知之一也. 或安而行之, 或利而行之, 或勉强而行之, 及其成功一也."

子曰, "好學近乎知, 力行近乎仁, 知恥近乎勇. 知斯3者, 則知所以修身. 知所以修身, 則知所以治人. 知所以治人, 則知所以治天下國家矣. 凡爲天下國家有9經, 曰, '修身也, 尊賢也, 親親也, 敬大臣也, 體群臣也, 子(=字)庶民也, 來百工也, 柔遠人也, 懷諸侯也.' 修身則道立. 尊賢則不惑. 親親則諸父昆弟不怨. 敬大臣則不眩. 體群臣則士之報禮重. 子庶民則百姓勸. 來百工則財用足. 柔遠人則四方歸之. 懷諸侯則天下畏之. 齊明盛服, 非禮不動, 所以修身也. 去讒遠色, 賤貨而貴德, 所以勸賢也. 尊其位, 重其祿, 同其好惡, 所以勸親親也. 官盛任使, 所以勸大臣也. 忠信重祿, 所以勸士也. 時使薄斂, 所以勸百姓也. 日省月試, 旣(=餼)稟稱事, 所以勸百工也. 送往迎來, 嘉善而矜不能, 所以柔遠人也. 繼絶世,擧廢國, 治亂持危, 朝聘以時, 厚往而薄來, 所以懷諸侯也. 凡爲天下國家有9經, 所以行之者一也. 凡事豫則立, 不豫則廢. 言前定則不跲, 事前定則不困. 行前定則不疚. 道前定則不窮. 下位不獲乎上, 民不可得而治矣. 獲乎上有道, 不信乎朋友, 不獲乎上矣. 信乎朋友有道, 不順乎親, 不信乎朋友矣. 順乎親有道, 反諸身不誠, 不順乎親矣. 誠身有道, 不明乎善, 不誠乎身矣. 誠者, 天之道也. 誠之者, 人之道也. 誠者, 不勉而中, 不思而得, 從容中道, 聖人也. 誠之者, 擇善而固執之者也. 博學之, 審問之, 愼思之, 明辨之, 篤行之. 有弗學, 學之弗能弗措也. 有弗問, 問之弗知弗措也. 有弗思, 思之弗得弗措也. 有弗辨, 辨之弗明弗措也. 有弗行, 行之弗篤弗措也. 人一能之, 己百之. 人十能之, 己千之. 果能此道矣, 雖愚必明, 雖柔必强."

노애공(魯哀公)이 공자에게 정치에 관해 물었다. 공자가 대답했다.

"문무(文武 : 주문왕과 주무왕)의 정사는 방책(方策 : 글을 쓰는 나무와 대 등의 版簡을 지칭)에 실려 있습니다. 그와 같은 사람이 있으면 정사가 이뤄지고, 그와 같은 사람이 없으면 정사도 그치게 됩니다. 인도(人道)는 정사에 면려(勉勵)하고, 지도(地道)는 초목의 번식에 면려합니다. 무릇 정사는 포로(蒲盧 : 나나니벌로 군주의 養民을 의미)와 같습니다.

그래서 위정재인(爲政在人 : 정사의 성패는 사람에게 달려 있음)인 것입니다. 명군은 취인(取人 : 得人)을 몸으로써 하고, 수신(修身 : 몸을 닦음)을 도로써 하고, 수도(修道 : 도를 닦음)를 인(仁)으로써 합니다. 인(仁)은 인(人 : 사람을 만나 存問함)이니 친친(親親 : 가까운 사람을 친애함)이 큰 것입니다. 의(義)는 의(宜)이니 존현(尊賢)이 큰 것입니다. '친친'에 강쇄(降殺 : 상복에 친소에 따른 차등을 둠)가 있고, '존현'에 등차(等差)가 있으니 여기서 예가 나온 것입니다.

〈아랫자리에 있으면서 위의 신임을 얻지 못하면 백성을 얻어 다스릴 수 없습니다.〉 그래서 군자는 수신(修身)하지 않을 수 없는 것입니다. '수신' 코자 하면 사친(事親)하지 않을 수 없고, '사친' 코자 하면 지인(知人)하지 않을 수 없고, '지인' 코자 하면 지천(知天)하지 않을 수 없습니다.

천하의 달도(達道 : 두루 미치는 도로 通道와 같은 뜻임)는 5가지이나 이를 가지고 행하는 것은 3가지입니다. 군신(君臣)과 부자(父子), 부부(夫婦), 곤제(昆弟 : 형제), 붕우지교(朋友之交) 등 5가지가 바로 천하의 달도입니다. 이 5가지를 행하는 것은 지(知) · 인(仁) · 용(勇) 3가지로 이것이 곧 천하의 달덕(達德)이나 이를 행하는 것은 한가지일 뿐입니다.

혹자는 생이지지(生而知之 : 나면서 앎), 혹자는 학이지지(學而知之 : 배워서 앎), 혹자는 곤이지지(困而知之 : 어렵게 앎)합니다. 그러나 그 아는 것에 미쳐서는 모두 하나입니다. 혹자는 안이행지(安而行之 : 편안하게 행함), 혹자는 이이행지(利而行之 : 이로워서 행함), 혹자는 면강행지(勉强行之 : 힘써 행함)합니다. 그러나 그 성공(成功 : 공을 이룸)에 미쳐서는 모두 하나입니다."

공자가 또 말했다.

"호학(好學 : 배우기를 좋아함)은 지(知)에 가깝고, 역행(力行 : 힘써 행함)은 인(仁)에 가깝고, 지치(知恥 : 수치를 앎)는 용(勇)에 가깝습니다. 이들 3가지를 알면 곧 수신(修身)하는 근거를 알게 되고, 수신하는 근거를 알게 되면 곧 치인(治人)하는 근거를 알게 되고, 치인하는 근거를 알게 되면 곧 치천하국가(治天下國家)하는 근거를 알게 됩니다.

무릇 천하국가를 다스리는 데에는 9경(九經)이 있습니다. 수신(修身) · 존현(尊賢) · 친친(親親) · 경대신(敬大臣 : 대신을 존경함) · 체군신(體群臣 : 군신들을 내 몸처럼 받아들여 하나가 됨) · 자서민(子庶民 : 백성을 기름) · 내백공(來百工 : 백공을 모여들게 함) · 유원인(柔遠人 :

藩國의 諸侯를 부드럽게 대함)·회제후(懷諸侯 : 제후들을 포용함)가 그것입니다.

'수신' 하면 도립(道立 : 방도가 섬)하고, '존현' 하면 불혹(不惑 : 미혹되지 않음)하고, '친친' 하면 제부곤제(諸父昆弟)가 불원(不怨 : 원망하지 않음)하고, '경대신' 하면 불현(不眩 : 일에 어둡지 않음)하고, '체군신' 하면 선비의 보례(報禮 : 보답하는 예절)가 무겁고, '자서민' 하면 백성이 서로 권하여 군주를 섬기고, '내백공' 하면 재용(財用)이 풍족해지고, '유원인' 하면 사방(四方)의 나라가 귀부(歸附)하고, '회제후' 하면 천하가 두려워합니다.

재명성복(齊明盛服)으로 비례부동(非禮不動 : 예가 아니면 움직이지 않음)하는 것은 수신키 위한 것이고, 거참원색(去讒遠色 : 참언을 물리치고 여색을 멀리 함)으로 천재귀덕(賤貨貴德 : 재물을 천하게 보고 덕을 귀하게 여김)하는 것은 현자를 권장키 위한 것이고, 존위중록(尊位重祿 : 자리를 높이고 녹을 두터이 함)으로 그 호오(好惡)를 같이 하는 것은 친친(親親)을 권장키 위한 것이고, 관성임사(官盛任使 : 관직을 성대하게 하여 임명한 뒤 일을 시킴)하는 것은 대신을 권장키 위한 것이고, 충신중록(忠信重祿 : 충심으로 믿어주며 녹봉을 두터이 함)은 선비들을 권장키 위한 것이고, 시사박렴(時使薄斂 : 때에 따라 부리고 세금을 가볍게 함)은 백성을 권장키 위한 것이고, 일성월시(日省月試 : 날로 살피고 달로 시험함)로 희름칭사(餼廩稱事 : 양식을 한 일에 맞춰 나눠줌)하는 것은 백공을 권장키 위한 것이고, 송왕영래(送往迎來 : 오고가는 것을 송영함)로 가선긍불능(嘉善矜不能 : 선을 아름답게 여기고 능하지 못한 것을 가엽게 여김)하는 것은 유원인(柔遠人)하기 위한 것이고, 계절세·거폐국(繼絶世·擧廢國 : 끊어진 世系를 이어주고 망한 나라를 다시 일으켜 세움)과 치란지위(治亂持危 : 혼란을 다스리고 위태로운 것을 붙들어줌)로 조빙이시(朝聘以時 : 때에 맞춰 조빙함. 朝는 제후의 天子拜見, 聘은 貢物獻納)·후왕박래(厚往薄來 : 回賜하는 물품을 후하게 하면서 進貢하는 물품을 가볍게 해줌)하는 것은 회제후(懷諸侯)하기 위한 것입니다.

무릇 천하국가를 다스리는 데에는 '9경' 이 있으니 이를 행하는 것은 예비(豫備 : 평소의 준비)의 하나입니다. 무릇 일이란 예비하면 성립하고, 예비하지 않으면 폐해집니다. 미리 정해지면 말이 불겁(不跲 : 차질이 없음, 跲은 躓와 통함)하고, 일이 불곤(不困 : 힘겹지 않음)하고, 행보가 불구(不疚 : 탈이 나지 않음)하고, 도가 불궁(不窮 : 궁해지지 않음)해집니다.

아랫자리에 있으면서 군상(君上)의 뜻을 얻지 못하면 백성을 다스릴 수 없습니다. 군상의 뜻을 얻고자 하면 방도가 있으니 붕우의 신임을 얻지 못하면 위의 신임을 얻지 못합니다. 붕우의 신임을 얻고자 하면 방도가 있으니 부모를 따르지 않으면 붕우의 신임을 얻지 못합니다. 부모를 따르고자 하면 방도가 있으니 자신을 돌이켜 살피는 일에 정성되지 못하면 부모를 따르지 못합니다. 자신을 돌이켜 살피는 일에 정성되고자 하면 방도가 있으니 선(善)에 밝지 못하면 자신에게 정성될 수 없습니다.

성(誠)은 천도(天道)이고, 성지(誠之 : 정성되게 함)는 인도(人道)입니다. '성' 은 힘쓰지 않아도 들어맞고, 생각지 않아도 얻어지고, 종용중도(從容中道 : 조용히 도에 부합함)하는 것입니다. 이를 이루면 곧 성인입니다. '성지' 는 택선고집(擇善固執 : 선을 택하여 굳건히 잡음)하는 것입니다.

군자는 박학(博學 : 널리 배움)과 심문(審問 : 자세히 물음), 신사(愼思 : 신중히 생각함), 명변(明辨 : 밝게 분별함), 독행(篤行 : 독실하게 행함)을 행합니다. 불학(弗學 : 배우지 않음)할지언정 배울 바에는 능하게 되지 않으면 배우는 것을 놓지 않습니다. 불문(弗問 : 묻지 않음)할지언정 물을 바에는 알게 되지 않으면 묻는 것을 놓지 않습니다. 불사(弗思 : 생각지 않음)할지언정 생각할 바에는 얻게 되지 않으면 생각하는 것을 놓지 않습니다. 불변(弗辨 : 분별하지 않음)할지언정 분별할 바에는 밝게 되지 않으면 분별하는 것을 놓지 않습니다. 불행(弗行 : 행하지 않음)할지언정 행할 바에는 독실하게 하지 않으면 행하는 것을 놓지 않습니다. 남이 한 번으로 능하게 되면 자신은 1백 번으로 능하고자 하고, 남이 10번으로 능하게 되면 자신은 1천 번으로 능하고자 합니다. 과연 능히 이 방도를 행할 수만 있다면 비록 어리석은 자라 할지라도 반드시 밝아지고, 비록 유약한 자라 할지라도 반드시 강해질 것입니다."

원래 『예기』「중용」편에는 '재하위불획호상在下位不獲乎上, 민불가득이치의民不可得而治矣' 구절이 두 번에 걸쳐 나오고 있다. 주희는 앞에 나오는 구절은 착오로 인해 중복된 것으로 보고 이를 생략해 놓았다. 그러나 문맥상 반드시 중복이라고 볼 수만도 없다. 원래의 모습대로 복원시켜 해석하는 것이 타당하다.

'포로蒲盧'를 두고 정현은 『이아爾雅』「석충釋蟲」편에 나오는 '과라포로蜾蠃蒲盧'에 근거해 뽕나무벌레의 알을 등에 지고 부화시키는 나나니벌로 보고 '군주의 양민養民'을 상징한 것으로 풀이했다. 원래 나나니벌은 그 집에다 명령螟蛉 : 며루의 유충을 물어다 두고 산란한 뒤에 구멍을 막아버린다. 나나니벌의 유충이 부화되면 '명령'을 먹고 자라는데도 불구하고 옛 사람들은 마치 나나니벌이 '명령'을 부화시키는 것으로 착각했다. 『이아』의 해석도 이에 따른 것이다.

이에 대해 북송대의 심괄沈括은 『몽계필담夢溪筆談』에서 '포로蒲盧'를 '포위蒲葦 : 갈대'와 같은 말로 보았다. 심괄의 『몽계필담』은 화석과 모형지도, 야금 공정, 생물학과 천문학, 수학에 관한 기사를 세밀히 서술해 놓은 백과사전에 해당한다. 이는 동양 뿐만 아니라 당시 세계를 통틀어 처음으로 나온 최고의 과학서였다. 나침반에 관해 세계 최초로 기술해 놓은 사실이 이를 뒷받침한다. 심괄이 이처럼 과학에 관심을 기울이게 된 것은 그가 관직생활 중에 수차례에 걸쳐 외국에 사절로 파견되었고 수로공사의 감독관 등을 역임한 사실과 무관치 않았다. 그는 여행할 때마나 어디에서든 아무리 공무에 바빴을지라도 과학기술적으로 중요한 것은 모두 기록해 두었다. 니담은 『중국의 과학과 문명』에서 『몽계필담』이 아직 유럽 어느 나라 말로도 번역되지 않은 것은 놀랄 만한 일이라고 지적한 바 있다.

주희는 바로 심괄의 이런 주장을 받아들여 '포로'의 빠른 성장을 정치의 민속敏速에 비유한 것으로 풀이했다. '포로' 자체는 심괄과 주희의 주석이 맞다. 그러나 이를 정치의 '민속'으로 간주한 풀이는 문맥상 순통順通하지 않는다. 정현과 『이아』의 '포로' 자체에 대한 해석은 잘못된 것이기는 하나 이 장에서 사용된 '포로'의 의미와 부합한다. 정현의 주석을 좇아 '군주의 양민'을 뜻하는 것으로 새기는 것이 타당하다.

'위정재인爲政在人'은 정사의 성패가 군자의 통치 여부에 달려 있다는 뜻으로 공자의 '군자정君子政'에 대한 기본 입장을 한마디로 요약해 놓은 것이다. 공자가 말하는 군자는 곧 '인인仁人'을 뜻한다. 이에 대해 '인의仁義'를 강조한 맹자는 군자를 '의인義人'으로 간주했고, 예치를 강조한 순자는 '예인禮人'으로 보았다. '예'를 '인'의 구체적인 표현으로 간주한 『논어』의 논지에 비춰볼 때 순자의 '예인'이 공자의 '인인'을 조술祖述한 것임은 말할 것도 없다.

'생이지지生而知之'와 '학이지지學而知之', '곤이지지困而知之'는 『논어』「계씨」편에 나오는 다음 구절을 인용한 것이다.

"생지자生知者 : 나면서부터 하는 자가 상등이고, 학지자學知者 : 배워서 아는 자가 그 다음이고, 곤지자困知者 : 통하지 않아 어려움을 겪으며 배워 아는 자가 또 그 다음이다. 곤불학자困不學者 : 통하지 않으면서도 배우지 않는 자는 백성으로서 하등이 된다."

공자는 여기서 지혜에 관한 천품天稟을 크게 넷으로 나눈 소위 '4지四知'를 논하고 있다. 이를 두고 주희는 풀이하기를, '사람의 기질이 같지 않아 모두 네 등급이 있게 된 것이다'라고 했다. 이에 대해 다산은 이를 모두 교육의 문제로 간주하면서 이같이 주장했다.

"생지자는 상上이고 곤불학자는 하下이다. 그러나 학지자를 배우지 않게 하면 또한 장차 곤困해진다. 나아가 곤지자를 가르치면 곤해지길 기다릴 필요도 없고, 곤불학자를 발분케 하면 또한 알게 할 수 있다."

주희는 인성을 '본연지성本然之性'과 '기질지성氣質之性'으로 나눠 얘기한 까닭에 모든 것을 기질지성에 관한 문제로 환원시켜 풀이했다. 그러나 이는 이기론에 근거한 사변론에 불과할 뿐이다. 공자는 다산이 주장한 바와 같이 기질과는 하등 상관없이 오직 배움에 따라 크게 4종류가 나타나게 된다고 언급했을 뿐이다. 대개의 사람은 '학지자' 내지 '곤지자'의 경우에 속한다고 볼 수 있다.

『논어』「양화」편에도 이와 유사한 비유가 나온다. 태어날 때부터 명민한 '생지자'는 『논어』「양화」편에 나오는 소위 '상지上知'에 해당한다. 정반대로 아무리 가르쳐도 깨우치지 못하는 자는 「계씨」편에는 언급돼 있지 않으나 「양화」편에서는 '하우下愚'로 규정해 놓았다. 「계씨」편의 '곤불학자'는 '하우'와 달리 통하지 않으면서도 배우지 않는 자를 지칭한다. 배우기만 하면 깨우칠 수 있는데 배우지 못한 사람을 뜻하는 것이나. 이는 '하우'와 다른 것이다.

결국 공자는 사람이 배우려고 하는 한 '하우'와 유사한 '곤불학자'의 단계로까지는 추락하지 않을 것이라고 말한 셈이다. 이는 바꿔 말해 '상지'에 해당하는 '생지자'를 포함해 '학지자'와 '곤지자'에 이르기까지 모두 정도의 차이는 있으나 배움을 통해 사물의 이치를 아는 단계로 나아갈 수 있음을 언급한 것이다. 아무리 열등한 사람일지라도 배우려는 열의를 갖고 가르침을 받은 한 '곤불학자'의 단계로 추락하지 않을 것이라는 믿음이 전제된 주장이다.

공자가 말한 '4지' 중 '생지자'와 '학지자', '곤지자'는 생래적으로 명민한지 여부에 따른 분류일 뿐 똑같이 학문을 통해 사물의 이치를 습득해야 한다는 점에서는 하등 차이가 없다. 최하단계에 분류된 '곤불학자'는 오직 배움을 받지 못한 까닭에 그리된 것으로 '기질지성'으로 그리 된 것은 아니다. 그도 배우기만 하면 곧 '곤지자'의 단계로 올라갈 수 있다. '곤지자'도 배우지 않으면 '곤불학자'로 추락하고 만다. '학지자'도 배우지 않으면 '곤불학자'와 유사한 '불학자不學者'가 되고 만다. 가장 명민한 '생지자'조차 전혀 가르침을 받지 못하면 '곤불학자'와 별반 차이가 없는 '부지자不知者'가 되고 만다.

이는 학문에 대한 공자의 확고한 믿음을 반영한 것이다. 공자는 학문의 단초를 호학好學에서 찾고 있다. '호학은 지知에 가깝다'고 언명한 사실이 이를 뒷받침한다. 공자가 지知·인仁·용勇 3가지를 알면 곧 수신修身·치인治人의 근거를 알아 치천하治天下를 이룰 수 있다고 언급한 것은 『대학』에서 말하는 '수제·치평'의 취지와 통한다. 이는 죽을 때에 이르러서야 비로소 배우기를 그친다고 역설한 『순자』「권학」편의 취지와 상통하는 것이기도 하다. 공자가 '치평'의 요체로 학문을 얼마나 중시했는지를 여실히 보여주는 대목이다.

그럼에도 주희는 이를 '기질지성'의 4등급으로 해석해 놓았다. 이는 공자의 취의趣意를 멋대로 왜곡한 대표적인 사례가 아닐 수 없다. '치평'이 본령인 공문의 군자학를 역사적으로 가장 왜곡시킨 사람을 차례로 꼽으라면 전국시대 말기의 맹자와 전한제국 초기의 동중서, 남송대의 주희 등 세 사람을 꼽는 이유가 바로 여기에 있다.

지知·인仁·용勇을 풀이한 '천하지달덕야天下之達德也, 소이행지자일야所以行之者一也' 구절의 '일一'을 두고 오랫동안 적잖은 논란이 있었다. 정현은 이에 대해 아무 언급도 하지 않았으나 청대의 왕인지王引之는 『경의술문經義述聞』에서 '연자衍字'로 보았다. 그는 『사기』「통진후전通津侯傳」과 『한서』「공손홍전公孫弘傳」에 나오는 동일한 구절에서 '일'자가 없는 것을 그 논거로 들었다. 그러나 여타 구절에도 '일'자가 계속 나오고 있는 점에 비춰 무리한 주장이 아닐 수 없다.

이에 대해 주희는 이를 '성誠'으로 풀이했다. 하맹춘何孟春이 주석한 『공자가어孔子家語』에 '일자一者, 성야誠也'라는 구절이 나와 주희의 풀이를 뒷받침하고 있다. 전체 문맥에 비춰 주희의 풀이가 타당하다.

'치평'의 요체로 거론된 수신修身·존현尊賢·친친親親·경대신敬大臣·체군신體群臣·자시민子庶民·내백공來百工·유원인柔遠人·회제후懷諸侯 등의 '9경九經'은 『대학』에 나오는 '수제·치평'을 구체화한 것으로 볼 수 있다. 재명성복齊明盛服과 거참원색去讒遠色, 존위중록尊位重祿, 관성임사官盛任使, 충신중록忠信重祿, 시사박렴時使薄斂, 일성월시日省月試, 송왕영래送往迎來, 계절세거폐국繼絶世擧廢國 등은 '9경' 실현을 위한 구체적인 방법론에 해당한다.

'9경' 실현의 구체적인 방법으로 거론된 '계절세거폐국繼絶世廢國'은 '계절존망繼絶存亡'과 같은 뜻으로 관중과 제환공齊桓公이 이룬 패업霸業을 지칭한다. '계절존망'은 끊어진 세계世系를 이어주고 패망한 나라를 부흥시켜 다시 존속시키는 패업을 의미한다. 『춘추공양전』을 비롯한 모든 사서는 제환공이 형邢나라를 구원한 뒤 이의夷儀에 새 도성을 쌓아주고, 초구楚丘에 성을 쌓아 위衛나라의 사직을 안정시킨 일을 특서해 놓았다. 이것이 바로 '계절존망'의 연원이다.

'계절존망'과 관련해 『관자』「대광大匡」편은 제환공이 형나라를 위해 이의에 성을 쌓아주기 1년 전에 기杞나라를 송나라의 침공으로부터 구해낸 뒤 연릉緣陵 : 산동성 창락현 동남쪽에 성을 쌓아주었다고 기록해 놓았다. 그러나 이는 위나라를 위해 초구에 성을 쌓아준 지 12년이 지난 뒤의 일로 송나라의 침공 때문이 아니라 회이淮夷 : 강소성 회안현 과 연수현의 사이에 살던 이민족가 기杞나라를 위협한 데 따른 것이었다. 비록 축성의 시기에 관한 착오가 있기는 하나 『관자』의 기록과 마찬가지로 제환공이 기나라를 위해 연릉에 성을 쌓아준 것 역시 '계절존망'의 업적에 해당한다.

'계절존망'은 『춘추공양전』을 비롯해 『관자』와 『순자』 등 선진시대의 문헌에 두루 나타나고 있다. 이와 유사한 표현으로는 『논어』「요왈堯曰」의 '흥멸국 · 계절세興滅國, 繼絶世'와 『한서』「외척은택후표外戚恩澤侯表」의 '흥멸계절興滅繼絶', 『한서』「공신표서功臣表序」의 '계절세 · 입망국繼絶世, 立亡國' 등을 들 수 있다.

『관자』를 보면 관중 역시 '계절존망'을 패천하霸天下의 요체로 간주했음을 알 수 있다. 『관자』「중광中匡」에는 '위국爲國' 방안을 묻는 제환공의 질문에 대해 관중이 이같이 대답한 내용이 나온다.

"멀리 현인을 찾는 동시에 인민을 자애롭게 돌보는 한편 밖으로는 망한 나라를 존속시키고 끊어진 대를 잇게 하며 죽은 왕의 자손을 일으켜 세우는 것입니다."

소위 '춘추3전' 중 제환공과 관중이 이룬 '계절존망'을 가장 높이 평가한 것은 『춘추공양전』이다. 『춘추좌전』과 『춘추곡량전』이 지니지 못한 『춘추공양전』의 가장 탁월한 점은 바로 '계절존망'의 시원을 제환공에서 찾은 데 있다고 해도 과언이 아니다. 훗날 청대 말기에 '무술변법戊戌變法'을 주도하며 부국강병을 추구했던 캉유웨이康有爲가 '공양학파'를 자처하며 삼국시대 이후 주류를 형성해 온 『춘추좌전』의 고문파古文派에 반기를 들고 나선 것도 이와 무관치 않았다. 『춘추공양전』은 「노희공 원년」조 등의 전문傳文에서 '계절존망'이 나타나게 된 배경을 이같이 설명해 놓았다.

"위로는 천자가 없고 아래로는 방백方伯이 없다. 천하의 제후들은 서로 싸워 멸망시키고자 했다. 제환공은 이를 구하지 못하는 것을 수치로 생각했다."

이는 '계절존망'을 자신의 임무로 삼은 제환공을 칭송한 대목이다. 『춘추공양전』은 이 전문의 말미에 이같이 기록해 놓았다.

"이런 상황에서 힘으로써 능히 구할 수 있다면 이를 구하는 것이 가할 것이다."

『춘추공양전』이 훗날 한고조 유방의 패업을 왕업으로 격상시키는 이론적 근거로 적극 활용된 이유가 바로 여기에 있었다. 『춘추공양전』은 '대일통大一統'을 위한 패자覇者의 무력을 비록 조건부이기는 하나 적극 수용하고 있는 것이다. 『춘추공양전』은 그 모델을 바로 제환공에서 찾은 셈이다. 역사적 사실에 충실한 『춘추좌전』이 진문공에 관한 기사를 많이 수록한 데 반해 『춘추공양전』이 많은 지면을 할애해 제환공의 패업을 높이 평가하고 나선 것은 바로 이 때문이었다.

이는 이미 제환공이 활약하는 춘추시대 초기에 국가질서의 붕괴와 이적의 침입으로 궤멸의 위기에 처한 중원 제후국들의 위기감을 반영한 것이기도 했다. 제후국들 모두 중원의 안정과 질서의 회복을 강력히 희망했던 것이다. 당시 인민들 역시 패자가 강력한 힘을 바탕으로 자신들을 도탄에서 구해줄 것을 갈망했다.

춘추전국시대의 사상가 중 관중의 패업을 가장 높이 평가한 사람은 전국시대 말기에 나타나 유가사상을 집대성한 순자였다. 순자는 패자의 공업을 지칭하면서 '계절존망'을 높이 평가했다. 이는 바로 관중의 패업의지와 그 공업을 칭송한 것이라고 할 수 있다. 여기서 순자의 관중 및 제환공에 대한 평가가 공자의 그것과 유사하다는 점에 주목할 필요가 있다. 순자는 공자가 '화이관華夷觀'에 입각해 관중의 중원방어를 높이 평가한 것과 같은 맥락에서 제환공이 이룩한 '계절존망'의 업적을 『순자』「왕제王制」에서 다음과 같이 칭송한 바 있다.

"그 패자는 망한 나라를 세워주고 대가 끊어진 나라를 잇게 해 주며 약한 나라를 지켜주고 포악한 나라를 제재했다."

순자가 이 구절에서 지적한 '그 패자'란 바로 제환공을 지칭한다. 공자와 순자의 제환공 및 관중의 패업에 대한 이런 평가는 사실 중국 전래의 '화이관'과 밀접한 관련을 맺고 있는 것이었다. 이와 관련해 『순자』「정론正論」편은 다음과 같이 언급한 바 있다.

"중원의 나라는 같은 옷과 같은 의례를 사용하고 있다. 오랑캐들은 같은 옷을 입을지언정 같은 의례를 사용하지 않는다."

이는 중원문화에 대한 강한 자부심이 배경에 자리 잡고 있었기 때문에 가능한 것이었다. 관중과 공자의 경우는 화이관에 관한 한 아무런 이견이 없었다고 보아야 한다. 순자가 관중의 패업을 '계절존망'의 공업으로 평가한 배경에는 바로 그의 이런 화이관이 결정적인 요인으로 작용했다고 보는 것이 타당하다. 화이관에 관한 한 관중과 공자, 순자는 같은 입장에 서 있었던 셈이다.

순자의 관중에 대한 평가 역시 화이관과 불가분의 관계를 맺고 있는 '계절존망'에서 출발하고 있는 만큼 매우 긍정적이었다.

이는 순자의 통치사상이 왕도를 앞에 두면서도 패도를 그에 버금하는 것으로 간주하는 소위 '선왕후패先王後霸'의 입장에 입각해 있다는 것을 여실히 보여주는 것이다. 순자와 관중의 통치사상이 상호 같은 맥락에 서 있음을 시사하는 대목이 아닐 수 없다.

『춘추공양전』이 제환공의 '계절존망'을 높이 평가한 것은 기본직으로 '내일동大一統' 사상에서 나온 것이다. '대일통사상'은 무엇을 말하는 것일까. 『춘추공양전』의 전문傳文은 「노은공 원년」의 경문經文에 나오는 '왕정월王正月'을 이같이 풀이해 놓았다.

"어찌하여 '왕정월'이라고 했는가. '대일통' 때문이다."

『춘추공양전』은 공자가 『춘추』를 편수한 근본적인 의도가 '대일통'에 있음을 첫머리에 분명히 하고 나선 것이다. 『춘추공양전』에서 말하는 '대일통'의 궁극적인 이념은 「노성공 15년」에 나오는 다음과 같은 해석에서 분명히 드러나고 있다.

"왕자王者는 천하를 하나로 통일코자 하는 것이다."

'대일통'의 요체는 바로 천하를 하나로 통일하는 데 있었던 것이다. 훗날 전한제국 초기에 『춘추공양전』의 '대일통' 사상은 유방의 천하통일을 '왕업에 준하는 패업'으로 격상시키는 이론으로 적극 활용되었다. 이는 후술하는 바와 같이 전국시대 말기에 제자백가의 사상을 통합한 순자의 선왕후패先王後霸사상과 밀접한 관련이 있다.

전한제국 초기의 유자儒者들은 『춘추공양전』의 '대일통' 사상을 이용해 한고조 유방의 패업을 왕업으로 미화하는 한편 왕자의 존엄성을 강조함으로써 군권君權의 강화에 적극 발벗고 나섰다.

한무제 때 유가사상이 유일무이한 통치사상으로 확정된 데에는 『춘추공양전』의 '대일통' 사상이 결정적인 공헌을 한 셈이다. '대일통' 사상은 이미 춘추시대의 첫 패자인 제환공의 공업을 극찬함으로써 이런 가능성을 열어놓았다고 할 수 있다.

이 장의 핵심은 '성誠은 천도天道이고, 성지誠之 : 정성되게 함는 인도人道이다' 라는 구절에 있다. 후대의 유자들은 천도와 인도를 설명할 때 통상 '성誠' 과 '성지誠之' 를 원용했다. 유가에서 말하는 치도治道는 크게 덕치를 기초로 한 왕도王道와 힘을 배경으로 한 패도覇道로 양분할 수 있다. 맹자는 오직 왕도만을 인정했으나 순자는 패도를 왕도에 버금하는 치도로 간주했다. 공자는 비록 왕도를 언급하지는 않았으나 『논어』에 나오는 공자의 입장을 살펴보면 대략 순자의 입장과 일치한다고 할 수 있다. 이는 춘추시대 전기에 최초의 패업霸業을 이룬 관중管仲에 대한 호평을 통해 쉽게 알 수 있다.

공자와 순자가 패도에 대해 긍정적인 평가를 내린 것은 기본적으로 천도天道와 인도人道에는 『주역』에서 말하는 자강불식自彊不息의 대원칙이 공히 적용된다는 인식에서 나온 것이다. '자강불식' 의 대원칙은 변역變易의 이치를 전제로 성립한 것이다. 공자가 고정불변의 진리를 상정한 '천天' 과 '성性' 에 대한 언급을 꺼린 이유도 이와 무관치 않았다.

이에 반해 맹자는 소위 천인합일설天人合一說에 의거해 천도와 인도의 완전한 합일을 주장했다. 맹자의 이런 주장은 전한제국 때 동중서의 천인감응설天人感應說을 거쳐 남송대 주희의 천리인욕설天理人欲說로 연결됨으로써 성리학의 이론적 기반이 되었다. 성리학자들이 패도를 인용認容하는 순자의 주장을 배척하고 오직 왕도만을 역설한 맹자를 추종한 것은 바로 이 때문이었다. 난세에 성리학이 전혀 기능을 하지 못한 근원이 바로 여기에 있었다.

이는『중용』의 이 장에 나오는 '성誠'과 '성지誠之'에 대한 그릇된 해석과 무관치 않았다. '천도'를 상징하는 '성'은 곧『주역』에서 말하는 '자강불식'을 뜻하고, '성지'는 '자강불식'의 이치를 인도에 실현하는 것을 의미한다. '성지'는 곧 모든 상황에서 성신誠信과 겸허謙虛의 자세로 부단히 자수自修하며 노력하는 것을 뜻한다. 공자가 호학好學에서 출발한 지知가 역행力行의 인仁과 지치知恥의 용勇을 아울러 마침내 '수제·치평'을 이룰 수 있다고 언급한 이유가 바로 여기에 있다. '호학'과 '역행', '지치' 모두 후천적인 노력을 전제로 한 '자강불식'의 구체적인 표현인 것이다. 그럼에도 불구하고 주희는『중용장구』에서 '성'과 '성지'를 이같이 풀이해 놓았다.

"성誠은 진실무망眞實無妄을 말하는 것으로 천리天理의 본연本然이다. 성지誠之는 아직 진실무망하지 못해 진실무망코자 하려는 것으로 인사人事의 당연當然이다. 성인의 덕은 혼연히 천리인 까닭에 진실되고 허망함이 없어 사면思勉 : 생각과 면려을 기다리지 않고 종용從容히 도에 맞는다. 이것이 곧 천도天道이다. 성聖에 이르지 못하면 인욕人欲의 사私가 없을 수 없다. 그 덕이 모두 진실하지는 못해 생각지 않고는 얻을 수 없는 까닭에 반드시 택선擇善한 뒤에야 선에 밝을 수 있다. 또한 힘쓰지 않고 맞을 수 없는 까닭에 반드시 굳게 잡은 뒤에야 자신을 성誠하게 할 수 있다. 이것이 곧 인도人道이다."

이를 통해 알 수 있듯이 주희는 '천도'는 '천리'인 까닭에 진실무망하나 '인도'는 '인욕'인 까닭에 진실무망에 가까워지도록 노력하지 않으면 안 된다고 주장했다. '천도'를 절대선絶對善으로 간주한 데 반해 '인도'를 사욕에 가려진 상대악相對惡으로 보고 있는 것이다. 주희의 풀이에는 바로 종교적인 선악 개념이 혼입돼 있는 것이다. 성리학이 만연한 시기에 소위 '3강 5륜'의 강상명교綱常名敎에 의한 상하 위계질서의 이분법적 논리가 횡행한 이유가 바로 여기에 있다. 경색된 강상명교의 윤리관은 인간의 자유로운 사고를 억압하고 남존여비男尊女卑와 관존민비官尊民卑의 왜곡된 통치질서를 호도했다.

이것이 신분세습의 낡은 봉건정封建政을 무너뜨리고 오직 학덕을 연마한 군자가 다스리는 소위 군자정君子政의 도래를 고대한 공자의 기본 취지와 정면으로 배치되는 것임은 말할 것도 없다. 이는 기본적으로 공허한 사변론을 동원해 천도와 인도를 관통하는 '자강불식'의 취지를 곡해한 데서 비롯된 것이다. '자강불식'은 쉼 없이 순환하며 운행하는 천지의 이치를 말한 것이다. '수제 · 치평'으로 상징되는 인도 역시 이러한 이치에 입각해 인간 모두 끊임없이 자수自修하며 시의時宜를 좇아 진퇴進退를 결정해야 한다는 이치를 담고 있다.

'성'과 '성지'는 바로 이를 말한 것으로 결코 주희가 말한 것과 같이 고정불변의 절대선인 '천리'를 전제로 한 것이 아니다. 인도를 사적인 인욕人欲에 오염된 '상대악'으로 상정하지도 않았음은 말할 것도 없다. 성리학의 '천리인욕설'이 지니고 있는 통폐가 바로 여기에 있다. 그럼에도 주희는 다시 『중용혹문』에서 자신의 '천리인욕설'을 이같이 강변해 놓았다.

"일一은 순純 : 專一, 이二는 잡雜 : 分岐이다. '순'은 성誠, '잡'은 망妄이다. 이것이 사물의 대정大情이다. 하늘이 하늘 된 소이所以는 충막무짐沖漠無朕 : 극히 공허하여 아무런 조짐도 없음하면서도 만리萬理가 내포된 데 있다. 이것이 천리가 진실무망한 소이이다. 인물人物 : 사람과 사물이 태어날 때 성명性命이 바르나 다만 기질氣質의 편벽과 이목구비의 욕구가 이를 가로막고 덮음으로써 사욕私欲이 생겨난다. 이것이 내內·외外와 은隱·현顯과 같이 항상 둘로 가닥이 이뤄지는 소이이다. 오직 성인만이 기질氣質이 청순하고 혼연히 천리에 부합하는 까닭에 인욕의 사私가 없다. 상인常人은 택선擇善하여 굳게 잡을 뿐이다. 반드시 삼가고 두려워하여 감히 게으르지 않으면 사욕이 스스로 사라져 나의 병이 될 수 없으니 또 무엇을 걱정하겠는가. 이것이 바로 성지誠之이다."

이를 통해 알 수 있듯이 주희는 천도와 인도의 소이연所以然을 바로 순純과 잡雜의 차이에서 찾은 것이다. 이는 '천天'을 진실무망한 실재實在로 간주하고 '인성人性'을 '천도'의 구체적인 실현으로 간주한 데 따른 것이다. 주희의 이런 주장은 도덕철학의 관점에서 볼 때 도덕의 근거를 인간 자체 내에서 찾을 수 있는 논거를 마련했다는 점에서 나름대로 높이 평가할 만하다.

그러나 이는 인도를 천도의 종속변수로 삼아 인도의 창발성創發性과 독자성獨自性을 부인함으로써 천도와 인도를 관통하는 '자강불식'의 기본 취지를 무색케 만들 소지가 크다. 실제로 성리학은 그런 쪽으로 진행되었다. 인간의 본성에 기인한 자연스런 성정인 인욕을 타기함으로써 사욕을 억제하는 알욕遏欲의 차원을 넘어 아예 멸욕滅欲으로 나아간 것이 그 증거이다. 인욕이 식멸息滅된 단계에서 작동하는 유일한 원리는 각박한 강상명교綱常名教밖에 없게 된다. 이는 생생불이生生不已의 '자강불식'을 그 요체로 하고 있는 천도를 거스르는 것일 뿐만 아니라 개인과 국가공동체의 활력을 스스로 봉쇄하는 것으로 사고의 경직과 국가공동체의 쇠멸衰滅을 초래할 수밖에 없다. 성리학의 가장 큰 폐단이 바로 여기에 있었다.

이는 '성'과 '성지'에 대한 왜곡된 해석과 무관할 수 없다. '성誠과 '성지誠之'의 '성誠'은 끊임없이 변역하며 '생생불이'하는 우주변전의 이치를 말하고, '성지'의 '지之'는 그러한 이치를 깨달아 끊임없이 자수自修하며 앞으로 나아가는 것을 의미한다. '성'과 '성지'를 관통하는 유일한 대원칙은 '자강불식'이다. 공자가 외천畏天의 자세를 취하고 순자가 참천參天을 강조한 것은 바로 이 때문이다. 공자의 '외천'이 '자강불식'에 대한 정태적인 접근이라면 순자의 '참천'은 동태적인 접근이라고 할 수 있다. 양자는 방법론상 약간의 차이만 있을 뿐 기본 취지에서는 하등 다를 바가 없는 것이다. 이는 천도와 인도의 완전한 합일을 주장한 맹자의 '천인합일설天人合一說' 및 천도를 절대선으로 간주한 주희의 '천리인욕설天理人欲說'과 근원적인 차이가 있다.

공자가 '성'과 '성지'를 풀이하면서 박학博學 · 심문審問 · 신사愼思 · 명변明辨 · 독행篤行을 언급한 이유가 바로 여기에 있다. 박학 등은 '성지'를 이루기 위한 구체적인 실천방안으로 학문을 하는 기본 자세이기도 하다. 공자가 『논어』「계씨」편에서 '학이지지學而知之'를 역설한 것은 바로 이 때문이다. 이는 『대학』의

'격물치지' 및 '성의정심'과 그 취지를 같이 하는 것이다. 공자가 '치평'의 요체로 '학지學知'를 얼마나 중시했는지를 짐작케 해주는 대목이 아닐 수 없다.

『중용』의 요체는 '성誠' 자체에 있는 것이 아니라 인간의 자강불식을 상징하는 '성지誠之'에 있다고 보아야 한다. 그같이 해석하는 것이 『중용』의 총론에 해당하는 제1장에서 '천'과 '성', '도', '교'를 언급한 취지에 부합하는 것이기도 하다. 이는 바로 자강불식의 인도人道를 뜻하는 것이다. 그럼에도 아직까지 『중용』의 요체를 '성性'과 '성誠'에서 찾은 주희의 『중용장구』를 금과옥조로 여기는 관행이 지속되고 있다. '치평'에 대한 탐구에서 출발한 공학孔學에 대한 왜곡이 아직까지 계속되고 있는 셈이다. 공자사상의 진면목을 찾아내기 위해서는 공자의 '군자학'을 공허한 사변론을 동원해 개인 차원의 '수양론'으로 전락시킨 주희의 해독을 제거하는 일부터 시작해야 한다.

제21장 성명(誠明)

自誠明, 謂之性. 自明誠, 謂之教. 誠則明矣, 明則誠矣.

성(誠)으로 말미암아 명(明 : 明德)이 나오는 것을 일컬어 '성(性)', '명'으로 말미암아 '성'이 나오는 것을 일컬어 '교(教 : 學知)'라고 한다. 성(誠)이면 반드시 명(明)이 있고, '명'이면 반드시 '성'이 있다.

이 장은 앞장에 나온 '성誠' 및 '성지誠之'를 부연해 설명한 것인 동시에 제1장에서 언급한 '성性'과 '교教'의 상호관계를 '성誠'과 '명明'의 상호관계로 풀이한 것이다. 성誠을 천성天性의 본연으로 파악한 까닭에 성性이라고 한 것이고, 명明을 인사人事의 당연으로 생각한 까닭에 교教라고 표현한 것이다.

이를 앞장과 연결시켜 해석하면 성誠으로 말미암아 밝아진 성性은 곧 천도를 상징하는 성誠을 지칭하고, 명明으로 말미암아 성誠이 나오는 교教는 곧 인도를 상징하는 성지誠之를 지칭한다. 성誠과 성지誠之를 각각 성性과 교教로 해석한 셈이다. 이는 공학의 출발이 학지學知에 있음을 드러낸 것이라고 할 수 있다.

이 장에 따르면 성誠과 명明은 〈성⇋명〉의 관계를 이루고 있다. 이는 양자가 상호 원인인 동시에 결과가 되는 일체一體임을 뜻하는 것이다. 앞장에서 생지生知와 학지學知, 곤지困知를 언급하면서 궁극에 이르러서는 한 가지일 뿐이라고 말한 것과 동일한 취지이다. 이 장 역시 성誠과 명明은 〈성⇋명〉의 관계를 이루고 있다는 논리를 통해 사실상 성誠과 성지誠之, 성性과 교教 모두 동일한 관계를 이루고 있음을 논증하고 있는 셈이다.

제22장 지성(至誠)

唯天下至誠, 爲能盡其性. 能盡其性, 則能盡人之性. 能盡人之性, 則能盡物之性. 能盡物之性, 則可以贊(=助)天地之化育. 可以贊天地之化育, 則可以與天地參矣.

오직 천하의 지성(至誠)만이 능히 진성(盡性 : 자신의 본성을 다함)할 수 있다. '진성' 해야 능히 진인성(盡人性 : 다른 사람의 본성을 다하게 함)하고, '진인성' 해야 능히 진물성(盡物性 : 만물의 본성을 다하게 함)하고, '진물성' 해야 가히 찬화육(贊化育 : 천지만물의 화육을 도움, 受命으로 보위에 올라 治平하는 것을 의미)하고, '찬화육' 해야 가히 참천지(參天地 : 천지가 세우는 功에 참여함)할 수 있다.

이 장에서는 성지誠之의 지극한 모습인 지성至誠에서 출발해 인도와 천도가 하나로 융합하는 참천지參天地의 단계에 이르는 도정을 점층적인 논법을 동원해 설명해 놓고 있다. 〈지성至誠→진성盡性→진인성盡人性→진물성盡物性→찬화육贊化育→참천지參天地〉의 도식이 그것이다.

여기서는 인성人性과 물성物性이 같은 차원에서 논의되고 있다. 조선조 후기에 일어난 소위 '인물성동이론人物性同異論'의 논쟁도 이와 무관치 않았다. 원래 사람과 만물 모두 성덕性德을 품수받아 태어났다. 천지 또한 마찬가지이다. 이는 『노자』 제25장의 다음 구절을 보면 쉽게 알 수 있다.

"인법지人法之 : 사람은 땅을 본받음, 지법천地法天 : 땅은 하늘을 본받음, 천법도天法道 : 하늘은 도를 본받음, 도법자연道法自然 : 도는 자연을 본받음이다."

이를 두고 노자가 '도' 위에 '자연'을 상정한 것으로 해석하는 견해가 있다. 그러나 이는 『노자』에 나오는 '도'와 '자연'의 의미를 제대로 파악치 못한 데 따른 오류가 아닐 수 없다. 『노자』의 '도'는 자연의 이치를 표현한 것으로 우주만물의 최종적이면서도 절대적인 이치를 의미한다. 『노자』는 기본적으로 '도'를 통해 하늘과 땅, 인간 등이 유출되었다고 보고 있다. 이는 『노자』 제1장의 내용이 〈무명無名 : 자연=도=천지지시→유명有名 : 만물지모·만물〉의 도식으로 구성돼 있는 사실을 통해 쉽게 확인할 수 있다.

이를 통해 알 수 있듯이 『중용』에서 말하는 '성性'은 생명의 유무를 떠나 모두 하나라는 관점에서 출발하고 있다. 이것이 『중용』이 〈진성盡性→진인성盡人性→진물성盡物性〉의 도식을 제시한 한 배경이다. 이는 자신의 본성을 다하면 능히 다른 사람의 본성도 다할 수 있고, 이미 다른 사람의 본성도 다하면 이내 만물의 본성도 다할 수 있다는 뜻을 지니고 있다. 여기의 〈진성盡性→진인성盡人性〉은 바로 〈진기성盡己之性→진타인지성盡他人之性〉의 의미를 지니고 있는 것이다. 〈진성→진인성→진물성〉은 자신과 자신을 둘러싼 만물의 본성이 혼연일체가 되는 과정을 설명한 것으로 불가에서 말하는 범아일여梵我一如의 단계를 지칭한 것이다.

〈찬화육贊化育→참천지參天地〉는 바로 그 공효로 볼 수 있다. 이는 우주가 자신의 손 안에 있어 온갖 변화가 자신에게서 나오고, 저절로 천지의 화육을 도와 마침내 천지의 '생생불이' 하는 '자강불식' 의 천도와 완전히 합치되는 경지를 뜻한다. 『중용』은 이러한 경지의 단초가 바로 '지성至誠' 에 있음을 천명하고 있는 것이다. 이는 '중화' 를 달리 표현한 것이라고 할 수 있다. 이를 통해 『중용』을 관통하는 '성誠' 은 곧 '중화' 내지 '중용' 을 달리 표현한 것임을 확연히 파악할 수 있다.

이는 마치 『대학』이 명명덕明明德을 통해 친민親民과 지선止善을 이룰 수 있다고 주장한 것과 같다. 『대학』은 이를 '치평' 차원에서 해석한 〈격물→치지→성의→정심→수신→제가→치국→평천하〉의 도식을 제시해 놓기도 했다. 〈지성→진성→진인성→진물성→찬화육→참천지〉의 도식은 『논어』에서 언급하고 있는 인仁의 실현과정을 성誠과 성性 개념을 통해 다른 각도에서 풀이한 것으로 볼 수 있다.

『논어』는 '인' 의 실현과정을 〈학인學仁→지인知仁→호인好仁→낙인樂仁〉의 4단계로 정리해 놓았다. 『논어』와 『대학』, 『중용』은 지치至治에 이르는 도정을 각각 인仁과 지知, 성誠의 차원에서 풀이해 놓은 셈이다. 『대학』와 『중용』의 접근방법은 『순자』「유효」편에서 제시한 '참천지' 에 이르는 도정과 동일하다.

"성인은 인의를 근본으로 삼고, 시비를 합당하게 가리고, 언행을 일치시켜 호리豪釐 : 털끝만큼도 어긋남이 없다. 이는 다른 도가 있기 때문이 아니라 실행하는 데 궁극적인 목적이 있기 때문이다. 성性 : 情을 의미은 우리가 어찌할 수는 없으나 가히 교화시킬 수 있는 것이다. 적積 : 예법의 습득은 우리가 본시 타고나는 것은 아니나 가히 행할 수 있는 것이다. 이는 주조注錯 : 여기서는 거동와 습속으로 본성을 교화할 수 있기 때문이다. 병일불이幷一不二 : 스승과 예법을 받들며 이단을 거부함가 적積을 이루는 방법이다. 습속은 사람의 지의志意를 바꿔놓은 까닭에 그런 상태도 편히 오랫동안 지내면 질質까지도 바꿔놓고 만다. '병일불이' 를 행하면 신명神明에 통하고 참천지參天地 : 천지운행에 참여함하게 된다."

순자가 말하는 '참천지' 는 천지에 대해 고마움을 잊지 않는 가운데 인도를 실현하는 것을 말한다. 이는 자연의 적극적인 활용을 뜻하는 '용천用天' 사상과 맥을 같이 하는 것이다. 『순자』「부賦」편은 '참천지' 의 의미를 이같이 풀이해 놓았다.

"어떤 물건이 여기 있으니 당초 모였을 때는 두루 퍼져 고요히 있으면서 지면 위에 가득 차 있으나 한번 움직이자 극히 높고 거대하다네. 둥근 것은 규規 : 그림쇠에 들어맞고, 모난 것은 구矩 : 곱자에 들어맞네. 크게 참천지參天地하니 그 덕은 요堯·우禹보다 두텁고, 그 정미精微함은 터럭과 같고, 그 크기는 우주 사이를 채울 만하다네."

순자가 말하는 '참천지' 는 곧 천지의 운행에 참여해 이를 적극 활용하는 것을 뜻한다. 이는 성인의 경지를 인위적인 노력에 의해 도달할 수 있는 경지로 간주한 데 따른 것이다. 『순자』「성악」편은 길 가는 사람일지라도 심지心志를 하나로 모아 꾸준히 노력하면 얼마든지 '참천지' 할 수 있다고 언급해 놓고 있다.

"지금 길을 가는 사람에게 인의법정仁義法正의 기술을 습득하여 전심일지專心一志로 사색숙찰思索熟察하며 오랫동안 적선불식

積善不息 : 선을 행하며 그치지 않음케 하면 곧 신명神明의 경지에 통하고 참천지參天地하게 만들 수 있다. 성인의 경지는 사람이 '인의법정'을 쌓기만 하면 얼마든지 도달할 수 있는 것이다."

순자는 맹자와 달리 '참천지'의 경지에 달한 성인 역시 인위적인 노력의 산물로 본 것이다. 순자는 천도와 성인을 형이하적인 개념으로 파악한 것이나 다름없다. 천도를 형이상의 실체로 파악한 맹자와 극명한 대조를 이루는 대목이 아닐 수 없다. 이는 '외천畏天'으로 상징되는 공자의 입장과 상통하는 것이다.

이에 대해 맹자는 '천인합일설'에 입각해 천도와 인도의 완전한 합일을 강조했다. 이는 '천인상분설天人相分說'을 주장한 순자의 입장과 대조를 이루는 것이다. 『맹자』「이루 상」편은 『중용』에서 언급하고 있는 성誠과 성지誠之를 이같이 풀이해 놓았다.

"성誠은 천도天道, 사성思誠 : 誠을 생각함은 인도人道이다. 지성至誠으로 남을 감동시키지 못한 경우는 없고, 불성不誠으로 능히 남을 감동시킨 경우 또한 없다."

맹자는 『중용』의 '성지'를 '사성思誠'으로 바꿔 천도의 실현이 곧 인도라고 주장한 것이다. 맹자가 말한 '성誠'과 '사성思誠'을 두고 후한제국의 조기趙岐는 각각 하늘과 인간으로 풀이했다. 주희는 '성誠'을 '천도의 본연本然'으로 보았다. 이에 대해 다산은 '성'을 '성인', '사성'을 '배우는 사람'으로 풀이했다. 다산의 해석이 타당하다.

맹자의 성선설은 「이루 하」편에서 언급한 '성誠'과 '사성思誠'의 해석과 밀접한 관련을 맺고 있다. 이는 그의 '천인합일天人合一' 사상에서 비롯된 것으로 일종의 종교적 신비주의에 가까운 것이다. 『맹자』「진심 상」편에 나오는 '그 마음을 다하는 것은 본성을 아는 것이고, 본성을 아는 것은 하늘을 아는 것이다'라는 구절이 이를 뒷받침한다. 본성을 아는 것이 곧 천도를 아는 것이라는 주장은 맹자의 '천인합일'사상을 집약해 표현한 것이다.

이는 공자사상에서 전혀 찾아볼 수 없는 것이다. 맹자의 이런 주장은 인도를 천도로부터 어느 정도 분리시키는 데 성공한 공자의 성과를 무화無化시킨 것이나 다름없었다. 천도와 인도가 하나임을 강조한 맹자의 이런 입장은 결국 인도를 통해 천도를 확인할 수 있다는 주장으로 구체화되었다. 천의天意는 민의를 통해 발현된다는 주장이 그 증거이다.

맹자는 『맹자』「만장 상」편에서 '하늘은 인민을 통해 보고 듣는다'고 강조했다. 이는 본질적으로 그의 '귀민경군貴民輕君'사상과 같은 기반 위에 서 있는 것이다. '귀민경군'사상은 인민을 천의天意의 전달자로 간주한 데서 출발하고 있다. 맹자는 천도의 구체적인 표현이 다름 아닌 인륜이라고 강조했다. 인도인 인륜은 곧 천도에 다름 아니고, 인륜은 덕이 지극히 높은 성인을 통해 구체화된다고 본 것이다. 『맹자』「이루 상」편에 나오는 다음 구절이 그 증거이다.

"규구規矩는 방원方圓의 극치를 이루는 것이고, 성인은 인륜의 극치를 이루는 것이다."

이는 성인이 인도의 잣대라는 주장으로 법가가 법으로써 규구를 삼은 것과 대조를 이루고 있는 것이다. 맹자의 논리에 따를 경우 인륜이 곧 천도와 천의의 구체적인 표현인 까닭에 따로 인간의 법을 제정해 이를 시행하는 것은 천도와 천의에 어긋나는 셈이 된다. 맹자가 가장 이상적인 통치로 법치가 배제된 왕도王道를 그토록 고집스럽게 고창한 배경이 바로 여기에 있다.

그러나 순자는 맹자와 달리 천명에 대해 매우 부정적인 입장을 취했다. 이는 그가 천도와 인도를 명확히 구분한 데 따른 것이었다. 그는 비록 천명에 대해 명확히 언급하지는 않았으나 부정적인 입장에 서 있던 것만은 확실하다. 『순자』「비상」편에 나오는 다음과 같은 언급이 그 증거이다.

"사람의 운명을 보는 것은 옛날 사람에게는 없었다. 학자는 이를 말하지 않는다."

인간의 운명을 점친다는 것 자체가 천명을 인정하는 것이라고 볼 때 순자는 확실히 천명을 부인하는 쪽에 서 있었다. 그러나 순자 역시 하늘에 대한 공경심을 버리지 말아야 한다고 강조했다. 이는 공자의 '외천' 입장과 맥을 같이 하는 것이다. 공자도 천도에 대한 일정한 거리를 유지하면서 하늘에 대한 공경심을 유지했다. 순자는 공자의 '외천' 입장을 승계한 셈이다.

그러나 순자의 경우는 천도와 인도의 법칙이 따로 존재한다고 역설한 점에서 법가와 맥을 같이 하고 있기도 하다. 이런 점에서 볼 때 순자의 천인관은 보다 정확히 말하면 공자와 법가의 중간 지점에 서 있다고 보는 게 타당할 것이다. 그러나 그는 인도의 실현을 위해 소위 물치物治에 가까운 예치禮治를 주장했음에도 불구하고 결코 덕치의 이상을 포기하지 않았다. 이런 점에서 그는 법가와 근원적인 차이를 보이고 있다.

법가는 '천天'을 물질적인 자연으로 파악하면서 천도를 일종의 자연적 필연성으로 간주한 점에서 유가와 뚜렷한 대조를 보여주고 있다. 법가의 이런 입장은 기본적으로 순자의 천인관을 수용한 데 따른 것으로 볼 수 있다. 순자는 '천'을 단지 물질적이면서도 객관적인 자연으로 파악했다. 순자에게 천도는 인도에 개입하지도 않고, 개입할 이유도 없는 자연의 운행이치에 불과했다.

그러나 법가는 하늘에 대한 고마움을 저버려서는 안 된다고 강조한 순자와 달리 천도와 인도를 완전히 절연시켜 버렸다. 법가는 천도에 관한 논의를 아예 폐기하고 오직 인간의 노력에 의해 인도를 구현하는 것만이 중요하다고 인식했다. 신도愼到는 『신자일문愼子佚文』「위덕威德」편에서 이같이 언급한 바 있다.

"하늘은 비록 인간의 어둠을 걱정하지 않지만 창문을 만들어야 비로소 밝음을 찾을 수 있는 것이다. 결국 하늘은 아무 일도 해주는 것이 아니다."

인도는 바로 인간의 자발적인 노력에 의해서만 얻어질 수 있다는 주장인 것이다. 한비자도 『한비자』「왕도」편에서 '도는 만물의 시작이고 시비를 가르는 벼리이다'라고 주장한 바 있다. 여기의 도는 말할 것도 없이 인도이다. 그는 노자가 말한 도 자체를 시비를 가르는 벼리로 변용시킨 것이다. 오직 인도만이 중요하다고 본 한비자의 천인관이 확연이 드러난 대목이 아닐 수 없다.

법가의 천인관은 오직 인도만을 인정한 데에 그 특징이 있다. 법가는 인도의 실현이 곧 시비지기是非之紀를 바로 잡는 데 있다고 본 것이다. 법가는 많은 인구와 적은 재화로 인해 필연적으로 빚어지는 인도의 황폐화를 막기 위해서는 법에 의한 금포지란禁暴止亂이 유일한 대안일 수밖에 없다고 확신했다. 천도가 인도에 전혀 영향을 미치지 않는다고 볼 경우, 정치의 주요 관심대상은 결국 인간관계 및 인간과 국가 간의 관계로 귀결될 수밖에 없다.

법가의 이런 천인관이 바로 이들 법가들로 하여금 처음으로 정치를 도덕으로부터 철저히 분리토록 만드는 동인으로 작용했다. 법가가 국가와 군주와의 관계를 비롯해 군신과 군민관계에 대한 통제 및 조절을 통치의 모든 것으로 파악한 이유가 바로 여기에 있었다. 법가는 인도의 실현은 오직 법치를 통해서만 가능하다고 믿었다. 상앙商鞅은 『상군서商君書』「거강去彊」편에서 '법을 써야만 인민이 사악해지지 않는다'고 강조한 바 있다. 이들 법가는 법치를 통하지 않고는 근본적으로 통치가 불가능하다고 확신한 것이다. 이는 천도를 사상捨象하고 오직 인도만을 인정한 데 따른 당연한 논리적 귀결이기도 하다.

이를 통해 알 수 있듯이 『중용』의 성誠과 성지誠之에 대한 해석상의 차이는 곧 전래의 천인관天人觀에 대한 해석에서 비롯된 것이다. 이는 제자백가가 노정하고 있는 다양한 사상적 차이의 근원이 되었다. 본래 『중용』은 순자의 예치사상을 반영한 『예기』의 한 편으로 편제된 것이다. 이를 감안할 때 '성'과 '성지'의 상호관계는 천도와 인도의 분리를 전제로 하여 천지의 화육化育을 도우며 천지의 운행에 참여하는 순자의 '천인상분설'에 입각해 풀이하는 게 타당하다.

제23장 변화(變化)

其次致曲, 曲能有誠, 誠則形, 形則著, 著則明, 明則動, 動則變, 變則化, 唯天下至誠爲能化.

기차(其次 : 至誠의 바로 아래 단계)는 치곡(致曲 : 曲盡에 도달함)이다. '곡진(曲盡 : 細小한 일에까지 미침)' 에 이르면 능히 성(誠)하고, '성' 하면 곧 형(形 : 자연히 이뤄지지 못하고 배워서 이룸)하고, '형' 하면 곧 저(著 : 드러남)하고, '저' 하면 곧 명(明 : 밝음)하고, '명' 하면 곧 동(動 : 사람들을 감동시킴)하고, '동' 하면 곧 변(變 : 악을 선으로 바꿈)하고, '변' 하면 곧 화(化 : 마침내 악인이 모두 선하게 됨)한다. 오직 천하의 지성(至誠)만이 능히 사람을 전화(全化 : 완전히 善化시킴)할 수 있다.

여기의 '기차其次' 는 제22장에서 말하는 지성至誠의 다음 단계를 말한다. '지성' 은 성誠을 극진히 한 단계로 사람들이 처음부터 이런 경지에 이르기가 쉽지 않다. 사람은 통상 효孝보다는 제悌, '제' 보다는 '효' 의 어느 한 쪽에 치우치기 마련이다. 치곡致曲은 바로 '지성' 의 단계에 이르지 못한 채 어느 한 부분의 실현을 극진하게 해나가는 것을 말한다. 여기의 '곡曲' 은 만물 중 어느 하나라도 빠놓지 않는다는 뜻을 지닌 '위곡委曲'과 같다. 이는 성誠을 기울여야 가능한 것이기도 하다.

그러나 '치곡'도 꾸준히 해나가면 마침내 '지성'에 도달할 수 있다. 제23장에서는 '치곡'이 '지성'의 단계에 이르는 도정을 〈곡曲→성誠→형形→저著→명明→동動→변變→화化〉의 도식으로 표현해 놓았다. 최종단계인 '화化'는 '지성'을 통해 천하인을 모두 선한 쪽으로 변화시킨 전화全化를 의미한다.

이 장의 핵심은 변화變化에 있고, 그 출발은 바로 '곡진曲盡'에 있다. '곡진'을 오랫동안 하면 이내 성誠과 명明의 단계를 거쳐 변화의 궁극에 이르게 된다는 게 요지이다. 이는 순자가 오랫동안 예제의 습득을 통해 인성의 악성惡性을 선화善化시킬 수 있다고 주장한 것과 같은 취지이다. 순자는 「성악」편에서 이같이 주장한 바 있다.

"길거리의 사람도 우禹와 같은 성인이 될 수 있는 까닭은 무엇인가. 그가 인의와 올바른 법도를 행하기 때문이다."

인성은 욕망으로 인한 악성에도 불구하고 예에 따른 교화를 통해 얼마든지 '선화'될 수 있다는 게 순자 인성론의 핵심이다. 순자의 인성론은 비록 '성악설'로 표현되어 있으나 사실은 인성의 교화여부에 따라 선악의 어느 한쪽으로 진행할 수 있음을 인정한 일종의 가선가악설可善可惡說이라고 할 수 있다. 순자는 인성의 악성을 '선화'하는 구체적인 방안으로 '위僞'를 들었다.

'위僞'는 '인人'자와 '위爲'자가 결합한 데서 알 수 있듯이 작위를 뜻하는 말이다. 이는 훗날 주자가 주장하듯이 거짓을 뜻하는 것이 아니라 말 그대로 인간이 만들어낸 것을 뜻한다. 그는

『순자』「성악性惡」편에서 '위'를 이같이 풀이해 놓았다.

"배울 수도 도모할 수 없는데도 사람에게 있는 것을 '성性'이라고 한다. 배우면 할 수 있고 도모하면 이룰 수 있는 것이 사람에게 있는 것을 '위僞'라고 한다. 성인은 생각을 쌓고 '위'를 익혀 그것으로써 예법을 만들었다. 그러므로 예법은 성인의 '위'에 의해 생거나는 것이지 사람의 본성으로부터 생겨나는 것이 아니다."

순자는 배우고 노력해서 사람을 선하게 만드는 것이 바로 작위라고 본 것이다. 작위는 생각이 쌓이고 능력이 축적된 다음에 이루어지는 것으로 올바른 판단을 할 수 있는 사려작용이 전제되어 있다. 『중용』에서 말하는 '변화'야말로 인간의 후천적인 노력에 의해 성인의 경지에 도달할 수 있다는 순자의 예치사상을 한마디로 요약해 놓은 것이라고 할 수 있다. 공자가 맹자와 달리 인간이 도달키 어려운 성인론聖人論을 배제한 채 누구든지 노력하기만 하면 능히 도달이 가능한 군자론君子論을 전개한 이유가 바로 여기에 있다.

제24장 전지(前知)

至誠之道, 可以前知. 國家將興, 必有禎祥. 國家將亡, 必有妖孼. 見乎蓍龜, 動乎四體. 禍福將至, 善必先知之, 不善必先知之. 故至誠如神.

지성(至誠)의 도는 가히 전지(前知 : 미리 앎)할 수 있다. 국가가 장차 흥하려고 하면 반드시 정상(禎祥 : 慶福의 조짐)이 있고, 국가가 장차 망하려고 하면 반드시 요얼(妖孼 : 禍難의 싹)이 있다. 이에 그 조짐이 시구(蓍龜 : 蓍草와 龜甲으로 치는 점)에 드러나고, 사체(四體 : 거북의 四足)에서 움직인다. 화복(禍福)이 장차 이르고자 할 경우 선(善 : '福'을 지칭)과 불선(不善 : '禍'를 지칭)은 반드시 그 조짐을 미리 알려준다. 그래서 '지성'은 신명(神明)과 같은 것이다.

이 장에서는 지성至誠의 공효를 언급하고 있다. '정상禎祥'을 두고 공영달은 풀이하기를, '나라 안에 본래 있었던 것이 이제 달라지는 것을 정禎, 나라 안에 본래 없었던 것이 나타나는 것을 상祥이라고 한다'고 했다. 나라 안에 없던 봉황 등이 날아 오는 것이 '상'에 해당하는 셈이다. 요얼妖孼은 이와 정반대로 화난禍難의 싹을 말한다. '요'는 의복과 초목 등의 변괴變怪, '얼'은 금수와 충황蟲蝗 등의 변괴를 말한다.

시구蓍龜는 시초蓍草와 구갑龜甲으로 치는 점을 말한다. 사체四體를 두고 정현은 '거북의 사족四足'으로 보았으나 주희는 '동작위위지간動作威儀之間'으로 풀이했다. 문맥상 정현의 풀이가 옳다. '사체'가 움직인다는 것은 '구갑'을 불로 지질 경우 균열龜裂이 일어나는 것을 형상한 것이다. 이를 두고 남송대의 여조겸呂祖謙은 이같이 풀이했다.

"지성至誠은 천지와 더불어 동덕同德이다. 천지와 더불어 동덕이면 기화운행氣化運行이 천지와 더불어 동류同流한다. 흥망의 징조와 화복의 다가옴이 내 마음에 감응하고 내 기氣에 동하니 만일 조짐이 있으면 먼저 알지 못함이 없다. 하물며 성심誠心의 지극함이 시구蓍龜에게 요구하자 시구가 알려주고, 사체四體를 살피자 사체가 응답해 주니 더 말할 게 있겠는가. 이른바 은암隱暗한 것보다 더 나타남이 없고, 미세한 것보다 더 뚜렷한 것이 없다는 것이다. 이것이 지성이면 신명에 통달하여 빈틈이 없는 소이이다. 그래서 지성은 신과 같다고 한 것이다."

대체로 문의에 부합한다. '시구' 등이 언급된 것은 점서占筮의 공효를 인정한데 따른 것이라기보다는 '지성'이 신명에 통하게 된 이치를 비유하기 위한 것으로 보는 게 타당할 것이다. 공자와 순자 모두 '점서'의 공효를 인정한 바 없다. 순자의 문인들이 『중용』을 편제하면서 '점서'의 공효를 인정해 이런 표현을 했다고 보기는 어렵다.

제25장 자성(自成)

誠者, 自成也. 而道, 自道也.

誠者, 物之終始, 不誠無物. 是故君子誠之爲貴.

誠者, 非自成己而已也, 所以成物也. 成己, 仁也. 成物, 知也. 性之德也, 合外內之道也, 故時措之宜也.

성(誠)은 지성(至誠)을 통해 자성(自成 : 스스로 이룸)하는 것이고, 도(道)는 자도(自道 : 스스로 걸어가 체득함)하는 것이다.

'성' 은 사물의 종시(終始)이니, '성' 이 아니면 만물은 없다. 그래서 군자는 '성' 을 귀하게 여기는 것이다.

'성' 은 자신을 이루는 데 그치지 않고 사물을 성취시킨다. 자신을 이루는 것이 인(仁)이고, 사물을 성취시키는 것이 지(知)이다. 성(性)의 덕은 지성(至誠)의 덕이 천지만물의 외내지도(外內之道 : 안팎의 도)에 합치하는 것이다. 그래서 시조(時措 : 때에 맞춰 사용함, '措' 는 '用' 과 통함)가 모두 의당(宜當 : 합당)케 되는 것이다.

이 장에서도 앞장에 이어 성誠의 공효를 설명하고 있다. 여기서는 '성' 이 '도道' 에 비유되어 설명되고 있다. 그 요체는 자성自成 및 자도自道에 있다. 성誠이 인위人爲를 뜻하는 '언言' 자와 성취를 뜻하는 '성成' 자로 구성돼 있는 데서 알 수 있듯이 '성誠'은 천도와 인도를 관통하는 '자강불식自彊不息'의 이치를 의미한다.

이는 천도의 자성自成 및 자도自道와 인도의 자성自誠은 한 가지라는 뜻으로 『노자』에서 말하는 '무위無爲'가 '유위有爲'의 극치를 의미하는 것과 같다. 『노자』가 '무위시치無爲之治'를 강조한 것은 기본적으로 작위作爲에 의한 지극한 '치국평천하'의 이치를 궁구한 데 있다. 노자가 시종 '무위'를 통한 '무불위無不爲'를 역설한 이유가 바로 여기에 있다.

'무위지치'는 아무 것도 하지 않는 다스림이 아니라 그 다스림의 스케일이 너무 광대한 까닭에 외견상 마치 '무위'처럼 보일 뿐이다. 노자에서 말하는 '무불위'는 바로 '모든 유위有爲'를 뜻하는 것이다. 이는 '무위'의 존재이유가 바로 '무위'를 통해 작위의 궁극적인 목표인 '치국평천하'를 이루는 데 있음을 의미하는 것이다.

노자는 작위의 최종 목표인 '지치'는 바로 이러한 '무위지치'를 통해 구현할 수밖에 없다는 확고한 신념을 지니고 있었다. 노자는 천도와 인도가 하나로 합치된 '무위지치'를 발견한 셈이다. 이로 인해 인류는 국적과 신분을 떠나 공존공영을 이룰 수 있는 대원칙을 찾아내게 되었다고 해도 과언이 아니다. 이는 과학사에서 경이적인 업적으로 일컬어지는 비유클리드 기하학과 아인슈타인의 상대성 원리 발견에 비유할 만하다. 『중용』의 자도自道는 의미상 『노자』에서 말하는 '무위지치'에 가깝다.

성誠을 사물의 종시終始로 규정한 것은 '생생불이生生不已'의 천도를 비유하기 위한 것이다. 이를 두고 주희는 이같이 풀이해 놓았다.

"천하의 물物이 모두 실리實理의 소위所爲인 까닭에 반드시 '리理'를 얻은 뒤에야 이 '물'이 있게 된다. 얻은 바의 '리'가 다하면 이 '물' 역시 다하고 만다."

이는 천리설天理說에 입각한 해석으로 천도의 '생생불이' 이치를 형해화形骸化했다는 지적을 면키 어렵다. 천도의 이치는 '생생불이'를 통해 사물을 생성하고, '자강불식'을 통해 사물로 하여금 스스로 운행토록 만드는 데 있다. 주희의 '실리'는 '리'를 불변의 실체로 간주한 데 따른 것으로 '리' 자체가 존부생멸存否生滅의 대상이 되어버렸다. 이는 '생생불이'와 '자강불식'의 이치와 배치되는 것이다. 천도는 끝없이 '생생불이' 하여 '자강불식' 하는 만물 변역의 이치를 말한다. 이는 결코 '존부생멸'의 대상이 될 수 없는 것이다. 천도를 '리' 자체로 간주한 것은 나름대로 수용할 수 있으나 '허실虛實'의 개념을 덧붙여 천도를 '실리'로 규정한 것은 잘못이다.

주희가 이런 논리적 모순에 빠진 것은 인도를 천도의 종속물로 간주한 데 이어 '치평'을 '수제'의 필연적인 결과물로 상정한 데 따른 것이다. '3강 5륜'으로 상징되는 성리학의 강상명교가 고식적인 윤리철학으로 전락한 이유가 바로 여기에 있다.

인도는 천도의 종속물이 아니다. '치평' 또한 '수제'의 필연적인 결과물일 수 없다. 천도와 인도를 관통하는 이치는 오직 '생생불이'와 '자강불식'의 이치일 뿐이다. '치평'은 상황에 따라 '수제'를 뛰어넘는 단계에서 이뤄질 수밖에 없다. 비례非禮를 저지른 관중이 일광천하一匡天下의 패업을 이룬 것이 그 실례이다.

조선조의 영조英祖는 자식인 사도세자思悼世子를 뒤주 속에 가둬 아사시킨 뒤 『춘추』에서 말한 '대의멸친大義滅親'을 내세워 자신의 행위를 정당화했다. 이는 위정자가 '치평'에 임해서는 사친私親을 돌아볼 수 없음을 뜻하는 것으로 〈수제→치평〉으로 연결되는 것이 가장 바람직하기는 하나 상황에 따라서는 정반대로 법가의 주장과 같이 〈치평→수제〉로 연결될 수 있음을 의미한다. 이 장에서 말하는 '성誠'과 '도道'의 '자성自成'과 '자도自道'는 바로 이를 의미하는 것이다. '중용中庸'과 '중화中和'의 진정한 의미가 바로 여기에 있다.

제26장 무식(無息)

故至誠無息. 不息則久, 久則徵. 徵則悠遠, 悠遠則博厚, 博厚則高明. 博厚, 所以載物也. 高明, 所以覆物也. 悠久, 所以成物也. 博厚配地, 高明配天, 悠久無疆. 如此者, 不見而章, 不動而變, 無爲而成.

天地之道, 可壹言而盡也. 其爲物不貳, 則其生物不測. 天地之道. 博也, 厚也, 高也, 明也, 悠也, 久也.

今夫天, 斯昭昭之多, 及其無窮也, 日月星辰繫焉, 萬物覆焉. 今夫地, 一撮土之多, 及其廣厚, 載華嶽而不重, 振河海而不洩, 萬物載焉. 今夫山, 一卷石之多, 及其廣大, 草木生之, 禽獸居之, 寶藏興焉. 今夫水, 一勺之多, 及其不測, 黿鼉蛟龍魚鼈生焉, 貨財殖焉.

『詩』云, "維天之命, 於穆不已." 蓋曰 '天之所以爲天也'. "於乎不顯文王之德之純." 蓋曰 '文王之所以爲文也, 純亦不已'.

그래서 지성(至誠)은 쉬는 일이 없다. 쉬지 않으면 장구(長久)하고, '장구' 하면 징험(徵驗)이 나타난다. 징험이 나타나면 유원(悠遠)하고, '유원' 하면 곧 박후(博厚 : 넓고 두터움)하고, '박후' 하면 곧 고명(高明 : 높고 밝음)하다. '박후' 하면 만물을 싣고, '고명' 하면 만물을 덮고, 유구(悠久)하면 만물을 이룬다. '박후' 는 땅과 짝을 이루고, '고명' 은 하늘과 짝을 이루고, '유구' 는 무강(無疆 : 끝이 없음)하다. 이런 사람은 불현이장(不見而章 : 드러내지 않으면서 밝게 돋보임)하고, 부동이변(不動而變 : 움직이지 않으면서 변함)하고, 무위이성(無爲而成 : 무위하면서 성취함)한다.

천지의 도는 가히 일언(壹言 : 한 마디 말)으로 다 표현할 수 있다. 그 위물(爲物 : 만물을 만드는 요체, 至誠을 지칭)은 불이(不貳 : 둘이 아닌 하나임)이나 그 생물(生物 : 생산된 만물)이 너무 많아 그 수를 헤아릴 수 없다. 천지의 도는 넓고, 두텁고, 높고, 밝고, 유원하고, 장구하다.

지금 하늘은 소소(昭昭 : 小明)함이 많이 모인 것이나 그 무궁(無窮)에 미쳐서는 일월성신(日月星辰)이 달려 있고, 만물이 그 아래 덮여 있다. 지금 땅은 일촬토(一撮土 : 한 줌의 흙)가 많이 모인 것이나 그 광후(廣厚)에 미쳐서는 화악(華嶽 : 화산과 악산)을 싣고 있으면서도 무거워하지 않고, 하수(河海)를 거두어도 새지 않고, 만물이 모두 여기에 실려 있다. 지금 산은 일권석(一卷石 : 한 덩이 돌, 卷은 拳과 통함)이 많이 모인 것이나 그 광대(廣大)에 미쳐서는 초목이 여기서 나고, 금수가 여기서 살고, 보장(寶藏 : 보물 매장)이 무수하다. 지금 물은 일작(一勺 : 한 홉의 10분의 1)이 많이 모인 것이나 그 불측(不測 : 헤아릴 수 없음)에 미쳐서는 원(黿 : 큰 자라) · 타(鼉 : 악어) · 교(蛟 : 뿔 없는 용) · 룡(龍) · 어(魚 : 물고기) · 별(鼈 : 자라)이 여기서 나고, 화재(貨財)가 여기서 불어난다.

『시경』「주송 · 유천지명(維天之命)」에 이르기를, '유천지명(維天之命 : 四時의 운행이 하늘의 명에 따름)이여, 아, 목불이(穆不已 : 심원함이 그치지 않음)라네' 라고 했다. 이는 대개 하늘이 바로 하늘이 된 소이(所以)를 말한 것이다. 또 '오호(於乎 : 아아), 빛나지 않는가, 문왕의 덕의 순일(純一)함이여' 라고 했다. 이는 대개 문왕이 바로 문왕이 된 소이를 말한 것이다. 그 순수함이 또한 천지와 더불어 그치지 않음을 말한 것이다.

이 장 또한 앞장에 이어 지성至誠의 공효를 말하고 있다. 여기서는 '지성'의 공효가 〈무식無息→장구長久→징험徵驗→유원悠遠→박후博厚 : 載物配地→고명高明 : 覆物配天→유구悠久 : 成物無疆〉의 도식으로 표현돼 있다. '박후'와 '고명'은 천지의 공용功用을 뜻하고, 최종단계의 '유구'는 지성至誠이 천도와 인도를 관통하는 생생불이生生不已와 자강불식自彊不息의 이치와 합치되었음을 의미한다. '불현이장不見而章'과 '부동이변不動而變', '무위이성無爲而成'은 그 구체적인 표현이다. 이는 '치평'의 관점에서 볼 때 『노자』에서 말하는 '무위지치無爲之治'와 상통한다.

소소昭昭의 하늘과 일촬토一撮土의 땅, 일권석一卷石의 산, 일작一勺의 물은 모두 적소성대積小成大를 비유한 것으로 '지성'의 공효가 '무식無息'에서 출발해 '유구悠久'의 단계로 나아가는 과정을 설명한 것이다.

마지막 구절에 인용된 『시경』「주송·유천지명維天之命」은 주 문왕의 순일한 덕을 예로 들어 지성무식至誠無息의 천도와 지성무망至誠無妄의 인도가 하나로 합치될 수 있음을 언급한 것이다. 이는 천도와 인도를 관통하는 '자강불식'을 해석한 것으로 인도를 상징하는 성지誠之의 본원이 천도를 상징하는 성誠에 있음을 의미한다.

제21장 명철(明哲)

大哉, 聖人之道. 洋洋乎發育萬物, 峻極于天. 優優大哉, 禮儀3百, 威儀3千. 待其人而後行. 故曰, "苟不至德, 至道不凝焉."

故君子尊德性而道問學, 致廣大而盡精微, 極高明而道中庸, 溫故而知新, 敦厚以崇禮.

是故居上不驕, 爲下不倍. 國有道, 其言足以興. 國無道, 其默足以容. 『詩』曰, "旣明且哲, 以保其身." 其此之謂與.

크구나, 성인의 도여. 양양(洋洋 : 가득함)히 만물을 발육(發育)시켜 그 고대(高大)함이 하늘에 닿았다. 우우(優優 : 넉넉함)히 크구나, 예의(禮儀)가 3백 가지, 위의(威儀)가 3천 가지이니. 기인(其人 : 그 사람으로 聖賢을 지칭)을 기다린 이후에 행해질 것이다. 그래서 말하기를, '실로 지덕(至德)이 아니면 지도(至道)는 성립되지 않는다' 고 하는 것이다.

이에 군자는 존덕성(尊德性 : 덕성을 높임)·도문학(道問學 : 지성을 배우는 데서 비롯함, '道'는 '由'와 통함)하고, 광대(廣大)함에 도달해 땅이 만물을 생육하듯 만물로 하여금 그 정미(精微)함을 다하게 하고, 고명(高明)함의 극에 달해 하늘이 그러하듯 도중용(道中庸 : 중용의 이치에 통달함, '道'는 '通'과 통함)하고, 온고지신(溫故知新)하고, 돈후숭례(敦厚崇禮 : 돈후함으로 예를 높임) 하는 것이다.

그래서 군자는 윗자리에 앉아 있어도 교만하지 않고, 아랫자리에 앉아 있어도 배반하지 않는 것이다. 나라가 유도(有道)할 때는 그 지모(智謀)의 말이 족히 나라를 흥기시킬 만하고, 나라가 무도(無道)할 때는 그 침묵이 족히 그 몸을 용납할 만하다. 『시경』「대아 · 증민(烝民)」에 이르기를, '이미 명철(明哲)하여 그로써 보신(保身)한다' 고 했다. 그것이 바로 이를 말하는 것인가.

이 장에서는 인도의 지극한 표현인 성인지도聖人之道를 논하고 있다. '발육만물發育萬物' 과 '예의삼백禮儀三百', '위의삼천威儀三千' 등은 그 공효를 말한 것이다. 여기의 '기인其人' 은 이러한 공효를 이룰 수 있는 성현聖賢을 뜻하는 말로 제20장에서 말한 '위정재인爲政在人' 의 취지와 같다. '존덕성尊德性' 과 '도문학道問學', '도중용道中庸', '온고지신溫故知新', '돈후숭례敦厚崇禮' 등은 모두 '위정재인' 의 구체적인 실천방안을 말한 것이다.

여기의 '존덕성尊德性' 은 자신에게 내재해 있는 천부의 덕성을 봉지奉持하는 것을 뜻하고, '도문학道問學' 은 외재해 있는 사물의 이치를 궁구하고 터득해 가는 것을 말한다. 전자는 덕행을 닦아나가는 수덕修德을 의미하고, 후자는 학행을 연마하는 수학修學을 뜻한다. 양자를 겸행하는 것이 바로 학덕겸수學德兼修인 것이다.

'존덕성' 과 '도문학' 은 정주학程朱學과 육왕학陸王學을 특징짓는 분기점이기도 하다. 앞서 『대학』의 '격물치지' 에서 언급한 바와 같이 주희의 정주학은 '도문학' 에 중심을 둔 데 반해 왕양명의 육왕학은 '존덕성' 에 치중했다. '도문학' 은 『대학』의 '격물치지' 에 가깝고, '존덕성' 은 '성의정심' 에 가깝다. 이는 불가의 교종敎宗과 선종禪宗이 교장敎藏과 참선參禪을 두고 대립한 것과 유사하다.

마지막 구절에 인용된 『시경』「대아·증민烝民」의 요체는 '명철보신明哲保身'에 있다. 여기의 '명철'은 천하의 사리에 통효通曉하는 것을 뜻하고, '보신'은 사리에 맞게 처신함으로써 몸을 보호하는 것을 말한다. 상황에 따라서는 『논어』에서 말하는 '살신성인殺身成仁'도 비록 몸을 내던지기는 했으나 '명철보신'이 될 수 있다. 이는 결코 단순히 기미幾微를 살펴 몸을 사리는 것을 뜻하는 게 아니다.

그러나 사실 '명철보신'을 이루기가 쉽지 않다. 상황에 대한 정확한 인식도 쉽지 않을 뿐만 아니라 그러한 상황에 부응하는 올바른 처신을 하기는 더욱 어렵기 때문이다. '중용'과 '중화'의 어려움이 바로 여기에 있다. 『자치통감』「진소양왕 52년」조에 이에 관한 일화가 실려 있다.

이에 따르면 진소양왕秦昭襄王 52년기원전 255에 연나라 세객說客 채택蔡澤이 진나라로 들어왔다. 그리고 곧 사람을 승상인 응후應侯에게 보내 이같이 말하게 했다.

"채택은 천하의 웅변지사雄辯之士입니다. 그가 진왕을 만나면 반드시 그대를 곤란케 만들어 마침내 그대의 지위마저 빼앗고 말 것입니다."

응후가 화가 나 곧 사람을 보내 채택을 불렀다. 채택이 응후를 만나면서 예를 차리기는 했으나 그 태도가 매우 거만했다. 이에 응후가 불쾌한 나머지 이같이 나무랐다.

"그대가 나를 대신해 재상이 되겠다고 공언했다 하니 내가 그 이야기를 좀 들어보려 하오."

그러자 채택이 오히려 응후를 힐난했다.

"어허, 그대는 어찌하여 아는 것이 그리 늦습니까. 무릇 4계의 순서가 있듯이 일단 성공하게 되면 사퇴케 되어 있습니다. 무릇 진나라의 상군商君과 초나라의 오기吳起, 월나라 대부 문종文種의 말로를 그대만 홀로 보지 못했단 말입니까. 그런데도 그대는 무엇을 더 바라는 것입니까."

응후가 반박했다.

"어찌하여 이들을 본받은 것이 불가하단 말이오. 이 세 사람은 도의를 다 했고, 충성을 다했소. 군자는 살신성명殺身成名 : 자신의 몸을 죽여 이름을 남김하면 죽어도 여한이 없는 법이오."

이에 채택이 이같이 말했다.

"무릇 사람이 공을 세울 때 어찌 신명身名 : 목숨과 명성을 모두 온전히 하려 하지 않겠습니까. 신명을 온전히 하는 것이 가장 좋은 것이고, 명성은 본받을 만하지만 목숨을 잃는 것은 그 다음이고, 명성이 치욕을 당하면서 목숨을 보전하는 것이 가장 못한 것입니다. 무릇 상군과 오기, 대부 문종은 다른 사람의 신하가 되어 충성을 다하고 공을 이뤘으니 이는 본받을 만한 것입니다. 그러나 굉요閎夭와 주공周公과 같은 사람들 또한 어찌 충성을 다하여 성명聖明한 명성을 남기지 않았겠습니까. 상군과 오기, 대부 문종을 본받고자 하는 것을 굉요와 주공이 했던 것과 비교하면 어떻습니까."

"좋은 말씀이오."

채택이 다시 물었다.

"그렇다면 그대의 군주가 구신舊臣 및 옛 친구에게 돈후惇厚하고 공신을 버리지 않는 것을 진효공과 초도왕, 월왕 구천과 비교하면 어떻습니까."

"어떠한지 잘 모르겠소."

"그렇다면 그대가 세운 공을 앞의 세 사람과 비교하면 어떻습니까."

"그들만 못하오."

그러자 채택이 이같이 말했다.

"그렇다면 그대가 물러나지 않을 경우 닥쳐올 환란이 앞의 세 사람보다 더욱 심할까 걱정이오. 속담에 이르기를, '해가 중천에 있으면 곧 옮겨가게 되고, 달이 차면 곧 줄어들게 된다'고 했습니다. 진퇴영축進退贏縮 : 나아가고 들어가며 가득 차고 응축됨이 때에 따라 변화하는 것은 성인의 도입니다. 지금 그대의 원한은 원수를 갚았고 그대의 공덕 또한 보답을 받았습니다. 뜻을 이루고도 시변을 좇을 계책을 마련치 않았다면 이는 매우 위험한 것으로 생각됩니다."

이에 응후가 채택을 상객으로 삼고 곧 진소양왕에게 추천했다. 진소양왕이 채택을 불러 이야기해 보고는 크게 기뻐하며 이내 객경으로 임명하자 응후가 곧 칭병하여 사직했다. 이에 진소양왕이 곧 채택을 응후 대신 승상으로 삼았다.

원래 전국시대 초기에 뛰어난 병법가인 오기吳起는 여러 나라를 전전하다가 마침내 초도왕楚悼王의 총애를 입어 최고의 지위에 오르게 되었다. 그러나 초도왕이 죽자 곧바로 비참한 최후를 맞이하게 되었다. 전국시대 중엽에 위衛나라 공자 출신인 상앙商鞅도

비슷한 최후를 맞이했다. 그 또한 진효공秦孝公의 총애를 받아 최고의 위치에 오르게 되었으나 진효공이 죽은 뒤 이내 거열형에 처해지고 말았다. 춘추시대 말기의 월나라 대부 문종文種도 구천句踐이 패업을 이루는 데 지대한 공을 세웠으나 범리范蠡의 충고를 무시한 나머지 이내 토사구팽兎死狗烹이 화를 입고 말았다.

이들 모두 뛰어난 능력으로 군주의 총임을 얻는 데 성공했으나 끝내 주변 사람들의 질시와 군주의 시기심으로 인해 비참한 최후를 맞이하고 말았다. 이런 한계를 넘어 천수를 넘은 사람은 응후의 뒤를 이어 진나라 재상을 지낸 채택 정도에 불과하다. '명철보신'과 관련해 공자는 『논어』「태백」편에서 이같이 설파한 바 있다.

"위방危邦에는 발을 들여놓지 않고, 난방亂邦에서는 살지 않는다. 천하에 도가 있으면 몸을 드러내 벼슬하고, 도가 없으면 몸을 숨긴다."

주희는 '위방'을 치도가 무너져 위험한 나라, '난방'을 위태로운 지경까지는 이르지 않았으나 형정刑政과 기강紀綱이 문란해 장차 치도가 무너지려고 하는 나라로 보았다. 대략 문의에 부합한다. 이는 거취去就와 출처出處를 분명히 할 것을 주문한 것으로 결코 도로徒勞와 도사徒死를 해서는 안 된다는 뜻을 담고 있다. 거취와 출처가 분명치 못하면 진정한 군자로 부를 수 없다는 것이 공자의 기본 입장이었다. '명철보신'이 얼마나 어려운 것인지를 시사하는 대목이 아닐 수 없다.

제28장 반고(反古)

子曰, "愚而好自用. 賤而好自專. 生乎今之世, 反古之道. 如此者, (烖)(=灾)及其身者也."

非天子, 不議禮, 不制度, 不考文. 今天下, 車同軌, 書同文, 行同倫. 雖有其位, 苟無其德, 不敢作禮樂焉. 雖有其德, 苟無其位, 亦不敢作禮樂焉.

子曰, "吾說夏禮, 杞不足徵也. 吾學殷禮, 有宋存焉. 吾學周禮, 今用之, 吾從周."

공자가 말했다.

"어리석으면서도 즐겨 자용(自用 : 자신의 지모를 이용함)하고, 신분이 낮은데도 즐겨 자전(自專 : 모든 것을 자신이 전행함)하면 생금반고(生今反古 : 今世에 태어났으면서도 古道로 돌아감, 今王의 新政이 가히 좇을 만하다는 것을 모른다는 뜻임)하는 것이다. 이같이 하면 재앙이 그 몸에 미친다."

천자가 아니면 의례(議禮 : 예의 시비를 논함)하지 않고, 제도(制度 : 법도를 제정함)하지 않고, 고문(考文 : 문장과 書名 등을 考定함)하지 않는다. 지금 천하를 보면 수레는 동궤(同軌 : 수레 폭이 같음, 앞의 '制度'를 언급한 것임), 문서는 동문(同文 : 문자와 문체가 같음, 앞의 '考文'을 언급한 것임), 행동은 동륜(同倫 : 도리가 같다는 뜻으로 '倫'은

'道'와 통함, 앞의 '議禮'를 언급한 것임)이다. 비록 그러한 자리를 차지했을지라도 실로 그에 부합하는 덕이 없으면 감히 예악을 조작(造作 : 만듦)하지 않고, 비록 그러한 덕이 있을지라도 실로 그러한 자리에 있지 않으면 또한 감히 예악을 조작하지 않는다.

공자가 말했다.

"내가 하례(夏禮 : 하나라의 예제)를 말할 수는 있으나 기(杞 : 주나라 건국 초기에 하나라의 후손을 찾아내 세운 제후국)나라로는 명징(明徵 : 증거로 삼음)하기에 부족하다. 내가 은례(殷禮)를 배우기는 했으나 단지 송(宋 : 은나라의 후손 제후국)나라만 존재하고 있을 뿐이다. 내가 주례(周禮)를 배웠고 현재 주례가 쓰이고 있으니 나는 종주(從周 : 주나라의 예제를 좇음)할 것이다."

공자가 언급한 '생금반고生今反古'는 직역하면 '금세에 태어났으면서도 고도古道로 돌아가다'의 뜻을 지니고 있다. 문맥상 역사의 흐름을 역류하는 것을 의미한다. 그러나 이는 '고도'를 반대한 것이 아니라 시중時中을 어기고 무조건 옛날을 고집하는 것을 뜻한다. 원래 사물에는 여러 공혈孔穴 : 구멍이 있듯이 일을 성취하는 데에도 여러 방도가 있다. 그럼에도 일공지인一孔之人 : 오직 한 공혈만 아는 사람은 무조건 고왕古王 : 옛 성왕만을 들먹이며 금왕今王의 신정新政이 가히 좇을 만한 사실을 모른다. 공자가 '생금반고'를 언급한 이유가 여기에 있다.

이는 순자의 '법후왕法後王' 사상과 맥을 같이 하는 것이다. 맹자는 순자와 달리 '법선왕法先王'을 강조했다. '선왕'을 본받기만 하면 모든 것이 도리에 맞게 된다는 게 그 요지이다. 이는 기본적으로 인간은 선성善性을 지니고 있는 까닭에 '선성' 위에 덮여 있는 먼지를 제거하기만 하면 누구나 다 요순과 같은 성인이 될 수 있다는 그의 '성선설性善說'에서 나온 것이다. 맹자의 이런 주장은 자칫 사람들을 '일공지인'으로 만들 공산이 크다. 순자가 맹자의 '법선왕'을 비판한 것은 바로 이 때문이었다.

본래 현인군자는 비록 금세에 태어났을지라도 능히 고법古法을 지킬 수 있다. 그러나 심상인尋常人 : 일반인은 대도를 모르는 까닭에 '고왕'이 좋다는 얘기만 듣고 무조건 입만 열면 맹자가 말한 '법선왕'을 들먹이며 '고왕'을 언급하는 것이다. '생고반금'은 바로 이를 지적한 말이다. 순자의 말한 '법후왕'은 '군자의 치평治平'에 관한 탐구에서 출발한 공문孔門의 기본 정신이기도 하다.

이를 통해 『대학』이 '학지學知'를 강조한 순자의 '법후왕' 사상에 입각해 있음을 알 수 있다. 이는 『중용』이 맹학孟學의 사상적 연원인 자사子思가 지었다는 통설이 얼마나 잘못된 것인지를 반증하는 것이다. 순학荀學을 추종하는 후대의 유자들이 『예기』의 「중용」편을 편제할 때 이런 구절을 삽입시켰을 공산이 크다. 그것이 아니라면 자사 역시 순자와 마찬가지로 '법후왕' 사상에 입각해 있었으나 후대의 맹자가 이를 제대로 이해치 못하고 '법선왕'을 주장했는지도 모를 일이다.

'거동궤車同軌'와 '서동문書同文', '행동륜行同倫'은 진시황의 천하통일 이후에 나온 것으로 『중용』의 편제시기가 전한제국 초기에 이뤄졌을 가능성을 뒷받침하고 있다. 일찍이 전한제국의 초기의 허신許愼은 『설문해자』에서 전국시대의 상황을 이같이 묘사해 놓았다.

“차도車塗는 궤가 다르고, 율령律令은 법이 다르고, 의관衣冠은 제도가 다르고, 언어言語는 소리가 다르고, 문자文字는 모양이 다르다.”

이를 통해 알 수 있듯이 동궤同軌’와 ‘동문同文’, ‘동륜行同倫’은 전국시대만 할지라도 존재할 수 없는 것이었다. 이에 대해 주희는 자사가 『중용』을 만들 때 열국에 아직 주왕실의 예제가 남아 있었음을 뜻한다고 주장했으나 이는 역사적 사실과 동떨어진 억견에 불과하다.

공자가 언급한 뒷부분의 ‘기부족징杞不足徵’ 구절은 기나라로는 하례夏禮를 명징明徵하기에 부족하다는 뜻으로 기나라가 비록 하례를 행하기는 하나 그 군주가 암약暗弱한 까닭에 하례를 찬성키 어렵다는 의미를 담고 있다. 은례殷禮와 송宋나라를 언급한 것 역시 같은 맥락에서 이해할 수 있다. 이 구절 역시 기나라가 하례를 명징하기에 부족하듯이 은례 역시 송나라에서만 행해지고 있고 송나라 군주 역시 암약하기 때문에 찬성키 어렵다는 취지를 밝힌 것이다. 실제로 『논어』「팔일八佾」편에는 ‘송부족징宋不足徵’으로 표현되어 있다.

그럼에도 이 장에서는 『논어』와 달리 ‘송부족징’이라고 하지 않고 ‘유송존언有宋存焉’으로 얼버무려 놓았다. 이를 두고 청대의 고증학자 염약거閻若璩는 자사가 송나라에서 『중용』을 저술한 까닭에 송나라의 약점을 드러내기가 곤란해 그같이 표현했을 것으로 추정했다. 염약거 또한 『중용』을 자사가 저술했다는 전래의 전설을 역사적 사실로 믿은 것이다. 이는 염약거의 잘못이다. 이와 관련해 하나라와 기나라의 시대적 격리에 비해 은나라와 송나라의 거리는 훨씬 가깝기 때문에 '유송존언'으로 표현한 것으로 보아야 한다는 주장이 있다. 문맥상 순통하는 것은 아니나 이것이 염약거의 해석보다는 합리적이다.

마지막 구절의 '종주從周'는 『논어』「팔일」편에 나오는 '주나라는 하 · 은 2대를 거울로 삼아 그 문채가 찬란하게 빛나고 있다. 나는 주나라를 따를 것이다'의 구절과 상통한다. 공자가 말한 '종주'는 주왕조의 봉건정을 복원시키겠다는 의미가 아니다. 이는 주공 단이 주왕실의 예악문물을 성대하게 만든 취지를 본받아 무너진 예악문물을 흥성하게 만들겠다는 취지에서 나온 것이다. 공자는 결코 주왕조의 봉건정을 지지한 적이 없다. 오히려 그는 신분세습의 봉건정을 속히 무너뜨리고 학덕을 연마한 군자가 다스리는 소위 '군자정'을 구축코자 했다. 그가 14년간에 걸쳐 철환천하轍環天下 : 수레를 타고 천하유세를 행함한 이유가 여기에 있다.

제29장 삼중(三重)

王天下有3重焉, 其寡過矣乎. 上焉者, 雖善無徵. 無徵不信, 不信民弗從. 下焉者, 雖善不尊, 不尊不信, 不信民弗從. 故君子之道, 本諸身, 徵諸庶民, 考諸三王而不繆, 建諸天地而不悖, 質諸鬼神而無疑, 百世以俟聖人而不惑. 質諸鬼神而無疑, 知天也. 百世以俟聖人而不惑, 知人也.

是故君子動而世爲天下道, 行而世爲天下法, 言而世爲天下則. 遠之則有望, 近之則不厭.

『詩』曰, "在彼無惡, 在此無射. 庶幾夙夜, 以永終譽." 君子未有不如此, 而蚤有譽於天下者也.

왕천하(王天下 : 천하에 군왕으로 군림함)할 때 3중(三重 : 3가지 중한 것, 하 · 은 · 주 3대의 예제를 지칭)이 있으니 이를 알면 그 허물이 얼마나 적어지겠는가. 상언자(上焉者 : 군주)가 비록 선행을 할지라도 이를 분명히 징험(徵驗)하지 못하면 신하의 불신을 받게 된다. 신하의 불신을 받게 되면 백성들도 좇지 않게 된다. 하언자(下焉者 : 신하)가 비록 선행을 할지라도 존군(尊君)하지 않으면 밑의 사람들로부터 불신을 받게 된다. 밑의 사람들이 불신하면 백성들도 좇지 않게 된다.

그래서 군자지도는 스스로 행하는 데서 시작해 그 행선(行善 : 선행을 행함)이 서민(庶民)에게 징험되고, 삼왕(三王 : 三王之禮)에 상고하여 불류(不繆 : 어지럽지 않음, '繆'는 '亂'과 통함)하고, 천지에 세울지라도 불패(不悖 : 어긋나지 않음)하고, 귀신에게 물을지라도 무의(無疑 : 의심할 게 없음)하고, 백세(百世)를 두고 성인이 나오기를 기다려 살필지라도 불혹(不惑 : 미혹치 않음, 성인이 만든 도는 백세후의 성인이 만든 도와 같음을 의미)케 되는 것이다. 귀신에게 물어 무의(無疑)한 것은 지천(知天 : 천도를 앎), 백세를 두고 성인이 나오기를 기다려 살필지라도 불혹케 되는 것은 지인(知人 : 인도를 앎)이다.

이에 군자는 움직이면 대대로 천하도(天下道)가 되고, 행하면 대대로 천하법(天下法)이 되고, 말하면 대대로 천하칙(天下則)이 되는 것이다. 성인의 도는 세세(世世)로 법칙이 되는 까닭에 이로부터 원리(遠離 : 멀리 떨어짐)하면 곧 기망(企望 : 사모의 정이 깊어 속히 오기를 고대함)하고, 부근(附近 : 가까이 함)할지라도 염권(厭倦 : 싫어하거나 피로해함)하지 않는 것이다.

『시경』「주송 · 진로(振鷺)」에 이르기를, '저기에 있을지라도 무오(無惡 : 미워하지 않음)하고, 여기에 있어 무역(無射 : 싫어하지 않음, 射는 厭과 통함)하네. 서기숙야(庶幾夙夜 : 안팎을 오가며 거의 밤낮으로 일함)하니 영종(永終 : 영원함)토록 그 아름다운 성예(聲譽)를 잃지 않네' 라고 했다. 군자가 이같이 하지 않고서도 일찍이 천하에 그 성예를 누린 적은 없었다.

왕천하王天下의 요체로 거론된 '3중三重'을 두고 예로부터 논란이 많았다. 정현은 하 · 은 · 주 3대의 예제를 뜻하는 소위 '삼왕지례三王之禮'로 풀이한 데 반해 주희는 앞장에서 거론된 천자의 전권인 의례議禮 : 예의를 논함와 제도制度 : 법도를 정함, 고문考文 : 문자 등을 考定함으로 보았다. 이에 대해 청대의 공양가公羊家인 강유위康有爲는 『중용주中庸注』에서 교란攪亂 · 승평升平 · 태평太平의 삼세三世의 이치로 보았다. 전체 문맥에 비춰 정현의 주석이 타당하다.

'상언자上焉者'와 '하언자下焉者'를 두고 정현은 각각 '군주'와 '신하'로 풀이했다. 이에 대해 주희는 '상上'을 '시왕이전時王以前'으로 보아 당세當世에 앞선 문물제도로 풀이하고, '하下'를 '성인재하聖人在下'로 보아 공자와 같은 성인이 보위에 있지 않은 것을 의미한다고 주장했다. 전체 문맥에 비춰 정현의 풀이가 타당하다.

'군자지도君子之道'의 요체와 공효를 논한 이 장의 핵심은 인도를 안다는 의미의 '지인知人'에 있다. 『중용』이 제1장의 첫머리에서 '천天'과 '성性'에 뒤이어 '도道'와 '교敎'를 언급한 이유가 바로 여기에 있다. 『중용』은 천도와 인도를 관통하는 '자강불식'의 이치를 인도人道를 통해 구현할 수 있고, 그 요체는 바로 학지學知를 기초로 한 수도修道 즉 '교敎'에 있음을 총강總綱의 의미로 제시해 놓은 것이다. '지인'은 곧 인도를 안다는 뜻이기도 한 동시에 사람을 안다는 뜻을 내포하고 있다. 『순자』가 「군도君道」와 「신도臣道」편에서 각각 그 요체를 사람을 안다는 뜻의 지인知人과 사물을 통효通曉한다는 의미의 지사知事에서 찾은 이유가 바로 여기에 있다.

제30장 조술(祖述)

仲尼祖述堯舜, 憲章文武, 上律天時, 下襲水土.

辟如天地之無不持載, 無不覆幬(=燾). 辟如四時之錯行, 如日月之代明.

萬物並育而不相害, 道並行而不相悖, 小德川流, 大德敦化, 此天地之所以爲大也.

중니(仲尼)는 요(堯) · 순(舜)을 조술(祖述 : 祖宗으로 받들어 傳述함)하고, 문무(文武 : 주문왕과 주무왕의 법도를 지칭)를 헌장(憲章 : 법으로 삼아 밝게 드러냄)하고, 상률천시(上律天時 : 위로는 사시 운행 등의 천시를 본받음, '律'은 '法'과 통함)하고, 하습수토(下襲水土 : 아래로는 각 지역의 실정과 산천의 이치를 따름, '襲'은 '因'과 통함)했다.

비유하면 천지가 지대복도(持載覆幬 : 사물을 보유하여 실거나 덮어 감쌈)하지 않은 게 없는 것과 같고, 사시(四時)가 착행(錯行 : 交錯하여 順行함, 번갈아 갈마들며 흐르는 것을 지칭)하고 일월(日月)이 대명(代明 : 밤낮으로 交代하여 사물을 밝힘)하는 것과 같다.

만물이 병육(並育 : 함께 무성히 生育함)할지라도 서로 해치지 않고, 도가 병행(並行)할지라도 서로 어긋나지 않는다. 소덕(小德)은 천류(川流 : 냇물이 흐르는 것과 같이 작음)이나, 대덕(大德)은 돈화(敦化 : 두터이 변화시킴, 仁愛敦厚하여 만물을 化生함)한다. 이것이 바로 천지가 지극히 커서 불가측(不可測)한 이유이다.

이 장에서는 공자의 덕을 칭송하고 있다. 주희를 비롯한 성리학자들은 공자가 요·순을 조술祖述한 것을 두고 소위 도통설道統說의 근거로 삼았으나 이는 잘못이다. 여기의 조술은 요·순의 덕행을 높이 받들어 기술했다는 의미로 '도통'과는 하등 상관없는 것이다.

공자의 덕행을 천지의 지대복도持載覆幬와 사시착행四時錯行, 일월대명日月代明으로 비유한 것은 후대에 이르러 공자가 신격화되었음을 반증하는 것이다. 이는 공자의 진면목을 왜곡한 것이다. 공자는 생전에 스스로 성인은 물론 현인의 수준에도 이르지 못한 군자 차원의 수준에 머문다고 생각했다. 공자가 시종 제자들에게 '군자학'을 가르치며 '군자지도'를 역설한 이유가 여기에 있다. 유학을 '성인지학聖人之學'으로 규정해 열국의 제후들에게 '성인지도聖人之道'의 왕도만을 설파한 맹자와 극명한 대조를 이루는 대목이 아닐 수 없다.

'소덕천류小德川流'는 개개의 사물에 구체적으로 구현된 천지의 덕이 천만 갈래로 끊임없이 유행流行하는 것을 의미한다. 그러나 이는 궁극적으로 그 본원인 '대덕大德'으로 돌아올 수밖에 없다. '대덕돈화大德敦化'는 바로 이를 말한 것이다. 여기의 '돈화'는 천지만물의 화성化成을 돈후히 한다는 뜻으로 인도를 상징하는 '성지誠之'의 지극한 성덕成德을 의미한다. 그런 의미에서 '소덕'과 '대덕'은 별개의 것이 아닌 것이다. 소덕이 본원에서 무수히 갈려 나온 소위 '일본지수一本之殊'에 해당한다면 대덕은 수

많은 소덕이 귀일하는 소위 '만수지본萬殊之本'에 해당한다. 정현이 '치평'의 관점에서 소덕을 제후諸侯, 대덕을 천자天子로 비유한 것도 바로 이 때문이라고 할 수 있다.

'대덕돈화'는 곧 '생생불이'하는 '자강불식'의 이치가 천도와 인도를 관통하여 구현되고 체體와 용用이 구분이 안 될 정도로 합일하여 만물 모두 자성自性을 좇아 자득自得한 경시를 말한다. '만물이 병육並育할지라도 서로 해치지 않고, 도가 병행並行할지라도 서로 어긋나지 않는다'는 구절은 바로 이를 말한 것이다. 제12장에 인용된 『시경』「대아 · 한록旱麓」의 '연비여천鳶飛戾天'과 '어약우연魚躍于淵' 구절도 같은 취지라고 할 수 있다.

제31장 지성(至聖)

唯天下至聖, 爲能聰明睿知, 足以有臨也. 寬裕溫柔, 足以有容也. 發强剛毅, 足以有執也. 齊莊中正, 足以有敬也. 文理密察, 足以有別也.

溥博淵泉, 而時出之. 溥博如天, 淵泉如淵. 見而民莫不敬, 言而民莫不信, 行而民莫不說.

是以聲名洋溢乎中國, 施及蠻貊(＝貉). 舟車所至, 人力所通, 天之所覆, 地之所載, 日月所照, 霜露所隊(＝墜), 凡有血氣者, 莫不尊親. 故曰配天.

오직 천하의 지성(至聖 : 공자를 지칭)만이 능히 총명예지(聰明睿知 : 총명하고 슬기로움)하여 족히 천하에 임할 수 있고, 관유온유(寬裕溫柔 : 너그럽고 부드러움)하여 족히 사물을 포용할 수 있고, 발강강의(發强剛毅 : 志意를 일으켜 강하고 꿋꿋함, '發'은 '起'와 통함)하여 족히 집(執 : 결단함, '執'은 '斷'과 통함)할 수 있고, 제장중정(齊莊中正 : 장중하고 중용을 지킴)하여 족히 사람을 공경할 수 있고, 문리밀찰(文理密察 : 文飾과 조리가 있고 사물을 세밀히 살핌)하여 족히 분별할 수 있다.

마치 부박연천(溥博淵泉 : 공자의 덕이 두루 넓고 근원이 깊음)하니 사시이출(俟時而出 : 때를 기다려 세상에 政敎를 펼침)한다. 부박여연(溥博如天 : 그 성덕이 마치 하늘과 같이 博大함)하고, 연천여연(淵泉如

淵 : 그 은택이 마치 못과 같이 深厚함)하다. 드러내 보이면 백성 중 공경치 않는 자가 없고, 말을 하면 믿지 않는 자가 없고, 행하면 기뻐하지 않는 자가 없다.

이에 성명(聲名)이 중국에 양일(洋溢 : 차서 넘침)하여 이내 만맥(蠻貊 : 夷狄의 땅)에까지 미쳤다. 거주(舟車 : 배와 수레)가 이르는 곳과 인력(人力 : 인력에 의한 개발을 의미)이 통하는 곳, 하늘이 덮은 곳, 땅이 실은 곳, 일월이 비추는 곳, 상로(霜露 : 서리와 이슬)가 내리는 모든 곳의 무릇 혈기(血氣)가 있는 자 중 그를 존친(尊親 : 존경하여 가까이함)하지 않는 자가 없었다. 그래서 그 성덕이 '배천(配天 : 하늘과 짝을 이룸)' 했다고 말하는 것이다.

이 장 역시 앞장에 이어 공자의 덕을 칭송하는 내용으로 이뤄져 있다. 구체적인 덕목으로 거론된 총명예지聰明睿知는 지知, 관유온유寬裕溫柔는 인仁, 발강강의發强剛毅는 의義, 제장중정齊莊中正은 예禮, 문리밀찰文理密察은 별別 : 변별의 덕목을 상징한다. 이러한 덕목을 종합한 개념이 바로 지성至聖이다. 공자를 '지성선사至聖先師' 로 칭한 것도 이와 무관치 않을 것이다.

이 장의 핵심어는 '지성배천至聖配天' 에 있다. 공자의 '지성' 이 하늘과 짝할 만하다는 것은 곧 인도의 지극한 경지를 이뤄 천도에 부합케 되었음을 의미한다. 이는 『중용』에서 강조하는 성지誠之가 성誠과 합치되었다는 것으로 '생생불이' 하는 '자강불식' 의 이치가 완전히 구현되었음을 뜻하는 것이다.

제32장 천덕(天德)

唯天下至誠, 爲能經綸天下之大經, 立天下之大本, 知天地之化育, 夫焉有所倚.

肫(=忳)肫其仁, 淵淵其淵, 浩浩其天.

苟不固聰明聖知達天德者, 其孰能知之.

오직 천하의 지성(至誠 : 공자를 지칭)만이 천하의 대경(大經 : 큰 기틀)을 능히 경륜(經綸 : 다스림)할 수 있고, 천하의 대본(大本 : 큰 근본)을 세울 수 있고, 천지의 화육(化育 : 낳아 기르는 이치)을 알 수 있다. 그러니 어찌 편의(偏倚 : 한쪽으로 치우침)한 바가 있겠는가.

그 인후(仁厚 : 은덕이 어질고 두터움)는 돈돈(忳忳 : 간절함, 본문의 '肫'은 '忳'과 통하나 '純'으로 보기도 봄)하고, 그 연심(淵深 : 은덕이 모처럼 깊음)은 연연(淵淵 : 깊음)하고, 그 천광(天廣 : 은덕이 하늘처럼 광대함)은 호호(浩浩 : 넓디 넓음)하다.

실로 견고한 총명성지(聰明聖知 : 총명함과 뛰어난 지혜)를 갖춰 천덕(天德)에 달한 자가 아니면 그 누가 능히 그의 덕을 알아볼 수 있겠는가.

이 장 역시 공자의 덕을 칭송하는 내용으로 구성돼 있다. '경륜經綸'은 원래 실을 다루는 일에서 나온 말로 '경經'은 실마리를 추려내고, '륜綸'은 실마리를 찾아 정리된 실들을 합치는 것을 뜻한다. 후대에는 치리治理 또는 방략方略의 의미로 전용되었다. 대경大經의 경륜은 곧 대치大治를 뜻한다. 이를 두고 주희는 이같이 풀이해 놓았다.

"경經은 상常이다. 대경大經은 5품五品의 인륜, 즉 5륜五倫을 말하고, 대본大本은 성性으로부터 부여받아 온 것의 완전한 체體이다. 오직 성인의 덕만이 진실을 극極해 허망함이 없기 때문에 인륜에서 각기 그 당연한 실實을 다하여 후세의 법이 될 수 있다. 이것이 소위 '대경'을 경륜한다는 뜻이다."

대략 문의에 부합하나 '대경'을 '5륜'으로 규정한 것은 잘못이다. '5륜'의 연원은 『맹자』에 있다. 맹자는 『맹자』「등문공 상」편에서 '5륜'을 이같이 규정해 놓았다.

"후직后稷 : 주나라의 시조이 백성들에게 가색稼穡 : 심고 거둠을 가르쳐 오곡을 수예樹藝 : 심고 가꿈하게 했다. 오곡이 익자 민인民人이 이를 배불리 먹고 잘 육성되었다. 그러나 백성은 포식난의飽食暖衣 : 배불리 먹고 따스하게 입음하면서 일거무교逸居無敎 : 편히 지내며 가르침을 받지 못함하게 되면 곧 금수에 가깝게 된다. 성인은 이를 근심하여 설契 : 禹 때의 대신로 하여금 사도司徒 : 교육담당를 맡아 인륜을 가르치게 했다. 이에 부자유친父子有親 : 부자 사이에 친애함이 있음과 군신유의君臣有義 : 군신 사이에 의리가 있음, 부부유별夫婦有別 : 부부 사이에 구별이 있음, 장유유서長幼有序 : 어른과 아이 사이에 차례가 있음, 붕우유신朋友有信 : 붕우 사이에 믿음이 있음이 나타나게 되었다."

주희가 '대경'을 '5륜'으로 규정한 것은 맹자를 존숭한 데서 비롯된 것으로 짐작된다. 그러나 '5륜'은 '군신유의君臣有義'를 빼놓고는 수제修齊 차원의 개인적인 수양론修養論에 불과할 뿐이다. '군신유의'도 하나의 선언적인 언명에 불과할 뿐 군도君道와 신도臣道의 요체를 언급한 것도 아니다. 『중용』에서 말한 '대경'은 '수제' 차원의 수양론을 언급한 것이 아니라 치평治平의 대의를 언급한 것이다. '천하지대경天下之大經'에 뒤이어 나오는 구절이 '천하지대본天下之大本'과 '천지지화육天地之化育'로 되어 있는 점이 이를 뒷받침한다. '천하지대경'은 『순자』「의병」편에 나오는 다음 구절과 그 취지를 같이 한다.

"백성이 유수流水처럼 군주에 귀의하는 통치가 행해지는 곳은 대치大治의 경지에 들어서게 되고, 이를 추진하는 곳에서는 백성이 모두 감화를 받아 순복順服하게 된다."

맨 마지막에 나오는 '총명성지聰明聖知를 갖춰 천덕天德에 달한 자가 아니면 그 누가 능히 그의 덕을 능히 알아볼 수 있겠는가'라는 구절은 공자가 '성지誠之'의 지극한 경지에 들어섰음을 반어反語의 수사로 강조한 것이라고 할 수 있다.

제33장 화민(化民)

『詩』曰, "衣錦尙絅." 惡其文之著也. 故君子之道, 闇然而日章. 小人之道, 的然而日亡, 君子之道, 淡而不厭, 簡而文, 溫而理, 知遠之近, 知風之自, 知微之顯, 可與入德矣.

『詩』云, "潛雖伏矣, 亦孔之昭." 故君子內省不疚, 無惡於志. 君子之所不可及者, 其唯人之所不見乎.

『詩』云, "相在爾室, 尙不愧于屋漏." 故君子不動而敬, 不言而信.

『詩』曰, "奏假無言, 時靡有爭." 是故君子不賞而民勸, 不怒而民威於鈇鉞.

『詩』曰, "不顯惟德, 百辟其刑之." 是故君子篤恭而天下平.

『詩』云, "予懷明德, 不大聲以色." 子曰, "聲色之於以化民, 末也. 『詩』曰, '德輶如毛.' 毛猶有倫. '上天之載(=栽), 無聲無臭.' 至矣."

『시경』「위풍 · 석인(碩人)」과 「정풍 · 봉(丰)」에 이르기를, '비단을 입고 단경(禪絅 : 홑옷)을 걸쳤네' 라고 했다. 이는 그 무늬의 화려함이 드러나는 것을 싫어한 것이다. 그래서 군자지도는 처음에는 암연(闇然 : 보이지 않음)하나 일장(日章 : 날로 드러남)하고, 소인의 도는 처음에는 적연(的然 : 확연히 드러남)하나 일망(日亡 : 날로 쇠망함)하는 것이다. 군자지도는 담박(淡泊)하면서도 불염(不厭 : 물리지 않음)하고, 간이(簡易)하면서도 문채(文彩)가 나고, 온유(溫柔)화하면서도 조리(條理)가 있고, 지원지근(知遠之近 : 먼 곳을 알고자 할 경우 먼저 가까운 곳으로부터 推及함)하고, 지풍지자(知風之自 : 목전의 바람을 보고 바람이 일어나는 출처를 앎, '自'는 유래하는 곳을 지칭)하고, 지미지현(知微之顯 : 단초가 오래되면 확연히 드러나게 됨을 앎, 단초의 탐지를 의미)한다. 그래서 가히 함께 입덕(入德 : 聖人之德의 경지로 들어감)할 수 있는 것이다.

『시경』「소아 · 정월(正月)」에 이르기를, '잠복(潛伏)해 있으나 또한 심히 밝게 드러나고 있다네' 라고 했다. 그래서 군자는 불우세(不遇世 : 有道의 세상을 만나지 못함)할지라도 내성불구(內省不疚 : 자성해 보아도 죄과가 될 만한 것이 없음, '疚'는 '病'과 통함)한 까닭에 그 뜻에 무오(無惡 : 손해가 없음, 그 뜻이 더욱 견고해지는 것을 의미)한 것이다. 군자는 한거독처(閑居獨處 : 한가히 홀로 거처함)할지라도 감히 비위(非違)를 저지르지 않는데 사람들이 과연 군자가 머무는 곳을 보지 못한 채 유독 군자가 미치지 못하는 곳만을 보지 못한다고 말할 수 있겠는가.

『시경』「대아 · 억(抑)」에 이르기를, '그대가 방에 있는 것을 보니 오히려 옥루(屋漏 : 방의 서북쪽 구석, 사람이 없는 곳에 독거하는 것을 의미)에서 불괴(不愧 : 삼가며 부끄러운 짓을 하지 않음)하네' 라고 했다. 그래서 군자는 늘 경구(敬懼 : 예의를 바르게 하며 송구스러워함)하는 까닭에 집 밖으로 움직이지 않아도 백성들이 그를 공경하고, 말하지 않아도 그를 신뢰하는 것이다.

『시경』「상송 · 열조(烈祖)」에 이르기를, '주가(奏假 : 종묘에서 大樂을 연주함, 假는 大와 통함)할 때 사람들은 모두 숙경(肅敬 : 정숙히 삼감)하여 훤화지언(喧譁之言 : 시끄럽게 떠드는 말)이 없다네. 때가 이미 태평하기 그지없으니 쟁송(爭訟)할 일이 없다네' 라고 했다. 그래서 군자가 상을 내리지 않아도 백성들은 상권(相勸 : 서로 힘쓰기를 권함)하고, 노여움을 표시하지 않아도 백성이 부월(鈇鉞)보다 더욱 무서워하는 것이다.

『시경』「주송 · 열문(烈文)」에 이르기를, '불현유덕(不顯惟德 : 군이 그 덕을 드러내지 않음, 도덕이 현저해 저절로 밖으로 드러남을 의미) 할지라도 백벽(百辟 : 모든 제후, 辟은 君主를 의미)이 이를 형법(刑法 : 形象하여 본받음, 刑은 形과 통함)하네' 라고 했다. 그래서 군자가 독공(篤恭 : 독실하게 공경함)의 모습을 보이면 천하가 평안해지는 것이다.

『시경』「대아 · 황의(皇矣)」에 이르기를, '여회명덕(予懷明德 : 내가 밝은 덕으로 귀의한다는 뜻으로 予는 주문왕을 지칭, 懷는 歸와 통함) 하니 대성(大聲 : 화난 목소리를 의미)으로 엄려(嚴厲)한 안색을 꾸미지 않는다네' 라고 했다. 이를 두고 공자가 이같이 말했다.

"성색(聲色)은 화민(化民 : 백성을 교화함)하는데 말절(末節)에 해당한다. 『시경』「대아 · 증민(烝民)」에 이르기를, '덕유여모(德輶如毛 : 덕으로 백성을 교화하는 것이 털처럼 가벼고 쉬움, 輶는 輕과 통함)' 라고 했다. 그러나 여기서 말하는 모(毛)는 비록 가벼우나 오히려 유륜(有倫 : 다른 무거운 물체에 비유할 수 있다는 뜻임, '倫' 은 '比' 와 통함)하다. 『시경』「대아 · 문왕(文王)」에 이르기를, '상천지재(上天之載 : 하늘이 만물을 만들고 생육시킴, 載는 栽와 통함) · 무성무취(無聲無臭 : 사람들은 그 소리를 듣지 못하고 냄새를 맡을 수 없음)' 라고 했다. 이것이 바로 이덕화민(以德化民)의 지극한 뜻이다."

『중용』의 대미를 장식하고 있는 이 장은 『시경』의 여러 구절을 인용해 군자지덕君子之德을 설명하고 있다. 첫 번째로 인용된 『시경』의 '의금상경衣錦尙絅' 구절은 「위풍 · 석인碩人」과 「정풍 · 봉丰」 등에 나오고 있으나 약간 차이가 있다. 「석인」편에는 '의금경의衣錦褧衣', 「봉」편에는 상하의 모두 홑옷을 걸쳤다는 뜻의 '의금경의衣錦褧衣, 상금경상裳禽褧裳' 으로 되어 있다. 이에 청대의 모기령毛奇齡은 『사서등언四書賸言』에서 일시逸詩로 간주했고, 강유위는 『노시魯詩』로 보았다.

대략 '경絅'과 '경褧' 모두 '홑옷'이라는 뜻을 지니고 있는 점에 비춰 「석인」편과 「봉」편의 내용을 개작한 것으로 보는 게 타당할 것이다. '의금상경' 구절은 제6장에서 언급한 '성誠'의 또 다른 표현인 '신독愼獨'의 취지를 드러내기 위해 인용된 것이다. 지원지근知遠之近과 지풍지자知風之自, 지미지현知微之顯 등은 바로 '신독'의 취지를 설명한 것이다. 주희의 다음과 같은 풀이가 이를 뒷받침한다.

"원지근遠之近은 저쪽에 나타난 것이 이쪽에서 말미암았다는 뜻이고, 풍지자風之自는 외면으로 드러나는 것은 내면에 근본이 있다는 뜻이고, 미지현微之顯은 내면에 있는 것은 외면으로 나타난다는 뜻이다. 자신을 위하는 마음을 지니고 이 3가지를 알면 삼갈 바를 알아 가히 입덕入德할 수 있다."

두 번째로 인용된 『시경』 「소아·정월」의 구절도 '신독'을 말하고 있다. '군자지소불가급자君子之所不可及者'는 매사에 '신독'을 행함으로써 그 언행에 어그러짐이 없는 까닭에 군자는 홀로 있을지라도 결코 소홀히 지나친 곳이 없다는 뜻을 반어적으로 표현해 놓은 것이다.

세 번째로 인용된 『시경』 「대아·억」의 구절도 '신독'을 말하고 있다. 여기의 옥루屋漏는 가장 유음幽陰한 곳을 지칭하는 말로 신주를 안장安藏한 곳이라는 주장도 있으나 『이아』 「석언釋言」의 해석을 좇는 게 타당하다. 이에 따르면 창문을 통해 들어오는 빛이 나머지 방향은 모두 들어오는데 유독 서북쪽 구석만 누조漏照

: 비추지 못함하는 까닭에 이런 명칭이 나오게 되었다고 한다. 군자는 이런 '옥루'에서도 부끄러운 짓을 하지 않는데 하물며 사람들이 있는 곳에서 부끄러운 짓을 할 리가 없다는 뜻을 지니고 있는 것이다. '부동이경不動而敬'과 '불언이신不言而信'은 '신독'이 내면의 성찰로부터 시작하고 있음을 말한 것이다.

네 번째로 인용된 『시경』「상송 · 열조」의 구절은 내면의 성찰에서 출발한 '신독'이 외면으로 나타난 공효를 상징한 것이다. 화를 내지 않아도 백성들이 부월鈇鉞보다 더 무서워한다는 것은 엄장嚴莊한 군위君威를 의미한다. 이는 '신독'의 공효가 치국治國의 차원에서 사람들을 외복畏服시키는 덕력德力으로 발산되었음을 설명한 것이다.

다섯 번째로 인용된 『시경』「주송 · 열문」의 구절은 '신독'에서 출발한 인도의 상징인 성지誠之가 지극한 경지에 이르러 마침내 '평천하平天下'의 적극적인 공효로 나타나게 되었음을 상징한 것이다. 여기의 '불현유덕不顯惟德'은 드러나지 않는 덕으로 곧 '현덕玄德'과 동일한 뜻이다. 『노자』 제51장은 '현덕'의 의미를 이같이 풀이해 놓았다.

"생이불유生而不有 : 낳고도 소유하지 않음, 위이불시爲而不恃 : 베풀어도 보답을 기대하지 않음, 장이부재長而不宰 : 길러주되 주재하지 않음하는 것을 일컬어 '현덕'이라고 한다."

『대학』에서 말하는 8조목의 최종단계인 '평천하'가 『중용』에서는 '현덕'으로 상징돼 있는 셈이다. 이는 군자의 독공篤恭을 통해 이뤄지는 것이다. 시종 '성지誠之'의 관점에서 '수제 · 치평'을 언급한 『중용』은 제32장의 마지막 장에서 '신독'에서 출발한

‘성지’의 궁극이 ‘독공’을 통한 ‘현덕’, 즉 ‘평천하’에 있음을 분명히 한 셈이다. 이는 『노자』의 ‘무위지치無爲之治’와 취지를 같이 하는 것이다. 삼국시대 위나라의 왕필王弼은 『주역』과 『노자』를 관통하는 핵심어로 ‘무無’를 들었으나 이는 정확한 지적이 아니다. 『주역』과 『노자』는 물론 『대학』과 『중용』을 하나로 꿰는 핵심어는 ‘자강불식自彊不息’으로 그 궁극적인 목표는 ‘평천하’에 있다. 『노자』의 치도治道가 유가에서 말하는 최상의 치도인 왕도王道보다 한 단계 위에 있는 제도帝道 내지 황도皇道로 평가받는 이유가 바로 여기에 있다.

일찍이 주희와 같은 시기에 활약한 소옹邵雍 : 邵康節은 『황극경세서皇極經世書』에서 소위 ‘황도론皇道論’을 내세운 바 있다. 군주는 일월日月과 같은 존재로 무친無親인 까닭에 무편무당無偏無黨을 황극皇極 : 통치의 기본법칙으로 삼아 천하의 인재를 두루 발탁해 천하통치에 임해야 한다는 게 그 요지이다. 이는 『노자』에서 역설하는 ‘무위지치’와 상통하는 주장이다.

이를 통해 알 수 있듯이 『중용』의 논리는 결코 주희 등의 성리학자들이 주장한 것과 같이 천리天理를 뒷받침하고 있는 것이 아니라 최상의 치도인 ‘제도’ 내지 ‘황도’, ‘무위지치’를 이론적으로 뒷받침하고 있는 것이다. 『노자』가 구체적인 방법론으로 ‘무위’를 제시했다면 『중용』은 ‘자강불식’이 인도에 발현된 ‘성지誠之’를 내세운 점이 다를 뿐이다. 이는 『순자』 「유좌宥坐」편의 다음 대목과 상통하는 것이기도 하다.

“공자가 동쪽으로 흐르는 물을 바라보고 있자 자공이 공자에게 묻기를, ‘군자가 큰 강물을 보면 반드시 이를 관찰하는 까닭은 무엇입니까' 라고 했다. 이에 공자가 대답하기를, '무릇 물은 모든 생물과 두루 함께 하면서 무위無爲로써 하니 마치 덕과 같기 때문이다' 라고 했다."

이는『도덕경』에 나오는 '상선약수上善若水' 에 대한 주석에 해당한다.『순자』「해폐解蔽」편에도 '무위' 에 관한 뛰어난 해석이 나온다. 흔히 한비자가『한비자』「해로解老」편과「유로喩老」편에서『도덕경』에 대한 최초의 주석을 가한 것으로 알고 있으나 이는 잘못이다. 한비자가「해로」편과「유로」편에서『도덕경』에 대한 체계적인 주석을 시도한 것은 사실이나 '무위' 에 대한 최초의 주석을 가한 사람은 순자였다. 한비자는 순자로부터 영향을 받아 보다 체계적인 주석을 시도했던 것으로 보는 게 옳다.

춘추시대 말기에 태어난 순자는 공자사상을 토대로 제자백가 사상을 집대성한 인물이다. 순자의 문인들이 순자를 공자 못지않은 성현으로 추앙한 것은 바로 이 때문이었다.『순자』「애공」편에 나오는 다음 구절이 그 증거이다.

"순자의 뛰어난 행보를 보면 공자도 불과弗過 : 순자를 뛰어넘지 못함하다. 세인들은 이를 상찰詳察하지도 않은 채 성인이 아니라고 말하니 이를 어찌할 것인가. 천하가 제대로 다스려지지 않은 것은 순자가 때를 만나지 못했기 때문이다."

맨 마지막에 인용된『시경』의 '무성무취無聲無臭' 구절은 덕으로써 백성들을 교화하는 이덕화민以德化民의 공효를 비유적으로 표현한 것이다. 이 역시『중용』이『노자』와 마찬가지로 '무위지치' 를 최상의 치도로 간주하고 있음을 뒷받침하고 있다. 이는『예기』「중용」편이 편제된 시기로 추정되는 전한제국 초기에『노자』

에서 비롯된 소위 '황로사상黃老思想'이 유자들에게 커다란 영향을 끼친 데 따른 것으로 볼 수도 있다.

그러나 그보다는 순자의 문인들에 의해 순자의 예치사상이 반영된 것으로 보는 게 보다 합리적이다. 순자의 문인들이 『중용』의 원전인 『예기』를 편집하고, 순자의 직제자인 한비자가 『노자』에 대한 주석을 가한 것을 결코 우연으로만 볼 수 없다. '황로사상'이 일정한 영향을 미친 것이 사실이나 그보다는 『예기』의 편집자와 한비자 모두 순자로부터 사상적 세례를 받은 데서 그 원인을 찾는 게 타당하다.

부록

『예기』 4편

제9편 예운

정현은 「삼례목록三禮目錄」에서 「예운」의 특징을 두고 정리키를, '삼제오왕三帝五王의 도가 서로 변역變易한 것과 음양 전선轉旋의 도를 기록한 것이다' 라고 했다. 『예운』편은 제도와 관례로서의 예가 전변轉變한 법칙과 자취를 기록해 놓은 것이라는 의미이다. 「예운」편의 내용에 비춰볼 때 타당한 지적이 아닐 수 없다.

그러나 「예운」편의 가장 큰 특징은 '대동大同' 에서 찾을 수 있다. 이는 유가가 상상하는 이상향을 말한다. 청대 말기에 강유위康有爲는 「예운」편에 주목해 『대동서大同書』를 지으면서 동서고금의 모든 통치사상을 '대동' 의 관점에서 하나로 통합코자 했다.

당초 강유위는 청조가 안팎으로 위기에 몰리자 이내 일본의 메이지 유신과 러시아 피터대제의 근대화 정책을 모방해 청조를 구할 생각으로 잇달아 책을 저술했다. 첫 번째로 나온 책이 바로 『신학위경고新學僞經考』였다. 그는 이 책에서 수천 년에 걸쳐 전해져 내려온 기존의 유가경전은 전한제국 말기의 유흠劉歆의 위작에 불과할 뿐이라고 주장했다. 유가경전을 신성시해 온 수많은 사람이 충격을 받은 것은 말할 것도 없다.

이어 그는 얼마 후 다시 『공자개제고孔子改制考』를 펴내면서 공자는 생전에 중국문화의 전반적인 개조를 계획적으로 완수했다고 주장했다. 이는 당시 엄청난 파문을 불러일으켰다. 『신학위경고』는 단순히 기존의 유가경전에 대한 의구심을 불러일으킨 데 불과했으나 『공자개제고』는 기존의 성리학에 대한 근본적인 문제제기에 해당했다.

그는 이 책에서 고문경전 뿐만 아니라 6경 자체를 공자가 고대에 가탁假託해 제도를 개혁하기 위해 저술한 것으로 간주하면서 공자는 성인이라기보다는 정치개혁의 선구자로 보는 것이 옳다고 주장했다. 그는 나아가 성리학이 경세치용經世致用의 '치평학治平學'인 공학을 사변윤리의 '수제학修齊學'으로 왜곡시켜 놓았다고 비판하면서 광범위한 범위에 걸친 일련의 개혁방안을 제시했다.

공자는 『논어』 「술이」편에서 '술이부작述而不作'을 언급한 바 있다. 이는 공자가 스스로 유가경전의 원본이 된 전래의 고전을 스스로 만들지 않았다는 것을 의미한다. 실제로 공자는 고전을 정리하면서 확신할 수 없는 글을 공백으로 남겨 두고 후세인의 보완을 기대했다. 「위령공」편의 다음 대목이 그 증거이다.

"나는 오히려 사관들이 확실치 않은 일에 대해서는 기록치 않고 이를 잘 아는 사람이 나타나기를 기다리고, 말을 소유한 자가 제대로 조련할 수 없어 남에게 이를 타게 하여 길들이는 것을 본 적이 있다. 그러나 지금은 그것도 없어졌다."

공자는 당시 사람들이 자세히 확인도 할 수 없는 상황에서 상상으로 칸을 메우는 것을 유감으로 여긴 것이다. 이는 '술이부작'의 원칙에 따른 것으로 볼 수 있다. 그러나 강유위는 이에 대해 정반대의 해석을 내렸다. 그는 공자가 6경을 기본으로 한 '유교儒敎'를 만들기 위해 짐짓 그같이 말한 것에 불과하다고 주장했다. 그러나 강유위의 이런 주장은 공자의 권위를 빌려 자신의 변법 구상을 합리화하기 위한 것에 불과할 뿐이다.

강유위의 이런 주장이 수많은 사람들의 강력한 반발을 야기한 것은 말할 것도 없다. 그러나 그의 책은 어린 황제 광서제光緖帝에게 깊은 감명을 안겨주었다. 이를 계기로 오히려 광서제의 호감을 산 강유위는 애제자 양계초梁啓超와 함께 보국회保國會 등의 단체를 만들어 변법유신을 위한 정치활동을 맹렬히 전개했다. 그는 1898년에 광서제의 발탁으로 총리아문의 고관이 되어 광서제의 후원 아래 변법유신을 강력히 시행케 되었다. 이것이 바로 '무술변법戊戌變法'이다.

무술변법은 처음에 성공적으로 진행되는 듯했으나 서태후西太后의 반대와 원세개袁世凱의 배반으로 정변이 일어나자 이내 좌절되고 말았다. 강유위는 애제자 담사동譚嗣同 등을 잃고 양계초와 함께 일본으로 망명케 되었다. 이를 흔히 '무술정변戊戌政變' 내지 '백일유신百日維新'이라고 한다. 강유위는 일본으로 망명한 후에도 보황당保皇黨을 만들어 혁명을 주장하는 손문孫文의 동맹회同盟會에 대항해 입헌군주제의 도입을 주장했다.

이때 그는 다시 『대동서大同書』를 펴내면서 유가 전래의 이상세계인 '대동세계'를 구체적으로 실현할 수 있는 방안을 제시했다. 그는 『춘추공양전』에 나오는 거란세據亂世 · 승평세升平世 : 소강 · 태평세太平世 : 대동의 소위 '장삼세張三世'를 예로 들어 각각의 특징을 열거하면서 '대동세계'의 구현이 불가능한 것이 아님을 입증코자 했다. 그는 성리학이 '인'과 '지'를 통일적으로 결합시킨 공자의 '인지합일仁知合一' 사상을 왜곡해 '선인후지先仁後知'로 나아갔다고 비판하면서 '선시후인'이 공학의 본의라고 강조했다. 이는 맹자와 주희로 이어진 학통을 공학의 정맥으로 간주한 '수제파' 학통에 대한 반론으로 '치평파'인 순학의 학통을 잇는 것이었다.

강유위의 이러한 주장에는 비록 견강부회한 내용들이 적지 않았으나 거기에는 근대화를 위한 변법의 이론적 근거를 공학의 고의古義에서 찾고자 하는 열망이 담겨져 있었다. 그의 이런 주장은 그가 무술변법에 실패하고 이후 정치적으로 보수주의자 및 급진주의자들로부터 모두 배척을 당하는 상황이 빚어짐에 따라 별다른 반향을 일으키지 못했다. 강유위의 실패는 공자가 혁명파를 비롯한 급진주의자들에게 타도대상으로 전락하는 결정적인 분기점이 되었다.

강유위의 애제자 양계초도 스승과 마찬가지로 공자를 역사진화와 민권, 평등, 이성의 자주 등을 외친 개혁가로 간주했다. 그는 스승의 주장을 좇아 역사의 흐름을 크게 소강과 대동의 두 갈래로 나눈 뒤 순자는 소강세의 전달자, 맹자는 대동세의 전달자로 간주했다. 이어 그는 진한시대 이래 오직 소강만이 전해지고 대동은 전해지지 않은 까닭에 전래의 성리학은 본래의 공학이 아니라고 주장했다.

그러나 양계초의 주장에는 논리적 비약이 존재하고 있다. 중국의 역사전개 과정을 진한시대 이래 소강으로 보고, 순자가 소강의 전달자였다는 전제는 수용할 만하나 소강의 세월에 전해진 것은 순학荀學이 아니라 맹학孟學이었다. 양계초는 소강의 세월에 위세를 떨친 성리학은 본래의 공학이 아니라고 주장했어야만 했다. 양계초는 논리의 비약으로 인해 성리학이 본래의 공학이 아니라는 올바른 결론을 얻었음에도 불구하고 그 책임을 맹학이 아니라 순학에 씌우는 잘못을 범하고 만 것이다.

이를 통해 짐작할 수 있듯이 「예운」편의 맨 앞에 나오는 '대동세계'의 모습은 수천 년에 걸쳐 유가가 이상향으로 그려온 세계였다. 21세기 동북아시대를 맞이한 현재에도 '대동'의 이상은 여전히 유효하다. 동서고금을 막론하고 '대동'의 이상을 반대할 근거는 없다. 문제는 구체적인 실현방안일 뿐이다. 인류가 지혜를 모아 국가 단위를 뛰어넘는 세계국가를 구성할 수만 있다면 이는 전혀 불가능한 것도 아니다.

9-1

昔者仲尼與於蜡賓, 事畢, 出遊於觀之上, 喟然而嘆. 仲尼之嘆, 蓋嘆魯也. 言偃在側曰, "君子何嘆." 孔子曰, "大道之行也, 與三代之英, 丘未之逮也, 而有志焉. 大道之行也, 天下爲公, 選賢與能, 講信脩睦. 故人不獨親其親, 不獨子其子. 使老有所終, 壯有所用, 幼所所長, 矜寡孤獨廢疾者, 皆有所養. 男有分, 女有歸, 貨惡其棄於地也, 不必藏於己, 力惡其不出於身也, 不必爲己. 是故謀閉而不興, 盜竊亂賊而不作. 故外戶而不閉, 是謂大同."

옛날 중니仲尼가 사제蜡祭 : 12월에 만물의 신에게 올리는 제사로 臘祭와 같은 말임의 빈객이 되었다. 일이 끝난 뒤 관觀 : 성문 위의 건물 위로 올라가 유람遊覽하다가 위연喟然히 탄식했다. 중니가 탄식한 것은 대략 노나라를 탄식한 것이다. 언언言偃 : 子游이 곁에 있다가 물었다.

"군자는 무엇을 탄식하는 것입니까."

공자가 대답했다.

"대도지행大道之行 : 대도가 행해진 일과 삼대지영三代之英 : 하·은·주 3대의 치세를 의미을 나 구丘는 아직 보지 못했다. 그러나 이를 기록한 것은 있다. 대도가 행해졌을 때는 천하위공天下爲公 : 천하를 公的 통치대상으로 삼음이 이뤄져 현자를 선발해 능력 있는 자에게 일을 맡기고 신의와 화목을 강수講修 : 강구하며 닦음했다. 그래서 사람들은 오직 그 부모만을 부모로 여기거나, 그 자식만을 자식으로 여기거나 하지 않았다. 노인들로 하여금 마칠 곳이 있게 하고, 젊은이로 하여금 쓰일 곳이 있게 하고, 긍과고독矜寡孤獨 : 늙어 부인이 없는 자, 늙어 남편이 없는 자, 어려서 부모를 잃은 자, 늙어 배우자도 자식도 없는 자과 폐질자廢疾者로 하여금 모두 요양할 곳이 있게 했다. 남자는 직분이 있고, 여자는 시집갈 곳이 있게 했다. 재물은 땅에 버려지는 것을 꺼리지만 반드시 자신에게 쌓아둘 필요가 없고, 힘은 자신에게서 나오지 않는 것을 꺼리지만 반드시 자신을 위해 쓸 필요가 없었다. 그래서 간사한 계모計謀는 닫혀져 일어나지 않고 도절난적盜竊亂賊 : 절도와 도적행위이 생기지 않았다. 이에 바깥문을 닫지 않았다. 이를 일컬어 '대동大同 : 크게 하나가 됨'이라고 한다."

9-2

"今大道旣隱, 天下爲家. 各親其親, 各子其子, 貨力爲己. 大人世及以爲禮, 城郭溝池以爲固. 禮義以爲紀, 以正君臣, 以篤父子, 以睦兄弟, 以和夫婦, 以設制度, 以立田里, 以賢勇知, 以功爲己. 故謀用是作, 而兵由此起. 禹 · 湯 · 文 · 武 · 成王 · 周公, 由此其選也. 此6君子者, 未有不謹於禮者也. 以著其義, 以考(=成)其信, 著有過, 刑(=則)仁講讓, 示民有常. 如有不由此者, 在埶者去, 衆以爲殃. 是謂小康."

"지금 대도가 이미 숨어 천하위가天下爲家 : 천하를 私的 소유물로 삼음가 이뤄졌다. 저마다 자기 부모만을 부모로 여기고, 자기 자식만을 자식으로 여기고, 화력貨力 : 재물과 힘은 자기만을 위해 쓴다. 대인大人 : 군주를 지칭은 세급世及 : 세습을 예禮로 여기고, 성곽구지城郭溝池 : 성곽과 주변의 방어용 못를 험고險固한 방어물로 여긴다. 예의禮義를 기강紀綱으로 삼아 이로써 군신君臣을 바르게 하고, 부자父子를 돈독케 하고, 형제를 화목케 하고, 부부를 화합케 하고, 제도를 만들고, 전리田里를 세우고, 용지勇知 : 용자와 지자를 현명하다고 여기고, 자신을 위해 공을 세우게 한다. 그래서 간사한 계책이 이를 바탕으로 생기고, 병화兵火가 여기에서 일어난다. 우禹 · 탕湯 · 문文 · 무武 · 성왕成王 · 주공周公은 이를 가지고 뛰어난 일을 한 사람들이다. 이들 6인의 군자 중 예의를 삼가서 실천하지 않은 자가 없었다. 예의로써 그 의義를 드러내고, 신信을 이루고, 유과有過 : 허물이 있음를 밝히고, 인仁을 법으로 삼아 겸양을 강구함으로써 백성들에게 상도常道가 있음을 보여주었다. 만일 이를 좇지 않는 자가 있으면 설령 권세가 있는 자라도 내쫓아 백성들로 하여금 이를 재앙으로 여기게 만들었다. 이것을 일컬어 '소강小康 : 겨우 편안함'이라고 한다."

9-3

言偃復問曰, "如此乎禮之急也." 孔子曰, "夫禮, 先王以承天之道, 以治人之情, 故失之者死, 得之者生. 『詩』曰, '相(=視)鼠有體, 人而無禮. 人而無禮, 胡不遄死.' 是故夫禮必本於天, 殽(=法)於地, 列於鬼神. 達於喪祭·射御·冠昏(=婚)·朝聘. 故聖人以禮示之, 故天下國家可得而正也." 言偃復問曰, "夫子之極言禮也, 可得而聞與." 孔子曰, "我欲觀夏道, 是故之杞, 而不足徵(=成)也. 吾得「夏時」焉. 我欲觀殷道, 是故之宋, 而不足徵也. 吾得「乾坤」焉. 「乾坤」之義, 「夏時」之等, 吾以是觀之."

언언言偃이 다시 물었다.

"이처럼 예가 시급한 것입니까."

공자가 대답했다.

"무릇 예는 선왕이 천도天道를 이어받아 인정人情을 다스리는 것이다. 그래서 이를 잃는 자는 죽고, 이를 얻는 자는 살게 된다. 『시경』「용풍·상서相鼠」에 이르기를, '쥐를 보니 몸이 있구나. 사람으로서 예가 없으면 어찌 천사遄死 : 급사하지 않을 수 있겠는가'라고 했다. 그래서 무릇 예란 반드시 천명天明을 근본으로 삼고, 지리地利를 취하고, 귀신에게 법도法度를 취해 제례制禮하는 것이다. 이에 예는 상제喪祭·사어射御·관혼冠婚·조빙朝聘에 미치게 된다. 그래서 성인이 예를 가지고 백성들에게 보여주자 천하국가가 가히 바르게 될 수 있었던 것이다."

언언이 다시 물었다.

"부자夫子가 극히 예를 말씀하시니 가히 더 들을 수 있겠습니까."

공자가 대답했다.

"나는 하夏나라의 도를 보기 위해 기杞나라로 갔다. 기나라 군주가 암약闇弱해 하나라의 예를 이루기에 부족했으나 나는 「하시夏時 : 四時에 관한 책으로 '小正'을 의미」를 얻었다. 나는 은殷나라의 도를 보기 위해 송宋나라로 갔다. 송나라 군주가 암약해 은나라의 예를 이루기에 부족했으나 나는 「건곤乾坤 : 陰陽에 관한 책으로 '歸藏'을 의미」을 얻었다. 「건곤」의 뜻과 「하시」의 내용 등을 통해 나는 예의 변전變轉과 음양 성쇠盛衰의 이치를 알게 되었다."

9-4

"夫禮之初, 始諸飮食, 其燔黍捭(=擘)豚, 汚尊而抔飮, 蕢桴而土鼓, 猶若可以致其敬於鬼神. 及其死也, 升屋而號, 告曰, '皐某復.' 然後飯腥而苴孰(=熟), 故天望而地藏也. 體魄則降, 知氣在上. 故死者北首, 生者南鄕(=向). 皆從其初."

"무릇 예의 시초는 음식에서 시작되었다. 번서벽돈燔黍捭豚 : 기장을 굽고 돼지를 찢음 · 오존부음汚尊抔飮 : 웅덩이 물을 손으로 움켜 마심, '尊'은 '鑿地'를 의미 · 괴부토고蕢桴土鼓 : 갈대로 북채를 만들고 흙으로 북을 삼음할지라도 오히려 지극한 공경을 귀신에게 바칠 수 있었다. 사람이 죽게 되면 지붕 위로 올라가 말하기를, '고皐 : 아!, 모某는 돌아오라'라고 한다. 연후에 반성조숙飯腥苴熟 : 음식을 만들고 고기를 혼령에 바침, '苴'는 '俎'와 통함한다. 그래서 하늘을 쳐다보며 초혼招魂하고 시신을 땅에 묻는 것이다. 체백體魄 : 몸의 본체, 心魂과 대비됨은 아래로 내려가고, 지기知氣 : 지각하는 기운으로 영혼을 의미는 위에 있다. 그래서 사자死者는 북쪽으로 머리를 두고, 생자生者는 남향한다. 모두 그 처음 시작된 때를 좇은 것이다."

9-5

"昔者先王未有宮室, 冬則居營窟, 夏則居橧巢. 未有火化, 食草木之實, 鳥獸之肉, 飮其血, 茹其毛, 未有麻絲, 衣其羽皮. 後聖有作, 然後脩火之利, 范金, 合土. 以爲臺榭·宮室·牖戶. 以炮, 以燔, 以亨(=烹), 以炙, 以爲醴酪. 治其麻絲, 以爲布帛, 以養生送死, 以事鬼神上帝, 皆從其朔(=初)."

"옛날 선왕은 궁실宮室이 없었다. 겨울에는 영굴營窟 : 인위적인 동굴에 거처하고, 여름에는 증소橧巢 : 나뭇가지로 만든 둥지에 살았다. 아직 화화火化 : 불로 물건을 변화시킴, 火食을 의미가 없어 초목의 열매를 먹고, 조수鳥獸의 고기를 먹고, 그 피를 마시고, 그 털을 씹었다. 또 마사麻絲 : 삼으로 만든 실가 없어 그 우피羽皮 : 羽毛와 가죽를 입었다. 후에 성인이 일어난 뒤 불의 이로움을 닦아 범금합토范金合土 : 금속을 녹여 鑄型에 붓고 흙을 이겨 구움했다. 이로써 대사臺榭 : 누대·궁실宮室·유호牖戶 : 창문과 방문를 만들었다. 포炮 : 겉을 감싸서 구움·번燔 : 불에 올려놓고 구움·팽烹 : 삶음·자炙 : 꽂아 구움의 방법으로 예락醴酪 : 단술과 발효한 乳酪을 만들었다. 마사麻絲를 다스려 포백布帛 : 베을 만들었다. 그것으로 양생송사養生送死 : 산 사람을 봉양하고 죽은 자를 장사지냄하고, 귀신과 상제를 섬겼다. 모두 그 처음 시작된 때를 좇은 것이다."

9-6

"故玄酒在室, 醴醆在戶, 粢醍在堂, 澄酒在下. 陳其犧牲, 備其鼎俎, 列其琴瑟管磬鐘鼓, 脩其祝嘏, 以降上神與其先祖, 以正君臣, 以篤父子, 以睦兄弟, 以齊上下. 夫婦有所, 是謂承天之祜."

"그래서 현주玄酒 : 제사 때 술 대신 쓰는 맑은 찬물인 '무술'을 지칭는 방에 있고, 예잔醴醆 : 오래된 술은 창문 쪽에 있고, 자제粢醍 : 조금 새로운 청주는 당堂에 있고, 징주澄酒 : 가장 새로운 청주는 아래에 있다. 희생犧牲을 진설하고, 정조鼎俎를 갖추고, 금슬琴瑟 · 관경管磬 · 종고鐘鼓를 벌여놓고, 축하祝嘏 : 祝官이 신에게 고하는 말과 영혼을 대신해 주인을 축복하는 말를 닦는다. 이로써 잔을 돌리며 상신上神 : 天神과 선조先祖를 강림케 하고, 군신을 바르게 하고, 부자를 돈독하게 하고, 형제를 화목하게 하고, 상하를 일치하게 한다. 부부가 머물 곳에 있으며 잔을 올리니 이를 일컬어 '승천지호承天之祜 : 하늘의 복을 받음'라고 한다."

9-7

"作其祝號, 玄酒以祭, 薦其血毛, 腥其俎. 孰其殽, 與其越席, 疏布以冪, 衣其澣帛, 醴醆以獻, 薦其燔炙. 君如夫人交獻, 以嘉魂魄. 是謂合莫(=寞). 然後退而合亨, 體其犬豕牛羊, 實其簠簋 · 籩豆鉶羹. 祝以孝告, 嘏以慈告, 是謂大祥. 此禮之大成也."

"축호祝號 : 祝辭에 쓰는 6종의 미칭으로 神號, 鬼號, 祇號, 牲號, 齊號, 幣號를 의미를 정하고, 현주玄酒로 제사지내고, 그 혈모血毛를 바치고, 고기를 제기祭器에 담아 올린다. 숙효孰殽 : 돼지를 9개 내지 11개 부분으로 해체한 뒤 半熟한 것을 올림하고, 월석越席 : 풀로 만든 자리을 펴고, 소포疏布 : 거친 베로 덮고, 한백澣帛 : 희게 바랜 비단을 입고, 예잔醴醆을 올리고, 번자燔炙를 올리고, 주인과 부인이 교대로 잔을 올려 혼백을 기쁘게 한다. 이를 일컬어 '합막合莫 : 어두운 세계에서 신과 사람이 회합함'이라고 했다. 연후에 물러나 합팽合亨하고, 견시우양犬豕牛羊의 등급에 따라 보궤簠簋 : 기장과 피를 담는 제기·변두籩豆·형갱鉶羹 : 국을 담는 솥에 채워 축관이 효孝라고 고하고, 자慈라고 하사嘏辭 : 축관이 신령을 대신해 축복의 말을 함한다. 이를 일컬어 '대상大祥'이라고 한다. 이것의 예의 대성大成이다."

9-8

孔子曰, "於呼哀哉. 我觀周道, 幽·厲傷之, 吾舍魯, 何適矣. 魯之郊, 禘, 非禮也, 周公其衰矣. 杞之郊也, 禹也. 宋之郊也, 契也. 是天子之事守也. 故天子祭天地, 諸侯祭社稷."

공자가 말했다.

"오호애재於呼哀哉 : 아, 슬프다. 내가 주周나라의 도를 보니 유왕幽王과 여왕厲王이 훼상毁傷시켜 놓았다. 내가 노나라를 버리고 어디로 가겠는가. 주왕조의 방계인 노나라가 교체郊禘 : 정월에 南郊에서 하늘에 올리는 제사를 올리는 것은 예가 아니다. 주공周公의 도가 쇠해진 것이다. 기杞나라가 교사郊社를 지내는 것은 우禹 때문이다. 송나라가 교사를 지내는 것은 설契 때문이다. 이는 천자였던 선조의 법도를 자손이 응당 지킨 것이다. 그래서 천자는 천지를 제사지내고, 제후는 사직社稷을 제사지내는 것이다."

9-9

“祝嘏莫敢易其常古, 是謂大假. 祝嘏辭說, 藏於宗祝巫史, 非禮也, 是謂幽國. 醆斝及尸君, 非禮也, 是謂僭君. 冕弁兵革藏於私家, 非禮也. 是謂脅君. 大夫具官, 祭器不假, 聲樂皆具, 非禮也. 是謂亂國.”

“축하祝嘏는 감히 그 상고常古 : 常事古法를 바꾸지 못하는 것이다. 이를 일컬어 ‘대가大假 : 큰 것 중의 큰 것, 假는 大의 뜻임’라고 한다. ‘축하’의 사설辭說을 종축무사宗祝巫史 : 신과 교신하며 제사를 담당하는 巫祝, ‘종축’은 宗族의 무축가 군주도 모르게 몰래 간직하는 것은 예가 아니다. 이를 일컬어 ‘유국幽國 : 군주와 대부 모두 모르게 함’이라고 한다. 잔가醆斝 : ‘잔’은 하나라, ‘가’는 은나라 때의 술잔. 주나라는 爵를 얻어 사용하면서 이를 시군尸君 : 제사지낼 때 신령을 대신해 앉아 있는 자에까지 미치게 하는 것은 예가 아니다. 이를 일컬어 ‘참군僭君 : 군주를 업신여김’이라고 한다. 면변병혁冕弁兵革 : 군주의 冠服과 무기을 사가私家에 간직하는 것은 예가 아니다. 이를 일컬어 ‘협군脅君 : 군주를 위협함’이라고 한다. 대부 중 채지采地가 있는 자는 한 명의 관인官人을 두어 구관具官 : 모든 업무를 겸직케 함토록 해야 하고, 채지가 없을 경우 제기祭器를 만들 수 없고 설령 채지가 있을지라도 제기를 모두 구비하지 않는다. 성악聲樂 : 舞樂을 모두 갖추는 것은 예가 아니다. 이를 일컬어 ‘난국亂國’이라고 한다.”

9-10

“故仕於公曰臣, 仕於家曰僕. 3年之喪, 與新有昏者, 期不使. 以衰裳入朝, 與家僕雜居齊齒, 非禮也. 是謂君與臣同國. 故天子有田以處其子孫, 諸侯有國以處其子孫, 大夫有采以處其子孫, 是謂制度. 故天子適諸侯, 必舍其祖廟, 而不以禮籍入, 是謂天子壞法亂紀. 諸侯非問疾弔喪, 而入諸臣之家, 是謂君臣爲謔."

"그래서 공公 밑에서 일할 때는 '신臣', 집에서 일할 때는 '복僕'이라고 자칭하는 것이다. 3년상과 새로운 혼인이 있으면 1년 동안 사역使役하지 않는다. 최상衰裳 : 斬衰와 齊衰의 의상, 喪服을 지칭을 입고 조정에 들어가고, 가복家僕과 섞여 제치齊齒 : 동렬로 앉음, 齒는 列과 통함하는 것은 예가 아니다. 이를 일컬어 '군신동국君臣同國 : 군신이 함께 나라에 있음, 신하가 婚喪이 있는데도 歸家하지 않은 것을 지칭'이라고 한다. 그래서 천자는 전지田地를 갖고 그 자손을 살게 하고, 제후는 나라를 갖고 그 자손을 살게 하고, 대부는 채읍采邑을 갖고 그 자손을 살게 한다. 이를 일컬어 '제도制度'라고 한다. 그래서 천자가 제후에게 가 반드시 그 조묘祖廟에서 쉬게 되었을 때 이례적입以禮籍入 : 太史가 典禮를 지키며 忌諱함하지 않으면 이를 일컬어 '천자괴법난기天子壞法亂紀 : 천자가 法紀를 어지럽힘'라고 하는 것이다. 제후가 문질조상問疾弔喪 : 병을 묻고 초상을 조상함하는 것이 아닌데도 제신諸臣 : 群臣의 집에 들어가면 이를 일컬어 '군신위학君臣爲謔 : 군신이 서로 戱謔함'이라고 한다."

9-11

"是故禮者, 君之大柄也, 所以別嫌明微·儐鬼神·考制度·別仁義, 所以治政安君也. 故政不正, 則君位危. 君位危則大臣倍, 小臣竊. 刑肅而俗敝(=弊), 則法無常. 法無常而禮無列. 禮無列, 則士不事也. 刑肅而俗敝, 則民弗歸也. 是謂疵國. 故政者, 君之所以藏身也. 是故夫政必本於天, 殽以降命. 命降于社之謂殽地, 降于祖廟之謂仁義, 降于山川之謂興作, 降於五祀之謂制度. 此聖人所以藏身之固也."

"그래서 예는 군주의 대병大柄 : 權柄이라고 한다. 이로써 별혐명미別嫌明微 : 꺼리는 바를 분별해 정하고 隱微한 것을 분명히 함 · 빈귀신儐鬼神 : 천지신명을 공경히 제사지냄 · 고제도考制度 : 제도를 詳考함 · 별인선別仁義 : 仁으로 살리고 義로써 죽이는 仁生義殺을 분별함하고, 치정안군治政安君 : 정사를 바로 다스리고 君位를 안정되게 함하는 것이다. 이에 정치가 바르지 않으면 군위君位가 위태롭게 된다. 군위가 위태로우면 대신大臣 : 下大夫 이상을 지칭은 배반하고, 소신小臣 : 上士 이하를 지칭은 부고府庫를 도둑질한다. 형숙속폐刑肅俗敝 : 형벌이 가혹하고 풍속이 凋殘해짐하면 법이 무상無常 : 常道가 없음하게 된다. 법이 무상해지면 예가 무열無列 : 상하질서가 없음하게 된다. 예가 무열해지면 사士가 섬기지 않게 된다. '형숙속폐'는 곧 백성이 귀부歸附하지 않는 것을 말한다. 이를 일컬어 '자국疵國 : 나라를 병들게 함'이라고 한다. 그래서 정치는 군주가 장신藏身 : 日月星辰처럼 밝게 빛나면서 형체가 보이지 않음하는 것이다. 이에 무릇 정치는 반드시 천명天明을 근본으로 삼고, 이를 본받아 강명降命 : 명을 내림하는 것이다. 명이 사社 : 토지신에 내리는 것을 일컬어 '효지殽地 : 地利를 본받음', 조묘祖廟에 내리는 것을 일컬어 '인의仁義', 산천山川에 내리는 것을 일컬어 '흥작興作', 오사五祀 : 中霤와 門, 戶, 竈, 行의 5神에 대한 제사에 내리는 것을 일컬어 '제도制度 : 宮室制度'라고 하는 것이다. 이는 성인聖人 : 군주를 지칭이 장신藏身을 견고하게 한 데 따른 것이다."

9-12

"故聖人參於天地, 竝於鬼神, 以治政也. 處其所存, 禮之序也. 玩其所樂, 民之治也. 故天生時而地生財, 人, 其父生而師敎之. 4者君以正用之, 故君者, 立於無過之地也. 故君者所明也, 非明人者也. 君者所養也, 非養人者也. 君者所事也, 非事人者也. 故君明人則有過, 養人則不足, 事人則失位. 故百姓則君以自治也, 養君以自安也, 事君以自顯也. 故禮達而分定, 故人皆愛其死而患其生."

"그래서 성인은 참천지參天地 : 천지운행의 이치에 참여함·병귀신竝鬼神 : 조묘·산천·오사의 귀신을 섬김하여 치정治政하는 것이다. 분명한 곳에 처하는 것은 예의의 순서를 뜻하고, 즐겨하는 것을 완미玩味하는 것은 백성을 다스리는 것을 뜻한다. 그래서 천생시天生時 : 하늘은 四時를 낳음·지생재地生財 : 땅은 財貨를 낳음하듯이 사람은 부생父生 : 부모가 낳음·사교師敎 : 스승이 가르침하는 것이다. 이들 4가지를 군주는 바로 써야만 군주는 무과지지無過之地 : 공을 쉽게 이루면서 허물이 없는 곳에 설 수 있는 것이다. 그래서 군주는 남이 존경하는 것이지 남을 존경하는 게 아니다. 군주는 남이 길러주는 것이지 남을 기르는 게 아니다. 군자는 남이 섬기는 것이지 남을 섬기는 게 아니다. 그래서 군주가 남을 존경하면 과실이 있게 되고, 남을 기르면 부족하게 되고, 남을 섬기면 보위를 잃게 된다. 그래서 백성은 군주를 본받아 자치自治 : 스스로 다스림하고, 군주를 길러 자안自安 : 스스로 편안함하고, 군주를 섬겨 자현自顯 : 스스로 나타남한다. 그래서 예달분정禮達分定 : 예가 통달하고 분수가 정해짐함으로써 사람들은 모두 애사환생愛死患生 : 생명을 소중히 여기고 잘 살려고 걱정함하는 것이다."

9-13

"故用人之知, 去其詐. 用人之勇, 去其怒. 用人之仁, 去其貪. 故國有患, 君死社稷, 謂之義. 大夫死宗廟, 謂之變. 故聖人耐(=能)以天下爲一家, 以中國爲一人者, 非意之也, 必知其情, 辟於其義, 明於其利, 達於其患, 然後能爲之."

"그래서 지자知者의 지혜를 쓰되 사자詐者 : 民信을 해치는 자의 거짓을 버리고, 용자勇者의 용맹을 쓰되 노자怒者 : 民命을 해치는 자의 노여움을 버리고, 인자仁者의 인애仁愛를 쓰되 탐자貪者 : 民財를 해치는 자의 탐욕을 버린다. 이에 나라에 환란이 있으면 군주가 사직을 위해 죽으니 이를 일컬어 '의義', 대부가 종묘를 위해 죽으니 이를 일컬어 '정正 : 본문의 變은 辯의 잘못으로 辯은 正과 통함'이라고 한다. 그래서 성인은 능耐 : 能의 古語로 발음은 '내'가 아닌 '능'임히 이로써 천하위일가天下爲一家 : 천하를 한 집으로 만듦 · 중국위일인中國爲一人 : 천하가 一家일 때 중국을 한 사람처럼 만듦하니 이는 단지 의려意慮 : 深慮에서 나온 게 아니라 제반 사정을 정확히 이해한 데 따른 것이다. 이에 성인은 반드시 그 정情을 알고, 그 의義를 열어주고, 그 이利를 밝히고, 그 환患을 알아야만 하는 것이다. 연후에 능히 이런 일을 할 수 있는 것이다."

9-14

"何謂人情. 喜 · 怒 · 哀 · 懼 · 愛 · 惡 · 欲, 7者弗學而能. 何謂人義. 父慈 · 子孝 · 兄良 · 弟弟(=悌) · 夫義 · 婦聽 · 長惠 · 幼順 · 君仁 · 臣忠, 10者謂之人義. 講信脩睦, 謂之人利, 爭奪相殺, 謂之人患. 故聖人之所以治人7情, 脩10義, 講信脩睦, 尙辭讓, 去爭奪, 舍禮何以治之. 飮食男女, 人之大欲存焉. 死亡貧苦, 人之大惡存焉. 故欲惡者, 心之大端也. 人藏其心, 不可測度也. 美惡皆在其心, 不見其色也. 欲一以窮之, 舍禮何以哉."

"무엇을 인정人情이라고 하는가. 희喜·노怒·애哀·구懼 : 『춘추좌전』「노소공 25년」조는 '懼' 대신 '樂'·애愛·오惡·욕欲이 그것이다. 이들 7가지는 배우지 않아도 능히 하는 것이다. 무엇을 인의人義라고 하는가. 부자父慈·자효子孝·형량兄良·제제弟悌·부의夫義 : 『좌전』「노소공 26년」조는 夫和·부청婦聽·장혜長惠·유순幼順·군인君仁·신충臣忠이 그것이다. 이들 10가지를 일컬어 '인의'라고 한다. 강신수목講信脩睦 : 신의를 강구하여 화목함을 닦음하는 것을 일컬어 '인리人利'라고 한다. 쟁탈상살爭奪相殺 : 다퉈 빼앗으며 서로 죽임하는 것을 일컬어 '인환人患'이라고 한다. 그래서 성인은 사람의 7정七情을 다스리고, 10의十義를 닦고, 강신수목講信脩睦하고, 사양辭讓을 숭상하고, 쟁탈을 버리는 것이다. 이는 예를 버리고는 다스릴 수 없기 때문이다. 음식과 남녀는 사람의 대욕大欲 : 크게 욕구함이 작용하고 사망과 빈고貧苦는 사람의 대오大惡 : 크게 싫어함가 작용한다. 그래서 욕오欲惡는 마음의 대단大端 : 큰 단서이 되는 것이다. 사람은 그 마음을 깊이 간직하는 까닭에 겉으로는 헤아릴 수 없다. 미악美惡 : 선악은 모두 그 마음에 있는 까닭에 안색으로 드러나지 않는다. 군주가 전일專一하여 궁구窮究하고자 하면서 예를 버리고 무엇을 알 수 있겠는가."

9-15

"故人者, 其天地之德, 陰陽之交, 鬼神之會, 五行之秀氣也. 故天秉陽, 垂日星. 地秉陰, 竅(=孔)於山川. 播五行於四時, 和而後月生也. 是以三五而盈, 三五而闕. 五行之動, 迭相竭也. 五行 · 四時 · 十二月, 還相爲本也. 5聲 · 6律 · 12管, 還相爲宮也. 5味 · 6和 · 12食, 還相爲質也. 5色 · 6章 · 12衣, 還相爲質也."

"그래서 사람은 천지의 덕과 음양의 교합交合, 귀신鬼神 : 形體와 精靈을 의미의 회합會合, 오행의 수기秀氣로 인해 만들어진 것이다. 그래서 하늘은 양기陽氣를 잡아 일성日星을 드리우고, 땅은 음기陰氣를 잡아 산천山川으로 이를 출납出納시킨다. 오행을 사시四時에 펼쳐 화합한 연후에 달이 생긴다. 그래서 15일 만에 차고 15일 만에 이지러지는 것이다. 오행의 움직임은 교대하며 서로 부대負戴한다. 오행 · 사시 · 12달은 돌아서 서로 시작이 된다. 5성五聲 : 宮商角徵羽 · 6률六律 : 12관 중 陽管, 陰管은 呂 · 12관十二管 : 12律은 돌아서 서로 궁宮 : 기본음이 된다. 5미五味 : 酸鹹辛甘苦 · 6화六和 : 5미에 滑味를 더한 것 · 12식十二食 : 12달의 대표적인 食味은 돌아서 서로 바탕이 된다. 5색五色 : 靑黃赤白黑 · 6장六章 : 5색에 玄色을 더한 것 · 12의十二衣 : 12달 동안의 옷는 돌아서 서로 바탕이 된다."

9-16

"故人者, 天地之心也, 五行之端也, 食味別聲被色而生者也. 故聖人作則, 必以天地爲本, 以陰陽爲端, 以四時爲柄, 以日星爲紀, 月以爲量, 鬼神以爲徒, 五行以爲質, 禮義以爲器, 人情以爲田, 四靈以爲畜."

"그래서 사람은 천지의 마음이고 오행의 단서인 까닭에 식미食味 : 맛있는 음식을 먹음 · 별성別聲 : 소리를 분별해 즐김 · 피색被

色 : 색 있는 옷을 입음하여 사는 것이다. 이에 성인이 법칙을 만들 때에는 반드시 천지를 근본으로 삼고, 음양을 단서로 삼고, 사시四時를 병柄 : 기본 틀으로 삼고, 일성日星을 기강으로 삼고, 월月을 분량分量 : 分限으로 삼고, 귀신을 무리로 삼고, 오행을 바탕으로 삼고, 예의를 그릇으로 삼고, 인정을 예의를 닦는 밭으로 삼고, 사령四靈 : 麟 · 鳳 · 龜 · 龍을 가축으로 삼는 것이다."

9-17

"以天地爲本, 故物可擧也. 以陰陽爲端, 故情可睹也. 以四時爲柄, 故事可勸也. 以日星爲紀, 故事可列也. 月以爲量, 故功有藝也. 鬼神以爲徒, 故事有守也. 五行以爲質, 故事可復也. 禮義以爲器, 故事行有考也. 人情以爲田, 故人以爲奧(=主)也. 四靈以爲畜, 故飮食有由(=用)也. 何謂四靈. 麟鳳龜龍謂之四靈. 故龍以爲畜, 故魚鮪不淰. 鳳以爲畜, 故鳥不獝. 麟以爲畜, 故獸不狘. 龜以爲畜, 故人情不失."

"천지를 근본으로 삼는 까닭에 가히 사물을 들 수 있다. 음양을 단서로 삼는 까닭에 가히 정情을 볼 수 있다. 사시를 기본 틀로 삼는 까닭에 가히 일을 권할 수 있다. 일성日星을 기강으로 삼는 까닭에 가히 일을 차례로 벌여 놓을 수 있다. 달을 분량으로 삼는 까닭에 공功이 재주에 따라 이뤄질 수 있다. 귀신을 무리로 삼는 까닭에 일을 지킬 수 있다. 오행을 바탕으로 삼는 까닭에 일을 회복할 수 있다. 예의를 그릇으로 삼는 까닭에 일을 이룰 수 있다. 인정을 밭으로 삼는 까닭에 사람이 주인이 될 수 있다. 사령四靈을 가축으로 삼는 까닭에 음식을 널리 베풀 수 있다. 무엇을 '사령'이라고 하는가. 인麟 · 봉鳳 · 구龜 · 용龍을 일컬어 '사령'

이라고 한다. 그래서 용을 가축으로 여기는 까닭에 어유불념魚鮪不淰 : 작고 큰 물고기가 놀라서 달아나지 않음하고, 봉황을 가축으로 여기는 까닭에 조불휼鳥不獝 : 새가 놀라 달아나지 않음하고, 기린을 가축으로 여기는 까닭에 수불월獸不狘 : 들짐승이 놀라 뛰어가지 않음하고, 거북을 가축으로 여기는 까닭에 인정부실人情不失 : 인정을 잃지 않음, 龜卜을 통해 남의 심정을 알 수 있다는 뜻임하는 것이다."

9-18

"故先王秉蓍龜, 列祭祀, 瘞繒, 宣祝嘏辭說, 設制度. 故國有禮, 官有御, 事有職, 禮有序. 故先王患禮之不達於下也. 故祭帝於郊, 所以定天位也. 祀社於國, 所以列地利也. 祖廟, 所以本仁也. 山川, 所以儐鬼神也. 五祀, 所以本事也. 故宗祝在廟, 三公在朝, 三老在學, 王前巫而後史, 卜筮瞽侑皆在左右. 王中心無爲也, 以守至正. 故禮行於郊, 而百神受職焉. 禮行於社, 而百貨可極焉. 禮行於祖廟, 而孝慈服焉. 禮行於五祀, 而正法則焉. 故自郊社祖廟山川五祀, 義之脩而禮之藏也."

"그래서 선왕은 시구蓍龜 : 蓍草와 龜甲으로 점을 침를 통해 제사날짜를 잡고, 예증瘞繒 : 희생을 땅에 묻어 신에게 바치고 폐백을 올림을 정하고, 축하사설祝嘏辭說을 선포하고, 제도制度를 마련한 것이다. 이에 나라에는 예가 있고, 관청에는 규정이 있고, 일에는 직책이 있고, 예에는 차례가 있는 것이다. 그래서 선왕은 예가 아래로 통하지 않는 것을 조심했다. 이에 체제禘祭를 교郊에서 지내는 것은 하늘의 위치를 정하는 것이고, 사직을 나라에서 제사지내는 것은 지리地利를 벌여놓는 것이다. 조묘祖廟를 제사지내는 것은 인仁을 근본으로 하는 것이고, 산천을 제사지내는 것은 귀신을 대접하는 것이고, 오사五祀를 제사지내는 것은 일에 근본을 둔 것이다. 그래서 종축宗祝은 사당에 있고, 3공三公은 조정에 있고, 3로三老 : 국가원로는 학學 : 가르침에 있는 것이다. 군왕 앞에는 무巫 : 巫覡, 뒤에는 사史 : 祝史가 있으니, 복서고유卜筮瞽侑 : 卜筮는 의문을 풀고, 瞽는 음악으로 화합하고, 侑는 규간하여 보필함는 모두 군주의 좌우에 있다. 왕은 중심무위中心無爲 : 중앙에 있으며 좌우에 위임한 까닭에 마음으로 할 것이 없음히여 지정至正을 지킨다. 그래서 예가 교郊에서 행해져 백신百神이 직책을 받고, 예가 사社에서 행해져 백화百貨가 가히 넘쳐나고, 예가 조묘祖廟에서 행해져 효자孝慈 : 子孝父慈가 실천되고, 예가 오사五祀에서 행해져 천하의 법칙이 바로잡힌다. 그래서 교사郊社 · 조묘祖廟 · 산천山川 · 오사五祀에 이르기까지 모두 의를 닦는 것이고, 예를 간직하는 것이다."

9-19

"是故夫禮必本於大一, 分而爲天地, 轉而爲陰陽, 變而爲四時, 列而爲鬼神. 其降曰命. 其官(=法)於天也. 夫禮必本於天, 動而之(=法)地, 列而之事, 變而從時, 協於分藝, 其居人也曰養, 其行之以貨力 · 辭讓 · 飮食 · 冠昏 · 喪祭 · 射御 · 朝聘. 故禮義也者, 人之大端也. 所以講信脩睦, 而固人之肌膚之會, 筋骸之束也. 所以養生送死, 事鬼神之大端也. 所以達天道順人情之大竇也. 故唯聖人爲知禮之不可以已也, 故壞國喪家亡人, 必先去其禮. 故禮之於人也, 猶酒之有糱也, 君子以厚, 小人以薄."

"이에 예는 반드시 태일大一에 근본을 두니, 나뉘어 천지가 되고, 운전運轉하여 음양이 되고, 변화하여 사시四時가 되고, 벌여서 귀신이 된다. 그 내린 것을 일컬어 '명命'이라고 하니 이는 하늘을 본받은 것이다. 무릇 예는 반드시 하늘을 근본으로 삼고, 움직여 땅을 본받고, 벌여서 오사五祀 : 本事를 의미를 본받고, 변하여 종시從時 : 사시를 본받음한다. 분예分藝 : 사람의 才藝에 합치하는 까닭에 거기에 머무는 사람을 일컬어 '의義 : 마땅함, 본문의 養은 義의 잘못'라고 한다. 이를 행할 때는 화력貨力 · 사양辭讓 · 음식飮食 · 관혼冠婚 · 상제喪祭 · 사어射御 · 조빙朝聘 등으로 한다. 그래서 예의는 사람의 대단大端인 것이다. 강신수목講信脩睦하기 위해서는 사람의 기부肌膚의 생김과 근해筋骸의 결속을 굳게 해야 한다. 이는 양생송사養生送死하고 귀신을 섬기는 대단大端이 되고, 천도에 통달하고 인정을 순하게 하는 대두大竇 : 큰 구멍으로 사람들이 드나드는 대문을 상징가 되는 것이다. 그래서 오직 성인만이 예를 그칠 수 없다는 사실을 안다. 이에 괴국壞國 : 나라를 무너뜨림 · 상가喪家 : 집안을 喪亡케 함 · 망인亡人 : 사람을 망침은 반드시 먼저 그 예를 버린 데서 비롯된 것이다. 그래서 예는 사람에게 마치 주지유얼酒之有糱 : 술에 누룩이 있음과 같은 존재라고 할 수 있다. 행하는 예의 차이로 인해 군자는 관후寬厚하고, 소인은 각박刻薄한 것이다."

9-20

"故聖王脩義之柄 · 禮之序, 以治人情. 故人情者, 聖王之田也, 脩禮以耕之, 陳義以種之, 講學以耨之, 本仁以聚之, 播樂以安之. 故禮也者, 義之實也. 協諸義而協. 則禮雖先王未之有, 可以義起也. 義者, 藝之分, 仁之節也. 協於藝, 講於仁, 得之者强. 仁者, 義之本也, 順之體也, 得之者尊. 故治國不以禮, 猶無耜而耕也. 爲禮不本於義, 猶耕而弗種也. 爲義而不講之以學, 猶種而弗耨也. 講之於學, 而不合之以仁, 猶耨而弗穫也. 合之以仁, 而不安之以樂, 猶穫而弗食也. 安之以樂, 而不達於順, 猶食而弗肥也."

"그래서 성왕은 의병예서義柄禮序 : 義의 틀과 예의 순서를 닦아 그것으로 인정을 다스렸다. 이에 인정은 성왕이 예를 닦는 밭이다. 예를 닦아 인정을 잘 갈고, 의를 펼쳐 여기에 심고, 학문을 강구하여 누경耨耕 : 김을 맴하고, 인仁에 근본을 두어 곡식을 모으고, 음악을 널리 전파해 안정되게 한다. 그래서 예는 의義의 열매이다. 의에 맞춰 화합하면 비록 예가 선왕이 행한 것이 아닐지라도 가히 의를 가지고 일으킬 수 있다. 의는 재예才藝의 분한分限이고, 인仁의 절도節度이다. 재예에 맞춰 인仁을 강구하여 이를 얻는 자는 강하게 된다. 인은 의의 근본이고, 화순和順의 본체이다. 이를 얻는 자는 존귀하게 된다. 그래서 예로써 치국治國하지 않는 것은 마치 무사이경無耜而耕 : 쟁기도 없이 밭을 갊과 같다. 예를 행하면서 의에 근본을 두지 않는 것은 마치 경이불종耕而弗種 : 밭을 갈면서 씨를 뿌리지 않음과 같다. 의를 행하면서 학문을 강구하지 않는 것은 마치 종이불누種而弗耨 : 씨를 뿌리면서 김매지 않음와 같다. 학문을 강구하면서 인에 근본을 두지 않는 것은 마치 누이불확耨而弗穫 : 김을 매면서 수확하지 않음과 같다. 인에 부합하면서도 음악으로 백성을 편히 하지 않는 것은 마치 확이불식穫而弗食 : 수확을 하고도 먹지 않음과 같다. 음악으로 백성을 편히 하면서도 화순의 경지에 이르지 못하는 것은 마치 식이불비食而弗肥 : 먹고도 살찌지 않음과 같다."

9-21

"四體旣正, 膚革充盈, 人之肥也. 父子篤, 兄弟睦, 夫婦和, 家之肥也. 大臣法, 小臣廉, 官職相序, 君臣相正, 國之肥也. 天子以德爲車, 以樂爲御, 諸侯以禮相與, 大夫以法相序, 士以信相考, 百姓以睦相守, 天下之肥也. 是謂大順. 大順者, 所以養生送死事・鬼神之常也. 故事大積焉而不苑, 竝行而不繆(=謬), 細行而不失, 深而通, 茂而有間, 連而不相及也, 動而不相害也. 此順之至也. 故明於順, 然後能守危也."

"사체四體가 이미 바르고, 부혁膚革 : 피부와 근육이 충영充盈 : 충실한 것은 사람이 살찌는 것이다. 부자가 돈독하고, 형제가 화목하고, 부부가 화합한 것은 가정이 살찌는 것이다. 대신大臣이 법도가 있고, 소신小臣이 청렴하고, 관직이 서로 차례가 있고, 군신君臣이 서로 바른 것은 나라가 살찐 것이다. 천자가 덕을 수레로 삼으면서 음악을 어자御者로 삼고, 제후가 예로써 상호 어울리고, 대부가 법으로 상호 차서를 지키고, 선비가 신의로 상호 이루고, 백성은 화목으로 서로 지키는 것은 천하가 살찐 것이다. 이를 일컬어 '대순大順'이라고 한다. '대순'은 양생송사養生送死・사귀신事鬼神의 상도常道이다. 그래서 일이 쌓일지라도 불원不苑 : 막히지 않음하고, 일시에 행할지라도 불류不繆 : 오류가 없음, 繆는 謬와 통함하고, 세행細行 : 大夫・士가 出聘함해도 부실不失 : 실수하지 않음하고, 심원深遠 : 멀리 떨어져 있음, 遠邦을 지칭해도 통하고, 공부貢賦가 가득할지라도 국가의 조빙朝聘은 사이를 두고 이뤄지고, 나라가 연이어 있어도 불상급不相及 : 서로 미치지 않음하고, 각국의 정령이 발동되어도 불상해不相害 : 서로 해를 끼치지 않음한다. 이는 화순이 지극한 것이다. 그래서 화순에 밝은 연후에 능히 수위守危 : 자리에 안주하지 않아 위험에 대처할 수 있음하는 것이다."

9-22

"故禮之不同也, 不豊也, 不殺也, 所以持情而合危也. 故聖王所以順, 山者不使居川, 不使渚者居中原, 而弗敝也. 用水 · 火 · 金 · 木 · 飲食必時. 合男女, 頒爵位, 必當年德. 用民必順, 故無水旱 · 昆蟲之災, 民無凶饑妖孽之疾. 故天不愛其道, 地不愛其寶, 人不愛其情. 故天降膏露, 地出醴泉, 山出器車, 河出馬圖, 鳳凰麒麟皆在郊棷, 龜龍在宮沼, 其餘鳥獸之卵胎, 皆可俯而闚也. 則是無故, 先王能脩禮以達義, 體信以達順, 故此順之實也."

"그래서 예는 천자에서 사士에 이르기까지 그 명위名位가 같지 않고, 풍성하지도 않고, 강쇄降殺하지도 않는 것이다. 이것이 인정을 지니고 위험에도 안전할 수 있는 이유이다. 그래서 성왕이 사물을 화순하게 한다는 것은 산에 있는 자를 내로 가게 하지 않고, 물가에 있는 자를 들로 가게 하지 않음으로써 피폐하게 만들지 않는 것을 뜻한다. 수水 · 화火 · 금金 · 목木 · 음식飮食을 이용할 때는 반드시 때를 가린다. 남녀를 화합하게 하고, 작위를 반포하는 것은 반드시 연덕年德 : 시기에 부합하는 덕에 맞도록 하고, 백성을 쓰는 것은 반드시 순서대로 해야 한다. 그래서 수한水旱 : 홍수와 한발 · 곤충지재昆蟲之災 : 곤충으로 인한 곡물의 피해가 없고, 백성이 흉기凶饑 : 흉년의 기근 · 요얼지질妖孽之疾 : 초목 등의 怪妖와 금수 등의 怪孽로 인한 질병이 없게 된다. 이에 하늘은 그 도를 아끼지 않고, 땅은 그 보물을 아끼지 않고, 사람은 그 정을 아끼지 않는 것이다. 그래서 하늘은 고로膏露 : 단 이슬, 膏는 甘과 통함를 내리고, 땅은 예천醴泉을 내고, 산은 기거器車 : 銀甕丹甑과 자연적인 재료로 만든 山車를 내고, 하수河水는 마도馬圖 : 복희가 八卦를 창안케 한 龍馬圖를 내고, 봉황鳳凰 · 기린麒麟 모두 교수郊棷 : 교외의 숲에 있고, 구룡龜龍은 궁소宮沼 : 궁중 연못에 있고, 나머지 조수鳥獸는 사람을 두려워하지 않고 땅에 둥지를 틀어 그 난태卵胎를 가히 부규俯闚 : 고개를 숙여 들여다봄할 수 있다. 이는 다른 까닭이 있는 게 아니다. 선왕이 능히 수예달의脩禮達義 : 예를 닦아 의에 통함 · 체신달순體信達順 : 신의를 체득해 순리에 통달함했기 때문이다. 이것이 바로 화순의 실상인 것이다."

제18편 학기

「학기」편은 하 · 은 · 주 삼대三代의 교육제도를 예로 들어 교학이 지니고 있는 의의와 학문이 인간생활에 미치는 영향 등을 설명하고 있다. 「학기」편은 그 취지 및 내용 등에서 『예기』 「대학」편은 말할 것도 없고 『순자』 「권학」편과 일치하고 있다.

원래 공문에서 교습한 '군자 리더십'은 이론과 실천의 결합을 꾀한 것이나 기본적으로 실천에 앞서 이론적 배경이 되는 학문의 철저한 연마가 전제되었다. 공자와 순자가 '학지學知'를 그토록 강조한 이유가 바로 여기에 있다. 공자의 '학지'는 '선지후인先知後仁'의 입장에 서 있다. 역대 제왕이 당대의 최고학문을 자랑하는 대신들과 죽을 때까지 하루 3차례씩 경전에 관한 강독모임을 가진 것도 이와 무관치 않았다. 사대부들이 출사出仕 여부와 상관없이 재조在朝와 재야在野를 막론하고 평생을 두고 배우기를 그치지 않은 것도 이 때문이었다.

『논어』의 첫 편이 「학이學而」편으로 구성되어 있고 『순자』의 첫 편이 「권학勸學」편으로 구성되어 있는 것도 이와 무관치 않다. 이러한 편제는 공학의 본령이 바로 '치평'에 있음을 뜻하는 것이다. 『예기』의 「학기」편은 『예기』의 특성상 비록 제18편에 편제되어 있으나 내용면에서 『논어』의 「학이」편 내지 『순자』의 「권학」편과 마찬가지로 '학지'와 '치평'의 상호관계를 깊이 천착해 놓고 있다. 「대학」을 연구할 때 반드시 「학기」를 참조해야 하는 이유가 바로 여기에 있다.

18-1

發慮憲, 求善良, 足以謏聞, 不足以動衆. 就賢體遠, 足以動衆, 未足以化民. 君子如欲化民成俗, 其必由學乎.

발려發慮 : 思慮가 법칙에 맞도록 하여 선량善良을 구하는 것은 소문謏聞 : 작은 聲譽에는 족하나 동중動衆 : 대중을 감동시킴에는 부족하다. 취현체원就賢體遠 : 몸을 굽혀 현자에게 나아가고 소원한 자를 깊이 살핌은 '동중'에는 족해도 화민化民 : 대중을 교화시킴에는 부족하다. 군자가 만일 화민성속化民成俗 : 화민하여 풍속을 이룸하고자 하면 반드시 학문에 연유緣由해야 한다는 것인가!

18-2

玉不琢不成器, 人不學不知道. 是故古之王者建國君民, 教學爲先. 「兌命」曰, "念終始典於學." 其此之謂乎.

옥은 다듬지 않으면 그릇을 이루지 못하고, 사람은 배우지 않으면 도를 알지 못한다. 그래서 옛날의 왕자王者는 건국군민建國君民 : 나라를 세우고 백성 위에 군림함할 때 교학敎學을 우선했다.

『서경』「상서商書 · 열명兌命」에 이르기를, '늘 생각하며 시종 배우면서 경전經典을 익힌다' 고 했다. 바로 이를 두고 한 말인가!

18-3

雖有嘉肴, 弗食不知其旨也. 雖有至道, 弗學不知其善也. 是故學然後知不足, 敎然後知困. 知不足, 然後能自反也. 知困, 然後能自强也. 故曰, "敎學相長也." 「兌命」曰, "學(=斅)學半." 其此之謂乎.

비록 가효嘉肴 : 좋은 안주가 있을지라도 먹지 않으면 그 맛을 알지 못한다. 비록 지도至道 : 지극한 도가 있을지라도 배우지 않으면 그 선善을 알 수 없다. 그래서 배운 연후에 부족함을 알고, 가르친 연후에 곤困 : 학문의 어려움함을 안다. 부족함을 안 연후에 능히 스스로 반성하고, 곤함을 안 연후에 능히 스스로 힘쓰게 된다. 그래서 '교학상장敎學相長 : 가르치고 배우는 것이 서로 도움' 이라고 하는 것이다. 『서경』「열명」에 이르기를, '효학반斅學半 : 가르침은 배움의 반임' 이라고 했다. 바로 이를 두고 한 말인가!

18-4

古之敎者, 家有塾, 黨有庠, 州有序, 國有學. 比年入學, 中年考校. 一年視離經辨志, 3年視敬業樂群, 5年視博習親師, 7年視論學取友, 謂之小成. 9年知類通達, 强立而不反, 謂之大成. 夫然後足以化民易俗, 近者說服, 而遠者懷之. 此大學之道也. 『記』曰, "蛾子時術之." 其此之謂乎.

옛날의 가르치는 곳으로 가家에는 숙塾 : 25戶의 마을인 閭의 문 옆에 있던 학교, 향당鄕黨 : 5백 호의 마을에는 상庠, 주州 : 1만 2천 5백 호에는 서序, 국國 : 천자와 제후의 도성에는 학學이 있었다. 비년

比年 : 매년에 입학하고, 중년中年 : 해를 隔함에 고교考校 : 학업성취를 시험함했다. 1년에 이경변지離經辨志 : 經書의 句讀를 나눠 뜻을 辨釋함를 보고, 3년에 경업낙군敬業樂群 : 학업을 공경히 하고 벗들과 서로 이끌어 바로 가는 것을 즐김을 보고, 5년에 박습친사博習親師 : 널리 배우고 스승을 가까이 함를 보고, 7년에 논학취우論學取友 : 학문을 논하고 벗을 택함를 본다. 이를 일컬어 '소성小成'이라고 한다. 9년에 지류통달知類通達 : 사물을 분별해 도리에 통달함하고, 강립불반强立不反 : 굳세게 자립해 외물에 흔들리는 일이 없음한다. 이를 일컬어 '대성大成'이라고 한다. 무릇 이같이 한 연후에야 족히 화민역속化民易俗 : 백성을 교화하고 풍속을 바꿈하여 가까이 있는 자는 열복說服 : 기꺼이 복종함하고 멀리 있는 자는 회래懷來 : 은덕을 가슴에 품고 따름하게 된다. 이것이 대학의 도이다. 『기記 : 옛날의 기록』에 이르기를, '아자시술蛾子時術 : 왕개미 새끼도 때때로 배워 이내 개밋둑을 만듦'이라고 했다. 바로 이를 두고 한 말인가!

18-5

大學始教, 皮弁祭菜, 示敬道也. 「宵(=小)雅」肄3, 官其始也. 入學鼓篋, 孫(=遜)其業也. 夏楚2物, 收其威也. 未卜禘, 不視學, 游其志也. 時觀而弗語, 存其心也. 幼者聽而弗問, 學(=斆)不躐等也. 此7者, 教之大倫也. 『記』曰, "凡學, 官先事, 士先志." 其此之謂乎.

대학에서 가르침을 시작할 때 유사有司가 피변제채皮弁祭菜 : 가죽으로 된 모자 등의 예복을 입고 나물로 先師에게 제사드림하는 것은 경도敬道 : 도를 공경함를 보여주기 위한 것이다. 학생에게 『시경』「소아小雅」의 이삼肄三 : '鹿鳴'과, '四牡'. '皇皇者華' 등 3편을 노래해 익히게 함, 肄는 習과 통함하게 한 것은 그 시작을 군신이 서로 화목한 관도官道로써 한 것이다. 입학해서 고협鼓篋 : 북을 두드려 학생을 모으고, 상자에서 책을 꺼냄하는 것은 학업을 공손히 하려는 것이다. 하초夏楚 : 檟나무와 가시나무로 회초리를 의미 2가지 물건은 위의威儀를 수렴한 것이다. 복체卜禘 : 점을 쳐 큰 제사를 지냄하기 전에 시학視學 : 考校, 제사를 지낸 후 행함하지 않는 것은 학업을 다그치지 않고 학생의 뜻을 한가하게 노니는 데 두도록 한 것이다. 때로 관찰만 하고 말하지 않는 것은 학생이 이를 마음에 두어 스스로 깨우치게 하려는 것이다. 어린 학생으로 하여금 듣기만 하고 묻지 않도록 하는 것은 선배를 통해 배우도록 함으로써 불섭등不躐等 : 등차를 뛰어넘어 선배를 무시하지 못하게 함을 가르치는 것이다. 이들 7가지는 가르침의 대륜大倫 : 大理이다. 『기記』에 이르기를, '무릇 배우는 자로서 관官이 된 자는 먼저 관사官事를 배우고, 사士로 남은 자는 먼저 그 뜻을 바르게 하는 일을 배운다'고 했다. 바로 이를 두고 한 말인가!

18-6

大學之敎也, 時. 敎必有正業, 退息必有居. 學不學操縵, 不能安弦. 不學博依, 不能安詩. 不學雜服, 不能安禮. 不興其藝, 不能樂學. 故君子之於學也, 藏焉, 脩焉, 息焉, 游焉. 夫然, 故安其學而親其師, 樂其友而信其道. 是以雖離師輔而不反也. 「兌命」曰, "敬孫務時敏, 厥脩乃來." 其此之謂乎.

대학의 가르침은 때에 맞게 해야 한다. 가르침은 반드시 정업正業 : 계절에 맞는 수업으로 春秋의 禮樂과 夏冬의 詩書이 있고, 퇴식退息 : 물러나 쉼할 때에는 반드시 상거常居 : 늘 머무는 곳가 있어야 한다. 배우되 조만操縵 : 琴瑟의 초보학습인 雜弄을 배우지 않으면 안현安弦 : 금슬의 현을 안정시킴할 수 없고, 박의博依 : 널리 사물의 이치를 궁구해 實利를 얻음를 배우지 않으면 안시安詩 : 시를 자유자재로 지음할 수 없고, 잡복雜服 : 잡다한 예복을 배우지 않으면 안례安禮 : 예에 맞게 행함할 수 없고, 재예才藝 : 조만·박의·잡복을 지칭를 키우지 않으면 낙학樂學 : 배움을 즐김할 수 없다. 그래서 군자는 배울 때 이를 마음에 간직해 닦아서 실천하고, 물러나 쉬며 몸가짐을 익히고, 노닐며 살피고 익히는 것이다. 무릇 이같이 하는 까닭에 배움에 편하고 스승과 친하고, 벗과 즐기며 그 도를 믿는다. 이에 비록 사보師輔 : 스승과 벗를 떠난다 할지라도 도에 어긋나는 행동을 하지 않는 것이다. 「열명」에 이르기를, '공경하고 겸손한 자세로 시민時敏 : 時宜에 맞게 민첩하게 움직임에 애쓰니 그 수양한 결과가 이내 이를 것이다'라고 했다. 바로 이를 두고 한 말인가!

18-7

今之敎者, 呻其佔畢, 多其訊, 言及於數, 進而不顧其安, 使人不由(=用)是誠, 敎人不盡其材, 其施之也悖, 其求之也佛(=拂). 夫然, 故隱其學而疾其師, 苦其難而不知其益也. 雖終其業, 其去之必速. 敎之不刑, 其此之由乎.

오늘날 가르치는 자는 신점필呻佔畢 : 보이는 기록만 읊어 깊은 뜻을 통찰하지 못한다는 뜻으로 呻은 吟. 佔은 視. 畢은 簡과 통함하고, 다신多訊 : 뜻도 모르는 難問을 많이 함하니 말이 요령을 얻지 못해 수다스러운 지경에 이른다. 계속 읊조리는 것에만 힘써 뜻도 모르는 안이한 자세를 돌아보지도 않고, 학생에게 읊조리게만 할 뿐 그 성의를 다하게 하지 않고, 자신 또한 학생을 가르치면서 그 도를 다하지 않아 숨기는 바가 있다. 가르침을 베푸는 것이 상도에 벗어나니 학생 또한 가르침을 구하면서 실문失問 : 제대로 된 질문을 하지 못함하게 된다. 그런 까닭에 은학질사隱學疾師 : 배운 것을 稱揚하지 않고 스승을 미워함 · 고난부지익苦難不知益 : 학업의 어려움을 괴롭게 여길 뿐 그 이익 됨을 알지 못함하는 것이다. 이에 비록 그 학업을 마칠지라도 버리는 것 또한 빠를 수밖에 없게 된다. 가르침이 이뤄지지 않을 경우 이는 여기서 유래하는 것인가!

18-8

大學之法, 禁於未發之謂豫, 當其可之謂時, 不陵節而施之謂孫, 相觀而善之謂摩. 此4者, 教之所有興也. 發然後禁, 則扞格而不勝. 時過然後學, 則勤苦而難成. 雜施而不孫, 則壞亂而不脩. 獨學而無友, 則孤陋而寡聞. 燕朋逆其師, 燕辟廢其學. 此6者, 教之所由廢也. 君子旣知教之所由興, 又知教之所由廢, 然後可以爲人師也. 故君子之教喩也, 道而弗牽, 强而弗抑, 開而弗達. 道而弗牽則和, 强而弗抑則易, 開而弗達則思. 和易以(=而)思, 可謂善喩矣.

대학에 법도가 있으니 미발未發 : 정욕이 생기기 이전으로 15세를 지칭의 시기에 가르침으로 금하는 것을 일컬어 '예豫 : 미연 방지의 가르침', 가기可期 : 20세를 지칭에 맞게 하는 것을 일컬어 '시時 : 적시의 가르침', 절도를 넘지 않고 가르침을 베푸는 것을 일컬어 '손孫 : 순종의 가르침. 順과 통함', 서로 살피면서 장자長者를 통해 의문을 푸는 것을 일컬어 '마摩 : 琢磨의 가르침'라고 한다. 이들 4가지는 가르침으로 인해 일어나는 것이다. 기발후금旣發後禁 : 정욕이 이미 발동한 뒤 가르침으로 금함하면 한격불승扞格不勝 : 굳게 거절해 납득시킬 수 없음한다. 시과후학時過後學 : 시기가 지난 뒤에 배움하면 근고난성勤苦難成 : 힘들기만 하고 이루기 어려움한다. 잡시불손雜施不孫 : 절도 없이 가르쳐 따르지 않음하면 괴란불수壞亂不修 : 어지러워져 학업이 닦이지 않음한다. 독학무우獨學無友 : 홀로 배워 벗이 없음하면 고루과문孤陋寡聞 : 고루해져 듣는 게 없게 됨한다. 연붕燕朋 : 燕樂으로 이끄는 벗은 그 스승을 거역케 만들고, 연벽燕辟 : 燕樂을 즐기는 버릇은 그 학업을 폐하게 만든다. 이들 6가지는 가르침으로 인해 폐해지는 것이다. 군자는 이미 가르침이 일어나는 바와 가르침이 폐해지는 바를 안 연후에야 남의 스승이 될 수 있다. 그래서 군자의 교유敎喩 : 가르침는 도이불견道而弗牽 : 자연스레 보여주며 무리하게 이끌지 않음 · 강이불억强而弗抑 : 그 뜻을 북돋워 주되 심하게 추구하지 않도록 함. '抑'은 '推'와 통함 · 개이불달開而弗達 : 깨닫는 길을 열어주며 통달을 구하지 않음한다. '도이불견'하면 곧 화친和親하고, '강이불억'하면 곧 이성易成 : 쉽게 이룸하고, '개이불달'하면 곧 심사深思하게 된다. 화和 · 이易 · 사思 3가지를 가르칠 수 있으면 가히 '선유善喩 : 뛰어난 가르침'라고 일컬을 만하다.

18-9

學者有4失, 敎者必知之. 人之學也, 或失則多, 或失則寡, 或失則易, 或失則止. 此4者, 心之莫同也. 知其心, 然後能救其失也. 敎也者, 長善而救其失者也.

학자學者 : 배우는 자에게 4실四失 : 4가지 상실이 있으니 교자敎者 : 가르치는 자는 반드시 이를 알아야 한다. 사람의 배움은 혹

잡다하게 아는 것이 많은 데서 잃거나, 아는 것이 적은 데서 잃거나, 쉽게 보아 경멸하며 고원高遠한 것을 추구하는 데서 잃거나, 멈추고 발분하지 않는 데서 잃거나 한다. 이 4가지는 마음이 한결같지 않기 때문이다. 그 마음을 안 연후에야 능히 그 잃음을 구할 수 있다. 가르침은 장선구실長善救失 : 선을 조장해 상실한 것을 구제함을 뜻한다.

18-10

善歌者使人繼其聲, 善教者使人繼其志. 其言也約而達, 微而臧, 罕譬而喩, 可謂繼志矣. 君子知至學之難易, 而知其美惡, 然後能博喩. 能博喩然後能爲師. 能爲師然後能爲長. 能爲長然後能爲君. 故師也者, 所以學爲君也, 是故擇師不可不愼也. 『記』曰, "3王4代唯其師." 此之謂乎.

선가자善歌者 : 노래를 잘 하는 자가 사람들로 하여금 그 소리를 잇게 하듯이 선교자善教者 : 잘 가르치는 사람도 사람들로 하여금 그 뜻을 잇게 한다. 그 말이 약이달約而達 : 간략하면서도 사리에 통달함 · 미이장微而臧 : 은미하면서도 착함 · 한비이유罕譬而喩 : 비유의 말이 적으면서도 깊은 감명을 줌하면 가히 '계지繼志 : 뜻을 이음'라고 일컬을 만하다. 군자는 학문의 난이難易를 알고, 그 미악美惡을 안 연후에 능히 박유博喩 : 널리 깨우침할 수 있다. 능히 '박유'한 연후에 능히 스승이 될 수 있다. 능히 '스승'이 된 연후에 능히 관장官長이 될 수 있다. 능히 '관장'이 된 연후에 능히 군주가 될 수 있다. 그래서 스승은 군주가 되는 길을 배우는 것이다. 그러니 택사擇師 : 스승의 길을 택함는 신중하지 않을 수 없다. 『기記』에 이르기를, '3왕4대三王四代 : 3왕은 禹 · 湯 · 文武. 4대는 하 · 은 · 주 3대에

舜의 虞를 포함한 것임가 오직 그 스승인가' 라고 했다. 바로 이를 두고 한 말인가!

18-11

凡學之道, 嚴師爲難. 師嚴然後道尊, 道尊然後民知敬學. 是故君之所不臣於其臣者2. 當其爲尸, 則弗臣也. 當其爲師, 則弗臣也. 大學之禮, 雖詔於天子, 無北面, 所以尊師也.

무릇 배움의 길로 말하면 엄사嚴師 : 스승을 존경함. 嚴은 尊과 통함가 어려운 것이다. 스승이 존경을 받은 연후에야 도가 존고尊高해질 수 있다. 도가 존고해진 연후에 백성이 학문을 공경할 줄 알게 된다. 이에 군주가 신하를 신하로 대하지 않는 것에 2가지 경우가 있다. 제시祭尸 : 제사 때 신령을 대신한 자가 된 자는 신하로 대하지 않는다. 스승이었던 자도 신하로 대하지 않는다. 대학의 예에 비록 천자에게 고할 때에도 북면하지 않도록 한 것은 존사尊師 : 스승을 높임로 인한 것이다.

18-12

善學者師逸而功倍, 又從而庸之. 不善學者師勤而功半, 又從而怨之. 善問者如攻堅木, 先其易者, 後其節目, 及其久也, 相說以解. 不善問者反此. 善待問者如撞鐘, 叩之以小者則小鳴, 叩之以大者則大鳴, 待其從容, 然後盡其聲. 不善答問者反此. 此皆進學之道也. 記問之學, 不足以爲人師, 必也其聽語乎. 易不能問, 然後語之. 語之而不知, 雖舍之可也. 良冶之子, 必學爲裘. 良弓之子, 必學爲箕. 始駕者反之, 車在馬前. 君子察於此3者, 可以有志於學矣.

선학자善學者 : 잘 배우는 자는 스승이 편안하면서도 공은 갑절이나 되는 까닭에 스승을 좇으면서 그 공용功庸을 스승의 몫으로 돌린다. 불선학자不善學者는 스승이 애쓰는데도 공은 절반밖에 안 되는 까닭에 스승을 좇으면서 원망만 한다.

선문자善問者 : 잘 묻는 자는 마치 공견목攻堅木 : 견고한 나무를 다룸과 같아 그 쉬운 것부터 먼저 하고 그 절목節目 : 마디부분을 나중에 다룬다. 묻는 것이 순리에 맞고 대답이 분명한 까닭에 그런 모습이 오래되면 사도師徒 : 스승과 제자가 서로 기뻐하며 그 의리義理를 이해하게 된다. 불선문자不善問者는 이와 반대된다.

선대문자善待問者 : 물음을 잘 기다리는 자는 마치 당종撞鐘 : 쇠북을 두드림과 같아 작게 두드리면 작게 울고 크게 두드리면 크게 운다. 종용從容해지기를 기다려 그 소리를 다하기 때문이다. 불선답문자不善答問者 : 물음에 잘 대답치 못하는 자는 이와 반대된다. 이것이 모두 진학進學 : 善問善答하는 길이다.

기문지학記問之學 : 뜻도 모른 채 雜問을 기록하는 학문은 인사人師 : 남의 스승가 되기에 부족한 까닭에 반드시 청어聽語 : 묻는 자의 말을 잘 들어 그 질문에 부합하는 대답을 함해야 할 것이다. 배우는 자가 실력이 달려 질문도 못하며 분비憤悱 : 마음으로 알면서 입으로 표현치 못함한 연후에 이를 말해준다. 말해 주어도 알지 못하면 스스로 깨우칠 때까지 버려둘지라도 가하다. 양야지자良冶之子 : 뛰어난 대장장이의 아들는 쇠를 녹여 그릇을 때우는 것을 보기에 반드시 이 원리를 응용해 갖옷 만드는 것을 배운다. 양궁지자良弓之子 : 뛰어난 弓匠의 아들는 뿔을 휘어 활을 만드는 것을 보기에 반드시 이 원리를 응용해 유기柳箕 : 버드나무 키 만드는 것을 배운다. 시가자始駕者 : 처음으로 망아지에 수레를 끌게 하는 자는 큰 말을 앞에 세워 수레를 끌게 하면서 망아지를 뒤에 매어 수레 뒤를 따르게 한다. 군자가 이 3가지를 살피면 가히 배움에 뜻을 둘 수 있을 것이다.

18-13

古之學者, 比物醜(=比)類. 鼓無當於5聲, 5聲弗得不和. 水無當於5色, 5色弗得不章. 學無當於5官, 5官弗得不治. 師無當於5服, 5服弗得不親. 君子曰, "大德不官, 大道不器. 大信不約, 大時不齊. 察於此4者, 可以有志於學矣." 3王之祭川也, 皆先河而後海, 或源也, 或委也. 此之謂務本.

옛날의 학자는 비물추류比物醜類 : 같은 종류의 일을 비교해 연구하고 가르침. 物은 事. 醜는 比와 통함했다. 북소리는 5성五聲에 해당하는 것이 없으나 5성은 북소리를 얻지 못하면 조화를 이루지 못한다. 물은 5색五色에 해당하는 것이 없으나 5색은 물을 얻지 못하면 밝아지지 못한다. 학문은 5관五官 : 體·口·耳·目·心에 해당하는 것이 없으나 5관은 학문을 얻지 못하면 다스려지지 않는다. 스승은 5복五服 : 斬衰·齊衰·大功·小功·緦麻에 해당하는 것이 없으나 5복은 스승의 교회敎誨 : 가르침를 얻지 못하면 화친和親을 모르게 된다. 군자가 말하기를, '대덕불관大德不官 : 대덕을 지닌 군주는 어떤 관직을 담당하는 게 아님·대도불기大道不器 : 도에 통달한 군주는 일정한 그릇의 제한이 없음·대신불약大信不約 : 큰 신의가 있는 군주는 약속하지 않아도 실천함·대시부제大時不齊 : 天時는 四時로 나뉘어 같지 않으나 만물이 이를 좇아 스스로 생멸함하니 이 4가지를 잘 살피면 가히 배움에 뜻을 둘 수 있다' 고 했다. 3왕三王이 제천祭川 : 하천에 제사지냄할 때는 선하후해先河後海 : 원천이 되는 강을 먼저 제사지내고 바다를 나중에 제사지냄한다. 이는 혹원혹위或源或委 : 전자는 샘물이 나오는 근원, 후자는 물이 모이는 곳이 됨하기 때문이다. 이를 일컬어 '무본務本 : 근본에 힘씀'이라고 한다.

제19편 악기

공자는 '예禮'를 말할 때 항시 '악樂'을 덧붙여 말했다. 이는 원래 '제의'를 뜻한 '예'의 의식에 음악이 늘 곁들여진 역사적 맥락에서 비롯된 것으로 짐작된다. 「악기」편은 바로 '예악'에 나오는 '악'의 의미를 기술하고 있다. '악'은 '예'와 더불어 '군자'의 인격도야에 반드시 필요하다는 것이 공자의 기본적인 생각이었다. 이는 「태백」편에 나오는 그의 다음과 같은 언급을 보면 쉽게 알 수 있다.

"시詩에서 흥기하고, 예禮에서 서고, 악樂에서 이뤄진다."

이를 통해 알 수 있듯이 『논어』는 '악'을 '예'와 같은 차원에서 파악하고 있다. 이는 공자가 음악의 교육적 효과에 주목한 데 따른 것이었다. 실제로 공자는 단순히 음악에 대한 교육을 강조한 데 그치지 않고 스스로 악기를 다루면서 음악에 대한 깊은 조예를 자랑했다. 「선진」편의 기록을 통해 자로와 증석 등 두 명의 제자가 비파를 탔던 사실을 확인할 수 있다. 다른 제자들도 모두 그러했을 공산이 크다. 공자가 제자들에게 직접 음악을 가르쳤는지는 분명치 않으나 공문에서 높은 수준의 음악교육을 실시한 것만은 분명하다. 이는 「위령공」편에 나오는 공자의 다음과 같은 언급을 보면 대략 짐작할 수 있다.

"음악은 소무韶舞 : 순임금의 무악를 써야 한다. 또한 정성鄭聲 : 정나라의 음악을 추방해야 한다."

공자가 '소무'와 '정성'과 같이 매우 전문적인 음악에 대해서도 깊이 알고 있었다는 것은 공문에서 '악'에 대한 교과목이 얼마나 중요하게 다뤄졌는지를 짐작케 해주는 대목이 아닐 수 없다. 공문의 이러한 풍조는 음악의 가치를 교육에서 찾은 것으로 음악을 도덕 함양의 교육수단으로 적극 활용한 고대 그리스시대를 방불케 한다. 일찍이 아리스토텔레스는 『정치학』에서 청년들의 인격을 형성하는 데 큰 도움이 되는 음악을 적극 교육할 것을 주장한 바 있다. 플라톤도 『국가』와 『법』에서 음악은 국가 차원의 관심사라고 주장한 바 있다. 두 사람 모두 공자와 마찬가지로 어떤 음악은 권장되고 어떤 음악은 추방되어야 한다고 생각했다. 음악의 중요성에 대한 인식은 양의 동서를 막론하고 일찍부터 공감대를 형성했던 셈이다.

물론 근대에 들어와 서양문화가 음악을 극도로 정치하게 발전시킨 것은 의문의 여지가 없다. 그러나 서양은 음악의 보다 깊은 의미에 대해 상대적으로 관심이 적었던 것이 사실이다. 공자의 경우는 이와 달랐다. 그는 음악을 감상할 때 그러한 음악을 만들고 연주하는 사람의 마음까지 헤아리기를 당부했다. 이는 인간에 대한 깊은 통찰을 주문한 것이다. 그럼에도 이후 양의 동서 모두 음악이 듣는 사람의 감정은 물론 그 사상에도 영향을 미친다는 것은 당연시하면서도 그 이상의 연구는 진척시키지 않았다.

이를 통해 공자가 '예'와 '악'을 매우 중시했음을 확인할 수 있다. 공문에서 '예'와 '악'을 강조한 것은 이 양자가 국가통치에 매우 중요한 의식인 데 따른 것이다. 이는 요즘의 말로 바꾸면 외교를 포함한 국례國禮로 볼 수 있다. 대내외적으로 국가의 위엄 및 안위와 직결된 국가대사에 해당한다. '예'와 '악'을 보를 경우에는 이를 제대로 대처할 길이 없는 것이다. 협곡의 회맹에서 뛰어난 외교력을 발휘해 노나라의 이익을 지켰던 공자로서는 그 누구보다도 '예'와 '악'의 필요성을 절감했을 것이다.

19-1

凡音之起, 由人心生也. 人心之動, 物使之然也. 感於物而動, 故形於聲. 聲相應, 故生變, 變成方, 謂之音. 比音而樂之, 及干戚羽旄, 謂之樂. 樂者, 音之所由生也, 其本在人心之感於物也. 是故其哀心感者, 其聲噍以殺. 其樂心感者, 其聲噍以緩. 其喜心感者, 其聲發以散. 其怒心感者, 其聲粗以厲. 其敬心感者, 其聲直以廉. 其愛心感者, 其聲和以柔. 6者非性也, 感於物而后動. 是故先王愼所以感之者. 故禮以道其志, 樂以和其聲, 政以一其行, 刑以防其姦. 禮樂刑政, 其極一也, 所以同民心而出治道也.

대체로 소리의 일어남은 인심人心으로 인해 생기는 것이다. 인심의 움직임은 외물外物이 그리 만드는 것이다. 외물에 감화되어 인심이 움직이는 까닭에 소리가 나타나고, 소리가 서로 응하는 까닭에 변화가 생긴다. 변화가 방方 : 악곡의 절인 文章을 이루는 것을 일컬어 '음音'이라고 한다.

'음'을 악기에 차례로 실어 연주하면서 간척干戚 : 武舞에 사용하는 방패와 도끼·우모羽旄 : 文舞에 사용하는 翟羽와 旄牛의 꼬리에 이르게 하는 것을 일컬어 '악樂'이라고 한다. '악'은 '음'에서 생겨난 것으로 그 근본은 인심이 외물에 감화된 데 있다.

이에 그 애심哀心이 느껴지는 음악은 그 소리가 초쇄噍殺 : 애끊듯 급하며 낮고 힘이 없음한다. 그 낙심樂心이 느껴지는 음악은 그 소리가 탄완嘽緩 : 느긋하며 여유가 있음한다. 그 희심喜心이 느껴지는 음악은 그 소리가 발산發散 : 드러내며 퍼져나감한다. 그 노심怒心이 느껴지는 음악은 그 소리가 조려粗厲 : 거칠고도 사나움하다. 그 경심敬心 : 공경하는 마음이 느껴지는 음악은 그 소리가 직렴直廉 : 잡되지 않으면서 곧음하다. 그 애심愛心이 느껴지는 음악은 그 소리가 화유和柔 : 화평하면서도 부드러움하다. 이들 6가지는 성품에 기인한 것이 아니라 인심이 외물에 감화되어 움직인 데 따른 것이다.

그래서 선왕은 그 감화하는 바를 신중히 했던 것이다. 이에 예이도지禮以道志 : 예로써 그 뜻을 인도함·악이화성樂以和聲 : 음악으로 그 소리를 화평하게 함·정이일행政以一行 : 정치로 그 행동을 하나같이 함·형이방간刑以防姦 : 형벌로 간사함을 막음했다. 예禮·악樂·형刑·정政의 극의極意는 하나이다. 그래서 동민심同民心 : 민심을 같게 함·출치도出治道 : 치도를 이룸할 수 있는 것이다.

19-2

凡音者, 生人心者也. 情動於中, 故形於聲. 聲成文, 謂之音. 是故治世之音, 安以樂, 其政和. 亂世之音, 怨以怒, 其政乖. 亡國之音, 哀以思, 其民困. 聲音之道, 與政通矣.

무릇 음音은 인심人心에서 나오는 것이다. 인정人情이 심중心中에서 움직이는 까닭에 소리가 나타난다. 소리가 문장文章 : 樂節을 이루는 것을 일컬어 '음音'이라고 한다. 그래서 치세의 '음'은 편안하고도 즐거우니 이는 그 정치가 화목하기 때문이다. 난세의 '음'은 원망과 분노에 차 있으니 이는 그 정치가 도리에 어긋나 있기 때문이다. 망국의 '음'은 슬프면서 고뇌에 차 있으니 이는 그 백성이 곤핍困乏하기 때문이다. 성음聲音의 도는 바로 정치와 직통하는 것이다.

19-3

宮爲君, 商爲臣, 角爲民, 徵爲事, 羽爲物. 5者不亂, 則無怗懘之音矣. 宮亂則荒, 其君驕. 商亂則陂, 其官壞. 角亂則憂, 其民怨. 徵亂則哀, 其事勤. 羽亂則危, 其財匱. 5者皆亂, 迭相陵, 謂之慢. 如此, 則國之滅亡無日矣. 鄭衛之音, 亂世之音也, 比於慢矣. 桑間濮上之音, 亡國之音也, 其政散, 其民流, 誣上行私而不可止也.

궁宮은 군주, 상商은 신하, 각角은 백성, 치徵는 일, 우羽는 물건이 된다. 이들 5가지가 어지럽지 않으면 점체怗懘 : 가락이 맞지 않아 조화를 이루지 못함된 음이 없을 것이다.

'궁'이 어지러우면 소리가 거치니 이는 그 군주가 교만하기 때문이다. '상'이 어지러우면 소리가 기울어지니 이는 신하가 착하지 못하기 때문이다. '각'이 어지러우면 소리가 시름에 차 있으니 이는 백성이 원망하기 때문이다. '치'가 어지러우면 소리가 슬프니 이는 역사役事가 힘들기 때문이다. '우'가 어지러우면 소리가 위태로우니 이는 그 재화가 궁핍하기 때문이다.

이들 5가지가 모두 어지러워 서로 능멸하는 것을 일컬어 '만慢'이라고 한다. 이같이 되면 나라의 멸망이 얼마 남지 않은 것이다. 정鄭·위衛 두 나라의 음은 난세의 음인 까닭에 '만慢'에 가깝다. 상간복상桑間濮上 : 衛나라 桑林 사이와 濮水 북쪽 지역. 衛靈公이 이곳에서 師涓에게 기록케 한 은나라 紂의 음악을 의미의 음은 망국의 음인 까닭에 그 정치가 흩어지고, 그 백성이 유리流離한다. 무상행사誣上行私 : 윗사람을 속이고 사악을 행함해도 이를 제지할 길이 없게 된다.

19-4

凡音者, 生於人心者也. 樂者, 通倫理者也. 是故知聲而不知音者, 禽獸是也. 知音而不知樂者, 衆庶是也. 唯君子爲能知樂. 是故審聲以知音, 審音以知樂, 審樂以知政, 而治道備矣. 是故不知聲者, 不可與言音. 不知音者, 不可與言樂. 知樂, 則幾於禮矣. 禮樂皆得, 謂之有德. 德者得也. 是故樂之隆, 非極音也. 食饗之禮, 非致味也.「淸廟」之瑟, 朱弦而疏越, 壹倡而三歎, 有遺音者矣. 大饗之禮, 尙玄酒而俎腥魚. 大羹不和, 有遺味者矣. 是故先王之制禮樂也, 非以極口腹耳目之欲也, 將以敎民平好惡, 而反人道之正也.

무릇 음音은 인심에서 생겨나는 것이다. 악樂은 윤리倫理 : 君·臣·民·事·物의 도리에 통하는 것이다. 그래서 성聲 : 사물의 소리은 알면서 '음'을 모르는 것으로 금수禽獸가 있다. '음'은 알면서 '악'을 모르는 것으로 중서衆庶 : 일반 백성가 있다. 오직 군자만이 능히 '악'을 알 수 있다.

그래서 심성지음審聲知音 : 소리를 밝게 분별해 음을 앎하고, 심음지악審音知樂 : 음을 밝게 분별해 악을 앎하고, 심악지정審樂知政 : 악을 밝게 분별해 정사를 앎하면 치도가 갖춰지는 것이다. 이에 '성'을 모르는 자와는 더불어 '음'을 말할 수 없고, '음'을 모르는 자와는 더불어 '악'을 말할 수 없는 것이다. '악'을 알면 예禮에 가깝다. 예악을 모두 얻은 것을 일컬어 '유덕有德'이라고 한다. '덕德'은 '득得 : 예악의 체득을 의미'이다.

그래서 '악'의 융성은 단순히 '음'을 극진히 한 것이 아니니다. 이는 사향지례食饗之禮 : 종묘에 조상의 혼령을 合祀하는 예가 맛을 극진히 하는 데 그 취지가 있는 게 아닌 것과 같다. 「청묘淸廟 : 종묘제사의 악곡」 때 사용하는 슬瑟은 주현소월朱弦疏越 : 붉은 현으로 된 瑟의 밑바닥에 구멍을 내 음을 완만하게 함 · 일창삼탄壹倡三歎 : 노래구절을 한 번 부르면 3인이 화답함. 화답하는 인원이 적음을 의미하니 이때 다하지 못한 유음遺音 : 餘音이 있게 된다. 협제祫祭 : 조상혼령의 合祀를 행하는 대향지례大饗之禮 : 큰 祭享의 예는 상현주尙玄酒 : 현주를 윗자리에 둠 · 조성어俎腥魚 : 적당히 삶은 고기와 생선을 도마 위에 올려놓음한다. 대갱불화大羹不和 : 국에 양념을 섞지 않음하니 이는 그 속에 유미遺味 : 餘味가 있기 때문이다. 이에 선왕이 예악을 만든 취지는 구복이목口腹耳目의 욕망을 극진히 하려는 것이 아니라 장차 이를 가지고 백성에게 호오好惡를 공평하게 하는 일을 가르쳐 인도人道의 바른 곳으로 돌아가게 하려는 데 있다.

19-5

人生而靜, 天之性也. 感於物而動, 性之欲也. 物至知知, 然後好惡形焉. 好惡無節於內, 知誘於外, 不能反躬, 天理滅矣. 夫物之感人無窮, 而人之好惡無節, 則是物至而人化物也. 人化物也者, 滅天理而窮人欲者也. 於是有悖逆詐僞之心, 有淫泆作亂之事. 是故强者脅弱, 衆者暴寡,知者詐愚, 勇者苦怯, 疾病不養, 老幼孤獨不得其所, 此大亂之道也. 是故先王之制禮樂, 人爲之節. 衰麻哭泣, 所以節喪紀也. 鐘鼓干戚, 所以和安樂也. 婚姻冠笄, 所以別男女也. 射鄕食饗, 所以正交接也. 禮節民心, 樂和民聲, 政以行之, 刑以防之. 禮樂刑政, 4達而不悖, 則王道備矣.

사람이 나서 고요한 것은 천성天性 : 하늘이 내린 성품이다. 외물에 감화되어 움직이는 것은 성욕性欲 : 천성의 욕구이다. 외물이 이르면 지혜가 이를 안다. 연후에 호오好惡가 나타난다. '호오'가 안에서 절도가 없고, 지혜가 밖으로부터 유혹을 받으면 반궁反躬 : 스스로를 반성함. 躬은 己와 통함하지 못해 천리天理가 멸하게 된다.

무릇 외물이 사람을 감화시키는 데에는 끝이 없다. 사람의 '호오'에 절도가 없으면 외물이 이를 경우 사람이 외물에 동화되고 만다. 사람이 외물에 동화되면 천리를 멸하는 인욕人欲을 다하려고 하게 된다. 여기에서 패역悖逆 · 사위詐僞의 마음이 생기고, 음일淫泆 : 음란함이 끓어 넘침 · 작란作亂의 일이 생기는 것이다. 그래서 강자强者는 약자弱者를 위협하고, 중자衆者 : 다수자는 과자寡者 : 소수자를 폭압暴壓하고, 지자知者는 우자愚者를 속이고, 용자勇者는 겁자怯者를 괴롭히고, 질병불양疾病不養 : 병이 나도 요양을 받지 못하는 자 · 노약고독老幼孤獨 : 노인과 어린이. 고아. 홀아비은 그 살 곳을 얻지 못하게 된다. 이것이 대란大亂의 길이다.

그래서 선왕은 예악을 만들면서 인정人情을 좇아 절도를 만들었다. 최마곡읍衰麻哭泣 : 喪服과 哭泣은 상기喪紀 : 喪葬의 예식를 절도 있게 하기 위한 것이다. 종고鐘鼓 · 간척干戚은 안락安樂을 고르게 하기 위한 것이다. 혼인관계婚姻冠笄 : 혼인과 성년식. '冠笄'는 冠과 비녀를 의미는 남녀를 분별키 위한 것이다. 사射 : 大射禮 · 향鄕 :

鄕飮酒禮 · 사향食饗 : 빈객접대은 교제를 바르게 하기 위한 것이다.

예는 민심을 절도 있게 하고, '악'은 백성의 소리를 화평하게 한다. 정치로써 예악의 가르침을 행하고, 형벌로써 방자한 행동을 막는다. 예禮 · 악樂 · 형刑 · 정政이 사방에 널리 행해져 어긋나지 않으면 곧 왕도王道가 갖춰진 것이다.

19-6

樂者爲同, 禮者爲異. 同則相親, 異則相敬. 樂勝則流, 禮勝則離. 合情飾貌者, 禮樂之事也. 禮義立, 則貴賤等矣. 樂文同, 則上下和矣. 好惡著, 則賢不肖別矣. 刑禁暴, 爵擧賢, 則政均矣. 仁以愛之, 義以正之. 如此, 則民治行矣. 樂由中出, 禮自外作. 樂由中出, 故靜. 禮自外作, 故文. 大樂必易, 大禮必簡. 樂至則無怨, 禮至無不爭. 揖讓而治天下者, 禮樂之謂也. 暴民不作, 諸侯賓服, 兵革不試, 五刑不用, 百姓無患, 天子不怒, 如此, 則樂達矣. 合父子之親, 明長幼之序, 以敬四海之內, 天子如此, 則禮行矣.

악樂은 같게 하도록 하고, 예禮는 달리 하도록 한다. 같으면 서로 친하게 되고, 다르면 서로 공경하게 된다. '악'이 지나치면 흐르고, 예가 지나치면 떠난다. 합정식모合情飾貌 : 뜻을 모으고 외모를 장식함는 예악의 일이다. 예의가 서면 귀천의 등분이 있고, 악문樂文이 같으면 상하가 화목하다. 호오好惡가 밝게 나타나면 현불초賢不肖가 뚜렷이 구별된다. 형벌로 횡포를 금하고 벼슬로 현자를 등용하면 정치가 고르게 된다. 인으로써 사랑하고 의로써 바로잡는다. 이같이 하면 민치民治 : 治民가 행해질 것이다.

'악'은 안에서 나오고, '예'는 밖에서 일어난다. '악'은 안에서 나오는 까닭에 고요하고, '예'는 밖에서 일어나는 까닭에 문식文

飾이 있다. 대악大樂 : 朱弦疏越을 지칭은 반드시 쉽고, 대례大禮 : 玄酒腥魚를 지칭는 반드시 간략하다. '악'이 지극하면 원망이 없고, '예'가 지극하면 다투지 않는다. 읍양揖讓하며 치천하治天下하는 것은 예악을 두고 하는 말이다. 폭민暴民 : 강포한 백성이 일어나지 않고, 제후가 빈복賓服 : 복종해 따름하고, 병혁兵革 : 무기을 시험할 필요가 없고, 오형五刑을 사용치 않고, 백성이 근심이 없고, 천자가 화를 내지 않는다. 이와 같으면 곧 '악'이 널리 퍼진 것이다. 부자지친父子之親에 모으고 장유지長幼之序를 밝힘으로써 사해지내四海之內를 공경한다. 천자가 이와 같이 하면 곧 '예'가 행해질 것이다.

19-7

大樂與天地同和, 大禮與天地同節. 和故百物不失. 節故祀天祭地, 明則有禮樂, 幽則有鬼神. 如此, 則四海之內, 合敬同愛矣. 禮者, 殊事合敬者也. 樂者, 異文合愛者也. 禮·樂之情同, 故明王以相沿也. 故事與時竝, 名與功偕. 故鐘鼓管磬, 羽籥干戚, 樂之器也. 屈伸俯仰, 綴兆舒疾, 樂之文也. 簠簋俎豆, 制度文章, 禮之器也. 升降上下, 周還裼襲, 禮之文也. 故知禮樂之情者能作, 識禮樂之文者能述. 作者之謂聖, 述者之謂明. 明聖者, 述作之謂也.

대악大樂은 천지와 더불어 동화同和 : 화합을 같이 함하고, 대례大禮는 천지와 더불어 동절同節 : 절도와 문식을 같이 함한다. 화和 : 동화한 까닭에 백물百物이 성품을 잃지 않고, 절節 : 동절한 까닭에 천지에 제사지낸다. 명계明界에는 예악이 있고, 유계幽界에는 귀신이 있다. 이같이 하면 사해지내四海之內가 합경동애合敬同愛 : 공경을 모으고 사랑을 함께 함하게 된다.

'예'는 수사합경殊事合敬 : 일을 달리 하면서 공경을 모음하는 것이고, '악'은 이문합애異文合愛 : 문식을 달리하면서 사랑을 모음하는 것이다. '예'와 '악'의 정情은 같은 것이다. 그래서 명왕은 서로 이에 근거해 '예'와 '악'을 기술했던 것이다.

이에 일은 시時에 맞춰 행해지고, 이름은 공功과 함께 했다. 그래서 종고관경鐘鼓管磬·우약간척羽籥干戚은 '악'의 도구이고, 굴신부앙屈伸俯仰 : 춤추는 동작의 묘사·철조서질綴兆舒疾 : 舞者가 줄지어 무도장 안에서 춤추며 오감. 兆는 域과 통함은 '악'의 문식이다. 보궤조두簠簋俎豆·제도문장制度文章은 '예'의 도구이고, 승강상하升降上下 : 문장의 승강과 시비의 辨定·주선석습周還裼襲 : 行禮 때 회전하며 상의를 벗어 어깨를 드러내거나 덮음은 '예'의 문식이다. 그래서 예악의 정情을 아는 자는 능히 예악을 만들고, 예악의 문文을 아는 자는 능히 예악의 이치를 기술한다. 만드는 자를 일컬어 '성聖 : 聖人으로 요·순·우·탕을 지칭', 기술하는 자를 일컬어 '명明 : 明賢으로 子游·子夏 등을 지칭'이라고 한다. 명성明聖은 곧 '술작述作 : 예악을 기술하고 만듦'을 일컫는 말이다.

19-8

樂者, 天地之和也. 禮者, 天地之序也. 和故百物皆化, 序故群物皆別. 樂由天作, 禮以地制. 過制則亂, 過作則暴. 明於天地, 然後能興禮樂也. 論倫無患, 樂之情也. 欣喜歡愛, 樂之官也. 中正無邪, 禮之質也. 莊敬恭順, 禮之制也. 若夫禮樂之施於金石, 越於聲音, 用於宗廟社稷, 事乎山川鬼神, 則此所與民同也. 王者功成作樂, 治定制禮, 其功大者其樂備, 其治辯者其禮具. 干戚之舞, 非備樂也. 孰亨而祀, 非達禮也. 五帝殊時, 不相沿樂. 三王異世, 不相襲禮. 樂極則憂, 禮粗則偏矣. 及夫敦樂而無憂, 禮備而不偏者, 其唯大聖乎.

악樂은 천지의 화和 : 화합이고, 예禮는 천지의 서序 : 질서이다. 화和한 까닭에 백물百物이 모두 화化 : 化育하고, 서序한 까닭에 군물群物 : 여러 사물이 모두 구별되는 것이다. '악'은 하늘에 연원해 만들어지고, '예'는 땅의 법칙으로 만들어진다. 잘못 만들면 어지러워지고, 잘못 지으면 난폭하게 된다. 천지의 도리에 밝은 연후에 예악을 일으킬 수 있는 것이다.

논륜무환論倫無患 : 『시경』 雅頌의 辭와 律呂의 音이 조리가 있어 樂을 해칠 우려가 없음은 '악'의 정情이다. 흔희환애欣喜歡愛는 '악'의 관官 : 작용이다. 중정무사中正無邪는 '예'의 질質이고, 장경공순莊敬恭順은 '예'의 제制 : 법도이다. 무릇 예악을 금석金石 : 금석으로 만든 악기를 의미에 베풀고, 성음聲音에 올리고, 종묘사직에 쓰고, 산천·귀신을 섬기면 이는 곧 백성과 함께 하는 것이다.

왕자王者는 공이 이뤄지면 '악'을 만들고, 다스리는 일이 정해지면 '예'를 만든다. 그 공이 큰 자는 그 '악'이 갖춰지고, 그 다스림이 널리 미친 것은 그 '예'가 갖춰진 것이다. 간척干戚의 무무武舞는 비악備樂 : 완비된 음악이 아니다. 숙팽이사孰亨而祀 : 제물을 익혀서 제사지냄. 孰은 熟. 亨은 烹과 통함는 달례達禮 : 완전한 예법. 날것으로 제사지내는 古禮를 지칭가 아니다. 오제五帝는 시대를 달리해 서로 '악'을 따르지 않았고, 삼왕三王은 세상을 달리해 서로 '예'를 답습하지 않았다. 악극즉우樂極則憂 : '악'이 극에 달하면 근심하게 됨·예조즉편禮粗則偏 : '예'가 지나치게 소략하게 되면 치우치게 됨한다. 무릇 '악'을 돈독하여 근심이 없고, '예'가 갖춰져 치우치지 않은 것은 오직 대성大聖뿐인가!

19-9

天高地下, 萬物散殊, 而禮制行矣. 流而不息, 合同而化, 而樂興焉. 春作夏長, 仁也. 秋斂冬藏, 義也. 仁近於樂, 義近於禮. 樂者敦和, 率神而從天. 禮者別宜, 居鬼而從地. 故聖人作樂以應天, 制禮以配地. 禮樂明備, 天地官矣. 天尊地卑, 君臣定矣. 卑高已陳, 貴賤位矣. 動靜有常, 小大殊矣. 方以類聚, 物以群分, 則性命不同矣. 在天成象, 在地成形, 如此, 則禮者, 天地之別也. 地氣上齊(=躋), 天氣下降, 陰陽相摩, 天地相蕩, 鼓之以雷霆, 奮之以風雨, 動之以四時, 煖之以日月, 而百化興焉. 如此, 則樂者, 天地之和也. 化不時則不生, 男女無辨則亂升, 天地之情也. 及夫禮樂之極乎天而蟠乎地, 行乎陰陽而通乎鬼神, 窮高極遠而測深厚. 樂著大始, 而禮居成物. 著不息者, 天也. 著不動者, 地也. 一動一靜者, 天地之間也. 故聖人曰 '禮樂' 云.

천고지하天高地下 : 하늘은 높고 땅은 낮음 · 만물산수萬物散殊 : 만물이 벌려 있음하여 예제禮制가 행해진다. 유행流行하여 쉬지 않고, 합동合同하여 화성化成하니 '악'이 일어난다. 봄에 심고 여름에 자라는 것은 인仁, 가을에 거두고 겨울에 저장하는 것은 의義이다. '인'은 악樂, '의'는 예禮에 가깝다. '악'은 돈화敦和 : 화합을 도탑게 함하여 양의 기운인 신神 : 先聖을 의미을 이끌며 하늘을 좇는 것이다. '예'는 별의別宜 : 분별하여 마땅하게 함하여 음의 기운인 귀鬼 : 先賢을 의미에 머물며 땅을 좇는 것이다. 그래서 성인은 '악'을 만들어 응천應天 : 하늘에 응함하고, '예'를 만들어 배지配地 : 땅에 짝함했다. 예악이 밝게 갖춰져야 천지가 각기 그 해야 할 일을 다하게 된다.

천존지비天尊地卑 : 하늘은 귀하고 땅은 낮음하여 군신君臣의 위치가 정해지고, 낮고 높은 것이 이미 벌려 있어 귀천의 자리가 나타나고, 동정動靜에 상도常道가 있어 소대小大 : 만물가 달리 존재한다. 방이유취方以類聚 : 사람은 道를 같이 하는 사람끼리 모임 · 물이군분物以群分 : 물건은 무리로 나뉘어 모임하는 것은 성명性命이 같지 않기 때문이다. 하늘에는 일월日月 등이 상象 : 光耀을 이루고, 땅에는 많은 생물 들이 형形 : 體貌을 이룬다. 이같이 하는 것이 곧 '예'이니 이는 천지의 구별을 뜻한다.

지기地氣는 상제上躋 : 위로 오름하고, 천기天氣는 하상下降한다. 음양은 상마相摩 : 서로 가까이 접근함하고, 천지는 상탕相蕩 : 서로 움직임. 蕩은 動과 통함한다. 이것이 뇌정雷霆으로 고동鼓動하고, 풍우風雨로 분신奮迅 : 신속함하여 나오고, 사시四時로 움직이고, 일월日月로 따뜻하게 하니 이로써 백화百化 : 百物가 생겨난다. 이같이 하는 것이 곧 '악'이니 이는 천지의 화합을 말한다. 화생化生은 때가 아니면 생기지 않고, 남녀가 분별이 없으면 어지러움이 생기니 이는 천지의 정情이다.

무릇 예악은 위로 하늘에 이르며 아래로 땅에 모이고, 음양에 행하며 귀신에 통하고, 궁고극원窮高極遠 : 고원한 것의 궁극에 달함. 예악이 三光의 도를 다함을 의미하며 심후深厚 : 산천을 의미를 안다. '악'은 대시大始 : 元始로 백물의 始主를 의미에 처하고, '예'는 성물成物 : 이뤄진 사물로 靜的인 음기를 의미에 처한다. 명백히 나타나서 쉬지 않는 것이 하늘이고, 나타나서 움직이지 않는 것이 땅이고, 음양의 기가 일동일정一動一靜하여 유행하는 것은 천지지간天地之間 : 천지의 사이로 百物을 의미이다. 그래서 성인이 이를 두고 일컫기를, '예악禮樂 : 예악이 천지를 본받았다는 뜻임'이라고 한 것이다.

19-10

昔者, 舜作五弦之琴以歌『南風』, 夔始制樂以賞諸侯. 故天子之爲樂也, 以賞諸侯之有德者也. 德盛而敎尊, 五穀時孰(=熟), 然後賞之以樂. 故其治民勞者, 其舞行綴遠. 其治民逸者, 其舞行綴短. 故觀其舞, 知其德, 聞其謚, 知其行也. 『大章』, 章之也. 『咸池』, 備矣, 『韶』, 繼也. 『夏』, 大也. 殷周之樂盡矣.

옛날 순舜은 5현금五弦琴을 만들어 「남풍南風」의 시를 노래했고, 기夔 : 음악을 담당한 순의 신하는 비로소 악樂을 만들어 제후에게 상을 주었다. 그래서 천자가 '악'을 만드는 것은 이것을 가지고 제후 중 덕 있는 자에게 상을 주기 위한 것이다. 덕이 성대하며 가르침이 높고, 오곡이 제때 익은 연후에야 '악'으로 상을 주었다. 그래서 치민治民에 수고로웠던 자는 그 춤의 행렬이 멀리까지 이어졌고, '치민'에 소홀했던 자는 그 춤의 행렬이 짧게 이어졌다. 그래서 그 춤의 행렬을 보고 그 덕을 알고, 그 시호를 듣고 그 행실을 알았다. 「대장大章 : 堯의 음악」은 이치를 밝힌 것이고, 「함지咸池 : 黃帝의 음악」는 그 덕이 널리 베풀어져 미치지 않은 곳이 없다는 것이고, 「소韶 : 순의 음악」는 요堯의 덕을 계승한 것이고, 「대하大夏 : 禹의 음악」는 요의 덕을 크게 빛낸 것이다. 은殷나라의 「대호大濩 : 湯의 음악」와 주周나라의 「대무大武 : 주무왕의 음악」는 '악'의 극진한 것이다.

19-11

天地之道, 寒暑不時則疾, 風雨不節則饑. 敎者, 民之寒暑也, 敎不時則傷世. 事者, 民之風雨也, 事不節則無功. 然則先王之爲樂也, 以法治也, 善則生象德矣.

천지의 도에 따르면 한서寒暑가 제때 이뤄지지 않으면 사람이 병들고, 풍우風雨가 절도에 맞지 않으면 기근이 든다. 가르침은 백성의 '한서'이니 가르침이 제때 이뤄지지 않으면 세상을 해치고, 일은 백성의 '풍우'이니 일이 절도에 맞지 않으면 공이 없다. 그래서 선왕이 예악을 만든 것은 이것으로 다스리는 것을 상법常法으로 삼고자 한 것이다. 정사가 선하면 백성의 행동이 군주의 덕을 본뜨게 된다.

19-12

夫豢豕爲酒, 非以爲禍也, 而獄訟益繁, 則酒之流生禍也. 是故先王因爲酒禮. 壹獻之禮, 賓主百拜, 終日飮酒而不得醉焉, 此先王之所以備酒禍也. 故酒食者, 所以合歡也. 樂者, 所以象德也. 禮者, 所以綴淫也. 是故先王有大事, 必有禮以哀之. 有大福, 必有禮以樂之. 哀樂之分, 皆以禮終. 樂也者, 聖人之所樂也, 而可以善民心. 其感人深, 其移風易俗, 故先王著其敎焉.

무릇 돼지를 기르고 술을 만드는 것은 이것을 가지고 화禍를 만들고자 한 것이 아니다. 그러나 옥송獄訟이 더욱 번다해지는 것은 술의 흐름이 화를 낳았기 때문이다. 그래서 선왕이 주례酒禮를 만든 것이다. 일헌一獻의 예에 빈주賓主는 백배百拜 : 여러 번 절함하고 종일 술을 마셔도 취할 수 없다. 이는 선왕이 주화酒禍에 대비한 것이다. 그래서 주사酒食는 즐거움을 모으는 것이다. '악'은 상덕象德 : 군주의 덕을 본뜸, '예'는 철음綴淫 : 음란함을 멈춤. 綴은 止와 통함하는 것이다.

그래서 선왕은 대사大事 : 喪葬을 의미가 있으면 반드시 예로써 슬퍼하고, 대복大福 : 慶事와 祭祀이 있으면 반드시 예로써 이를 즐거워했고, 애락哀樂의 분수를 모두 예로써 마무리했다. '악' 은 성인이 즐기는 것으로 민심을 선하게 할 수 있고, 사람을 감화하는 것이 깊어 풍속을 바꾼다. 그래서 선왕은 그 가르침을 밝힌 것이다.

19-13

夫民有血氣心知之性, 而無哀樂喜怒之常, 應感起物而動, 然後心術形焉. 是故志微・噍殺之音作, 而民思憂. 嘽諧・慢易・繁文・簡節之音作, 而民康樂. 粗厲・猛起・奮末・廣賁之音作, 而民剛毅. 廉直・勁正・莊誠之音作, 而民肅敬. 寬裕・肉好・順成・和動之音作, 而民慈愛. 流辟・邪散・狄成・滌濫之音作, 而民淫亂. 是故先王本之情性, 稽之度數, 制之禮義, 合生氣之和, 道五常之行, 使之陽而不散, 陰而不密, 剛氣不怒, 柔氣不懾, 四暢交於中, 而發作於外, 皆安其位, 而不相奪也. 然後立之學等, 廣其節奏, 省其文采, 以繩德厚, 律小大之稱, 比終始之序, 以象事行, 使親疏・貴賤, 長幼・男女之理, 皆形見於樂, 故曰'樂觀其深矣'.

무릇 사람은 혈기血氣와 심지지성心知之性 : 지각의 性은 있으나 애哀・락樂・희喜・노怒의 정해진 것은 없다. 느낌에 응하고 외물에 접촉하여 움직임이 일어난 연후에 심술心術이 나타났다. 이에 지미志微 : 생각이 미세함・초쇄噍殺 : 애끓듯 급하며 낮고 힘이 없음의 음이 일어나면 사람은 근심한다. 탄해嘽諧 : 너그럽고 화평함・만이慢易 : 여유있고 쉬움・번문繁文 : 번다한 문장・간절簡節 : 절주가 간략함의 음이 일어나면 사람이 강락康樂 : 편하고 즐거움하다. 조려粗厲 : 거칠고 사나움・맹기猛起 : 처음에 사나움・분말奮末 : 마지막에 거세고 빠름・광분廣賁 : 음이 확대되면서 분노에 참의 음이 일어나면 사람이 강의剛毅해진다. 염직廉直 : 청렴하고 정직함 · 경정勁正 : 굳세고 바름 · 장성莊誠 : 장엄하고 성실함의 음이 일어나면 백성이 숙경肅敬 : 엄숙하고 공경함해진다. 관유寬裕 : 너그럽고 여유 있음 · 육호肉好 : 윤택함 · 순성順成 : 순서대로 이뤄짐 · 화동和動 : 조화를 이루며 움직임의 음이 일어나면 사람이 자애慈愛하게 된다. 유벽流辟 : 방탕하며 편벽됨 · 사산邪散 : 陰邪하여 이산됨 · 직싱狄成 : 음악이 길게 이어짐 · 척람滌濫 : 물이 넘쳐 한번 가면 돌아오지 않음의 음이 일어나면 백성은 음란해진다.

이에 선왕은 정성情性에 근본을 두고, 도수度數 : 5음 · 12율를 상고하고, 예의禮義를 만들고, 생기지화生氣之和 : 음기와 양기의 화합를 모으고, 오상지행五常之行 : 인 · 의 · 예 · 지 · 신의 행실을 이끌고, 양기로 하여금 불산不散 : 흩어지지 않음하게 하고, 음기로 하여금 불밀不密 : 폐색되지 않게 함하게 했다. 강기剛氣가 노하지 않고, 유기柔氣가 두려워하지 않게 했다. 음 · 양 · 강剛 · 유柔의 4가지 기운이 창달暢達하면 안에서 조화를 이룬 뒤 밖으로 나타나니 5음이 모두 제자리를 잡아 편안해하며 서로 쟁탈하지 않게 된다. 연후에 학등學等 : 재능에 따라 배우는 다양한 과정을 세우고, 절주節奏 : 절도 있는 연주의 범위를 넓히고, 문채文采 : 5음의 상응를 살피고, 이승덕후以繩德厚 : 道德仁厚를 측정함. 繩은 度와 통함하고, 소대小大 : 크고 작은 음인 5음을 지칭의 명칭을 바르게 하고, 12율을 비교해 종시終始의 순서를 정하고, 이상사행以象事行 : 5음이 상징하는 君 · 臣 · 民 · 事 · 物을 본받음하고, 친소親疎 · 귀천貴賤 · 장유長幼 · 남녀男女의 이치가 모두 '악'에 나타나 보이게 했다. 그래서 말하기를, '악관기심樂觀其深 : 樂이 절정에 달해 볼수록 그 의미가 더 깊음'이라고 하는 것이다.

19-14

土敝則草木不長, 水煩則魚鼈不大, 氣衰則生物不遂, 世亂則禮慝而樂淫. 是故其聲哀而不莊, 樂而不安, 慢易以犯節, 流湎以忘本. 廣則容姦, 狹則思欲. 感條暢之氣, 而滅平和之德. 是以君子賤之也.

지력이 다하여 토지가 피폐하면 초복이 자라지 않고, 수시로 그물을 집어넣어 물이 번거로우면 어별魚鼈이 자라지 않는다. 기가 쇠하면 생물이 성수成遂하지 못하고, 세상이 어지러우면 예禮가 사특邪慝해지고 악樂이 음란해진다. 이에 그 소리가 슬퍼도 장엄하지 못하고, 즐거워도 편안치 못하다. 만이慢易하면 절도節度를 해치고, 유면流湎 : 주변적인 일에 탐닉함하면 근본을 잊는다. 악곡의 마디가 소완疏緩 : 성기고 늘어짐하면 간음奸淫의 소리를 용납하고, 좁고 급하면 정욕을 절급切急하게 만든다. 음성淫聲은 조창지기條暢之氣 : 멀리 창달하는 좋은 기운를 감동感動 : 동요시킴하고, 평화의 선덕善德을 멸한다. 이에 군자는 이를 천하게 여긴다.

19-15

凡姦聲感人, 而逆氣應之. 逆氣成象, 而淫樂興焉. 正聲感人, 而順氣應之. 順氣成象, 而和樂興焉. 倡和有應, 回邪曲直, 各歸其分, 而萬物之理, 各以類相動也. 是故君子反情以和其志, 比類以成其行. 姦聲亂色, 不留聰明. 淫樂慝禮, 不接心術. 惰慢邪辟之氣, 不設於身體. 使耳目鼻口 · 心知 · 百體, 皆由順正, 以行其義. 然後發以聲音, 而文以琴瑟, 動以干戚, 飾以羽旄, 從以簫管. 奮至德之光, 動四氣之和, 以著萬物之理. 是故淸明象天, 廣大象地, 終始象四時, 周還象風雨. 五色成文而不亂, 八風從律而不姦, 百度得數而有常. 小大相成, 終始相生, 倡和淸濁, 迭相爲經. 故樂行而倫淸, 耳目聰明, 血氣和平, 移風易俗, 天下皆寧. 故曰 '樂者, 樂也.' 君子樂得其道, 小人樂得其欲. 以道制欲, 則樂而不亂. 以欲忘道, 則惑而不樂. 是故君子反情以和其志, 廣樂以成其敎. 樂行而民鄕(=向)方, 可以觀德矣.

무릇 간성姦聲 : 간사한 소리이 사람을 감동시키면 역기逆氣 : 간사한 기운가 이에 응한다. '역기'가 형상을 이루면 음악淫樂 : 음란한 음악이 일어난다. 정성正聲이 사람을 감동시키면 순기順氣 : 화순한 기운가 이에 응한다. '순기'가 형상을 이루면 화악和樂 : 화평한 음악이 일어난다. 창화倡和 : 善唱善和와 惡唱惡和를 의미로 응하는 까닭에 회사곡직回邪曲直 : 어긋나고 사학하며 굽고 곧음. 善歸善分과 惡歸惡分을 의미은 각기 그 분계分界로 돌아간다. 이에 만물의 정리情理는 각각 이류상동以類相動 : 同類로써 서로 움직임하는 것이다.

그래서 군자는 정情으로 돌아가 그 뜻을 화평하게 하고, 비류比類 : 善類와 나란히 함하여 그 미행美行을 이룬다. 간성난색姦聲亂色 : 간사한 소리와 어지러운 빛이 총명에 머무르지 않도록 하고, 음악특례淫樂慝禮를 심술心術 : 心道에 접하지 않도록 하고, 타만사벽惰慢邪辟의 기운을 몸에 베풀지 않도록 한다. 이목비구耳目鼻口·심지心知 : 心想知慮·백체百體 : 百事之體 모두 순정順正에 연유해 의義에 맞게 한다.

연후에 성음聲音으로 발하고, 금슬琴瑟로써 문식하고, 간척干戚으로 움직이고, 우모羽旄로 장식하고, 소관簫管으로 바르게 하고. 지덕至德의 빛을 떨치고, 사기지화四氣之和 : 四時 기운의 화평를 움직여 만물의 이치를 밝힌다.

이에 청명淸明은 하늘, 광대廣大는 땅, 종시終始는 사시四時, 주선周還은 풍우風雨를 상징한다. 5색五色이 문文을 이뤄 어지럽지 않고, 8풍八風 : 八方의 바람이 율律에 따라 사특하지 않고, 백도百度 : 晝夜의 百刻가 도수度數를 얻어 일정함이 있다. 소대小大가 서로 이뤄주고, 시종終始이 상생相生하고, 창화청탁倡和淸濁이 번갈아 서로 경經 : 기준이 된다. 그래서 '악'이 행해지면 윤청倫淸 : 類가 淸美해짐. 倫은 類와 통함하고, 이목이 총명해지고, 혈기가 화평해지고, 풍속을 바꿔어 천하가 모두 안녕해진다.

그래서 말하기를, '악樂은 낙樂이다'라고 하는 것이다. 군자는 득도得道를 즐거워하고, 소인은 득욕得欲을 즐거워한다. 도로 욕망을 제어하면 낙이불음樂而不亂 : 즐거워하며 어지럽지 않음하고, 욕망으로 인해 도를 잊으면 혹이불락惑而不樂 : 미혹되어 즐겁지 못함한다. 그래서 군자는 정情으로 돌아가 그 뜻을 화평하게 하고, '악'을 넓혀 가르침을 이루는 것이다. '악'이 행해져 백성이 바른 도리로 향하면 가히 그 덕을 볼 수 있다.

19-16

德者, 性之端也. 樂者, 德之華也. 金石絲竹, 樂之器也. 詩, 言其志也. 歌, 詠其聲也. 舞, 動其容也. 3者本於心, 然後樂器從之. 是故情深而文明, 氣盛而化神, 和順積中, 而英華發外, 唯樂不可以爲僞.

덕德은 성性의 단서이다. 악樂은 덕의 광화光華 : 빛이다. 금석사죽金石絲竹은 '악'의 그릇이다. 시詩는 그 뜻을 말하는 것이고, 가歌는 그 소리를 읊는 것이고, 무舞는 그 용자容姿를 움직이는 것이다. 이들 3가지가 마음에 근본을 두어야만 연후에 비로소 악기가 이에 따른다. 이에 정심情深 : 희 · 노 · 애 · 락의 감정이 절도에 맞음해야 문명文明 : 문채가 밝게 드러남하고, 기성氣盛 : 陽剛陰柔의 기운이 조화를 이뤄 성대함해야 화신化神 : 신묘한 감화가 사방에 두루 미침한다. 화순한 덕이 안에 쌓이면 영화英華가 밖으로 드러난다. 오직 '악' 만이 거짓을 할 수 없다.

19-17

樂者, 心之動也. 聲者, 樂之象也. 文采節奏, 聲之飾也. 君子動其本, 樂其象, 然後治其飾. 是故先鼓以警戒, 三步以見方, 再始以著往, 復亂以飭歸, 奮疾而不拔, 極幽而不隱, 獨樂其志, 不厭其道, 備擧其道, 不私其欲. 是故情見而義立, 樂終而德尊, 君子以好善, 小人以聽過. 故曰'生民之道, 樂爲大焉.'

악樂은 마음의 움직임이다. 성聲은 '악' 의 형상이다. 문채文采·절주節奏는 '성' 의 장식이다. 군자는 그 근본을 움직이고, 그 형상을 즐긴 연후에 그 장식을 다스렸다. 이에 「대무大武 : 주무왕의 舞樂」를 연주하기 전에 먼저 북을 울려 사람들을 경계하고, 3번 발을 들어서 가는 방향을 보여주고, 1절을 끝내고 다시 시작할 때 또 발을 들어 은나라를 토벌하러 가는 바를 보여주고, 다시 끝날 때에는 은나라를 멸한 뒤 신칙申飭하고 돌아오는 것을 보여주고, 분질불발奮疾不拔 : 분발하여 빠르게 움직이나 정도를 지나쳐 지나치게 급하지는 않음하고, 노래 부르는 자가 움직이지 않고 조용히 앉아 부르나 그 소리가 드러나니 숨기는 게 없고, 독락기지獨樂其志 : 무왕이 홀로 그 뜻을 즐거워함하나 그 인의지도仁義之道를 싫어하지 않고, 그 도를 구비하여 널리 행하면서 천하를 이롭게 할 뿐 사욕을 채우려 하지 않았다. 그래서 은나라 백성을 사랑하는 정情이 나타나고, 주紂를 토벌하는 의義가 서고, '악'이 끝날 때 무왕의 덕이 더욱 높아지고, 군자는 이로써 호선好善 : 선을 좋아함하고, 소인은 이로써 청과聽過 : 허물을 들음하게 된다. 그래서 말하기를, '생민지도生民之道 : 백성을 살리는 길에 악樂이 큰 것이다'라고 하는 것이다.

19-18

樂也者, 施也. 禮也者, 報也. 樂, 樂其所自生, 而禮, 反其所自始. 樂章德, 禮報情, 反始也. 所謂大輅者, 天子之車也. 龍旂九旒, 天子之旌也. 靑黑緣者, 天子之寶龜也. 從之以牛羊之群, 則所以贈諸侯也. 樂也者, 情之不可變者也. 禮也者, 理之不可易者也. 樂統同, 禮辨異. 禮樂之說, 管乎人情矣. 窮本知變, 樂之情也. 著誠去僞, 禮之經也. 禮樂偩天地之情, 達神明之德, 降興上下之神, 而凝是精粗之體, 領父子 · 君臣之節. 是故大人擧禮樂, 則天地將爲昭焉. 天地訢(=欣)合, 陰陽相得, 煦嫗覆育萬物, 然後草木茂, 區萌達, 羽翼奮, 角觡生, 蟄蟲昭蘇, 羽者嫗伏, 毛者孕鬻, 胎生者不殰, 而卵生者不殈, 則樂之道歸焉耳.

악樂은 베풀어 돌아오지 않는 것이고, 예禮는 베풀어 보응報應이 있는 것이다. '악'은 그것이 나오게 된 배경을 기리며 즐거워하고, '예'는 처음 시작한 곳으로 돌아가 보본반시報本反始 : 근원을 추모하며 보답함한다. '악'은 덕을 밝히고, '예'는 정情에 보답해 처음으로 돌아가는 것이다.

소위 '대로大輅 : 제후에게 하사하는 수레. 동성제후는 金輅. 이성제후는 象輅. 사위제후는 革輅. 번국은 木輅를 줌'는 천자의 수레이다. 용기구류龍旂九旒 : 9가닥의 술을 단 용이 그려진 깃발는 천자의 정기旌旗이다. 청흑색으로 선을 두른 것은 천자의 보구寶龜 : 점칠 때 쓰는 龜

甲이다. 우양牛羊의 무리로 따르게 하는 것은 제후에게 주기 위한 것이다.

'악'은 절도에 맞는 정情에서 나온 까닭에 그 '정'을 바꿀 수 없고, '예'는 사리에 부합한 데서 나온 까닭에 그 사리를 바꿀 수 없다. '악'은 통동統同 : 동화하여 화합함하고, '예'는 변이辨異 : 상하 귀천을 분별함한다. 예악의 설說은 인정을 다스리는 것이다. 인정이 '악'의 근본이 된 까닭에 성음의 변화를 아는 것이 곧 '악'의 정情이다. 성신誠信을 드러내고 거짓을 버리는 것이 '예'의 경經이다. 예악은 천지의 정에 의부依偩 : 의지하고, 신명의 덕에 통달하고, 상하의 신을 강흥降興 : 내리고 오름. 興은 出과 통함하고, 정조精粗 : 대소 만물을 지칭를 이루고, 부자·군신의 절도를 밝히는 것이다.

그래서 대인大人 : 성왕이 예악을 다스리면 천지가 밝아지게 된다. 천지가 흔합訢合 : 흔쾌히 화합함하고 음양이 조화를 이룸으로써 만물을 후구복육煦嫗覆育 : 입김으로 녹이고, 품속에서 녹이고, 하늘이 덮고, 땅이 기름한 연후에 초목이 무성하고, 구맹區萌 : 굽은 싹이 자라나고, 우익羽翼 : 새를 지칭이 날고, 각격角觡 : 뿔 있는 짐승이 살고, 칩충蟄蟲 : 땅 속의 벌레이 소소昭蘇 : 소생하고, 깃을 가진 것은 구복嫗伏 : 엎드려 알을 부화함하고, 털을 가진 것은 잉육孕鬻 : 새끼를 배어 낳음하고, 태생胎生하는 것은 부독不殰 : 死産하지 않음하고, 난생卵生하는 것은 불혁不殈 : 알을 터뜨리지 않음하게 된다. 이는 '악도樂道'의 귀결일 뿐이다.

19-19

樂者, 非謂黃鐘·大呂·弦歌·干揚也, 樂之末節也, 故童者舞之.

鋪筵席, 陳尊俎, 列籩豆, 以升降爲禮者, 禮之末節也, 故有司掌之. 樂師辨乎聲詩, 故北面而弦. 宗祝辨乎宗廟之禮, 故後尸. 商祝辨乎喪禮, 故後主人. 是故德成而上, 藝成而下, 行成而先, 事成而後. 是故先王有上有下, 有先有後, 然後可以有制於天下也.

악樂은 황종黃鐘 : 陽律 · 대려大呂 : 陰律 · 현가弦歌 : 현악기에 맞춰 부르는 노래 · 간양干揚 : 舞者가 손에 잡는 干戚을 말하는 게 아니다. 이는 '악'의 말절末節일 뿐이다. 그래서 동자童者 : 예를 익힌 자가 이에 맞춰 춤춘다. 자리를 펴고, 준조尊俎 : 酒器와 희생의 고기를 담는 祭器를 진설하고, 변두籩豆 : 대와 나무로 만든 祭器를 벌려놓고, 이를 오르내리는 것을 '예'로 삼는 것은 '예'의 말절이다. 그래서 유사有司가 이를 맡는다.

악사樂師 : 악관는 성시聲詩 : 가사와 음조에 밝다. 그래서 북면하여 현악기를 연주한다. 종축宗祝 : 종묘제사 담당관원은 종묘의 예에 밝다. 그래서 시尸의 뒤에 있다. 상축商祝 : 喪禮의 빈객접대 담당관원. 명칭은 상례에서 商나라 예를 대거 참조한 데서 나온 것임은 상례喪禮에 밝다. 그래서 주인의 뒤에 있다. 이에 덕성德成 : 덕을 이룸한 군주와 주인 등은 윗자리, 예성藝成 : 才藝를 이룸한 악사와 상축 등은 아랫자리, 행성行成 : 德成한 자는 앞자리, 사성事成 : 藝成한 자는 뒷자리에 있게 된다. 이에 선왕은 예악을 만들면서 윗자리와 아랫자리, 앞자리와 뒷자리를 둔 것이다. 연후에 가히 천하를 제복制服시킬 수 있는 것이다.

19-20

魏文侯問於子夏曰, "吾端冕而聽古樂, 則唯恐臥. 聽鄭衛之音, 則不知倦. 敢問古樂之如彼, 何也. 新樂之如此, 何也.” 子夏對曰, “今夫古樂, 進旅退旅, 和正以廣, 弦匏笙簧, 會守拊鼓. 始奏以文, 復亂以武. 治亂以相, 訊疾以雅. 君子於是語, 於是道古. 修身及家, 平均天下. 此古樂之發也. 今夫新樂, 進俯退俯, 姦聲以濫, 溺而不止, 及優 · 侏儒(=儒), 獶雜子女, 不知父子. 樂終, 不可以語, 不可以道古. 此新樂之發也. 今君之所問者樂也, 所好者音也. 夫樂者, 與音相近而不同.” 文侯曰, “敢問何如.” 子夏對曰, “夫古者天地順而四時當, 民有德而五穀昌, 疾疢不作而無妖祥, 此之謂大當. 然後聖人作爲父子君臣, 以爲紀綱. 紀綱旣正, 天下大定. 天下大定, 然後正6律, 和5聲, 弦歌『詩 · 頌』, 此之謂德音, 德音之謂樂. 『詩』云, ‘莫其德音, 其德克明. 克明克類, 克長克君. 王此大邦, 克順克俾. 俾于文王, 其德靡悔. 旣受帝祉, 施於孫子.’ 此之謂也. 今君之所好者, 其溺音乎.” 文侯曰, “敢問溺音何從出也.” 子夏對曰, “鄭音好濫淫志, 宋音燕女溺志, 衛音趨數煩志, 齊音敖辟(=僻)喬志. 此4者, 皆淫於色而害於德, 是以祭祀弗用也. 『詩』云, ‘肅雍和鳴, 先祖是聽.’ 夫肅, 肅敬也. 雍, 雍和也. 夫敬以和, 何事不行. 爲人君者, 謹其所好惡而已矣. 君好之, 則臣爲之. 上行之, 則民從之. 『詩』云, ‘誘民孔易.’ 此之謂也. 然後聖人作爲鼗(=鞉) · 鼓 · 椌 · 楬 · 壎(=塤) · 篪. 此6者, 德音之音也. 然後鐘磬竽瑟以和之, 干 · 戚 · 旄 · 狄以舞之. 此所以祭先王之廟也, 所以獻酬酳酢也, 所以官序貴賤各得其宜也, 所以示後世有尊卑長幼之序也. 鐘聲鏗, 鏗以立號, 號以立橫, 橫以立武. 君子聽鐘聲, 則思武臣. 石聲磬, 磬以立辨, 辨以致死. 君子聽磬聲, 則思死封疆之臣. 絲聲哀, 哀以立廉, 廉以立志. 君子聽琴瑟之聲, 則思志義之臣. 竹聲濫, 濫以立會, 會以聚衆, 君子聽竽笙簫管之聲, 則思畜聚之臣. 鼓鼙之聲讙, 讙以立動, 動以進衆. 君子聽鼓鼙之聲, 則思將帥之臣. 君子之聽音, 非聽其鏗鎗而已也, 彼亦有所合之也.”

위문후魏文侯가 자하子夏에게 물었다.

“나는 단면端冕 : 제사 때 입는 검은 빛의 冕服을 하고 고악古樂 : 선왕의 바른 음악을 들으면 오직 자리에 눕게 될 것을 두려워하고, 정鄭 · 위衛의 음악을 들으면 피곤한 줄 모르오. 감히 묻건대, ‘고악’

이 그와 같은 것은 무슨 까닭이고, 신악新樂이 이와 같은 것은 무슨 까닭이오."

자하가 대답했다.

"지금 '고악'은 진려퇴려進旅退旅 : 일제히 나아가고 물러남. 旅는 衆과 통함하고, 화정이광和正以廣 : 화평하고 정대하고 너그러움합니다. 현弦·포匏 : 박으로 만든 악기·생笙·황簧 등의 여러 악기를 준비해 놓고 모두 부고拊鼓 : 연주개시를 알리기 위해 북을 침를 기다립니다. 시주이문始奏以文 : 처음 연주할 때는 북을 울려서 함. 文은 鼓를 상징하고, 복란이무復亂以武 : 끝내는 것은 징을 울려서 함. 武는 鐃를 상징하고, 치란이상治亂以相 : 어지러운 것을 바로잡는 데는 '부고'로 함. 相은 拊와 통함하고, 신질이아訊疾以雅 : 속도를 조절하는 데는 雅로 함. 雅는 악기이름합니다. 군자가 여기에서 말하고, 옛날을 논하고, 몸을 닦아 집에 미치게 하고, 평균천하平均天下 : 천하를 고르게 함합니다. 이것이 '고악'의 나타냄입니다.

이제 저 '신악'은 진부퇴부進俯退俯 : 진퇴할 때 구부러짐. 불일치를 의미하고, 간성이람姦聲以濫 : 간사한 소리가 방탕하게 넘쳐남하여 이에 빠지면 금지시킬 길이 없습니다. 또 광대와 주유侏儒 : 난쟁이 어릿광대가 노잡자녀獶雜子女 : 남녀 사이에 뒤섞여 유희함하여 부자의 윤기倫紀도 모릅니다. '악'이 끝나고 나면 그 내용이 모두 사벽邪辟하여 말할 것도 없고, 고악古樂과 괴리가 심해 옛날을 논할 수조차 없습니다. 이것이 '신악'의 나타냄입니다. 이제 군주가 물은 것은 '악'이나 좋아하는 것은 '음音'입니다. 대저 '악'이라는 것은 '음'과 서로 가까우면서도 다른 것입니다."

위문후가 물었다.

"감히 묻건대, 그것은 어떤 것이오."

자하가 대답했다.

"무릇 옛날에는 천지가 순順하고, 사시四時가 차례를 잃지 않았고, 백성이 덕이 있어 오곡이 풍성했습니다. 질진疾疢 : 전염병이 유행하지 않아 요상妖祥 : 요사스런 災變이 없었습니다. 이를 일컬어 '대당大當 : 천지 사이의 모든 것이 마땅함을 얻음'이라고 합니다. 연후에 성인이 부자·군신의 도를 만들어 기강으로 삼았습니다. 기강이 바르게 선 뒤에 천하대정天下大定 : 천하가 크게 안정 됨했습니다. '천하대정'한 연후에 6율六律을 바르게 하고, 5성五聲을 화합되게 하고, 「시詩·송頌」을 현가弦歌 : 雅·頌을 현악에 맞춰 노래함했습니다. 이를 일컬어 '덕음德音'이라고 하고, '덕음'을 일컬어 '악'이라고 하는 것입니다.

『시경』「대아·황의皇矣」에 이르기를, '막기덕음莫其德音 : 덕음에 정확히 응함. 莫은 應和의 뜻임·기덕극명其德克明 : 그 덕이 사방에 비춤·극명극류克明克類 : 克明하여 無私함·극장극군克長克君 : 쉼없이 敎誨하고 慶賞刑威를 밝게 드러냄하니 이 큰 나라의 군왕이 되어 극순극비克順克比 : 慈愛로 두루 복종시키고 擇善하여 좇음. 본문의 俾는 比의 잘못했네. 문왕에 이르러 택선擇善하여 좇으니 그 덕이 미회靡悔 : 후회함이 없음. 더욱 빛남을 의미했네. 이미 제지帝祉 : 상제가 내리는 복를 받아 손자孫子 : 자손에게 전했다네'라고 했습니다. 바로 이를 두고 한 말입니다. 지금 군주가 좋아하는 것은 '익음溺音 : 음란한 음악에 빠짐'입니다."

위문후가 물었다.

"감히 묻건대, '익음'은 어디에서 오는 것이오."

자하가 대답했다.

"정鄭나라의 음악은 호람음지好濫淫志 : 방탕을 좋아해 뜻을 음란하게 함하고, 송宋나라의 음악은 연녀익지燕女溺志 : 편안함으로 호색하여 뜻을 호색에 탐닉하도록 만듦하고, 위衛나라의 음악은 추삭번지趨數煩志 : 촉박하며 빨라 뜻을 번거롭게 함하고, 제齊나라의 음악은 오벽교지敖辟喬志 : 오만하고 편벽되어 뜻을 교만하게 함합니다. 이들 4가지는 모두 색色에 음란하여 덕을 해치는 것입니다. 이에 제사에는 쓰지 않습니다.

『시경』「주송 · 유고有瞽」에 이르기를, '숙옹화명肅雍和鳴 : 엄숙하고 화평하여 조화롭게 울림 · 선조시청先祖是聽 : 선조의 신령이 이를 들음'이라고 했습니다. 무릇 숙肅은 숙경肅敬 : 엄숙한 자세로 공경함, 옹雍은 옹화雍和 : 고요하고 화평함를 뜻합니다. 무릇 경화敬和 : 공경하여 화평함하면 무슨 일인들 행해지지 않겠습니까. 군주 된 자는 그 호오好惡를 삼갈 뿐입니다. 군주가 좋아하면 신하가 이를 행하고, 윗사람이 좋아하면 백성이 이에 따릅니다.

『시경』「대아 · 판板」에 이르기를, '유민공이誘民孔易 : 백성을 이끌기가 매우 쉬움'이라고 했습니다. 바로 이를 두고 하는 말입니다. 연후에 성인은 도鞉 : 작은 북 · 고鼓 · 강椌 : 연주 시작용 악기인 柷 · 갈楬 : 연주 종지용 악기인 敔 · 훈壎 : 토제 나팔 · 지篪 : 피리를 만들었습니다. 이들 6가지가 '덕음'의 소리입니다. 연후에 종鐘 · 경磬 · 우竽 · 슬瑟을 가지고 이에 화답하고, 간干 : 방패 · 척戚 : 도끼 · 모旄 : 쇠꼬리 · 적狄 : 꿩 깃을 가지고 춤을 추었습니다. 이는 선왕의 사당에 제사지내는 것으로 헌獻 · 수酬 · 윤酳 · 작酢으로 종묘 안에서 빈객을 대접하는 것입니다. 관서官序에 의해 귀천貴賤이 각기 그 타당함을 얻고, 후세에 존비尊卑 · 장유長幼의 차서가 있음을 보여줍니다.

종성鐘聲은 갱鏗 : 굳셈하니 '갱' 으로써 호號 : 호령를 세우고, '호' 로써 횡橫 : 사기를 진작시켜 충만케 함을 세우고, '횡' 으로써 무武 : 武威를 세웁니다. 군자가 '종성' 을 들으면 곧 무신武臣을 생각합니다.

석성石聲은 경磬 : 가벼움하니 '경' 으로써 변辨 : 절의를 분별함을 세우고, '변' 으로써 치사致死 : 죽음을 무릅씀합니다. 군자는 경성磬聲을 들으면 곧 봉강封疆 : 변경을 지키기 위해 목숨을 바친 신하를 생각합니다.

사성絲聲 : 弦聲은 애哀 : 애통하니 '애' 로써 염廉 : 분수를 넘지 않는 廉隅을 세우고, '염' 으로써 지志 : 志意를 세웁니다. 군자는 금슬지성琴瑟之聲을 들으면 곧 지의지신志義之臣 : 분수를 지키며 자립하는 신하을 생각합니다.

죽성竹聲은 남濫 : 선발하여 모음하니 '남' 으로써 회會 : 모음를 세우고, '회' 로써 무리를 모읍니다. 군자는 우竽 · 생笙 · 소簫 · 관管의 소리를 들으면 곧 축취지신畜聚之臣 : 백성을 끌어 모으는 신하을 생각합니다.

고비지성鼓鼙之聲 : 북소리은 환讙 : 시끄럽게 떠듦하니 '환' 으로써 동動 : 사람들의 뜻이 움직임을 세우고, '동' 으로써 무리를 나아가게 합니다. 군자는 '고비지성' 을 들으면 곧 장수지신將帥之臣을 생각합니다.

군자의 청음聽音은 단지 그 갱쟁鏗鎗 : 악기의 소리를 의미을 듣는데 그치는 것이 아닙니다. 그것이 또한 마음에 맞는 바가 있는 것입니다."

19-21

賓牟賈侍坐於孔子, 孔子與之言, 及樂, 曰, "夫『武』之備戒之已久, 何也." 對曰, "病不得其衆也." "詠歎之, 淫液之, 何也." 對曰, "恐不逮事也." "發揚蹈厲之已蚤, 何也." 對曰, "及時事也." "『武』坐, 致右憲左, 何也." 對曰, "非『武』坐也." "聲淫及商, 何也." 對曰, "非『武』音也." 子曰, "若非『武』音, 則何音也." 對曰, "有司失其傳也. 若非有司失其傳, 則武王之志荒矣." 子曰, "唯. 丘之聞諸萇弘, 亦若吾子之言, 是也." 賓牟賈起, 免席而請曰, "夫『武』之備戒之已久, 則既聞命矣, 敢問遲之遲而又久, 何也." 子曰, "居, 吾語女. 夫樂者, 象成者也. 總干而山立, 武王之事也. 發揚蹈厲, 大公之志也. 『武』亂皆坐, 周召之治也. 且夫『武』, 始而北出, 再成而滅商, 3成而南, 4成而南國是疆, 5成而分周公左 · 召公右, 6成復綴以崇. 天子夾振之而駟伐, 盛威於中國也. 分夾而進, 事蚤濟也. 久立於綴, 以待諸侯之至也. 且女獨未聞牧野之語乎. 武王克殷反商, 未及下車而封黃帝之後於薊, 封帝堯之後於祝, 封帝舜之後於陳, 下車而封夏后氏之後於杞, 投殷之後於宋, 封王子比干之墓, 釋箕子之囚, 使之行商容而復其位. 庶民弛政, 庶士倍祿. 濟河而西, 馬散之華山之陽而弗復乘, 牛散之桃林之野而弗復服, 車甲衅而藏之府庫而弗復用, 倒載干戈, 包之以虎皮, 將帥之士使爲諸侯, 名之曰'建櫜', 然後天下知武王之不復用兵也. 散軍而郊射, 左射『貍首』, 右射『騶虞』, 而貫革之射息也. 裨冕搢笏, 而虎賁之士說劍也. 祀乎明堂, 而民知孝. 朝覲, 然後諸侯知所以臣. 耕藉, 然後諸侯知所以敬. 5者, 天下之大敎也. 食三老 · 五更於大學, 天子袒而割牲, 執醬而饋, 執爵而酳, 冕而總干, 所以敎諸侯之弟也. 若此, 則周道四達, 禮樂交通, 則夫『武』之遲久, 不亦宜乎."

빈모가賓牟賈, 성이 '빈모'임가 공자를 곁에서 모시고 앉아 있었다. 공자가 말을 하다가 악樂을 언급케 되었다. 공자가 물었다.

"무릇 「무무武舞」의 무악武樂에서 계비備戒 : 武舞는 북을 울려 舞

人을 경계한 뒤 오랜 시간이 흐른 뒤 시작함의 시간을 오랫동안 갖는 것은 무엇 때문이오."

빈모가가 대답했다.

"득중得衆 : 병사들의 마음을 얻음하지 못할까 근심하는 것입니다."

공자가 물었다.

"영탄詠歎 : 긴 소리로 탄식함하고 음액淫液 : 소리가 길게 이어지며 끊어지지 않음하는 것은 무엇 때문이오."

"일에 미치지 못할 것을 두려워하는 것입니다."

공자가 다시 물었다.

"발양도려發揚蹈厲 : 손발을 놀리면서 땅을 사납게 밟음. 때를 놓치지 않고 결전을 다짐하는 것을 의미가 그토록 빠른 것은 무엇 때문이오."

"때에 미쳐 일을 행하려는 것입니다."

공자가 물었다.

"「무무」는 춤을 추는 자가 꿇어 앉아 오른쪽 무릎을 땅에 대고, 왼발을 위로 바라보고 놀리는 것은 무엇 때문이오."

"「무무」를 추는 자는 꿇어앉는 것이 아님을 말하는 것입니다."

공자가 물었다.

"소리가 음淫 : 탐욕스러움하여 상商 : 상나라 탈취를 의미에 미치는 것은 무엇 때문이오."

"「무무」의 음률이 아닙니다."

"「무무」의 음률이 아니라면 무슨 음률이오."

빈모가가 대답했다.

"유사有司가 그 전해 내려오던 것을 잃은 것입니다. 만일 유사가 그 전해 내려오던 것을 잃은 게 아니라면 무왕의 뜻이 황란荒

亂 : 은나라 백성을 구하려는 것이 은나라 탈취를 꾀한 것은 아니었다는 뜻임 한 것입니다."

공자가 말했다.

"그렇소, 나 구丘가 장홍萇弘 : 음악에 정통한 주왕실의 대부에게서 들은 것도 또한 그대의 말과 같았소. 옳은 말이오."

빈모가가 몸을 일으켜 자리를 피하면서 청했다.

"대저 「무무」의 계비가 오랜 시간을 끄는 것에 대해서는 이미 가르침을 들었습니다. 감히 묻건대 지지지이우구遲之遲而又久 : 더디고 더디면서 또 그 시간이 오래 걸림. 뒤에 나오는 '久立於綴'을 의미는 무엇 때문입니까."

공자가 말했다.

"앉으시오. 내가 그대에게 말해주겠소. 무릇 '악'은 성공을 상징하는 것이오. 총간산립總干山立 : 방패를 들고 산처럼 진중하게 서 있음. 제후들의 합류를 기다리는 것을 의미은 무왕의 일을 의미하오. 발양도려發揚蹈厲 : 군사들의 사기진작과 결전 독려를 의미는 태공大公 : 呂尙의 뜻을 의미하오. 「무무」의 종장에 개좌皆坐 : 모두 꿇어앉음. 文治를 행하며 武事를 쉬는 것을 의미하는 것은 주공周公과 소공召公의 다스림을 뜻하오. 또한 「무무」의 처음에 무왕이 주紂를 치기 위해 남쪽에서 북쪽으로 나가고, 재성再成 : 제2악장. 成은 악장을 의미에서 상商나라를 멸하고, 3성三成에서 상나라 도성 조가朝歌를 친 뒤 다시 남쪽으로 돌아오고, 4성四成에서 남국시강南國是疆 : 주나라에 복종하지 않는 남쪽의 靑州와 兗州의 제후국으로 내려와 그 나라를 바로잡음하고, 5성五成에서 주나라의 근거지인 섬서陝西 땅을 나누어 주공은 좌편을 맡고 소공은 우편을 맡도록 하고, 6성六成에서 복철이숭復綴以崇 : 처음 위치로 돌아와 천자를 받듦하오.

천자가 협진夾振 : 大將과 함께 舞者를 끼고 방울을 흔드는 것을 節奏로 삼음하여 사벌四伐 : 사방을 정벌함. 본문의 '駟'는 '四'의 잘못하고, 중국에 성위盛威 : 성대한 무위를 떨쳤소. 분협分夾 : 舞者가 각기 部曲의 대열로 돌아가니 夾振하는 자도 兵務가 일찍 완성됨하여 나아가니 일이 일찍이 끝난 것을 의미하오. 구립어철久立於綴 : 오랫동안 계속해서 있음하니 이는 주紂를 치기 위해 제후들이 합류해 오기를 기다리는 것이오.

그런데도 어찌하여 그대 홀로 목야牧野에 관한 얘기를 듣지 못한 것이오. 무왕이 은나라를 멸하고 상商으로 돌아오자 수레를 내리기도 전에 황제黃帝의 후손을 계薊 땅에 봉하고, 제요帝堯의 후손을 축祝 땅에 봉하고, 수레에서 내린 후에는 하후씨夏后氏의 후손을 기杞 땅에 봉하고, 투항한 은나라의 후손을 송宋 땅에 봉하고, 왕자 비간比干 : 紂의 숙부의 무덤을 봉하고, 기자箕子 : 紂의 숙부를 감옥에서 풀어주어 상용商容으로 가 그 지위를 회복케 했소. 서민庶民에게는 정치를 늦추고, 서사庶士에게는 녹봉을 배로 했소.

황하를 건너 서쪽으로 갈 때 말을 화산華山의 남쪽에 흩어 다시 타지 않고, 소를 도림桃林의 들에 흩어 다시 쓰지 않았소. 거갑車甲은 흔혈釁血 : 피를 묻힘하여 부고府庫에 감춰 다시는 쓰지 않았고, 간과干戈를 뒤집어 호피虎皮에 쌌소. 장수將帥가 된 자는 제후로 삼았소. 이를 두고 부르기를, '건고鍵櫜 : 兵甲을 무기 포대에 넣어 閉藏함. 建은 鍵의 잘못임' 라고 했소. 연후에 천하에서 무왕이 다시 용병하지 않을 것임을 알았소. 산군散軍 : 군사를 해산함하여 교사郊射 : 郊學에서 활을 익힘. 文交의 진흥을 의미했으나 좌사左射 : 東郊

에서 활을 쏨. 東學에서 학습하는 것을 의미는 「이수貍首」의 시를 노래해 절주節奏로 삼고, 우사右射 : 西郊에서 활을 쏨. 西學에서 학습하는 것을 의미는 「추우騶虞」의 시를 노래해 절주로 삼았소. 그러나 관혁지사貫革之射 : 활로 표적을 맞히는 적중을 중시함는 하지 않았소.

비변진홀裨冕搢笏 : 衮衣의 일종인 裨衣를 입고, 冕冠을 쓰고, 笏을 요대에 꽂음하자 호본지사虎賁之士 : 군주의 호위용사. 賁은 '분'이 아닌 '본'임는 탈검說劍 : 검을 푼다는 뜻으로 문교의 진흥을 의미. 說은 脫과 통함했소. 주무왕이 부왕인 주문왕을 명당明堂에서 제사지내자 백성이 효孝를 알게 되었소. 조근朝覲한 연후에 제후가 신하되는 바를 알았소. 경적耕藉 : 천자가 籍田을 親耕함하자 제후가 공경하는 바를 알았소. 이 5가지는 천하의 대교大敎요.

삼로오경三老五更 : 直·剛·柔의 三德과 貌·言·視·聽·思의 五事를 아는 國老은 대학에서 양로養老했소. 이때 천자는 단이할생袒而割牲 : 웃통을 벗고 친히 희생의 고기를 자름하고, 집장이궤執醬而饋 : 친히 음식을 잡아 供饋함하고, 집작이윤執爵而酳 : 잔을 잡아 술을 권함하고, 면이총간冕而總干 : 친히 면복을 입고 방패를 든 채 춤을 춤했소. 이는 제후에게 공손한 도리를 가르친 것이오.

이같이 해서 주도周道가 사방으로 통하고, 예악이 각지에 서로 통하게 되었소. 그러니 무릇 「무무」의 무악武樂에서 계비備戒의 시간이 지구遲久 : 더디고 오래 걸림한 것 또한 의당宜當한 것이 아니겠소."

19-22

君子曰, "禮樂不可斯須去身. 致樂以治心, 則易直子諒之心油然生矣. 易直子諒之心生則樂, 樂則安, 安則久, 久則天, 天則神. 天則不言而信, 神則不怒而威, 致樂以治心者也. 致禮以治躬, 則莊敬, 莊敬則嚴威. 心中斯須不和不樂, 而鄙詐之心入之矣. 外貌斯須不莊不敬, 而易慢之心入之矣. 故樂也者, 動於內者也. 禮也者, 動於外者也. 樂極和, 禮極順, 內和而外順, 則民瞻其顔色而弗與爭也, 望其容貌而民不生易慢焉. 故德煇動於內, 而民莫不承聽. 理發諸外, 而民莫不承順. 故曰, '致禮樂之道, 擧而錯之天下, 無難矣.' 樂也者, 動於內者也. 禮也者, 動於外者也. 故禮主其減, 樂主其盈. 禮減而進, 以進爲文. 樂盈而反, 以反爲文. 禮減而不進則銷, 樂盈而不反則放, 故禮有報而樂有反. 禮得其報則樂, 樂得其反則安. 禮之報, 樂之反, 其義一也."

군자가 말했다.

"예악은 잠시도 몸에서 떠나서는 안 된다. '악'을 극진히 하여 치심治心 : 마음을 다스림하면 이易 : 和易・직直 : 正直・자子 : 子愛・량諒 : 誠信의 마음이 유연油然 : 뭉게구름 같이 일어남히 생겨난다. 이・직・자・량의 마음이 생기면 즐겁다. 즐거우면 편안하고, 편안하면 오래가고, 오래가면 하늘이고, 하늘이면 신神이다. 하늘은 말하지 않아도 믿음이 있고, 신은 화를 내지 않아도 위엄이 있다. 이는 '악'을 극진히 하여 마음을 다스렸기 때문이다.

'예'를 극진히 하여 치궁治躬 : 몸을 다스림하면 곧 장경莊敬 : 장엄하고 공경함해진다. '장경'하면 엄위嚴威 : 엄숙하고 위엄이 있음하게 된다. 심중心中이 잠시도 화평하지 않고 즐겁지 않으면 비루鄙陋하고 사위詐僞한 마음이 들어간다. 외모가 잠시도 장엄하고 공경하지 않으면 이만易慢 : 사물을 경솔히 여기며 나태함의 마음이 들어간다.

그래서 '악'은 안에서 움직이고, '예'는 밖에서 움직인다. '악'

은 화和를 극진히 하고, '예'는 순順을 극진히 한다. 내화외순內和外順하면 백성이 그 안색을 우러러보고 서로 다투지 못한다. 그 용모를 바라보고 백성이 이만易慢의 마음을 일으키지 못한다. 그래서 덕은 안에서 휘동煇動 : 輝煌하게 움직임하여 백성이 승덕承聽하지 않는 게 없게 된다. 이치는 밖에서 나타나 백성이 승순承順하지 않는 게 없게 된다. 그래서 이르기를, '예악의 도를 극진히 하여 이를 베풀면 천하에 어려울 게 없다'고 하는 것이다. '악'은 안에서 움직이고, '예'는 밖에서 움직이는 것이다. 그래서 '예'는 감쇄減殺, '악'은 영만盈滿을 위주로 한다. '예'는 감쇄하며 스스로 면강勉强 : 노력함하는 것을 문文으로 삼고, '악'은 영만하며 스스로 억지抑止하는 것을 문文으로 삼는다. '예'는 감쇄하며 스스로 면강하지 않으면 소銷 : 소멸하고, '악'은 영만하며 스스로 억지하지 않으면 방放 : 방탕해진다. 그래서 '예'는 보報 : 自進. 報는 褒와 통함, '악'은 반反 : 自退의 뜻임하는 것이다. '예'가 그 의리를 알아 자진自進하면 즐겁고, '악'이 길흉을 알아 자퇴自退하면 편안하다. '예'의 자진과 '악'의 자퇴는 그 뜻이 하나이다."

19-23

夫樂者, 樂也, 人情之所不能免也. 樂必發於聲音, 形於動靜, 人之道也. 聲音動靜, 性術之變, 盡於此矣. 故人不耐無樂, 樂不耐無形. 形而不爲道, 不耐無亂. 先王恥其亂, 故制『雅』·『頌』之聲以道之, 使其聲足樂而不流, 使其文足論而不息, 使其曲直·繁瘠·廉肉·節奏, 足以感動人之善心而已矣, 不使放心邪氣得接焉. 是先王立樂之方也. 是故樂在宗廟之中, 君臣上下同聽之, 則莫不和敬. 在族長鄕里之中, 長幼同聽之, 則莫不和順. 在閨門之內, 父子兄弟同聽之, 則莫不和親. 故樂者, 審一以定和, 比物以飾節, 節奏合以成文, 所以合和父子君臣, 附親萬民也.

是先王立樂之方也. 故聽其『雅』·『頌』之聲, 志意得廣焉. 執其干戚, 習其俯仰詘伸, 容貌得莊焉. 行其綴兆, 要其節奏, 行列得正焉, 進退得齊焉. 故樂者, 天地之命, 中和之紀, 人情之所不能免也. 夫樂者, 先王之所以飾喜也. 軍旅鈇鉞者, 先王之所以飾怒也. 故先王之喜怒, 皆得其儕焉. 喜則天下和之, 怒則暴亂者畏之. 先王之道, 禮樂可謂盛矣.

무릇 '악'은 낙樂으로 인정人情이 스스로 지되止退 : 범춰 물러남할 수 없는 것이다. '낙'은 반드시 성음聲音에 발하고 동정動靜에 나타난다. 이것이 인도人道이다. 성음·동정·성술性術 : 性情의 변화가 이에서 갈진竭盡 : 다함한다. 그래서 사람은 불능무락不耐無樂 : 즐거워하지 않을 수 없음. 耐는 能의 古語하고, '낙'은 불능무형不耐無形 : 즐거움을 겉으로 드러내지 않을 수 없음하다. 드러나는 것이 도에 맞지 않으면 불능무란不耐無亂 : 어지럽지 않을 수 없음하다.

선왕은 혼란을 부끄러워하여 「아雅」·「송頌」을 만든 뒤 이를 이끌어 그 소리로 하여금 즐거워하기에 족하되 방탕에 흐르지 않게 했다. 그 문사文辭로 하여금 의리를 강론키에 족해 그만두는 일이 없게 했고, 곡직曲直 : 노래의 曲折·번척繁瘠 : 소리가 잡되고 순수함·염육廉肉 : 맑고 탁함·절주節奏로 하여금 사람의 선심善心을 감동시키기에 족하게 만들되 방심사기放心邪氣 : 방종한 마음과 陰邪한 기운가 접근치 못하게 했다. 이것이 선왕이 '악'을 세운 방향이다.

이에 '악'은 종묘 안에서 군신·상하가 함께 들으면 화경和敬하지 않음이 없게 된다. 족장族長·향리鄕里의 안에서 장유長幼가 함께 들으면 화순和順하지 않음이 없게 된다. 규문閨門 안에서 부자 · 형제가 함께 들으면 화친和親하지 않음이 없게 된다. 그래서 '악'은 심일정화審一定和 : 마음을 밝게 살펴 화합을 정함하고, 비물식절比物飾節 : 8음의 악기를 배합해 曲節을 문식함하고, 절주節奏 : 奏樂의 節止를 합쳐 문식文飾을 이루고, 부자 · 군신을 화합하게 하고, 만민萬民을 부친附親 : 親附하게 하는 것이다. 이것이 선왕이 '악'을 세운 방향이다.

그래서 「아雅」 · 「송頌」의 소리를 들으면 지의志意가 넓어지게 된다. 그 간척干戚을 손에 잡고, 부앙굴신俯仰詘伸을 익히면 용모가 장중해진다. 그 철조綴兆 : 舞人의 무도장 안에서의 舞를 지칭를 행하면서 그 절주에 맞추면 행렬行列이 바르게 되고, 진퇴進退가 가지런해진다. 그래서 '악'은 천지의 명命이고, 중화中和의 기강이고, 인정人情이 면할 수 없는 것이다. 무릇 '악'은 선왕이 기쁨을 장식한 것이고, 군려軍旅 · 부월鈇鉞은 선왕이 노여움을 장식한 것이다. 그래서 선왕의 희노喜怒는 모두 동류同儕 : 同輩를 얻게 된다. 기뻐하면 천하가 화락하고, 노여워하면 폭란자暴亂者가 두려워했다. 선왕의 도에서 예악은 가히 성대했다고 말할 수 있다.

19-24

子贛見師乙而問焉, 曰, "賜聞聲歌各有宜也, 如賜者宜何歌也." 師乙曰, "乙, 賤工也, 何足以問所宜. 請誦其所聞, 而吾子自執焉. 寬而靜, 柔而正者, 宜歌『頌』. 廣大而靜, 疏達而信者, 宜歌『大雅』. 恭儉而好禮者, 宜歌『小雅』. 正直而靜, 廉而謙者, 宜歌『風』. 肆直而慈愛者, 宜歌『商』, 溫良而能斷者宜歌『齊』. 夫歌者, 直己而陳德也, 動己而天地應焉, 四時和焉, 星辰理焉, 萬物育焉. 故『商』者, 五帝之遺聲也. 商之遺聲也, 商人識之, 故謂之『商』. 『齊』者, 三代之遺聲也, 齊人識之, 故謂之『齊』. 明乎商之音者, 臨事而屢斷. 明乎齊之音者, 見利而讓. 臨事而屢斷, 勇也. 見利而讓, 義也. 有勇有義, 非歌孰能保此. 故歌者上如抗, 下如隊(=墜), 曲如折, 止如槁木, 倨中矩, 矩中鉤, 纍纍乎端如貫珠. 故歌之爲言也, 長言之也. 說之, 故言之. 言之不足, 故長言之. 長言之不足, 故嗟歎之. 嗟歎之不足, 故不知手之舞之, 足之蹈之也."『子貢問樂』.

자공子贛 : 子貢이 사을師乙 : 樂師인 乙을 의미을 보고 물었다.

"나 사賜가 듣건대, 성가聲歌는 각기 그 마땅함이 있다고 했소. 나 사賜와 같은 자는 의당 무슨 노래를 불러야 하오."

사을이 대답했다.

"나 을乙은 천공賤工 : 천한 악공이오. 어찌 내가 족히 그 마땅함을 묻는 질문에 답할 수 있겠소. 다만 청컨대 내가 들은 바를 그저 읊고자 하니 그대가 알아서 선택기 바라오.

너그러우며 조용하고, 부드러우며 바른 자는 의당 「송頌」을 노래하오. 광대하며 고요하고, 소달疏達 : 활달하면서도 믿음이 있는 자는 의당 「대아大雅」를 노래하오. 공검恭儉 : 공손하고 검소함하여 '예'를 좋아하는 자는 의당 「소아小雅」를 노래하오. 정직하며 고요하고, 청렴하며 겸손한 자는 의당 「풍風」을 노래하오. 사직肆直 : 마음이 너그럽고 곧음하며 자애慈愛한 자는 의당 「상商」을 노래하오. 온량溫良하며 능히 결단을 내릴 수 있는 자는 의당 「제齊」를 노래하오.

무릇 노래는 자신을 바르게 해 덕을 닦고, 자신의 뜻을 움직여 천지가 나에게 응하게 만드는 것이오. 그래서 사시가 조화를 이루고, 성신星辰이 다스려지고, 만물이 화육하는 것이오.

그래서 「상商」은 오제五帝가 남긴 소리요. 상商나라 사람이 이를 안 까닭에 일컫기를, '「상」'이라고 한 것이오. 「제齊」는 3대三代가 남긴 소리요. 제나라 사람이 이를 안 까닭에 일컫기를, '「제」'라고 한 것이오. 「상」의 음률에 밝은 자는 일에 임해 과감하게 결단하고, 「제」의 음률에 밝은 자는 이익을 보고 사양할 줄 아오. 일에 임해 과감하게 결단하는 것은 용勇, 이익을 보고 사양하는 것은 의義요. '용'과 '의'는 노래가 아니면 무엇으로 보전할 수 있겠소.

그래서 노래는 소리가 위로 울려 퍼지는 것이 마치 높이 솟는 듯하고, 밑으로 울려 퍼지는 것이 마치 떨어지는 듯하고, 구부러지는 것이 마치 꺾어지는 듯하고, 멈추는 것이 마치 고목槁木 : 마른 나무과 같소. 소리가 가볍게 구부러질 때는 마치 구矩 : 곱자와 같고, 심하게 구부러질 때는 마치 구鉤 : 갈고리와 같소. 유류纍纍 : 계속하여 이어짐하여 끊어지지 않는 것이 마치 구슬을 꿴 듯하오.

그래서 노래로 말할 때는 통상 길게 말하는 것이오. 기뻐할 때 말하고자 하나 말로써는 부족하기에 길게 말하는 것이오. 그러나 길게 말해도 부족할 때에는 차탄嗟歎하게 되오. 차탄해도 부족할 때에는 자신도 모르는 사이에 수무족도手舞足蹈 : 손이 춤추고 발이 뛰하게 되오." 『자공문악子貢問樂 : 당초 맨 끝에 기록된 篇目을 삭제할 때 우연히 '자공문악' 편만 그대로 남게 된 것임』.

제41편 유행

「유행」편은 송대만 해도 『대학』과 『중용』 못지않게 중시되었다. 북송의 인종仁宗 때에 들어와 천성天聖 5년1027에 처음으로 과거 급제자에게 『중용』이 하사되고 3년 뒤에 『대학』이 하사된 뒤 얼마 안 돼 「유행」편이 단행본으로 엮여져 하사된 사실이 이를 뒷받침한다. 이는 「유행」편이 공자가 『논어』에서 언급한 군자유君子儒를 '성인지유聖人之儒'와 '인자지유仁者之儒'로 나눠 상세히 설명하면서 바람직한 위정자상을 제시한 데 따른 것으로 짐작된다.

위정자들이 국가공동체의 백년대계를 망각한 채 당리당락을 앞세운 이전투구를 일삼은 까닭에 국민들의 원성을 사고 있는 요즘과 같은 상황에서 「유행」편이 지닌 의미는 자못 심대하다고 할 수 있다. 서양에 아리스토텔레스의 『정치가』가 있다면 동양에는 「유행」이 있다고 할 수 있다. 21세기 동북아시대를 맞아 안팎의 위기를 슬기롭게 헤쳐나갈 수 있는 바람직한 통치 리더십을 탐색코자 하면 반드시 「유행」편을 일독할 필요가 있다.

「유행」편은 공자가 천하유세를 마치고 노나라로 돌아왔을 때 노애공이 직접 찾아와 유자儒者의 행동을 물은 내용이다. 『춘추좌전』 「노애공 11년」조에는 공자가 노나라로 돌아올 때의 상황이 기록돼 있으나 노애공이 공자를 찾아와 유자의 행동에 관해 물었다는 내용은 없다. 『예기』의 편집자들이 유가 후학의 글을 제41편에 끼워넣은 것으로 보는 게 타당할 것이다.

41-1

哀公問於孔子曰, "夫子之服, 其儒服與." 孔子對曰, "丘少居魯, 衣逢掖之衣, 長居宋, 冠章甫之冠. 丘聞之也, 君子之學也博, 其服也鄉. 丘不知儒服." 哀公曰, "敢問儒行." 孔子對曰, "遽數之不能終其物, 悉數之乃留. 更僕, 未可終也."

노애공魯哀公이 공자에게 물었다.

"부자夫子의 옷은 유복儒服 : 유자의 옷이오."

공자가 대답했다.

"저 구丘는 어려서 노나라에 살면서 봉액지의逢掖之衣 : 큰 소매의 홑옷. '逢'은 '大'와 통함를 입었고, 자라서는 송나라에 살면서 장보지관章甫之冠 : 은나라 때의 관으로 후대의 儒冠을 썼습니다. 제가 듣건대 군자의 배움이 넓다고 해도 그 의복은 고향에서 입는 것을 따른다고 합니다. 저는 '유복'에 관해 알지 못합니다."

노애공이 물었다.

"감히 유행儒行 : 儒者의 행실에 관해 묻고자 하오."

공자가 대답했다.

"급히 이를 말하자니 그 일을 다 말할 수 없고, 이를 모두 말하자니 시간이 오래 걸릴 듯합니다. 경복更僕 : 侍僕을 바꿈. 다른 사람이 대신 대답케 한다는 의미임할지라도 다 말할 수는 없을 것입니다."

41-2

哀公命席, 孔子侍, 曰, "儒有席上之珍以待聘, 夙夜强學以待問, 懷忠信以待擧, 力行以待取. 其自立有如此者. 儒有衣冠中, 動作愼. 其大讓如慢, 小讓如僞. 大則如威, 小則如愧. 其難進而易退也. 粥粥若無能也. 其容貌有如此者. 儒有居處齊難, 其坐起恭敬. 言必先信, 行必中正. 道塗不爭險易之利, 冬夏不爭陰陽之和. 愛其死以有待也, 養其身以有爲也. 其備豫有如此者."

노애공이 자리에 앉도록 명했다. 공자가 그를 모시고 앉아 말했다.

"유자儒者는 석상지진席上之珍 : 예절과 학문 등의 善美한 道를 펼침. '席'은 '鋪陳'을 의미으로 군주의 초빙을 기다리고, 숙야夙夜 : 이른 아침부터 늦은 저녁까지를 지칭로 강학대문强學待問 : 힘써 배우며 자문이 오기를 기다림하고, 회충신대거懷忠信待擧 : 忠信한 마음으로 擧用되기를 기다림하고, 역행대취力行待取 : 힘써 행하며 영광된 자리로 나아가기를 기다림합니다. 유자의 자수입신自修立身 : 스스로 수양하며 몸을 바로 세움은 이와 같습니다.

유자는 의관이 보통사람들의 중간에 해당하고, 동작은 늘 신중합니다. 대양大讓 : 다른 사람으로부터 커다란 선물을 받았을 때 사양함을 의미할 때 느긋하여 마치 오만傲慢한 듯하고, 소양小讓할 때도 느긋하여 마치 사위詐僞 : 거짓으로 꾸밈하는 듯합니다. 큰일을 만날 때에는 마치 두려워하는 듯하고, 작은 일을 만날 때에는 마치 부끄러워하는 듯합니다. 난진이퇴難進易退 : 나아가는 것은 힘들게 하고 물러나는 것은 쉽게 함하니 죽죽粥粥 : 유약하고 어리석음한 모습이 마치 무능한 듯합니다. 유자의 용모는 이와 같습니다.

유자는 거처居處할 때 제난齊難 : 몸을 가지런히 하며 환난을 예방함하고, 좌거坐起 : 앉거나 일어섬할 때 공경恭敬을 드러냅니다. 언사言辭에는 반드시 선신先信 : 행동에 앞서 먼저 신의가 있음하고, 행실은 반드시 중정中正 : 때에 맞고 바름합니다. 도도道塗 : 길을 감. 앞의 '道'는 동사할 때에는 험이지리險易之利 : 험하고 쉬운 길의 이점를 따지지 않고, 동하冬夏에는 음양지화陰陽之和 : 여름에 서늘하고, 겨울에 따뜻한 곳을 의미를 따지지 않습니다. 가벼이 죽는 것을 안타까이 여겨 밝은 때가 오기를 기다리고, 그 몸을 배양하여 도덕을 실천코자 합니다. 유자의 비예備豫 : 먼저 善道를 행하며 환난을 대비함는 이와 같습니다."

41-3

"儒有不寶金玉, 而忠信以爲寶. 不祈土地, 立義以爲土地. 不祈多積, 多文以爲富. 難得而易祿也, 易祿而難畜也. 非時不見, 不亦難得乎. 非義不合, 不亦難畜乎. 先勞而後祿, 不亦易祿乎. 其近人有如此者. 儒有委之以貨財, 淹之以樂好, 見利, 不虧其義. 劫之以衆, 沮之以兵, 見死, 不更其守. 鷙蟲攫搏, 不程勇者. 引重鼎不程其力. 往者不悔, 來者不豫. 過言不再, 流言不極. 不斷其威, 不習其謀. 其特立有如此者. 儒有可親而不可劫也, 可近而不可迫也, 可殺而不可辱也. 其居處不淫, 其飮食不溽, 其過失可微辨而不可面數也. 其剛毅有如此者."

"유자는 금옥金玉을 보배로 삼지 않고, 충신忠信을 보배로 삼습니다. 토지의 부富를 기구祈求 : 간절히 구함하지 않고, 입의立義 : 義를 세움를 기반으로 삼습니다. 다적多積 : 많은 재물을 축적함을 구하지 않고, 다문多文 : 多學과 文章技藝을 부富로 삼습니다. 유자는 난득難得 : 非道의 세상에서는 出仕치 않아 얻기가 어려움을 비유하나 이록易祿 : 먼저 일을 이룬 자에게 食祿을 내리는 것이 쉬움을 비유하고, '이록' 하나 난휵難畜 : 義가 아니면 곧 떠나니 유자를 기르기가 쉽지 않음을 비유합니다. 밝은 때가 아니면 몸을 드러내지 않으니 이 또한 '난득'이 아니겠습니까. 의가 아니면 화합할 수 없으니 이 또한 '난휵'이 아니겠습니까. 일을 이루기 위해 노고한 뒤에 녹봉이 있는 법이니 이 또한 '이록'이 아니겠습니까. 유자가 사람과 가까이 지내고자 하는 것은 이와 같습니다.

유자는 설령 많은 재화를 맡겨 그 낙호樂好 : 즐거움에 빠져들게 할 경우 이익을 보고도 그 의義를 이지러지게 하지 않습니다. 무리로써 겁박劫迫하고 무력으로 저지코자 할 경우 죽음에 이르러서도 그 수지守志 : 지키고자 하는 의지를 바꾸려 하지 않습니다. 지충鷙蟲 : 猛禽과 猛獸이 확박攫搏 : 움켜쥐고 후려갈김. 難事를 의미할지라도 부정용不程勇 : 자신의 무용이 이를 감당할 수 있는지를 헤아리지 않음. '程'은 '料量'과 통함하여 행하고자 합니다. 중정重鼎 : 大鼎으로 難事를 의미을 들게 할지라도 부정기력不程其力 : 자신의 힘을 헤아리지 않음하여 '중정'을 들고자 합니다. 왕자불회往者不悔 : 지난 일의 패배를 후회하지 않음하고, 내자불예來者不豫 : 다가올 일을 미리 예비하며 조바심을 내지 않음하고, 과언부재過言不再 : 허물이 있다는 얘기를 듣고 두 번 다시 행하지 않음하고, 유언불극流言不極 : 떠도는 말의 출처를 추궁하지 않음. 곧바로 그 연원을 파악함을 의미합니다. 그 위엄이 잠시도 단절되지 않고, 일을 만나면 곧 모책謀策을 세우니 미리 예습豫習치 않습니다. 유자의 특립特立 : 다른 사람이 하지 못하는 것을 특별히 함은 이와 같습니다.

유자는 가히 친하게 대할 수는 있어도 겁을 주어서는 안 되고, 가히 가까이 할 수는 있어도 핍박해서는 안 되고, 가히 죽일 수는 있어도 욕을 보여서는 안 됩니다. 그 거처는 불음不淫 : 사치로 인해 분수에 넘치는 일이 없음하고, 그 음식은 불욕不溽 : 지나치게 기름짐. '溽'은 '滋味'를 의미합니다. 그 과실은 가히 미변微辨 : 가벼이 일깨워줌할 수 있으나 면수面數 : 면전에서 따짐해서는 안 됩니다. 유자의 강의剛毅 : 단단하고 굳셈는 이와 같습니다."

41-4

"儒有忠信以爲甲冑, 禮義以爲干櫓. 戴仁而行, 抱義而處. 雖有暴政, 不更其所. 其自立有如此者. 儒有一畝之宮, 環堵之室, 篳門圭窬, 蓬戶甕牖. 易衣而出, 并日而食. 上答之不敢以疑, 上不答不敢以諂. 其仕有如此者. 儒有今人與居, 古人與稽. 今世行之, 後世以爲楷. 適弗逢世, 上弗援, 下弗推. 讒諂之民, 有比黨而危之者, 身可危也, 而志不可奪也. 雖危, 起居竟信(=伸)其志, 猶(=圖)將不忘百姓之病也. 其憂思有如此者."

"유자는 충신忠信을 갑주甲冑 : 갑옷과 투구로 삼고, 예의禮義를 간로干櫓 : 작고 큰 방패로 삼습니다. 대인이행戴仁而行 : 仁을 싣고 다니며 행함하고, 포의이처抱義而處 : 의를 껴안고 대처함합니다. 비록 폭정暴政이 있을지라도 그 지조를 바꾸지 않습니다. 유자의 자립自立이 이와 같습니다.

유자는 일무一畝 : 동서남북으로 각 10步. 1步는 사방 6尺의 담장과 환도環堵 : 사방 1丈은 一版. 5판은 一堵. 5도는 一雉의 방, 필문규유篳門圭窬 : 사립문과 笏 모양의 작은 출입구. 『좌전』은 '篳門圭竇', 봉호옹유蓬戶甕牖 : 쑥대로 가린 출입문과 벽에 낸 옹기입 모양의 창의 집에 거처합니다. 역의이출易衣而出 : 집안사람들이 번갈아 옷을 갈아입고 외출함하고, 병일이식幷日而食 : 이틀에 하루치의 음식을 먹음합니다. 그러나 상답上答 : 군주가 계책을 채용함. 발탁을 의미하면 감히 군주를 의심치 않으며 진충盡忠하고, 상답치 않을지라도 감히 첨유諂諛하지 않습니다. 유자의 출사出仕는 이와 같습니다.

유자는 금인今人과 더불어 살면서 고인古人 : 옛 군자와의 意合을 의미과 더불어 계고稽考 : 참고하여 헤아림합니다. 금세今世에 행사行事하면서 후세後世의 해모楷模 : 法式가 되고자 합니다. 적불봉세適弗逢世 : 밝은 세상을 만나지 못하는 곳으로 나아감. '適'은 '之'와 통함하여 위에서 불원弗援 : 이끌지 않음. 援은 引과 통함하고 아래에서 불추弗推 : 밀어주지 않음하고 있을 뿐입니다. 참첨지민讒諂之民 : 참소하고 아첨하는 백성이 비당比黨 : 어울려 무리를 이룸하여 위해危害를 가하고자 할지라도 비록 몸은 위태롭게 할 수 있을지언정 그 뜻은 빼앗을 수 없습니다. 비록 기거起居 : 거동가 위태로울지라도 끝내 자신의 지조를 펼치며 바꾸지 않습니다. 몸은 비록 명세明世를 만나지 못했을지라도 그 도모하는 바는 백성지병百姓之病 : 백성들의 우환을 잊지 않습니다. 유자의 우사憂思 : 憂國思民가 이와 같습니다."

41-5

"儒有博學而不窮, 篤行而不倦. 幽居而不淫, 上通而不困. 禮之以和爲貴, 忠信之美, 優游之法, 擧賢而容衆, 毁方而瓦合. 其寬裕有如此者. 儒有內稱不辟(=避)親, 外擧不辟怨. 程功積事, 推賢而進達之, 不望其報. 君得其志, 苟利國家, 不求富貴. 其擧賢援能有如此者. 儒有聞善以相告也, 見善以相示也, 爵位相先也, 患難相死也, 久相待也, 遠相致也. 其任擧有如此者."

"유자는 박학불궁博學不窮 : 널리 배워 끝이 없음하고, 독행불권篤行不倦 : 돈독히 행하여 싫증내지 않음합니다. 유거불음幽居不淫 : 출사하지 않은 채 홀로 지낼지라도 淫奢에 빠지지 않음하고, 상통불곤上通不困 : 뜻이 군주에게 통해 임용될지라도 곤경에 처하는 일이 없음합니다. 유자는 예禮로써 상하가 화합하는 것을 귀하게 여기고, 사람의 충신忠信을 보면 미칭美稱 : 기리며 칭송함하고, 사람의 우유優游 : 和柔를 보면 이를 본받고, 거현용중擧賢容衆 : 현자를 천거하며 무리를 용납함하고, 훼방와합毁方瓦合 : 자신의 方正을 허물어 凡人과 瓦器처럼 화합함합니다. 유자의 관유寬裕가 이와 같습니다.

유자는 내칭內稱 : 친족을 천거함. 稱은 擧와 통함하면서 친족을 이유로 피하지 않고, 외거外擧 : 외부 인사를 천거함하면서 원한을 이유로 피하지 않습니다. 정공적사程功積事 : 공적과 실적을 헤아림하여 추현진달推賢進達 : 현자를 추천하며 천거의 뜻을 진달함하되 그 보답을 기대하지 않습니다. 군주가 득지得志 : 천거된 현자를 얻어 일을 이룸하여 실로 국가를 이롭게 했을지라도 부귀를 구하지 않습니다. 유자의 거현원능擧賢援能 : 賢者를 천거하고 能者를 이끎이 이와 같습니다.

유자는 문선상고聞善相告 : 선행을 들으면 서로 알림하고, 견선상시見善相示 : 선행을 보면 서로 보여줌하고, 작위상선爵位相先 : 작위를 받을 때 상대를 앞세움하고, 환난상사患難相死 : 환난에 처했을 때 서로 죽음을 무릅쓰고 다퉈 나아감합니다. 붕우가 아래 자리에서 머문 지 오래되면 서로 기다려 주고, 명군을 만나 출사했을 때 붕우가 소국에 남아 득지得志하지 못하면 서로 초치招致합니다. 유자의 임거任擧 : 위임하고 천거함가 이와 같습니다."

41-6

"儒有澡身而浴德, 陳言而伏, 靜而正之, 上弗知也, 麤而翹之, 又不急爲也. 不臨深而爲高, 不加少而爲多. 世治不輕, 世亂不沮, 同弗與, 異弗非也. 其特立獨行有如此者. 儒有上不臣天子, 下不事諸侯. 愼靜而尙寬, 剛毅以與人. 博學以知服, 近文章, 砥厲(=礪)廉隅. 雖分國如錙銖, 不臣不仕. 其規爲有如此者. 儒有合志同方, 營道同術, 竝立則樂, 相下不厭, 久不相見, 聞流言不信. 其行本方立義, 同而進, 不同而退. 其交友有如此者."

"유자는 조신욕덕澡身浴德 : 몸을 澡潔하게 씻고 덕으로써 스스로를 맑게 함 · 진언이복陳言而伏 : 진언하며 君命을 伏聽함하면서 조용하고 바르게 하니 위에서는 알지 못합니다. 이에 추이요지麤而翹之 : 소원할 때는 군주의 안색을 살펴 진언함으로써 부드럽게 일깨워줌하면서 또한 급하게 하지 않습니다. 불림심위고不臨深爲高 : 백성들이 처한 깊고 낮은 곳에 임하지 않아도 스스로 尊顯케 됨하고 불가소위다不加少爲多 : 謀事하여 작은 성공을 꾀하지 않아도 스스로 矜大케 됨합니다. 세상이 다스려져 군현群賢과 함께 있을지라도 자경自輕 : 스스로 과소평가함하지 않고, 세상이 어지럽다고 하여 자신의 본지本志를 훼손치도 않습니다. 직위가 같을지라도 그 행동이 선하지 않으면 함께 어울리지 않고, 다를지라도 그 행동이 선하면 비난하지 않습니다. 유자의 특립독행特立獨行 : 특별히 뜻을 확립하여 홀로 행함이 이와 같습니다.

유자는 도를 굽히면서까지 위로 천자 앞에서 신하를 칭하거나 아래로 제후를 섬기지 않습니다. 신정상관愼靜尙寬 : 삼가고 고요하게 너그러운 것을 숭상함하고, 강의여인剛毅與人 : 상대방의 辨爭이 잘못되었을 때 구차하게 굴종하지 않고 강의한 자세를 견지함합니다. 박학지복博學知服 : 널리 배워 先賢에게 畏服해야 하는 것을 앎하여 문장文章을 가까이 하고, 지려염우砥厲廉隅 : 구석까지 힘써 갊합니다. 비록 나라를 나눠줄지라도 이를 치수錙銖 : 가벼운 무게로 하찮은 것을 지칭. 10黍가 一參. 10참이 一銖. 24수가 一兩. 8량이 一錙 임처럼 여겨 불신불사不臣不仕 : 신하를 칭하지도 않고 벼슬을 하지도 않음합니다. 유자의 법칙이 이와 같습니다.

유자는 합지동방合志同方 : 뜻을 합해 法術을 같이함. 方은 法과 통함하고, 영도동술營道同術 : 道藝를 경영하며 法術을 같이함합니다. 병립즉락竝立則樂 : 나란히 입신하면 곧 즐김하고, 상하불염相下不厭 : 상대보다 아래 자리에 처하게 되어도 꺼리지 않음하고, 오랫동안 상견치 못했을지라도 유언流言을 듣고 이를 사실로 믿지 않습니다. 그 행실은 본방립의本方立義 : 방정함을 근본으로 삼아 의를 세움하니 그 의가 같으면 함께 나아가고, 그렇지 못하면 뒤로 물러갑니다. 유자의 교우交友가 이와 같습니다."

41-7

"溫良者, 仁之本也. 敬愼者, 仁之地也. 寬裕者, 仁之作也. 孫(=遜)接者, 仁之能也. 禮節者, 仁之貌也. 言談者, 仁之文也. 歌樂者, 仁之和也. 分散者, 仁之施也. 儒皆兼此而有之, 猶且不敢言仁也. 其尊讓有如此者. 儒有不隕穫於貧賤, 不充詘於富貴, 不慁君王, 不累長上, 不閔有司, 故曰 '儒.' 今衆人之命(=名)儒也妄常, 以儒相詬病."

"이상의 15가지 유행儒行은 성인지유聖人之儒 : 성인에 해당하는 유자를 말한 것이고 그 다음에 해당하는 인자지유仁者之儒 : 인자에 해당하는 유자로 말하면 온량溫良은 그 근본, 경신敬愼은 그 바탕, 관유寬裕는 그 동작, 손접孫接 : 겸손하게 사양하며 사물을 대함은 그 기능, 예절禮節 : 禮儀撙節은 그 외모, 언담言談 : 言語談說은 그 문장, 가악歌樂 : 歌舞喜樂은 그 화열和悅 : 화합의 기쁨, 분산分散 : 재물을 흩어 빈궁한 자를 구함은 그 은시恩施 : 은혜로운 베풂입니다. 성인지유聖人之儒는 이를 모두 겸유하고 있으나 그 이치가 궁극窮極에 달해 감히 말할 수 없는 까닭에 인仁을 가지고 '성인지유'를 말한 것입니다. 유자의 존양尊讓 : 공경과 겸양이 이와 같습니다.

유자는 빈천으로 인해 운확隕穫 : 困迫하여 지조를 잃음하지 않고, 부귀로 인해 충굴充詘 : 기쁜 나머지 失節함하지 않습니다. 또한 군왕을 불혼不慁 : 욕되게 하지 않음하고, 장상長上 : 卿·大夫을 불루不累 : 번거롭게 하지 않음하고, 유사有司 : 群吏를 불민不閔 : 困迫하게 만들지 않음. 閔은 病과 통함합니다. 그래서 이르기를 '유자儒者'라고 하는 것입니다. 그러나 오늘날 중인衆人들이 '유자'로 부르는 자들은 망상妄常 : 無常합니다. 이에 '유자'로 불리는 것을 서로 후병詬病 : 恥辱으로 여기는 것입니다."

41-8

孔子至舍, 哀公館之, 聞此言也, 言加信, 行加義, "終沒吾世, 不敢以儒爲戲."

당초 공자가 천하유세를 마치고 위衛나라에서 노魯나라로 돌아와 집에 이르자 노애공이 친히 와 공자를 예로써 대하고 일시 머물면서 유복儒服과 유행儒行에 관해 물었다. 노애공은 공자로부터 이상과 같은 말을 듣고 이후 말을 할 때는 믿음을 더하고, 행동할 때는 의義를 더하게 되었다. 이때 노애공이 스스로 이같이 다짐했다.

"나의 세상이 종몰終沒 : 끝남할 때까지 감히 유자儒者를 갖고 희롱하지 않을 것이다."

저자 후기

남송대에 성리학性理學이 성립한 이후 청조가 망할 때까지 가장 널리 읽힌 것이 사서였다. 그 중 『대학』과 『중용』이 가장 널리 읽혔다. 이는 『대학』과 『중용』이 성리학의 이론적 기반이 된 데 따른 것이었다. 유가의 역사를 당과 송으로 나눠 당 이전의 유교를 오경五經의 역사, 송 이후의 역사를 사서四書의 역사로 분류하는 것은 바로 이 때문이다.

이는 주희가 『예기』의 한 편에 불과한 「대학」편과 「중용」편을 『논어』 및 『맹자』와 함께 소위 사서四書로 분류한 데 따른 것이었다. 이후 사서가 사실상 3경보다 더욱 중시되었다. 성리학을 통치이념으로 삼은 조선조에서는 사성 중에서도 『대학』이 가장 중시되었다. 조선조의 역대 군왕이 경연經筵에서 『대학』을 가장 많이 채택한 사실이 이를 뒷받침한다.

그러나 『대학』과 『중용』은 분량 면에서 볼 때 빈약하기 짝이 없다. 『논어』가 1만 6천 자, 『맹자』가 3만 5천여 자로 되어 있는 데 반해 『대학』은 총 1천7백여 자, 『중용』은 3천5백여 자에 불과하다. 선진先秦시대의 제자백가諸子百家 문헌 중 가장 단편에 해당하는 『노자老子』가 5천여 자인 점을 감안할 때 『대학』과 『중용』이 얼마나 단편短篇인지를 쉽게 알 수 있다.

과거 성리학자들은 『대학』과 『중용』이 『노자』보다도 더 심오한 내용을 담고 있는 것으로 간주했다. 이는 『대학』과 『중용』이 『주역』과 함께 삼위일체三位一體를 이뤄 유가사상의 진수를 담고 있는 것으로 확신한 데 따른 것이었다. 이들은 『대학』은 그 요체가 선善에 있는 까닭에 『대학』으로 입덕入德하고, 『중용』은 그 요체가 성誠에 있는 까닭에 『중용』으로 수덕修德하고, 『주역』은 그 요체가 신神에 있는 까닭에 『주역』으로 성덕成德해야 한다고 생각했다.

특히 조선조의 성리학자들은 『대학』을 『논어』보다 중시한 것은 물론 『중용』에 마치 커다란 통치이론이 담겨 있는 것처럼 간주했다. 『대학』의 내용을 소위 '3강령三綱領·8조목八條目'으로 특정하고 『중용』을 『주역』에 준하는 소위 '소주역小周易'으로 파악한 것은 바로 이 때문이라고 할 수 있다. 이는 주희가 『주역』에 의거해 점을 치는 소위 역점易占을 신봉한 사실과 무관치 않았다. 주희는 왕필王弼과 정이程頤로 이어지는 의리역義理易의 전통을 이어받았음에도 불구하고 상수역象數易을 집대성한 소옹邵雍의 역점에 무한한 신뢰를 보냈다. 그의 『주역』 해석은 외견상 의리역에 입각한 것이기는 하나 사실상 상수역에 가까웠다.

그러나 객관적인 입장에서 볼 때 『대학』과 『중용』을 『노자』보다 심오한 통치철학을 담고 있는 유가의 최고 경전으로 보는 것은 문제가 있다. 그런 의미에서 『대학』과 『중용』 모두 원전인 『예기』의 주석 차원에서 파악할 필요가 있다.

원래 『대학大學』과 『중용中庸』은 『예기禮記』 49편篇의 한 편에 불과한 것이다. 『대학』은 『예기』의 제42편, 『중용』은 제31편으로 편제되어 있다. 남송대의 주희朱熹가 철학적인 논변이 풍성한 『대학』과 『중용』을 『예기』에서 분리시켜 『논어』 및 『맹자』와 함께 소위 사서四書로 편제한 이후 통상 『대학』과 『중용』을 『예기』와 절연시켜 해석하는 것이 일반적인 관행이 되어왔다. 이는 지금까지도 변함없이 계속되고 있다. 과연 이런 해석 방법이 타당한 것일까. 본서는 바로 이런 문제의식에서 출발하고 있다.

조선조에서 이와 유사한 관점에서 예학禮學을 정립한 인물이 있다. 그가 바로 다산茶山 정약용이다. 조선조의 사대부들은 성리학을 교조적으로 받아들인 나머지 성리학 이론의 기반이 된 주희의 이기론理氣論 등을 깊이 천착했다. 이들이 탐구대상으로 삼은 이론 중에는 예론禮論도 들어 있다. 예론을 집대성한 인물은 이율곡의 학통을 이어받은 사계沙溪 김장생金長生이었다. 그는 광해군 재위 당시 인목대비에 대한 폐모논의廢母論議가 일어나고 북인北人이 득세하자 관직을 포기하고 낙향하여 10여 년간 은거하면서 예학연구와 후진양성에 몰두하였다.

인조반정 이후 조정에서 계속 사람을 보내 출사를 종용했으나 번번이 사양하고 나아가지 않았다. 그는 인조가 자신의 생부인 정원군定遠君을 원종元宗으로 추존하려고 하자 이에 강력 반발했다. 이후에도 인조와 조정이 그의 출사를 간곡히 요청했으나 그는 향리에 머물면서 강학에만 열중하다 노년을 마쳤다. 이로 인해 그의 문하에서 예학에 정통한 인물이 무수히 배출되었다.

대표적인 인물로 그의 아들인 김집金集을 비롯해 송시열宋時烈과 송준길宋浚吉, 이유태李惟泰, 강석기姜碩期, 장유張維, 이후원李

厚源, 신민일申敏一 등을 들 수 있다. 이들은 서인과 노론계의 대표적 인물들이다. 현종 때 불거진 소위 '예송禮訟'도 따지고 보면 예학에 조예가 깊었던 이들의 존재로 인한 것이었다.

이들 이후에 예학에 정통했던 인물로는 기호畿湖지역의 남인 출신인 다산 정약용을 들 수 있다. 다산의 예학은 매우 광박廣博해 사실상 조선조의 예학을 집대성한 것으로 볼 수 있다. 다산은 철저한 문헌고증을 통해 기존의 예학을 한 차원 끌어올렸다고 해도 과언이 아니다.

다산의 예학은 『춘추』에 대한 관심에서 출발했다. 그는 기본적으로 경經과 사史는 하나로 통합되는 것이 가장 바람직하다는 생각을 갖고 있다. 그는 이를 『춘추』에서 확인한 것이다. 그는 춘추시대 말기에 노나라를 빙문聘問한 한선자韓宣子가 노나라에 『역상易象』과 『춘추』가 있는 것을 보고 크게 경탄한 사실을 수록한 『춘추좌전』「노소공 2년」조의 기록에 주목해 『춘추』야말로 주나라의 예제를 간직한 보고로 파악했다. 그가 『주례』를 알려면 반드시 『춘추』를 연구해야 한다고 주장하면서 『춘추』를 『주례』의 증거로 간주한 것은 바로 이 때문이었다.

다산이 『주례』를 깊이 천착한 사실은 치평에 관한 대표적인 저술인 『경세유표經世遺表』와 『목민심서牧民心書』가 『주례』의 '육관제六官制'에 기초해 있다는 사실을 통해 쉽게 확인할 수 있다. 주나라 시대의 의례를 밝혀내는 데 지대한 관심을 기울인 그는 『춘추고징春秋考徵』에서 『춘추』와 『주례』를 기본 자료로 하여 춘추삼전春秋三傳과 『예기』에 나오는 주석들을 비판적으로 검토해 놓았다.

이를 통해 짐작할 수 있듯이 다산의 예학에 대한 집착은 남달랐다. 이는 그가 유배지인 강진에 도착한 이후 처음으로 붙잡은 책이 『예기』였고 유배지에서 가장 먼저 저술한 것이 『단궁잠오檀弓箴誤』 6권이었던 사실을 통해 쉽게 짐작할 수 있다. 그는 특이하게도 『예기』 49편 중 「단궁檀弓」편을 깊이 천착했다. 다산은 그 이유를 이같이 설명해 놓았다.

"「단궁」편은 『예기』의 여러 편 중에서도 의리가 특별히 정밀하고 문장이 특별히 아름다워 내가 가장 좋아한다."

「단궁」편은 주로 상례喪禮를 기록해 놓은 것이다. 다산이 상례를 집중 탐구한 것은 대략 의금부에서 국문을 당하면서 죽음의 문제를 심각하게 고려한데 따른 것으로 보인다. 이는 다산이 『예기』 「단궁」편 이외에도 『의례』의 「사상례士喪禮」와 「이석례旣夕禮」, 「사우례士虞禮」 등 주로 상례에 관한 문제를 깊이 파고든 사실이 뒷받침한다. 다산의 상례연구는 『상례사전喪禮四箋』 50권과 『상례외편喪禮外編』 12권으로 결실을 맺었다.

다산은 『상례사전』을 쓰면서 경전해석의 2가지 방법을 제시했다. 하나는 한 경전의 구절을 다른 경전의 구절에서 증거를 찾아내 고증하는 '이경증경以經證經'의 고증학적 방법이다. 다른 하나는 서로 연관된 두 구절을 비교하여 대조함으로써 그 의미가 드러나게 하는 '피차비대彼此比對'의 해석학적 방법이다. 그는 『상례사전』 서문에서 두 가지 방법론에 대한 의미를 이같이 풀이해 놓았다.

"널리 옛 문헌을 상고해 '이경증경' 함으로써 성인의 취지를 이해하고자 기약했고, 혹은 '피차비대'의 방법으로 두 가지 의미를 서로 조명하여 드러나게 했다."

다산이 객관적인 증거제시와 논리적 상관성을 얼마나 중시했는지를 짐작케 해주는 대목이다. 그는 기존의 해석에 대해 자의적인 억측이나 이념적인 독단에 빠진 오류를 비판하는 입장을 분명히 밝히고 있다. 이는 주희를 비롯한 기존의 학자들 대부분이 주관적인 잣대로 고전을 멋대로 해석하는 풍조를 비판한 것이다.

다산이 예학을 깊이 천착한 배경과 관련해 천주교 신앙문제로 유배를 당한 까닭에 본래의 유학으로 돌아왔다는 증거를 보여주기 위해 주희의 이학理學과 쌍벽을 이루고 있는 예학을 연구했다는 견해가 있다. 전혀 틀린 말은 아닌 듯하다. 그러나 다산의 예학에 대한 연구는 기본적으로 그 자신이 예학 자체에 깊은 관심을 기울인 데서 비롯된 것으로 보아야 한다.

유배생활 초기만 해도 다산의 관심은 예학에 쏠려 있었으나 그가 이학에 대한 관심을 버린 것은 아니었다. 그는 행동절차를 규정하는 예학과 의리를 밝히고 도를 논하는 이학을 두 축으로 하여 자신의 경학經學을 완성코자 했다. 그러나 주희의 이학을 넘어서기 위해서는 인륜의 분수를 규정한 '의례'의 문제를 철저히 밝힐 필요가 있었다.

그가 『주역』에 몰두한 것도 같은 맥락에서 이해할 수 있다. 그는 죽음의 고비에서 간신히 빠져나와 변방의 유배지에서 18년 동안 고독한 삶을 영위해야만 했다. 상례에 대한 깊은 천착을 통해 죽음의 세계를 마주한 그는 생사의 근원적인 문제에 대한 진지한 고민을 했을 것으로 짐작된다. 그는 무상한 현실세계 속에서의 변화법칙과 그 의미를 『주역』에서 찾고자 했을 것이다. 다산의

『주역』에 대한 탐구는 이학연구의 난관을 정면으로 돌파코자 하는 의지에서 비롯된 것으로 보인다. 임진왜란의 와중에 황급히 의주로 몽진蒙塵을 떠나야만 했던 선조가 환궁한 뒤 『주역』에 몰두하면서 경연에서 오직 『주역』만을 강독케 한 것도 같은 맥락에서 이해할 수 있을 것이다.

실제로 다산은 강진에서의 유배생활 중 『상례사전』에 이어 『주역사전周易四箋』을 완성함으로써 예학과 이학을 관통하는 자신만의 경학세계를 구축케 되었다. 이를 계기로 조선조 전체의 학문수준이 한 단계 높아진 것은 말할 것도 없다. 그는 이 두 책을 자신의 생명처럼 중히 여겼다. 이는 그가 두 아들에게 보낸 서신의 내용을 보면 쉽게 알 수 있다.

"내가 죽은 뒤 아무리 정결한 희생과 풍성한 제수를 차려놓고 제사를 지내준다 해도 내가 흠향하고 기뻐함은 내 책 한 편을 읽어주고 내 책 한 장을 베껴주는 일보다 못할 것이다. 『상례사전』과 『주역사전』만 전하여 계승할 수 있다면 나머지 것들은 폐기할지라도 무방하다."

다산의 경학은 『주역』과 『예기』에 대한 깊은 천착 위에 유배생활 중 자신이 직접 목도한 민초들의 궁박한 삶에 대한 통찰을 기반으로 한 까닭에 강렬한 경세론經世論의 성격을 지니고 있다. 다산은 기본적으로 세도정치勢道政治 하에서 부패한 중앙관료와 연결된 지방의 토호와 아전세력 등이 백성들을 잔혹하게 착취하는 구조를 근원적으로 제거해야만 위로 왕권을 강화하고 아래로 백성을 편하게 만들 수 있다고 확신했다. 그는 경제면에서도 소위 '호상활고豪商猾賈'의 폭리행위를 제거해야만 국부를 좀먹고 민리를 박탈하는 일을 막을 수 있다고 생각했다. 그는 『경세유표』에서 이같이 말한 바 있다.

"태공太公 : 呂尙과 제환공齊桓公은 어염魚鹽을 유통시키면서 반드시 담당관청을 두고 금령으로 단속해 소민小民 : 백성이 스스로 생산하고 판매토록 했다. 반드시 관부에서 수납하고 방출하기를 곡물의 상평법常平法과 같이 해야만 아래로 백성이 이롭게 되고 위로 국가가 부유하게 될 수 있다. 무릇 '호상활고'를 왕자가 반드시 금하는 것은 그들이 아래로 백성의 재물을 박탈하고, 위로 국가의 권리를 나눠 갖기 때문이다. 모든 일을 '호상활고'에게 맡김으로써 그들이 멋대로 조종토록 하여 가난한 백성의 부렴賦斂만 증가시켰다. 이는 모두 세상일에 어두운 선비들의 청의淸議가 그르친 것이다."

다산의 경세론은 비단 국내문제에 그친 것이 아니었다. 그는 당시 일본의 높은 학문수준에 주목해 일본에 대한 경계를 촉구하고 나섰다. 다산에 앞서 일본을 새로운 차원에서 이해하려고 노력한 사람으로는 성호星湖 이익李瀷을 들 수 있다. 성호를 사숙한 다산은 성호의 일본론을 심화한 셈이다.

성호는 일찍이 『성호사설星湖僿說』「경사문經史門」의 '일본사日本史' 조에서 신숙주의 『해동제국기海東諸國記』와 강항姜沆의 『간양록看羊錄』을 인용해 천황과 관백關白의 권력관계를 반드시 알아 둘 필요가 있다고 주장했다. 「경사문」의 '왜환倭患' 조에서는 고려와 조선의 명분론과 허세에 기인한 대일외교의 실패를 비판하면서 임진란을 명분과 허세외교의 대표적 실패사례로 들기도 했다.

성호의 지적과 같이 당시의 집권층은 군사적 무방비 상태에서 이웃 일본을 무시하는 모습을 보이고 있었다. 성호는 일본의 국력이 막강한 사실에 주목해 속히 국제정세에 따른 외교를 펴야 한다고 주장했다. 실제로 일본의 막부가 자리 잡고 있던 에도江戶 : 東京는 19세기에 들어와 인구 1백만을 헤아리는 세계 최고의 도시로 번영하고 있었다. 성호는 국제정세에 어두웠던 위정자들의 실책을 통렬히 비판하고 나선 것이다.

성호의 일본문화에 대한 인식은 놀라운 수준이었다. 성호는 일본의 에도시대의 대표적 정주학자인 야마자키 안사이山崎闇齋와 그의 문인인 아사미 게이사이淺見絅齋, 와카바야시 교사이若林强齋 등의 유학자들을 소개하면서 그들의 천황에 대한 충절을 높이 칭송했다. 그의 일본문화에 대한 이런 인식은 당시로서는 파격적인 것이었다. 조선 후기 실학자들의 일본에 대한 새로운 인식의 출발점은 바로 성호로부터 시작되었다고 해도 과언이 아니다.

성호의 문인인 순암順菴 안정복安鼎福도 『상헌수필橡軒隨筆』에서 일본학자 이토 진사이伊藤仁齋의 저서 『동자문童子問』을 소개하면서 유학의 후진국인 일본에 이런 학자가 있다는 것이 뜻밖이라고 평한 바 있다. 그는 쇼군將軍에 대한 정치고문의 효시가 된 하야시 라잔林羅山에 대해서도 이같이 호평해 놓았다.

"그의 문사文詞와 식견은 매우 뛰어나 나라 안의 문한文翰을 모두 담당했다. 그의 자손인 하야시 가호林鵝峰와 하야시 노부아쓰林信篤 등이 대대로 국서와 문한을 맡아보았다."

안정복 역시 이익과 마찬가지로 일본의 학문에 대해 깊은 관심을 기울이고 있었던 것이다. 안정복의 일본문화에 대한 이런 객관적인 평가는 중국 중심의 전래의 화이관華夷觀과 커다란 차이를 보여주는 것이다. 박제가朴齊家 역시『북학의北學議』「외편」의 '통강남절강상박의通江南浙江商舶議' 조에서 일본을 이같이 평가해 놓은 바 있다.

"일본이 중국과 직접 통상하며 교류할 뿐만 아니라 그밖에도 30여 국과 무역을 하자 천하의 진기한 물품과 중국의 골동품, 서화가 폭주하고 있다."

박제가는 일본의 부강함이 우리나라보다 앞섰다는 사실을 통찰한 것이다. 그는『북학의』「내편」에서도 궁실과 수레, 옹기, 관록官祿제도 등에서도 일본이 조선보다 앞서 있고 합리적인 면이 매우 많다는 사실을 지적해 놓고 있다. 다산은 바로 이들을 사숙하면서 전래의 화이관을 완전히 극복케 된 것이다. 다산은「탁발위론拓跋魏論」에서 전래의 '화이관'을 이같이 비평했다.

"성인의 법은 중국中國이면서도 이적夷狄의 도를 행하면 이적, 이적이면서도 중국의 도를 행하면 중국으로 여겼다. 중국과 이적의 구분은 어디까지나 그 도와 정사政事에 있는 것이지 결코 강역에 있는 게 아니다."

다산의 일본에 대한 객관적인 평가는 전래의 화이관을 철저히 극복한 데서 비롯된 것이다. 다산은 선배 실학자들보다 한 발 더 나아가 일본을 보다 정확히 파악하고자 했다. 그는 일본이 기술문명뿐만 아니라 유학에서도 조선보다 훌륭하다고 단언했다. 다산은 막강한 일본을 곁에 두고도 안이한 자세로 일본을 무시하며 백성들에 대한 착취를 일삼는 위정자들을 경계키 위해 부심했다.

다산이 일본에 대한 종합적인 이해를 돕기 위해『민보의民堡

議』와 『비어고備禦考』, 『일본론日本論』, 『일본고日本考』 등의 자료집을 펴낸 것은 바로 이 때문이었다. 다산은 18년간에 걸친 강진에서의 유배생활 기간 중 '예학'과 '이학'의 완성을 통해 절절한 우국충정으로 점철된 탁월한 경세론을 확립한 셈이다. 다산이 수기修己에 매몰된 주희의 사변론적 접근을 가차 없이 비판하면서 『대학』과 『중용』을 군자의 치인治人 차원에서 새롭게 해석할 것을 주문한 것도 바로 이 때문이라고 할 수 있다.

다산의 이러한 주문은 격변하는 21세기 동북아시대를 맞아 안팎으로 극심한 어려움을 겪고 있는 현재 시사하는 바가 매우 크다. 우리가 다산의 『대학』과 『중용』에 대한 탁이卓異한 해석에서 배울 것은 바로 당시 불변의 진리로 통용된 주희의 주석을 거부하고 공자 당시의 고의古義에 입각해 『대학』과 『중용』의 본의本義를 찾아낸 데 있다. 공자사상의 요체는 '치평治平'의 대리大理를 현실통치에 적용하는 데 있다. 공학孔學을 군자학君子學 내지 치평학治平學, 치인학治人學으로 정의하는 이유가 바로 여기에 있다. 아무리 뛰어난 수제修齊를 이뤘을지라도 '치평'에 성공치 못하면 아무 쓸모가 없는 것이다.

해방 이후 반세기 넘게 우리나라를 지배해 온 통치이념은 크게 경제발전과 민주화로 요약할 수 있다. 우리는 30년 넘게 지속된 군사정권 하에서 민주화를 희생시키는 대가로 압축성장을 통한 경제발전을 이룩했다. 이후 민주화에 대한 국민들의 열망이 분출되면서 10여년 넘게 민주화를 제일의第一義로 내세운 정권이 차례로 등장했다. 그러나 민주화를 내세운 정권 모두 21세기 동북아시대의 격랑을 헤쳐나가는 데 일정한 한계를 지니고 있음이 확연히 드러나고 있다.

장차 우리가 남북통일을 이뤄 동북아시대를 주도적으로 향도키 위해서는 불변의 진리인 양 통용되고 있는 민주화의 틀을 넘어서 한민족 전체를 통합할 수 있 새로운 이념적 지표를 제시해야만 한다. 그것은 바로 공자가 중화문화를 지켜낸 관중의 패업霸業을 높이 평가한 데서 알 수 있듯이 서구에서 만들어낸 온갖 형식의 이념적 틀을 과감히 내던지고 우리의 역사와 문화를 바탕으로 국가번영을 이룩하는 길이다. 이웃 중국이 덩샤오핑의 '흑묘백묘론黑猫白猫論'을 토대로 공산주의 이념과 상관없이 자본주의보다 더욱 개방적인 시장경제체제를 통해 초고속 성장을 거듭하고 있는 것을 타산지석으로 삼을 필요가 있다.

고금동서를 막론하고 그 어떤 이념도 국리민복國利民福의 이념보다 숭고할 수 없다. 이는 국가 단위의 정치공동체가 존속하는 한 영원히 지속될 수밖에 없다. 이웃 일본이 19세기 중엽의 메이지유신明治維新 이후 1백여 년 넘게 아시아 최강의 강대국으로 존립한 것은 바로 이를 통찰한 데 있다. 모든 유형의 좌우보혁左右保革 이념은 국리민복을 달성키 위한 방법론에 불과할 뿐이다.

안팎의 무수한 도전에 직면해 있는 지금이야말로 좌우를 모두 아우르는 중도통합노선이 절실히 필요한 시점이 아닐 수 없다. 이기론理氣論 및 천리인욕설天理人欲說 등과 같이 공허하기 짝이 없는 사변론을 뒷받침하기 위해 『대학』과 『중용』을 왜곡한 주희의 주석을 통타한 다산의 지적이 절절히 와닿는 이유가 바로 여기에 있다. 우리도 '민주화'의 이념을 '이기론' 및 '천리인욕설'과 같은 불변의 이념으로 여기고 있는 것이나 아닌지 진지하게 반성할 필요가 있다.

다산이 지적한 바와 같이 『중용』의 '중화中和'와 '중용中庸', '시중時中'은 천변만화하는 외부의 변화에 응해 최상의 선택을 취하는 임기응변의 자세를 뜻한다. 이는 『주역』의 '자강불식自彊不息'과 『대학』의 '치국평천하'를 뜻하는 것이기도 하다. 우리는 '치평'에서 출발한 『대학』과 『중용』의 본의를 정확히 파악함으로써 우리가 현재 직면하고 있는 온갖 난관의 돌파구를 찾아낼 수 있다. 필자가 『대학』과 『중용』에 대한 새로운 해석을 시도한 이유가 바로 여기에 있다. 필자의 시도는 말 그대로 하나의 시도에 불과할 뿐이다. 강호제현의 탁이한 연구 성과물이 연이어 나오기를 고대한다.

✤ 참고문헌 ✤

1. 기본서

『논어』, 『맹자』, 『관자』, 『순자』, 『열자』, 『한비자』, 『윤문자』, 『노자』, 『장자』, 『묵자』, 『양자』, 『상군서』, 『안자춘추』, 『춘추좌전』, 『춘추공양전』, 『춘추곡량전』, 『여씨춘추』, 『회남자』, 『춘추번로』, 『오월춘추』, 『신어』, 『세설신어』, 『잠부론』, 『염철론』, 『국어』, 『설원』, 『전국책』, 『논형』, 『공자가어』, 『정관정요』, 『자치통감』, 『독통감론』, 『일지록』, 『명이대방록』, 『근사록』, 『송명신언행록』, 『설문해자』, 『주자어류』, 『사기』, 『한서』, 『후한서』, 『삼국지』.

2. 저서 및 논문

1) 한국

가네타니 사다무 외, 『중국사상사』(조성을 역, 이론과 실천, 1988).

가리노 나오끼, 『중국철학사』(오이환 역, 을유문화사, 1995).

감　산, 『감산의 중용 풀이』(오진탁 역, 서광사, 1991).

강신주, 『노자, 국가의 발견과 제국의 형이상학』(태학사, 2004).

고　형, 『주역』(김상섭 역, 예문서원, 1995).

고회민, 『주역철학의 이해』(정병석 역, 문예출판사, 1995).

곽말약, 『중국고대사상사』(조성을 역, 도서출판 까치, 1991).

곽신환, 『주역의 이해』(서광사, 1990).

금장태, 『실천적 이론가 정약용』(이끌리오, 2005).
김미영, 『대학 · 중용』(홍익출판사, 2005).
김석진, 『대산 중용 강의』(한길사, 2004).
김승배, 『대학 · 중용 · 논어』(이화문화출판사, 1999).
김승혜, 『원시유교』(민음사, 1990).
김영수, 『대학 · 중용』(일신서적, 1991).
김영호, 『다산의 논어해석 연구』(심산, 2003).
김인철, 『다산의 주역해 체계』(경인문화사, 2003).
김학주, 『중용』(서울대출판부, 1995).
김항배, 『노자철학의 연구』(사사연, 1986).
니　담, 『중국의 과학과 문명』(이석호 역, 을유문화사, 1988).
마쓰시마 다까히로 외, 『동아시아사상사』(조성을 역, 한울아카데미, 1991).
모리모토 준이치로, 『동양정치사상사 연구』(김수길 역, 동녘, 1985).
모리야 히로시, 『중국고전의 인간학』(이찬도 역, 을지서적, 1991).
박완식, 『대학, 대학혹문, 대학강어』(여강, 2005).
박재주, 『주역의 생성 논리와 과정 철학』(청계, 1999).
박정근, 『중국적 사유의 원형 : 주역과 중용을 중심으로』(살림, 2004).
박정근, 『중국적 사유의 원형 : 주역과 중용을 중심으로』(살림, 2004).
박홍식 외, 『다산 정약용』(예문서원, 2005).
방호범, 『유학과 정약용의 철학사상』(한국학술정보, 2004).
북경대중국철학사연구실 편, 『중국철학사』(박원재 역, 자작아카데미, 1994).
빌헬름 리하르트, 『주역 강의』(진영준 역, 소나무, 1996).
서근석, 『중용』(풀잎, 1992).
서울대동양사학연구실 편, 『강좌 중국사』1-7(지식산업사, 1989).
서정기, 『새 시대를 위한 대학 · 중용』(집문당, 1995).
서정기, 『새 시대를 위한 주역』(글, 1992).
소공권, 『중국정치사상사』(최 명 역, 서울대출판부, 2004).
송재국, 『천하가 물에 빠지면 도(道)로써 건져야지』(솔출판사, 1997).
슈월츠, 『중국고대사상의 세계』(나성 역, 살림출판사, 1996)
신동준, 『주역론』(인간사랑, 2007).
_____, 『노자론』(인간사랑, 2007).

______, 『순자론』(인간사랑, 2006)
실시학사경학연구회, 『다산의 경학세계』(한길사, 2002).
양방웅, 『중용과 천명』(예경, 2006).
양조한, 『중용 철학』(서광사, 1999).
윤천근, 『중용의 이론구조』(온누리, 1987).
이기동, 『대학 · 중용』(성균관대출판부, 1991).
이기석, 『신역 대학 · 중용』(홍신문화사, 1987).
이덕일, 『정약용과 그의 형제들』(김영사, 2004).
이동환, 『중용 · 대학』(나남출판, 2000).
이상각, 『중용의 성공학』(들녘미디어, 2002).
이성규 외, 『동아사상의 왕권』(한울아카데미, 1993).
이율곡, 『중용언해』(홍문각, 1984).
이을호, 『국역 다산사서』(예문서원, 2000).
______, 『다산의 경학과 역학』(예문서원, 2000).
이지형, 『다산 경학 연구』(태학사, 1996).
이현주, 『대학 · 중용 읽기』(다산글방, 2000).
장대년, 『중국유물사상사』(최형식 역, 이론과 실천, 1989).
장복동, 『다산의 실학적 인간학』(전남대출판부, 2002).
전 목, 『중국사의 새로운 이해』(권중달 역, 집문당, 1990).
전일환, 『난세를 다스리는 정치철학』(자유문고, 1990).
전해종 외, 『중국의 천하사상』(민음사, 1988).
정약용, 『경세유표』(이익성 역, 한길사, 1997).
______, 『국역 여유당전서』(호남학연구소 역, 전주대출판부, 1986).
______, 『비어고 · 민보의』(정해렴 역, 현대실학사, 2001).
______, 『역주 맹자요의』(이호영 역, 현대실학사, 1994).
______, 『정선 목민심서』(다산연구회 편역, 창비, 2005).
정일균, 『다산 사서경학 연구』(일지사, 2000).
조강환, 『중용』(자유문고, 1992).
최 명, 『춘추전국의 정치사상』(박영사, 2004).
최익환, 『실학파와 정다산』(한국문화사, 1996).
최준하, 『대학 · 중용』(청아출판사, 1996).

풍 우,『천인관계론』(김갑수 역, 신지서원, 1993).
풍우란,『중국철학사』(정인재 역, 형설출판사, 1995).
한국도교문화학회,『도교와 생명사상』(국학자료원, 1998).
한국동양철학회 편,『동양철학의 본체론과 인성론』(연세대출판부, 1990).
한국정신문화연구원,『중용의 덕과 합리성』(청계, 2004).
한국철학사연구회,『다산 경학의 현대적 이해』(심산, 2004).
호 적,『중국고대철학사』(송긍섭 역, 대한교과서주식회사, 1983).
홍승직,『대학 · 중용』(고려원, 1994).
황원구,『중국사상의 원류』(연세대출판부, 1988).
후외려,『중국철학사』(양재혁 역, 일월서각, 1995).

2) 중국

高 亨,『周易大全今注』(齊魯書社, 1998).
高懷民,「中國先秦道德哲學之發展」「華岡文科學報」14(1982).
顧頡剛 外,『古史辨』1926-1941(上海古籍出版社).
郭末若,『十批判書』(古楓出版社, 1986).
金德建,『先秦諸子雜考』(中州書畵社, 1982).
童書業,『先秦七子思想硏究』(齊魯書社, 1982).
牟宗三,『中國哲學的特質』(臺灣學生書局, 1980).
方立天,『中國古代哲學問題發展史(上, 下)』(中華書局, 1990).
傅樂成,「漢法與漢儒」「食貨月刊』復刊 5-10(1976).
徐復觀,『中國思想史論集』(臺中印刷社, 1951).
蕭公權,『中國政治思想史』(臺北聯經出版事業公司, 1980).
蘇誠鑑,「漢武帝"獨尊儒術"考實」「中國哲學史硏究』1(1985).
孫 謙,「儒法法理學異同論」「人文雜誌』6(1989).
梁啓超,『先秦政治思想史』(商務印書館, 1926).
楊 寬,「戰國史」(上海人民出版社, 1973).
楊榮國 編,『中國古代思想史』(三聯書店, 1954).
楊幼炯,『中國政治思想史』(商務印書館, 1937).
楊鴻烈,『中國法律思想史』上, 下(商務印書館, 1937).

余培林,『老子讀本』(三民書局, 1985).
呂思勉,『秦學術概論』(中國大百科全書, 1985).
吳　光,『黃老之學通論』(浙江人民出版社, 1985).
吳辰佰,『皇權與紳權』(儲安平, 1997).
王　明,『道家和道敎思想硏究』(中國社會科學出版社, 1990).
王文亮,『中國聖人論』(中國社會科學院出版社, 1993).
熊十力,『新唯識論 : 原儒』(山東友誼書社, 1989).
劉澤華,『先秦政治思想史』(南開大學出版社, 1984).
游喚民,『先秦民本思想』(湖南師範大學出版社, 1991).
李錦全 外,『春秋戰國時期的儒法鬪爭』(人民出版社, 1974).
李宗吾,『厚黑學』(求實出版社, 1990).
李澤厚,『中國古代思想史論』(人民出版社, 1985).
林聿時 · 關 峰,『春秋哲學史論集』(人民出版社, 1963).
張君勱,『中國專制君主政制之評議』(弘文館出版社, 1984).
張岱年,『中國倫理思想硏究』(上海人民出版社, 1989).
錢　穆,『先秦諸子繫年』(中華書局, 1985).
鍾肇鵬,「董仲舒的儒法合流的政治思想」「歷史硏究』3(1977).
周立升 編,『春秋哲學』(山東大學出版社, 1988).
周燕謀 編,『治學通鑑』(精益書局, 1976).
陳鼓應 註譯,『黃帝四經今註今譯』(商務印書館, 1995).
馮友蘭,『中國哲學史』(商務印書館, 1926).
許抗生,『帛書老子注譯與硏究』(浙江人民出版社, 1985).
胡　適,『中國古代哲學史』(商務印書館, 1974).
侯外廬,『中國思想通史』(人民出版社, 1974).

3) 일본

加藤常賢,『中國古代倫理學の發達』(二松學舍大學出版部, 1992).
角田幸吉,「儒家と法家」「東洋法學』12-1(1968).
岡田武彦,『中國思想における理想と現實』(木耳社, 1983).
鎌田 正,『左傳の成立と其の展開』(大修館書店, 1972).

高文堂出版社 編,『中國思想史(上, 下)』(高文堂出版社, 1986).
高須芳次郎,『東洋思想十六講』(新潮社, 1924).
顧頡剛 著 小倉芳彦 等 譯,『中國古代の學術と政治』(大修館書店, 1978).
館野正美,『中國古代思想管見』(汲古書院, 1993).
溝口雄三,『中國の公と私』(研文出版, 1995).
宮崎市定,『アジア史研究(I-V)』(同朋社, 1984).
金谷 治,『秦漢思想史研究』(平樂寺書店, 1981).
大久保隆郎也,『中國思想史(上)-古代.中世-』(高文堂出版社, 1985).
大濱 晧,『中國古代思想論』(勁草書房, 1977).
渡邊信一郎,『中國古代國家の思想構造』(校倉書房, 1994).
服部 武,『論語の人間學』(富山房, 1986).
上野直明,『中國古代思想史論』(成文堂, 1980).
小倉芳彦,『中國古代政治思想研究』(青木書店, 1975).
守本順一郎,『東洋政治思想史研究』(未來社, 1967).
安岡正篤,『東洋學發掘』(明德出版社, 1986).
安居香山 編,『讖緯思想の綜合的研究』(國書刊行會, 1993).
宇野精一 外,『講座東洋思想』(東京大出版會, 1980).
栗田直躬,『中國古代思想の研究』(岩波書店, 1986).
伊藤道治,『中國古代王朝の形成』(創文社, 1985).
日原利國,『中國思想史(上, 下)』(ぺりかん社, 1987).
中村 哲,「韓非子の專制君主論」「法學志林』74-4(1977).
紙屋敦之,『大君外交と東アジア』(吉川弘文館, 1997).
貝塚茂樹 編,『諸子百家』(筑摩書房, 1982).
戶山芳郎,『古代中國の思想』(放送大教育振興會, 1994).
丸山松幸,『異端と正統』(每日新聞社, 1975).
丸山眞男,『日本政治思想史研究』(東京大出版會, 1993).
荒木見悟,『中國思想史の諸相』(中國書店, 1989).

4) 서양

Ahern, E. M., *Chinese Ritual and Politics* (London : Cambridge Univ. Press,

1981).

Allinson, R.(ed.), *Understanding the Chinese Mind : The Philosophical Roots* (Hong Kong : OxfordUniv. Press, 1989).

Aristotle, *The Politics* (London : Oxford Univ. Press, 1969).

Barker, E., *The Political Thought of Plato and Aristotle* (New York : Dover Publications, 1959).

Bell, D. A., 「Democracy in Confucian Societies : The Challenge of Justification.」 in DanielBell et. al., *Towards Illiberal Democracy in Pacific Asia* (Oxford : St. Martin's Press, 1995).

Carr, E. H., *What is History* (London : Macmillan Co., 1961).

Cohen, P. A., *Between Tradition and Modernity : Wang T'ao and Reform in Late Ch'ing China* (Cambridge : Harvard Univ. Press, 1974).

Creel, H. G., *Shen Pu-hai. A Chinese Political Philosopher of The Fourth Century B.C.* (Chicago : Univ. of Chicago Press, 1975).

Cua, A. S., *Ethical Argumentation-A study in Hsün Tzu's Moral Epistemology* (Honolulu : Univ. Press of Hawaii, 1985).

De Bary, W. T., *The Trouble with Confucianism* (Cambridge, Mass./London : HarvardUniv. Press, 1991).

Fukuyama, F., *The End of History and the Last Man* (London : Hamish Hamilton, 1993).

Hsü, L. S., *Political Philosophy of Confucianism* (London : George Routledge & Sons, 1932).

Moritz, R., *Die Philosophie im alten China* (Berlin : Deutscher Verl. der Wissenschaften, 1990).

Munro, D. J., *The Concept of Man in Early China* (Stanford : Stanford Univ. Press, 1969).

Peerenboom, R. P., *Law and Morality in Ancient China-The Silk Manuscripts ofHuang-Lao* (Albany, New York : State Univ. of New York Press, 1993).

Plato, *The Republic* (London : Oxford Univ. Press, 1964).

Pott, W. S., *A Chinese Political Philosophy* (New York : Alfred. A. Knopf, 1925).

Rubin, V. A., *Individual and State in Ancient China-Essays on Four Chinese*

Philosophers (New York : Columbia Univ. Press, 1976).

Schwartz, B. I., *The World of Thought in Ancient China* (Cambridge : Harvard-Univ. Press, 1985).

Taylor, R. L., *The Religious Dimensions of Confucianism* (Albany, New York : StateUniv. of New York Press, 1990).

Tomas, E. D., *Chinese Political Thought* (New York : Prentice–Hall, 1927).

Tu, Wei–ming, *Way, Learning and Politics–Essays on the Confucian Intellectual* (Albany, New York : State Univ. of New York Press, 1993).

Waley, A., *Three Ways of Thought in Ancient China* (New York : doubleday & company, 1956).

Wu, Geng, *Die Staatslehre des Han Fei–Ein Beitrag zur chinesischen Idee der-Staatsräson* (Wien & New York : Springer–Verl., 1978).

| 신동준 |

1956년 충남 천안생
경기고등학교 졸업
서울대 정치학과 및 동대학원 졸업(정치학박사)
동경대 동양문화연구소 객원연구원
서울대, 외국어대, 국민대, 덕성여대 강사(현)
21세기 정치연구소 소장 겸 孟坡講院 원장(현)

저서

『통치보감』, 『관중과 제환공』, 『치도와 망도』, 『역사대장정』
『연산군을 위한 변명』, 『덕치 · 인치 · 법치』, 『통치학원론』, 『삼국지통치학』
『조조통치론』, 『중국문명의 기원』, 『논어론』, 『공자의 군자학』, 『맹자론』
『순자론』, 『노자론』, 『주역론』, 『정치 CEO 리더십』, 『공자와 제자들』.

역서

『난세를 평정하는 중국통치학-후흑학』, 『자치통감-삼국지』
『오월춘추』, 『전국책』, 『국어』, 『춘추좌전』, 『실록 열국지』.

논문

「선진 유법가의 치도관과 치본관의 비교연구」
「역대 대통령 통치행위에 대한 치도론적 비교연구」
「몽양주의에 관한 치도론적 분석」
「중도주의 이념정립에 관한 치도론적 고찰」

대학 · 중용론

초판1쇄 / 2007년 9월 30일

지은이 **신동준**
펴낸이 **여국동**
펴낸곳 **도서출판 인간사랑**
인 쇄 **백왕인쇄**
제 본 **은정제책사**

출판등록 1983. 1. 26. / 제일-3호

정가 35,000원

ISBN 978-89-7418-726-2 03140

※ 잘못된 책은 교환해 드립니다.

(411- 815) 경기도 고양시 일산구 백석동 1178-1
TEL (031)901-8144, 907-2003
FAX (031)905-5815
e-mail/igsr@yahoo.co.kr
igsr@naver.com